曾康霖文集

悠悠岁月見真情　迢迢萬里识大千
人生一世勿虚度　留得心声鑑后人

曹康霖文集

基础与前沿

西南财经大学出版社

图书在版编目(CIP)数据

曾康霖文集. 基础与前沿/曾康霖著. —成都:西南财经大学出版社,
2018. 5
ISBN 978 -7 -5504 -3491 -2

Ⅰ. ①曾…　Ⅱ. ①曾…　Ⅲ. ①曾康霖—文集②金融学—文集
Ⅳ. ①F830 -53

中国版本图书馆 CIP 数据核字(2018)第 107156 号

曾康霖文集——基础与前沿
Zeng Kanglin Wenji　Jichu yu Qian Yan

责任编辑:汪涌波　林　伶　朱斐然
文字录入:罗　晶
装帧设计:穆志坚
责任印制:朱曼丽

出版发行	西南财经大学出版社(四川省成都市光华村街 55 号)
网　　址	http://www. bookcj. com
电子邮件	bookcj@ foxmail. com
邮政编码	610074
电　　话	028 -87353785　87352368
照　　排	四川胜翔数码印务设计有限公司
印　　刷	成都金龙印务有限责任公司
成品尺寸	170mm ×240mm
印　　张	35
彩　　插	24 页
字　　数	521 千字
版　　次	2018 年 6 月第 1 版
印　　次	2018 年 6 月第 1 次印刷
书　　号	ISBN 978 -7 -5504 -3491 -2
定　　价	148. 00 元

立足神州 紧接地气

理论来自实践，实践基于实际，
实际丰富实践。
实践出真知，真知成为理论，
理论高于实践并指导实践。
在这样的执着下，退休后终没有放弃紧接地气，
执着于实际对理论的升华。

1 在成都与名家共商治学之道
2 在香港与弟子们讨论
3 在深圳调研证券交易
4 在浙江调研特色小镇
5 在浦东农村调研

1

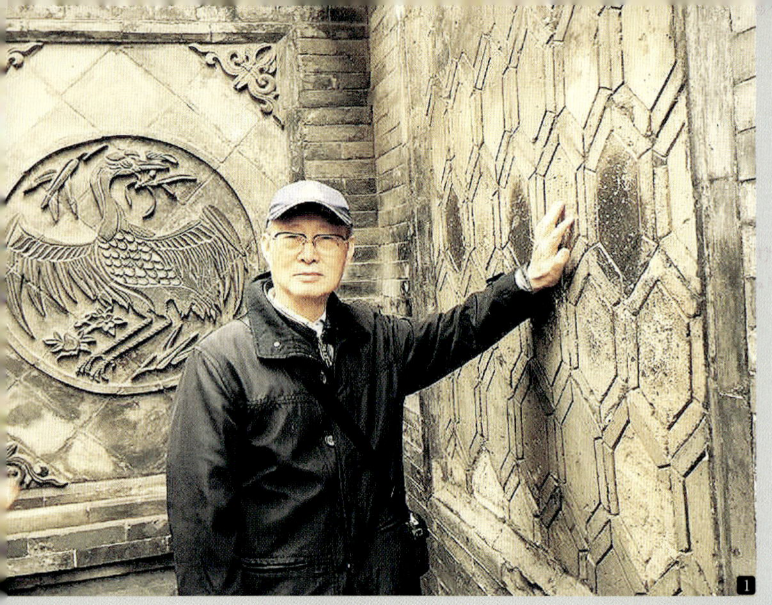

1. 在山西同弟子们参观
2. 去河南花园口同李华参观
3. 去洛阳同宪昌参观
4. 在洛阳同太峰一起参观
5. 在内蒙同京阳讨论
6. 在深圳同继之讨论
7. 在嘉兴平湖同优平夫妇参观
8. 在贵州同陈博、赵云霞校友参观
9. 去西昌同罗晶参观
10. 去济南同江波参观
11. 去拉萨开金融年会并调研

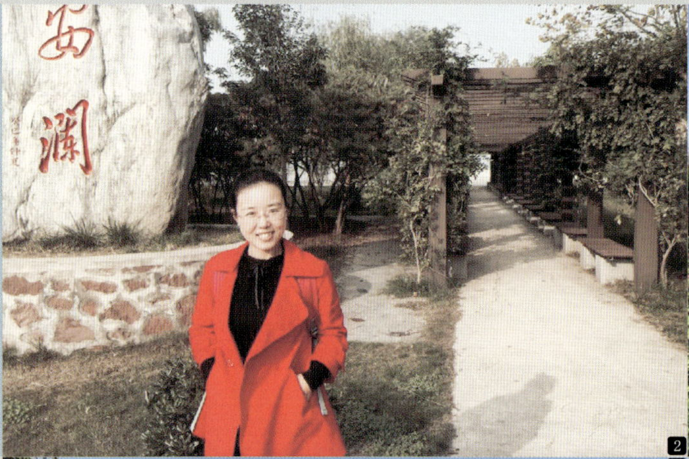

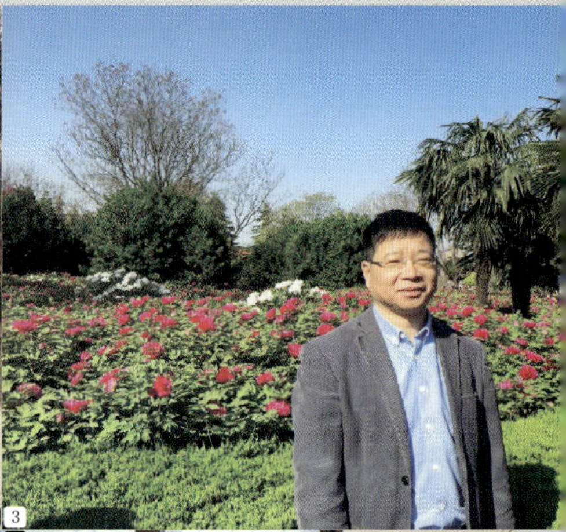

2 3

4 5

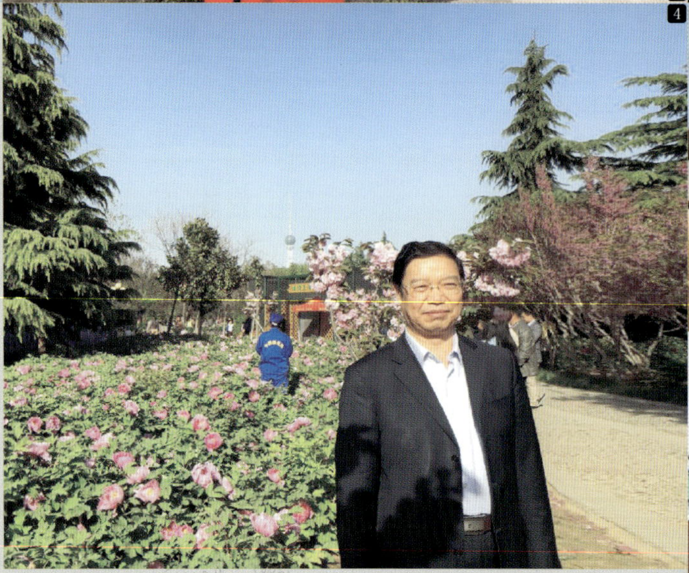

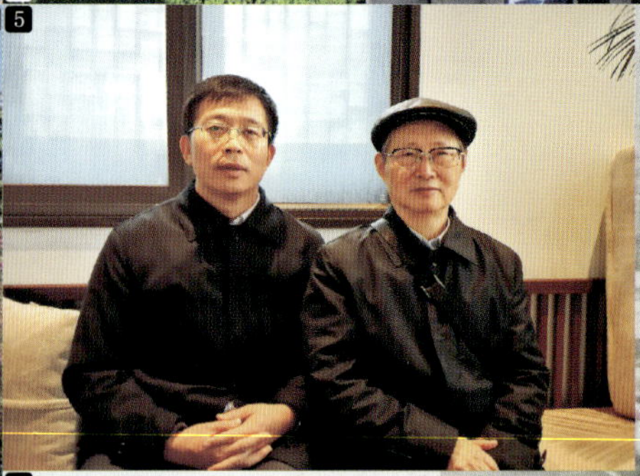

6

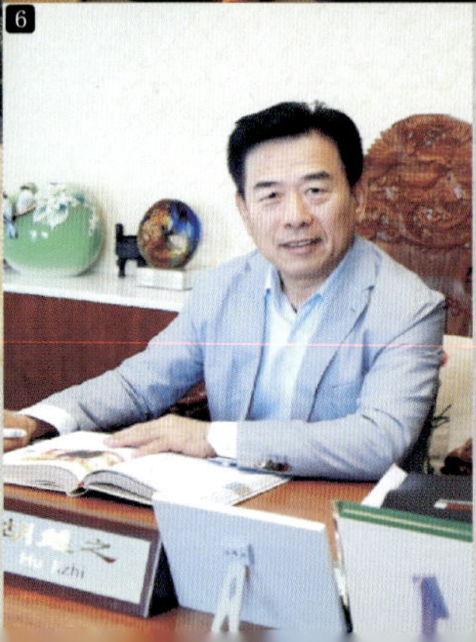

7 8
9 10
11

1 参加北京金融校友会
2 指导李炳忠博士深入基层调研
3 在杭州与群娥参观
4 在北京与弟子讨论
5 国外考察

6 在北京与弟子们聚会
7 调研特色小镇
8 调研特色小镇
9 在香港大学与明杨调研
10 在曲靖同国疆参观
11 在浦东农村调研

学生爱我　我爱学生

学生爱我是因为他们继承和发扬了
中华民族尊师重教的优秀传统；
我爱学生是因为我认为老师要做人梯，
要为学生打工，要先当学生后当先生。
不仅学生处于顺境时要爱学生，
更重要的是学生处于逆境时要爱学生。

1 曾康霖奖学金每年颁奖一次
2 赵德武书记亲临颁奖典礼
3 向曾康霖夫妇献花
4 曾康霖奖学金第四届颁奖典礼合影
5 与领导在一起
6 与同事在一起
7 与同学在一起
8 与同学及家人在一起
9 在黄山与弟子们在一起

1 王晖博士来家看望

2 刘家强博士及夫人来家看望

3 赵宇龙博士后前来看望
4 卓志博士来家看望
5 在西昌见周适芬弟子
6 福寿、志耕、加根三弟子于郊区
7 在北京见石琴博士、郭特华校友
8 在武汉看望雷志卫博士
9 在广州见黄平博士
10 见王作海博士
11 见高晋康教授、安国胜弟子

1 2
3

1. 看望冯用富教授夫妇
2. 在深圳看望王自力博士和刘娇琳校友
3. 看望仲崇岗博士及家人
4. 在京王颖博士及陆磊局长前来看望
5. 在洛阳与德旭夫妇参观

4 5
6

6 徐培文博士夫妇前来看望
7 甘煜博士及家人前来看望
8 在深圳见程婧博士
9 在广州见罗继东博士
10 在杭州见吴卫兵博士
11 在北京看望郭雪弟子及宝贝
12 潘席龙及家人前来看望

1 在京看望苏保祥校友及家人
2 他乡为我祝寿
3 郑棣博士来家看望
4 见王庆人博士
5 在长沙见乔海曙博士
6 在北京见王赟博士
7 高宇辉博士前来看望

8 支俊立博士后来家看望
9 在北京见许国新博士
10 见黄萌弟子
11 在上海看望陈学荣博士后
12 蒙宇博士来家看望
13 在长沙见王宇栋、邱乔红博士

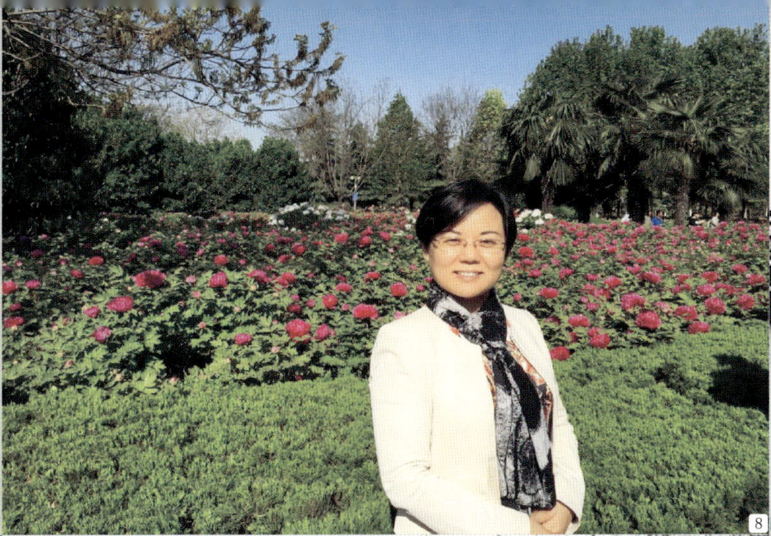

8 9

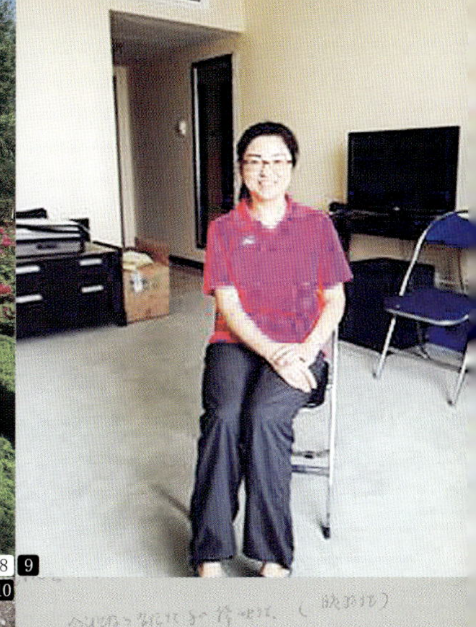

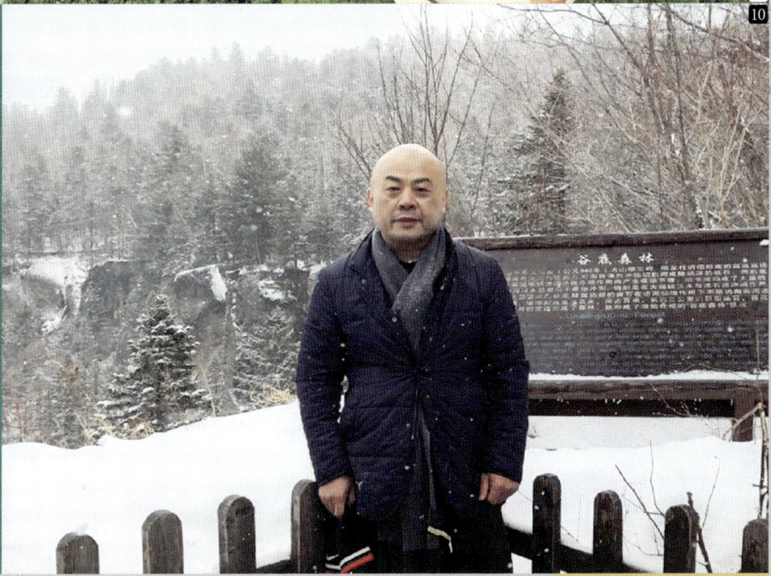

10

1 锡良前来看望
2 桥云前来看望
3 在北京看望吴庆博士
4 华光前来看望
5 见杨谊博士后
6 在成都同贾渠平博士参观
7 在肇庆同刘楹博士参观
8 在洛阳同喜梅博士参观
9 在深圳见曾珍弟子
10 在深圳看望邱伟博士
11 在洛阳同春平参观
12 在深圳见徐良平博士

11 12

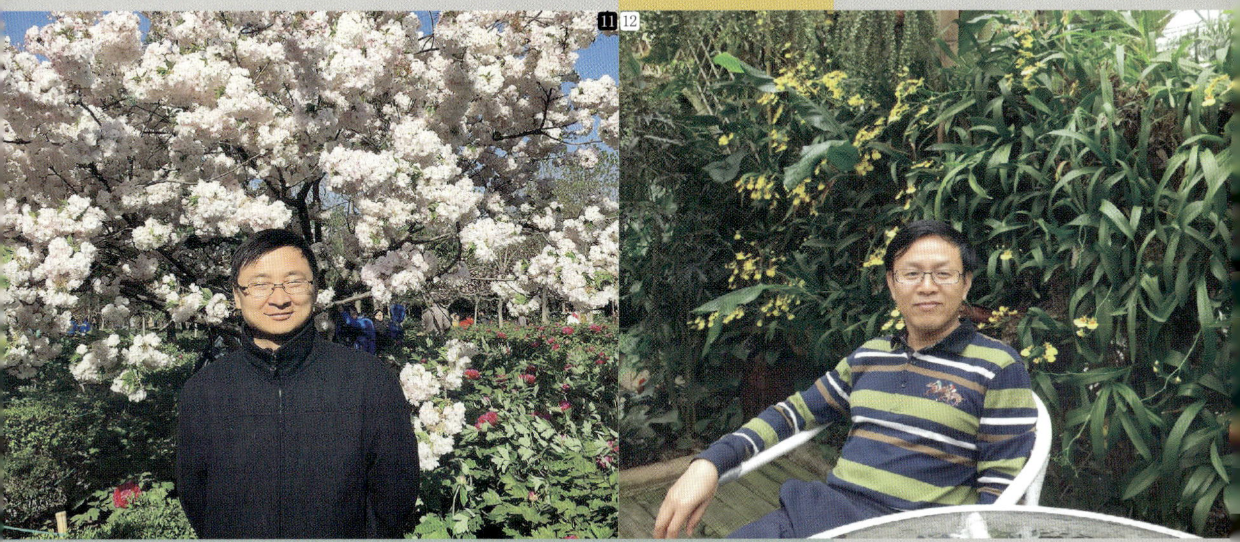

学科建设 致力传承

中国金融学科建设和人才培养必须紧跟时代发展的步伐，
必须与大国的地位相称，必须继承弘扬中华民族的文化。
在此背景下，由西南财经大学中国金融研究中心名誉主任曾康霖发起，
西南财经大学中国金融研究中心与金融学院共同举办、
金融学界两代人参加的金融学科建设与人才培养座谈会于2014年9月27日在北京召开。
中国金融学科建设和人才培养的学术大师与主导中国金融实践进程的专家学者40余人共聚一堂，
共同探讨学科发展与人才培养的传承与发展之路。

1 欢迎同行　2 欢迎与会者　3 欢迎同行
4 两代人参加的金融学科建设与人才培养座谈会于2014年9月27日在北京召开

5 与尚福林弟子在一起
6 与周慕冰交流
7 与周骏老师交流
8 与同行交流
9 与李扬博士交流
10 欢迎与会者

1 座谈会会场
2 与黄达老师交流
3 与于学军博士交流
4 与同行交流
5 与江其务老师的弟子在一起

6 与陈雨露博士交流
7 张宗益校长出席会议
8 与李健教授交流
9 陆磊博士与陈雨露博士交流
10 师生畅谈

1 与同行交流

2 黄达老师与吴老师

3 吴富林校友出席国际会议

4 在贵阳见杨雷、洪峰校友会会长

5 接受天津市副市长阎庆民颁发的证书

6 共商学科建设传承大计

曾康霖文集

自序：关山初度尘未洗，策马扬鞭再奋蹄

关山初度尘未洗，策马扬鞭再奋蹄。2007年年底，学校书记和校长约我谈话，说我已经到了退休年龄，明年开始不再担任教学科研任务了，保重身体，安度晚年。对领导的关爱，本人自然感激不尽，乐意接受。但长期以来，出于职业偏好，一闲下来，总觉得少了点什么。退休以后，由于自己没有什么嗜好，怎么打发时间反而成了问题。家人说，教学几十年该休息了，您就做一点您感兴趣的、乐于做的事吧。可是这十年来，我并没有完全休息。在校的学生只要是乐意与我讨论问题，我都欢迎；毕业了的弟子只要是请我去参会，我都应允。此外，每当学校、学院的领导来看我时，我总要提点希望和建议……持续这种状态，究竟是为了什么呢？后来自己仔细思考，老实说，是我不愿看到经过几代人艰苦奋斗才成长起来的西南财大的金融学科落后于人，总期待着培养了我的母校更加兴旺发达。当然，也可以说，这是出于一个老师的责任感，出于一个知识分子的良知。特别要指出的是，我这样做是为了感恩这个时代、环境和组织对我的培养。

近几年来，我喜于西财金融学科建设的长足进步，喜于西财金融专业师资队伍的发展壮大，喜于他们培养的学生质量的提高，喜于我弟子职务的变动和升迁……在“喜看桃李发，登高更几重”的同时，我也密切关注着经济金融学领域

的动态。可以说，我虽然在组织上退休了，离开了教学岗位，但我在思想上并没有退休。这一部文集就是思想上没有退休的产物。承蒙西南财经大学出版社的关爱，把它作为前五部文集的续集，奉献给读者，并给同事、弟子们留作纪念。

（一）基础研究篇

基础理论研究一直是我的偏好。我最早出版的两部著作是《金融理论问题探索》和《资产阶级古典学派货币银行学说》，因为，我始终认为理论要探索，学说要传承。我思考过思想、理论、学说之间的关系，认知思想具有个性，理论具有普遍性，学说具有系统性。我认为理论并不神秘，理论是从感性认识到理性认识的结晶。一种思想概括能够被多数人接受并形成共识，就是一种理论，理论认识向前后左右上下扩展形成系统就是一种学说。理论来自实践，实践基于实际，实际丰富实践。实践出真知，真知成为理论，理论高于实践指导实践。在这样的逻辑思维下，我始终没有放弃实际对理论的升华和研究。近年来有几件事在这个方面对我有较大的触动。一件事是国内股票行情，并不完全随上市公司的业绩升降而波动，股票行情的波动还受政府宏观调控、资金面以及其他政治、经济事件的影响。另一件事是国际货币资本及金融产品的流动规模大大超过国际商品贸易的规模。这种状况最初出现在20世纪七八十年代，直到现在仍没有改变。第三件事是这些年来我国经济的增长，主要靠房地产支撑，但房产的价格总是降不下来，一些有钱的人“炒”房，成了资产保值增值的倾向性选择。第四件事是近年国内有的老总与老外著文，认为一国央行发行的货币及以本币发行的国债，都不是国家的负债，而是股权，主张中国要大力发展股权融资促进经济发展。面对这几件事，我沉不住气了，觉得这些都涉及基本理论问题。不把相关的基本理论问题讨论清楚，会造成思想混乱、认知偏差和政策误导。在这个篇章中，主要汇集了以下文章：

（1）《试析金融与经济的分离》一文提出了“长期以来，人们在讨论金融与经济的关系时，总是离不开经济决定金融，金融反作用于经济。这种关系表明：经济主导金融，金融从属于经济。但现实逼着我们在认识上必须与时俱进。当代，金融是一个特殊的产业部门，经营着货币、证券、金融衍生工具等金融商品，是国民经济中相对独立的系统，有其特有的运行机制和运行轨迹。金融与经济的关系相互渗透、相互融合，早已超越了传统金融对经济的从属性、被动性地位，呈现出独立发展趋势。所以，这里讨论金融与经济的分离，不是指经济不能决定金融，也不是强调金融反作用于经济，而是指金融自身的存在、活动、发展和演化不以实体经济为依托，有其自身的特定形式和规律性”。

（2）在《论虚拟经济与实体经济》一文中运用马克思主义经济学商品交易的理论来诠释了用来“炒”的房地产经济为什么是虚拟经济。此外，结合中国实际从理论上概括了房地产经济的五大特点，指出在中国，房地产业不可能成为国民经济的支柱产业。当前我国房地产业呈现出的状况令人担忧，而这种局面的发生，长期以来，就是没有从基本理论上确立房地产经济在其产品用于“炒”的条件下是虚拟经济、房地产业不能成为国民经济的支柱产业这么几个观念。这也就是说，当前房地产业呈现出的这种状况是缺乏理论指导造成的。换句话说，政府在政策上错误地把房地产业当作了支柱产业，并将其作为发展国民经济的切入点。

（3）在《也论优化国家资本结构》一文中，除了比较系统地评析了帕特里克·博尔顿（Pastick Bolton）和黄海洲的文章《国家资本结构——理论创新与国际比较》和迈克尔·佩蒂斯（Michael Pettis）的文章《中国资本结构不够合理，资产负债表亟待重建》中的合理成分及不合理成分外，提出了“一国央行发行供给的货币和以本币发行的国债能不能都视为国家股权，必须从我国人民币的性质和供给机制论起”，系统地阐述了人民币的信用货币性质，央行发行供给的货币是国家的负债，而且，虽然在一定条件下，央行的欠债能够不还，但总是有限的。文中着重指出：“人民币信用货币的性质，决定了我国中央银行发行供给的货币和以本币发行的国债，要成为国家的股权是有条件的，不是无条件的。”在指出了其合理条件后，文章强调：“总之，中央银行发行供给的货币和以本币发行的国债，是国家即政府（主要是中央政府）对广大社会成员的负债。负债中的一部分能够成为国家即政府的股权。这一部分的量取决于不向中央银行和财政部门‘兑现’即索债的量。这一部分的实质取决于与之对应的资产的存在和用途。把中央银行发行供给的货币和以本币发行的国债全部视为国家的股权的观点是不能成立的，会产生误导，更会导致通货膨胀。”此外，该文还指出：在讨论“降杠杆”时不少人主张“债转股”，甚至有的人提出“债转股”就是把负债转化为资产，能够使负债减少，资产增加，从而降低杠杆。这种论调在我们看来是不能成立的，是谬误，会误导。目前存在的为数众多的“僵尸企业”表明：企业的负债通过“债转股”能够减少，但是资产绝不会因此而增加，因为企业的资产或者早已被转移，或者已消耗殆尽，或者已成为废品，或者价值和使用价值已降低。面对这种状况，学术界早有人提出：通过“债转股”复活“僵尸企业”几乎是不可能的，而只能是“账面文字游戏”。客观存在的大量事实证明：能够成为股权的只能是资产，不可能是负债。

（二）前沿探讨篇

“块块荒田水和泥，深翻细作走东西。老牛亦解韶光贵，不待扬鞭自奋蹄。”在这里我引用臧克家先生的《老黄牛》诗句，试图表明，作为“儒子牛”（我微信的别称）的我在金融学科这块荒田里，要继续“深耕细作”。

当代，要在金融学科这块荒田里“深耕细作”，必须站在学科前沿“网络金融”和“普惠金融”的角度来看问题。网络信息是普惠金融的技术支撑。早在21世纪初，我就开始关注互联网的生存环境、功能定位和科学价值。我曾与我指导的研究生考察了“中美互联网及互联网经济发展比较；互联网经济生存和发挥作用的社会基础和技术条件；互联网的学科本质；互联网的功能定位；互联网产业的优胜劣汰”。所有这些应当都是对互联网的横向考察。在对互联网进行横向考察的基础上，我结合专业一论再论互联网金融。在一论互联网金融中，我指出“银行借助互联网发展业务，是金融业发展的必然趋势。但广泛利用互联网展业，不等于传统银行业的萎缩，使银行不能成为金融中介”。并强调对这一问题的认识，要结合中国的实际：一要从理性上考察网络银行与传统银行二者的性质和功能；二要考察二者的优势与劣势；三要考察二者为谁提供服务、提供什么服务、怎样提供服务。在再论互联网金融中，我指出“互联网金融既是一种连接技术，更是一种生活方式”，并指出它的社会基础是中产阶级，它的核心领域是众筹，它的运作前提是信息真实透明。

网络金融与普惠金融相关，但并不等于普惠金融。对普惠金融的研究，我先从它产生的历史背景着手。普惠金融这个概念是2005年引进来的，其发端于世界银行的扶贫协商小组（CAGP）。在研究中，我特别关注了它的发生和发展过程，关注它以什么理论做指导，关注它在中国之研究和发展。

其中，在中国之研究和发展方面，我着力于与中国儒家文化相结合来探讨普惠的伦理思想，回答了：“第一，为什么人类社会需要建立某种普惠政策框架?”“第二，普惠是否覆盖所有人?”“第三，普惠的层次性何在?”对第一个问题的回答，简言之就是人的禀赋不一致；对第二个问题的回答是肯定的，即普惠不会覆盖所有的人，这样，普惠就必须使不同群体和谐相处；对第三个问题的回答也是肯定的，因为普惠实际上分为三大层次，即资源配置普惠、收入分配普惠、再分配普惠。回答这三个问题，也就是阐明普惠存在是以假定的这三个条件为前提的。以假定的这三个条件为前提，归根到底是为了解析普惠含义的核心即“公平、正义”。普惠的存在就是为了消除人生禀赋的差异，为了使社会和谐共处，为了不使弱势群体成为社会不稳定的因素。

在中国之研究和发展中，我提出了普惠不仅是政策措施，更是制度安排。政策措施要在资源配置、收入分配、再分配方面着力，而制度安排要消除“中等收入陷阱”，为此，要着力推动经济增长。

普惠金融是普惠制度在金融领域的体现，也是实现普惠制度的重要途径。目前，建立和发展普惠金融的时代背景已经发生了变化，普惠金融本身的功能也正在发生变化，普惠金融的作用面涉及全球，普惠金融的普惠内涵也将逐步深化。

“路漫漫其修远兮，吾将上下而求索”。在这一篇章中，集中呈现了一论、二论、三论、四论、五论普惠金融。前三论普惠金融，讨论的是普惠金融的产生、发展过程，着力从伦理学、社会学、经济学的角度分析了“普惠”的核心含义即“公平、正义”。同时探讨了普惠金融的制度安排，展望了普惠金融的发展趋势和生命力。如果说前三论着力于比较研究、规范研究，则后两论更着力于实证研究和理论升华研究。在第四论普惠金融的论文中，以四川北川县、云南太邑县的实践为证，阐明了“互联网金融下的普惠金融；电子商务下的普惠金融；岗位设置与普惠金融；科技金融产品的推出与普惠金融”这些感性认识。这样的论述，不仅是要阐明实现普惠金融的具体途径，而且要以活生生的事例来证实人们对普惠金融的获得感。在《五论普惠金融——北川普惠金融实践的理性认识》一文中，概括出了“普惠金融的思想基础——信用定位；普惠金融的经济基础——资源配置；普惠金融的技术支撑——网络信息；普惠金融的社会职责——缩差共富；普惠金融的价值取向——以民为本；普惠金融的生命力——锐意创新”这些理性认识。这样的论述不仅是“要素分析”，它回答的不只是普惠金融的存在和发展必须具备这六大要素，更重要的理性升华。理论源于实践，实践出真知。理论的建设必须从感性认识到理性认识进行升华。没有北川普惠金融的感性实践，得不出普惠金融的思想基础、经济基础、技术支撑、社会职责、价值取向、生命力这样的理性认识。在《五论普惠金融》一文中，不仅得出了认识的结论，而且阐述了认识的过程，并在认识过程中丰富和发展了相关的金融基本理论。

还要指出的是：要在金融学科这块荒田里“深耕细作”，必须选好主题进行系统的研究、深入的研究、执着的研究。不能“打一枪，换一个地方”。为此，必须充实基础，面向实际，仔细观察，深思提炼；不能浮躁，急功近利，否则，不仅不能取得有价值的成果，而且根本谈不上站在学科前沿。

“板凳要坐十年冷，文章不写一句空”。在这个篇章中，我们还经过调研，密切结合中国当前实际，系统地探讨了“建设和发展中国社会经济”问题，处理好“精准扶贫的六个关系”问题，“民间资本进入金融领域”“民营企业怎么办银行”的问题，“依法治国”的问题。这些问题也是我国经济金融学科要研究的热点，也能够说是前沿问题。对这些问题的考察，最重要的价值是密切结合了中国的实际，说的是大实话，所得出的认知和政策主张，在实际部门和学术界产生了一定的影响。

（三）学术演讲与深入调研篇

“为天地立心，为生民立命，为往圣继绝学，为万世开太平”。这是习近平总书记2016年5月18日在哲学社会科学工作座谈会上引用的北宋一代名儒——张子厚的“四为”名言，以激励学者，要求中国知识分子“立时代之潮头，通古今之变化，发思想之先声，积极为党和人民述学立论、建言献策，担负起历史赋予的光荣使命”。我作为一名学者，自然感到责任重大，又倍感欢欣鼓舞，虽不能有“四为”的奢望，但也有历史的社会的责任感。

在这个篇章中，我整理了10余篇在不同场合下向学术界、向专业人士、向我的弟子们演讲的命题和内容，把它们整理出来，展示给大家，目的是再次接受读者的检验，让社会给予评价，测度它们的价值。

“文章千古事，得失寸心知”。长期以来，在教学和科研事业中，我始终认为：①科研要为教学服务，把科研成果转化为智力，纳入教材和课堂教学；②科研推动学科建设，把科研成果转化为创新力，为发展和繁荣本学科做出贡献；③科研为推动改革开放、促进经济增长服务，把科研成果转化为生产力纳入政策决策和有关部门的战略部署及策略选择。本着这样的宗旨，要完成这样的任务，个人的力量是有限的，必须依靠团队的力量和社会的力量。我之所以乐意接受邀请，为学界、实际部门和弟子做学术报告、发表演讲，除了把自己的所思所想传播给他们请他们批评指正外，更主要的是启发他们的思维，调动他们研究问题的积极性，让更多的人来参与教学和学科建设。可以说，做一场学术报告和演讲就是一次动员大会。

“不畏浮云遮望眼，只缘身在最高层”。我强调：要关注事物的发展变化，要以相互关联的观点去考察问题。1999年夏，在西南财大国际金融研讨会上，我提出要看到后危机时代国际经济、金融形势的变化，指出：全球经济增幅会下降；贸易保护主义势必抬头；经济全球化的进程较慢；国际储备货币多元化；外国金融机构的规模和业务会调整，大不一定就好；金融监管特别是对衍生金融工具的监管和对金融机构运作的监管会加强。2001年春，在中国人民银行调统司天津培训班上，我给培训班学员讲了“财富与债权债务的关系”，指出：要从个别与总体两个不同的角度看待财富；怎样看待GDP；怎样衡量财富的多少；怎样评价中国的穷与富；财富与债权债务的关系。特别指出金融业是国民经济的先导产业，它的投入、产出、特性。要从静态的与动态的角度去理解金融是经济的核心，也要从积极的方面与消极的方面去把握金融是经济的核心。

在2010年金融学会年会上，我讲了金融危机发生后，要关注发达国家金融监管制度安排和理念的变化，以及我国金融监管制度安排的反思。要关注不同领域的金融风险，特别是票据融资的风险和地方政府融资平台的风险。其中，我着力分析了“怎样考察地方政府的还债能力”，既有理论性，又有可操作性，同时强调：怎么对待这个问题，要看站在什么立场上说话。站在中央政府的立场，主要是不能让国家资产流失；站在地方政府的立场，主要是维护公平，解决事权与财权不对称的问题；站在老百姓的立场上看问题，就是要让老百姓安居乐业，生活质量不断提高。总之，防范地方债务的金融风险，无非是维护三方面的利益。从金融的视角说，维护国家利益，主要是维护国家信用等级；维护集体利益，主要是维护它的市场份额；维护老百姓的利益，主要是维护他们的资产、货币不贬值。

近年来，我在金融学科研究方面的一些进展，主要是关于地区金融业的发展的。一个地区金融业的发展主要取决于两个要素：一是资产的流动性；二是人们的金融意识。地区金融业如何发展，地区金融机构怎样展业，也要密切关注这两个要素，培育这两个要素，激活这两个要素。也就是说，要充实和发展该地区居民的资产，特别是流动性资产；要输入和提高该地区居民的金融意识，特别是讲信用、谋发展的观念。地区居民的资产特别是流动性资产活了，地区居民的金融意识增强了，地区金融业的发展就有了经济基础和思想基础。

从金融展业的角度说，注重考察家庭持有的金融资产状况是应当的、正确的。但要着力考察流动性的资产。什么是家庭的流动性资产？也就是能够变现的资产，或者说能够用作偿债的资产、能流通的资产。由于资产的变现、偿债、流通要以货币单位计量，以货币为载体，所以，它是金融展业的经济基础。

这样的分析告诉我们：**经济发展了，收入增加了，如果不能形成资产，特别是不能形成流动性资产，则不能成为金融业发展的要素。**

社会成员的金融意识强不强用什么去衡量？主要看对利率变动的敏感度强不强！一般说来，强，表明金融意识强；相反，金融意识弱。但也有特例，如浙江温州有的企业，对利率调高调低无所谓，因为它有承受力，它可“拆东墙补西墙”。这只能说是局部的、个别的，不具有普遍性。

此外，居民金融意识强不强，还要考察有多少社会成员买卖金融商品。因为买卖金融商品，就是为了求得资产的保值增值。社会成员有这方面的意识表明其金融意识强。

从社会成员整体来说，一个地区金融业的发展，还要考察这个地区社会成员有多大的金融活动空间：政府的金融活动空间，决定于财政收支在多大程度上采用信用形式；企业的金融活动空间，决定于多大程度上采用负债经营；居民家庭的金融活动空间，决定于其收入水平和储蓄，收入越多，储蓄越多，理财的需要越大。这可谓是“经济主体收支决定论”。

在我的研究中，纳入了文化（包括宗教）对金融业发展的影响。这是西方经济学中没有的。这方面的影响包括三个方面：一是通过作用于价值观的形成对金融业产生影响。不同的文化背景和宗教信仰，就有不同的价值观。比如，关于怎样维护债权人的权利，在天主教和新教那里，就有不同的价值标准。二是通过作用于制度的形成和发展对金融业产生影响。大陆法系基于天主教教义，对个人行为规定准则，要每个人遵守；普通法系基于新教教义，不主张对个人行为规定准则并要每个人遵守，它认为不应当给予个人以更多的权利，以避免腐败，而应当赋予个人更多的责任。比如判案，要由案例来裁决，而不是条文。三是通过作用于资源配置对金融发展产生影响。不同的文化背景对资源配置的导向不同。

现在不少股份制商业银行和城市商业银行热衷于在外地设分支机构，指导思想是做大。这种思想可不可取，值得研究。有人与我讨论，我们总的指导思想是：要看需求，需求要看条件。

（1）当地有没有需求？你到异地去发展，先要考察本地的企业在异地有没有根基。如没有根基，就不宜到异地设机构。

（2）能不能以盈补亏？

（3）风险能否控制？

与这个问题相关的，我提出了一个不常见的概念：城市资源的可承受性。现在劳动力、人口、科技、金融资源等都往城市集中、积聚，特别是大城市。一个城市有多大的承受力，不仅是理论问题，而且是实际问题。**值得思考的是一个城市有多少金融资源，能够容纳多少金融机构。恶性竞争，抬高整个社会融资成本，两败俱伤，不可取！金融机构之间除了竞争，还需倡导合作。**此外，城市资源还包括基础设施建设。当前的情况是：大城市资源的可承受力在下降。这表现在各方面，集中表现在水的方面。现在不仅有用水、吃水问题，还有排水问题。北京的“7·21”水灾，已表明北京这座城市的承受力有限。

金融业要发展，发展要有资源。推动金融业发展的资源是什么？是信用、诚信！实践出真知，信用出金钱。讲信用，信用秩序建立和健全的地方，金融业就一定能发展得好。从一个地区来说，推动金融业发展的资源是什么？实体经济。金融没有实体经济支持，只能是虚拟经济，只能是“以钱炒钱”，只能是空中楼阁！这样讲是想表明：一个地区金融业的发展也有个承受力的问题。

（四）学科建设与人才培养篇

几十年来，我致力于金融学科建设。除了传承前人的研究成果，我着力调研，联系中国实际，在增加感性认识的同时，力争升华到理性认识。这方面的收获，在本文集的前几集中，已有呈现。在本篇中，再做一个梳理和概括。

在接受中国金融学会秘书处录音录像的采访中，我评价了我国金融学科建设和发展的历程以及我对金融学科建设和发展的思考。

（一）提出了“三个阶段论”：传承阶段、交融阶段和发展阶段

传承阶段指中华人民共和国成立后到改革开放前

(1949—1983年)，交融阶段指改革开放后到提出建立市场经济前（1984—1994年），发展阶段指提出建立市场经济体制以后到现在（1995年至今）。

在这几个阶段中，我国金融学科的建设和发展，都有其丰富的内容。

(1) 第一个阶段即传承阶段。这一阶段中，主要是学习苏联教科书的那一套，着力于“姓资”的腐朽性与“姓社”的优越性的评析，而且把对金融学科的认识，基本上限于“货币流通和信用”，即所谓“资本主义的货币流通和信用”和“社会主义的货币流通和信用”。

在这个阶段中，人们对存在的一些金融理论、金融现象采取批判的态度，比如通货膨胀，在批判时就指出它是资本主义特有的现象，有利于资产阶级，不利于无产阶级，也就是说指出这些经济范畴的阶级性、剥削性等。

所以在这个阶段，我国金融学科的建设和发展处于一个“僵化”的时期，认识上僵化，思想上简单化，只有形式上的传承，谈不上发展。

但必须指出，在这个时期，中国的知识分子在“一边倒，学苏联”的同时，也深入地学习、研究马克思经济学的基本原理（其中包括金融理论、思想），并进行了解说和探讨。在这一方面，我和我的同事的贡献，集中体现于两本书：一是《资产阶级古典学派货币银行学说》；二是《马克思货币金融学说原论》。这两本书于1984年和1988年先后由中国金融出版社和西南财经大学出版社出版发行。前一本书系统地评价了资产阶级古典学派货币银行学说，为学习马克思货币金融学说的产生和发展奠定了理论基础（详见《中国社会科学》1988年第5期发表的李善明著：《评价金融学说的力作》）；后一本书系统地评价了马克思的货币金融理论，并在原原本本地理解原著的基础上，做了深入浅出的解读，以便于读者把握和理解。

（2）第二阶段即交融阶段。在交融阶段中，有几个关于重大课题的讨论值得关注，如：①要不要商业银行；②在我国商业银行中有没有派生存款；③存款是不是货币；④管住现金发行是不是银行工作的重点（所谓的“1∶8”规定）；⑤人民币是不是“劳动券”，或是否代表黄金的一般等价物，还是信用货币；⑥我国是否会产生通货膨胀；⑦银行信用是不是分配关系，为国家积累资金；⑧财政收支与银行信贷收支的关系，什么是信贷收支的真正平衡等。

对于这几方面的问题，我都发表了意见，集中体现在我写的《金融理论问题探索》中，这本书于1985年由中国金融出版社出版发行。这本书的内容请见《金融理论问题探索》一书的介绍。其中值得关注的是，我在书中系统地有深度地提出人民币是信用货币的理论，应当说这在我国是领先的，后来被大多数人接受并体现在教科书的内容中。

（3）第三阶段即发展阶段。在这一阶段中，值得肯定的是，我国广大学者在学习、借鉴西方金融理论和思想的同时，密切结合中国实际，提出并建立了反映中国实际、具有中国特色的大金融理论和思想。

在这一方面，我做的努力比较集中地反映在我写的《金融经济学》中。在这本书的“引论篇：中国转制时期金融作用于经济的理论”中，我概括地论述了“十大问题”（详见该书第59~74页）。这“十大问题”是西方金融学中找不到的，是基于中国实际概括出来的，体现了从实际抽象到理性认识。此外，在该书“本体篇”中还讨论了金融业作为一个产业的特点、它能够产生的正负效应、它的投入产出及发展趋向等问题，这在国外的金融理论和思想中，也是少见的。在西方，金融业一般被作为服务业来看待，纳入第三产业。但在发展中国家，金融成为经济的核心，金融业成为国民经济的先导产业，这必须从理论上重新认识。在西方，讨论货币政策和财政政策在宏观经济中的调控的配合作用较多，而讨论政策的替代作用较少。该书“互换篇”中论述了货币政策与财政政策的替代、通胀与失业的替代，提出了是治理通胀优先，还是治理失业优先；是强化财政政策的作用，还是强化货币政策的作用等问题，完全从中国的实际出发，不仅有实际意义，而且有理论价值，为我国深化改革和发展经济做了理论准备和决策参考（请参考对《金融经济学》一文的评价）。

（二）集同行智慧，拓展我国金融学科研究的范围和研究的思路

应当说我国金融学科的研究范围，在相当长的时期内囿于货币银行领域，这是受计划经济体制、传统的经济思想的影响。改革开放后，有所突破，但也限于四大领域即银行、证券、保险、信贷。这表明金融研究受制于我国金融业的发展和金融决策的需要。企业财务活动、家庭收支活动被排除在金融研究之外。

随着改革开放的推进，企业股份制改革的兴起，金融研究逐步深入到企业、家庭。在这一方面具有标志性的事件是1997年由西南财经大学、汇通银行、中国人民银行四川分行及《金融时报》四家主办的在成都召开的“金融学科建设与人才培养”高级研讨会。在这个会上，学者们提出什么是金融，有没有宏观金融与微观金融之分；货币信用包括在金融体系中合不合理；怎样规范、拓展我国金融研究，以有利于人才培养等问题。会议的观点引起了国内同行的震动（请参见《金融学科建设与发展研讨会摘记》和西南财经大学出版社出版的论文汇编《金融学科建设和人才培养》）。我在这方面的贡献是：

（1）论述了现代金融与传统金融的分界线和标志，并指出现代金融被认同的时代背景和客观依据。

（2）论述了货币流通与信用包含在金融中的合理性和局限性。

（3）提出了中国金融学科建设与西方现代金融学科的衔接和包容。在这一方面，我强调研究宏观金融要以微观金融为基础，研究微观金融要以宏观金融为导向。

（三）指出了当代金融学科研究和金融思想的发展趋向

（1）围绕着金融资产选择——→金融市场变化——→金融风险转移。

对此，相应地产生了数理金融学、行为金融学、工程金融学。

为此，要着力研究机构与市场的互动、互支、互补、互替的关系。

为此，要着力研究各种金融变量之间的相关性和相斥性以及金融变量与经济变量之间的相关性和相斥性。

（2）关注当代金融理论与技术及与其他学科的交叉融合。

其中值得注重的是：与数理经济学的交叉融合；与心理学的交叉融合；与法学的交叉融合；与消费经济学的交叉融合。

（3）研究资源配置，特别是我国的金融资源配置的集中性和垄断性。

（4）研究金融与经济的分享，即考察金融的相对和绝对的独立性。

（5）研究虚拟经济的生命力和运作机制。

（6）关注金融概念的丰富和发展，以及金融业功能和定位的变化。

总之，中国金融学科建设的理论和思想：要有自己的框架，不能“人云亦云”；外国人想到的，中国人也能想到，甚至比他们想得更多；传统的金融经济理论需要再认识；社会科学研究包括金融学研究要在特色、气魄、创新上下功夫。

锲而舍之，朽木不折；锲而不舍，金石可镂。这个比喻意在说明学习、做事情，只有坚持不懈，才能取得成就；浅尝辄止，将会一无所成。在这里，我引用《荀子·劝学篇》这两句话16个字共勉。这部文集谈不上是我锲而不舍取得的成就，但应承认是我退休后基于职业偏好坚持不懈的产物。总的来说，该文集试图告诉读者的是学术研究、思考问题的逻辑和思维方式、方法。也就是说，我想给予读者的是"渔"而不是"鱼"。

最近，全国上下都在学习十九大精神。我作为一名教师，作为一名学者，学习十九大精神，主要是深入领会习近平总书记"新时代中国特色社会主义思想"。十九大报告高瞻远瞩，覆盖面广，可以说都体现了习近平总书记的思想。要全面地准确地把握它，很不容易，需要花工夫，需要实践。对于他的思想要字斟句酌，逐句逐段地思考消化。这里我学习了其中的一段：在新时代，怎样更好地坚持和发展中国特色社会主义，"围绕这个重大时代课题，我们党坚持以马克思列宁主义、毛泽东思想、邓小平理论、'三个代表'重要思想、科学发展观为指导，坚持解放思想，实事求是、与时俱进，求真务实，坚持辩证唯物主义和历史唯物主义，紧密结合新的时代条件和实践要求，以全新的视野深化对共产党执政规律、社会主义建设规律、人类社会发展规律的认识，进行艰辛的理论探索，取得了重大理论创新成果，形成了新时代中国特色社会主义思想”。这一段话给我们揭示了习近平新时代中国特色社会主义思想是怎么来的。它特别强调了继承和发展。它强调要坚持解放思想，实事求是，与时俱进，求真实务。它强调要结合新时代的条件和实践要求，以全新的视野认识“三大规律”。

这一段话对我们的学习和研究具有重要的指导意义。我的理解：这一段话可以指导我们怎么思考问题，怎么教学，怎么搞科研、做文章。它可以让我们终身受益。

曾康霖

2018 年初春

目　录

基础研究

前沿探讨

学术演讲与深入调研

学科建设与人才培养

基础研究

试析金融与经济的分离

——从金融的独立性管窥虚拟经济

长期以来，人们在讨论金融与经济的关系时，总是离不开经济决定金融，金融反作用于经济。这种关系表明：经济主导金融，金融从属于经济。但现实逼着我们在认识上必须与时俱进。当代，金融是一个特殊的产业部门，经营着货币、证券、金融衍生工具等金融商品，是国民经济中相对独立的系统，有其特有的运行机制和运行轨迹。金融与经济的关系相互渗透、相互融合，早已超越了传统金融对经济的从属性、被动性地位，呈现为独立发展趋势。所以，这里讨论金融与经济的分离，不是指经济不能决定金融，也不是强调金融反作用于经济，而是指金融自身的存在、活动、发展和演化不以实体经济为依托，有其自身的特定形式和规律性。

20 世纪 80 年代以来，世界经济平均每年增长约为 3%，国际贸易平均每年增长约为 5%，但国际资本流动增加了 25%，全球股票总额增加了 250%。这种经济金融化的趋势表明：金融与实体经济在社会财富的结构形成一个倒置金字塔形，金字塔的底层是实体经济，第二层是贸易、商业、服务业，第三层是债券、股票、货币与商品期权，等等，顶层第四级是金融衍生工具等。“倒金字塔形”发展的态势是顶层的膨胀扩张的速度远远超过了底层实体经济的发展。这种态势越来越显示出金融的独立性和从经济中分离的倾向。对于金融的独立性和从经济中分离的倾向，我们仅指出以下几点：

一、从金融产品的供给看金融从实体经济中分离

当代,金融产品的供给（包括货币的供给）不完全是以实体经济提供的商品量为基础，不完全决定于实体经济的需要。

1. 货币不完全是随商品流通而进入流通，货币的供给量不完全取决于商品流通的需要，而相当一部分货币的供给是基于货币本身是商品的需要。这些年来，我国货币供给增长的速度持续大幅增大，有的年份超过了经济增长幅度的一倍，而物价不仅未增长，反而下降，物价变动的幅度为零、为负。货币随商品进入流通而进入流通隐含着商品进入流通在先，货币进入流通在后，其实这样的假定是为了说明进入流通的货币是决定于商品价格总额，也就是流通中的商品价格需要多少货币去实现，然后供给多少货币，是货币需求决定货币供给。但在实际当中，商品之进入流通与货币之进入流通是相互交错的，而且进入流通的货币量与需要实现的商品价格量也是不相等的，在有的场合下是商品进入流通在先，货币进入流通在后，而在有的场合下，由于商品的普遍接受性和资产的增值性，在很大程度上是货币供给决定货币需求。增加供给的货币，有一部分作用于实体经济的商品流通，有一部分作用于证券金融资产的流通。凯恩斯在《货币论》中把作用于商品和劳务交换的货币称为“交易流通”，把作用于股票交易的货币称为“金融流通”，并指出虽然整个货币供给没有变化，但作用于“交易流通”的货币其中有一部分已转化为作用于“金融流通”的货币。凯恩斯的论述表明：流通中的货币需要分为若干部分，作用于不同的领域，而且指出作用于不同领域的货币是相互转化的。所以，不能仅仅以“商品和劳务”的交换去看待货币的需求从而考察货币供给。货币需求发生变化，货币供给也必须发生变化。近年来引起货币需求变化值得关注的是货币金融资产持有的增加，证券金融资产的交易的扩大。货币是一种商品，利率和汇率是这种商品的价格，人们能够基于利率和汇率的变动在市场上通过不同种类的货币兑换使货币金融资产保值、增值，这也就是人们通常说的“套利”“套汇”。

2. 银行信贷资金供给不完全都是工商企业出于调剂、补充资金的

需要，而相当一部分银行信贷资金的供给，是基于金融机构自身运作的需要。在我国，信贷资金供给也不完全取决于实体经济中的资金需求，而是各种贷款条件和贷款机制相互作用的结果。国内有的商业银行的操作是将贷款变为长期存款，然后让客户以长期贷款为抵押，再发放一笔贷款，以此扩大信贷规模，增加利差收入。现阶段企业在银行的存款利率低，贷款利率高，贷款变存款以做抵押再贷款，增大企业贷款成本，企业为什么能接受呢？解答这一问题在于利率的调整和贷款方式的选择。如果想在没有价值物作担保的条件下获得一笔银行借款，则银行会提出这样的条件：即必须把贷款变为定期存款存放于银行中。在银行定期存款利率小于银行贷款利率的条件下，要使借款者接受这一条件，银行将下调贷款利率。如现在一年期的贷款利率是5.31%，下浮10%，为4.779%。现在一年期的存款利率为1.98%，贷款变为存款后，客户要承担的利差损失为2.799%，这样，客户实际负担一笔借款资金的实际成本为4.779%+2.799%=5.578%。如果客户不这样做，即将借款变存款存入贷出行，则贷出行就要将贷款利率上浮30%，即5.31%×（1+30%）=6.903%，二者比较前者较后者利息负担高0.675%（7.578%-6.903%=0.675%），这也就是说，贷款变存款后多承担0.675%的利息。这样的方式操作客户的利息负担虽然加重了，但按照相互的承诺，可以再获得一笔贷款，而且这笔贷款可以由银行开出承兑汇票以贴现的方式取得。如果贴现率为3%，贴现时间为半年，则客户的两笔借款利息负担为：第一笔贷款利息负担为5.578%；第二笔贷款利息负担为3%；综合两笔贷款平均负担为5.289%，比正常贷款5.31%还低。这种操作方式，主要不是贷款人的选择，而是放款人为了扩大信贷规模同时留住存款资金的一种运作安排。这种安排证明，银行的每一笔信贷资金并不都是为了实体经济的资金需要，而是基于金融机构自身的运作需要。

3. 金融产品的创新不是为了适应实体经济发展的需求，而是基于人们的资产选择和避免风险的需要，它是金融自身发展的产物，在金融运行机制中产生。随着现代银行业的发展，银行的资产负债业务出现了脱离实体经济的新特征。在负债项目上，银行存款产品引入风险收益对称原则，根据客户对金融产品的不同偏好，开发出投资型存款账户，如股价指数联动型存款，外币汇率连动定期存单等。这些账户的收益与股价指数联动、与外币汇率连动，从利率回报转向金融要素价格波动回报。比如股价指数联动型存款收益与股票指数挂钩，给客户一个选择权，当客户选择权与股价指数变动方向一致时，客户可以获得额外的收入，反之，客户将损失利息收入。在资产项目上，银行信贷资产证券化也广为盛行起来，银行将一些长期贷款“重新打包”，把信用等级高低不同的资产进行组合作为抵押资产发行新的证券，这些新的证券不但可以改变贷款组合的期限，而且能够调整贷款组合的种类和数量，这些新证券已不是原来贷款的代表，而是贷款组合的代表，这个贷款组合实际上是对多种金融资产的风险和收益进行重新搭配。这些新的证券发行并不代表新的货币资金进入生产领域，也不代表着已经进入实体经济的资产，而代表着未来的现金流收入，与原有贷款对应着实体经济中的资产距离越来越远，形成更虚拟的金融资产，构成一个新的金融循环体系，这些新的金融资产的产生并不与实体经济有什么直接联系，而是作为金融机构调整其资产结构，进行流动性重新配置的产物。

二、从金融产品的需求看金融从实体经济中分离

金融需求与经济生活密切相关，商业贸易产生了对票据融资的需求，投资项目产生对固定资产贷款的需求，人们购买汽车、房屋产生对消费贷款的需求，等等，但必须指出：

1. 对金融产品的需求不完全是决定于实体经济现实交易的需要。金融产品既是财富的代表，又是获取财富的手段，他们的价格在市场上处于不断的波动中，这种波动除了供求关系影响外，很大程度上取决于社会公众对形势的预期，这里心理预期是一个非常重要的因素。比如，在货币可自由兑换的条件下，社会公众预测国外货币存款利率上升或下降，就买卖本国货币和外汇，进行币种之间的转换，以赚取利差收益，即“套利”；再如，预测外汇汇率的变动，也要进行不同

货币的买卖转换，来赚取汇率变动带来的收益，即“套汇”。“套利”和“套汇”产生大量的金融交易和不同币种货币的需求，这显然不是由实体经济引起，而是预期的变动形成。预期有理性的，也有非理性的，理性预期基于对信息的掌握和分析，非理性的预期源于对市场运行判断失误和社会的从众心理，如果说理性预期与经济形态相符从而与实体经济相关，则非理性预期与人们的主观意志、心理素质和行为偏好相关。但它同样引导着人们对金融产品的需求。

2. 对金融产品的需求，或者主要规避风险，或者主要寻求增值。由风险规避产生的对金融产品的需求在衍生品市场反映得很普遍。金融衍生品市场是一个风险转化的市场，形形色色的风险可以从投资的正常利润中分离出来，并可以量化为具体的风险价格，将无限风险有限化了。将金融风险进一步细分，建立起各类风险具有高度流动性的市场，风险在风险规避者和风险偏好者之间通过交易进行转换、分化、聚积和承担，同时进行利益分割。对此，我们能够说，金融衍生工具的交易已经完全摆脱了与实物生产的联系，投资者能够根据对预期的不同判断，来选择不同交易方向的衍生工具，买空或卖空，看涨或看跌。这些金融衍生品工具具有高杠杆高风险高收益的特性，它为投机者提供一大批操纵市场的先进手段和便利工具。在投机力量的操纵下，金融衍生品市场的交易数量呈几何级数增长，市场总是出现与基本的经济因素无关的不正常波动。可见，投机的动机也会产生大量的金融产品需求。

3. 人们的消费已开启了金融消费的时代，金融消费成为消费的重要内容。消费是满足一种需要，金融消费满足社会成员的金融需要。社会成员的金融需要有：①实现价值的需要。实现价值的需要除了是将自己的劳动成果转化为人们都普遍接受的货币外，当代，自身价值是否得到实现，其主要标志之一是在金融领域是测量自己的判断和预期。判断和预测准确，是自己智慧和能力的体现。前者体现在商品与货币的交换中，后者主要体现在金融资产组合的模型中。②信用保证的需要。诚信是市场经济的灵魂，市场经济不仅要讲信用，而且要有信用保证。信用保证的承担者，通常是选择金融机构，因为金融机构的存在以信用为基础，金融机构是社会信用体系的核心，金融机构掌握的信息、具有的实力和功能，是其他组织不及或不具有的。③保管财物的需要。比如银行由于它的特殊设备，是社会成员的“保管箱”。④融通资金的需要。金融机构作为中介组织能够调剂资金余缺，而且有的金融机构能够创造信用，信用出资金，信用是连接经济的枢纽。⑤超前消费的需要。超前消费必须借助于银行信用和商业信用，金融机构在促使社会成员的超前消费中，能够起激励和约束作用。⑥提高效率的需要。人们拥有的时间、空间是有限的，提高效率也就是充分发挥人们拥有的时间、空间的作用，使人们的活动在有限的时间、空间中有更多的扩展。当代，经济金融化，经济活动反映为金融活动，因而要借助于金融活动提高效率。以上的金融消费需要依托金融系统，在金融产品的买卖和金融服务的享用中来完成。

三、从金融活动的载体看金融从实体经济中分离

传统的金融理论认为:金融活动依附于商品的生产和商品流通，以实体经济活动为载体，表现为“货出去，钱进来”“钱出去，货进来”，资金和物资的对流，资金在对流中获得增值。但当代金融活动的实际证明：大量的金融活动不以实体经济为载体，不表现为“货出去，钱进来”“钱出去，货进来”，而表现为一个独立的价值运转系统，而且随着它的发育和扩张，其独立性日益增强，能够脱离开实体经济运动自成体系进行循环。它的运动以资产获利为动机，以风险配置为导向，以信息传递为渠道，以金融产品为载体，寻求保值增值。这表明金融活动很大程度上摆脱了与实物资产的联系。

现实的状况是：大量的资金游荡在金融市场上，无孔不入地寻找着每一个获利的空间，市场上微妙的动向都会引起资金立刻流动，在数量和方向上产生巨大变化，这种现象在国际金融活动中体现得尤为明显。最初国际金融活动主要是进出口贸易和实物投资联系在一起的外汇买卖，货币的收支和结算绝大部分是因为贸易和投资活动所引起的。然而，当代国际金融业务已经与贸易投资活动的关联度降低，而

与货币和金融资产的交易相联性增强，这种交易活动或者是为了获得资本金本身的最大化利润，或是为了规避风险，还可能是别有用心地兴风作浪。国际金融投机家们驾驭着实力雄厚的基金，利用衍生工具和杠杆工具在国际金融市场短期内制造出金融市场上剧烈的价格波动。这些非正常的金融活动导致外汇交易、国际证券交易以及衍生金融工具交易剧烈增长，使国际金融活动日益脱离经济活动而独立存在和运行。这种状况远非实体经济所能左右与控制，它突破了国家金融监管的藩篱，扰乱着国际的金融秩序，掠夺着其他国家的财富，甚至能给一个国家的经济生活形成破坏性影响。这种状况提醒着人们需要密切关注国际的资本流动，必须维护国家的金融安全与经济安全。

四、金融交易有其自身的价值规律

1. 金融交易的价值规律，不完全以现实的供求关系为基础。实体经济的价值规律简单地说决定于供求，表现在现实的价格波动中。而**金融交易的价值规律，不完全以现实的供求关系为基础，也不完全表现在价格波动中，它的价值很大程度上取决于人们的心理预期，对未来的判断。**实体经济中的产品价格以凝结在其中的社会必要劳动量为基础，有实物的支撑，价格相对稳定，金融产品的价格是以权利和义务关系对等为基础的，以相关权力的契约支撑，它的价格就要由社会公众来认可，作出评价，在这里，社会心理的预期起着决定性作用。所以，金融产品的价格是一种对未来预期的价格，要受到投资者心理、信念及其所带来行为方式的影响。由于投资者心理状况很容易受到外部环境的影响，其行为受到其他投资者的传染，形成市场上的“羊群效应”，会导致金融市场的狂热和恐慌，加剧金融资产价格的波动。预期对金融资产的定价在股票市场上尤为突出。股票持有者虽然可以从股票股利中获得收益。但他们最为关注的是从股价变动中获得价差收益，所以，企业基本面的经营状况并不是投资者最为关心的，很多时候股票价格的波动呈现出与企业现实经营状况的不一致性，而跟随整个金融市场运行状况、市场的预期等因素的变化。价格的波动都是由投身于市场的社会群体的心理判断的综合表现所构成，如果众多投资者的预期都看好，股票就受到追捧，市场价值升高，所以证券的市场价值某种程度上反映了社会对企业预期效益的心理评估，信息和信心是股票市场价格变动的基石。但信心能够与实体经济发展相背离，当市场弥漫着过分乐观的情绪时，众多投资者过高地估计了经济发展速度与企业的未来业绩时，会推动股市过度地上涨，造成了不能真正实现市场价值的金融泡沫，诱发实体经济中出现过热和供求失衡；反之，当投资者信心受挫时，质地优良的公司发行的股票往往不能得到市场公正的定价，而被低估。

2. 金融资产价格受对金融产品需求无限性的影响。金融资产价格调节机制与实体经济也不同。实物产品的供求可以由生产和消费来调节，对于一种产品而言，即使没有什么吸引力，消费也会有一个最低的标准。吸引力无论多大，人们对它的消费也是有限的，并能通过刺激生产调节供给、存货机制使它的价格变动受到限制。而金融产品没有类似的约束，从一种金融的产品供给来看，它的存量是有限的，从需求来看是无限的，只要在人们想象中有上涨的空间，它的价格就会不断攀升，对它趋之若鹜，当它没有吸引力时，都要迅速地抛售，它的价格就一泻千里。

3. 金融资产价格变动直接关系着财富的增缩。金融资产的价格是由已交易的同类金融产品的交易价格标示的，金融资产作为财富的象征，它的交易价格变化都会使持有者对自己财富感到缩水或增值，产生买进或卖出的动机。而一般的商品，它们价格的变化只会对潜在购买者产生影响，对已经持有该商品的所有者没有什么影响。金融资产价格的变化会迅速影响交易的规模，反过来，交易规模也带动着交易价格的变动，二者的相互作用也就引起了金融态势的转变。

不可否认，经济决定金融，金融反作用于经济，但在当代，要认识金融与经济的分离。认识它们的分离，就要承认金融的独立性，分析金融的独立性，是为了更深层次地理解金融领域中特殊现象和把握金融领域中供求变动的运行规律，认识它在社会经济生活中特有的地位和作用，认识它为什么、怎么样形成虚拟经济。以上我们的认识是很有限的，可以说只是对现实的初步的理性概括，有待进一步研究探讨。

参考文献：

[1] 刘骏民. 论西方国家虚拟资本的新发展 [J]. 经济学动态，1996 (12).

[2] 秦晓. 金融业的“异化”和金融市场中的“虚拟经济” [J]. 改革，2000 (1).

[3] 王春峰，等. 虚拟经济与金融脆弱性 [J]. 价格理论与实践，2003 (4).

[4] 曾康霖. 论金融消费 [J]. 国研网，2003 (5).

央行资产负债理论概述

（一）一般说来：

资产是法人、自然人拥有的财产 } 经济学视角
负债是法人、自然人承担的债务 }

进一步说：

资产是法人、自然人享有的权利 } 社会学视角
负债是法人、自然人应尽的义务 }

（二）央行的资产是央行拥有的财产，可区分为固定性资产与流动性资产、国内资产与国外资产；央行的负债是央行承担的债务，可区分为固定性负债和流动性负债、对内负债与对外负债。从广义的角度说，央行享有的权利都是它的资产，央行应尽的义务都是它的负债。央行资产负债的规模最终取决于社会赋予它的信用。

（三）央行资产与负债的关系是：负债决定资产，而非资产决定负债，“决定”的意思是资产的总量和结构由负债的总量和结构决定，而不是相反。进一步说，央行的资产主要由央行的货币供给和资本决定，而货币供给和资本首先是央行的负债，而不是资产。

（四）一般说来，负债应当偿还，但央行的负债相当大的一部分能够不还。“不还”的意思是央行供给的货币长期被自然人和法人持有，这样，央行的负债就具有长期性和持续性，换句话说，由于债权人（货币的持有者）不索偿，所以债务人能够不还。

（五）央行的资产负债的空间界线能够超出所在国。这样，能够说央行债权债务关系超出国界，涉及诸国。

（六）央行资产负债的时间界线能延续、跨期、连续，这样，能够说央行债权债务关系“没完没了”。

（七）央行资产负债的载体有多种形式，资产负债的价值计量有多种货币单位。由于币值变化，其价值也会波动。

（八）央行宏观调控的对象主要是商业银行和其他金融机构，并以负债为抓手，负债的规模和质量影响商业银行及其他金融机构的资产规模和质量。比如，调控商业银行的准备金存款，再贷款增大基础货币供给，以及发行央行票据等，而准备金存款、再贷款增大基础货币供给和央行票据都是央行的负债。换句话说，央行通过这些手段影响商业银行的资产，作用于宏观调控。

（九）央行吞吐货币进行宏观调控的作用是有限的：主要原因是：①商业银行能够创造货币（派生存款）；②货币能被信用、信用衍生品取代，而且有扩大的趋势；③在商业银行及其他金融机构的资金有富足的来源、资产充裕的情况下，能有效抵销央行的调控。

（十）考察央行的调控效果，主要应关注央行资产负债的流量，而不仅是存量。流量反映过程，存量反映结果。调控要关注过程，而不只是关注结果。

马克思的货币资本积累与现实资本积累理论研究

近 20 年来，我国货币供给量一直是两位数增长，截至 2016 年年底，M2 的绝对量达到了 155 万亿元①，这样天文数字供给的货币有多少仍然作为货币存在，有多少成为货币资金，成为货币资金的货币是否进入了实体经济？这些都是很值得研讨的课题。从微观上考察，以上市公司为例，2016 年底我国 A 股上市公司已经突破 3 000 家，上市公司除了在上市时以 IPO 的方式积累货币资金外，继后又以增发、配股、非公开发行股票等形式再融资，2016 年到 2017 年 1 月下旬，上市公司通过定增、优先股、配股、可转债等再融资方式合计融资近 2 万亿元人民币，超过同期 IPO 融资规模的 10 倍。② 这样大量的再融资，是生产流通领域对货币资金的需要吗？如果答案是不确定的，其中相当一部分再融资积累的钱又到哪里去了？

我国正在建设和完善社会主义市场经济体系，其根基是社会主义制度，与私有制为主的资本主义市场经济体制有本质区别，因此对于上述货币资本、借贷资本及现实资本积累关系的问题不能简单套用西方经济学理论，而应从马克思主义经济、金融学中寻找答案。进一步说，对上述问题的考察，我们仍然能够以马克思经济、金融理论为指导。在《资本论》第三卷第 30、31、32 章中，马克思连续用大量的篇幅剖析了《货币资本与现实资本》的积累问题。本文在一、二、三部分别对这些理论进行梳理、分析，最后结合我国现实情况提出马克

① 数据来源于国家统计局（http://www.stats.gov.cn/）。

② 数据来源于 Wind 数据库。

思的货币资本积累与现实资本积累理论给我们带来的启示。

一、生息资本积累与现实资本积累

在第 30 章中，马克思主要剖析了：生息资本在有价证券形态上的积累、商业信用的积累、生息资本积累和现实资本积累之间的关系。

（一）生息资本在有价证券形态上的积累

有价证券的积累就是有价证券的集聚和集中。有价证券能带来利息，利息是劳动创造的。有价证券的积累表示对劳动占有权的积累。以国债为例，国债的积累，即国债的增加，一方面表示国家债务的增加，另一方面表示国债持有人债权增加。这种积累不仅表示国债持有人有权占有当年的剩余劳动，而且表示有权占有以后各年的剩余劳动。因为公债的利息不是一年付清，而是要若干年才付清。

再以股票来说，股票是现实资本（商品资本和生产资本）所有权的证书。有了股票说明你对现实资本有所有权，但没有使用权。而且你也不能随心所欲地对这个资本提取，只能在法律上有得到股息的权利。马克思说："股票是现实资本的纸质副本。"[①] 如像提货单那样，它代表有这样一批货物。当股票的积累表示现实资本的积累时，就反映了再生产过程的扩大。

有价证券形式上的积累，其意义何在呢？有价证券本身并不是货币资本，而是虚拟资本。有价证券本身也不是借贷资本而是借贷资本的投资领域。用马克思的话说，它们是资本的出借形式，即有价证券是借贷资本的出借形式。借贷资本借出去以后，就表现在这些有价证券上。但是有价证券，又是生息资本的形式。[②] 它们之所以会成为生息资本的形式，一方面是因为它可以带来利息，另一方面可以卖掉它把货币资本收回来。

马克思特别强调，股票能当作商品来买卖，投在股票上的货币资

① 马克思恩格斯全集：第 25 卷［M］. 北京：人民出版社，1974：540.
② 马克思恩格斯全集：第 25 卷［M］. 北京：人民出版社，1974：540.

本会随着股票销售出去而流回。因此，股票又是生息资本的特殊形式。特殊就特殊在，这种生息资本以股票的形式出现，而不是以货币的形式出现。那么，这种生息资本的特殊形式的积累意味着什么呢？意味着股票持有人持有股票的增多，意味着少数人掌握着大量的股票。股票集中在少数人手里，是通过买卖来实现的。而股票的买卖要受到利润率的高低及利息率的高低的影响。在投机倒把猖獗的情况下，大资本家通过投机来集中股票。投机实际上是赌博。马克思说："股票的积累，就其本质来说，越来越成为赌博的结果。""赌博已经代替劳动，并且也代替了直接的暴力，而表现为夺取资本财产的原始方法。这种想象的货币财产，不仅构成私人货币财产的很大的部分，并且正如我们讲过的，也构成银行家资本的很大的部分。"① 由于股票也构成银行家资本的很大部分，所以我们把货币资本的积累理解为银行家手中财富的积累。马克思又说："因为整个信用制度的惊人的扩大，总之，全部信用，都被他们当作自己的私有资本来利用。"②

这就是说由于信用制度发展，一切货币资本都集中于银行。银行家就把一切存款作为私人资本来利用。所以，在这里我们所说的货币资本积累与现实资本积累的关系，实际上就是借贷资本积累与现实资本积累的关系。

马克思指出，银行总是以货币形式或对货币的直接索取权的形式占有资本和收入，银行占有资本和收入的增多，现实货币积累增加，这样的积累可以按不同于现实积累方向进行，银行积累的货币资本证明了它握有现实资本的大部分。③ 这是马克思剖析这一问题给人们留下的精辟结论。

（二）商业信用的积累

由于商业信用是银行信用的基础，所以在研究银行借贷资本积累

---

① 马克思恩格斯全集：第25卷［M］. 北京：人民出版社，1974：541.

② 马克思恩格斯全集：第25卷［M］. 北京：人民出版社，1974：541.

③ 原文为"这些人总是以货币的形式或对货币的直接索取权的形式占有资本和收入 。这类人的财产的积累，可以按极不同于现实积累的方向进行，不过在任何场合下都证明，他们握有现实积累的很大一部分"。(马克思恩格斯全集：第25卷［M］. 北京：人民出版社，1974：541)

以前，要先研究商业信用的积累。

商业信用是职能资本家之间相互给予的信用。如果说银行信用借贷的对象是闲置的货币资本，那么商业信用借贷的对象是现实的商品资本，商业信用的凭证是期票。期票实际上是延期付款的凭证。我赊购了你的商品，当时没有钱，开一张条子，延期付款。这种期票可以转让，但不能买卖。

在商业信用的场合，每个职能资本家都会一面提供信用，一面接受信用①，所以会形成信用锁链。我把商品赊销给你，是我给你的信用。你把商品赊销给别人，是你给别人的信用。这种相互授受信用，以期票为载体，期票能作为信用工具抵销债权债务关系。他们的商品交易支付就可以用期票来抵销，而不必用现金。如抵销不了，差额才用货币来清偿。但要这种可能性变为现实必须具备两个条件：①债权能不能相互抵销，取决于职能资本家能不能顺畅地取得货币资本。而货币资本能不能顺畅地运行，取决于生产和消费过程。②商业信用不会排除现金支付的必要。因为首先要用货币支付工资和贷款；其次，在没有收到别人的贷款以前，就要支付；最后，在信用链不是圆形发展的条件下，有的人也需要现金清算。

由于商业信用有以上两个特点，因而商业信用的发展就要受到两方面的限制。①要受工商业等有多少资本垫底的限制，因为你能把商品赊销给别人，别人不立即付款，你都周转得过来，说明你的底子厚，有钱垫底。底子越厚，你就越能向别人提供信用；底子不太厚，你就只能少向别人提供信用。②要受商品赊销的时间和价格的限制。如赊销的时间长，很久才收得回来贷款，你就不可能再把商品赊销给别人；如赊销的时间短，很快就把别人的贷款收回来了，你就有更多的条件又把商品赊销给别人。至于商品价格问题也涉及贷款能不能流回的问题。如赊销出去的商品是滞销品，价格有下降趋势，别人拿去很久都卖不掉，这时贷款就久久不能回流，就可能要延期付款，贷款收回就没有保证。贷款很久不能收回，就需要更多的资本垫底，也就要更多

---

① 马克思恩格斯全集：第 25 卷 [M]. 北京：人民出版社，1974：542.

的准备资本。

综合上述两点，马克思对以有价证券形式进行资本积累的经济学、金融学的逻辑是：以有价证券进行资本积累是生息资本的积累→所积累的生息资本其货币形态绝大部分集中在银行→银行积累的货币资本能不能成为现实资本取决于不同的现实积累方向→影响现实积累方面的重要因素是商业信用的积累。

马克思进一步指出："生产过程的发展促使信用扩大，而信用又引起工商业活动的增长。"① 生产发展，市场会扩大，市场扩大，商品就要在更大范围内推销，这样生产到销售的距离也要拉长。范围扩大，距离拉长，就需要更多的商业资金。商业需要更多的资金，能不能用自己的资金来满足？不能。这是因为商品的销售属于流通过程。流通过程是不创造剩余价值的。如果流通过程过多地占用了资金，则要使生产过程少占用资金。所以马克思又说："要使一国的资本增加一倍，以便商业能够用自有的资本把全国的产品买去并且再卖掉，这是不可能的。在这里，信用就是不可避免的了；信用的数量和生产的价值量一起增长，信用的期限也会随着市场距离的增加而延长。"②

马克思还认为："在商业信用的场合，借贷资本和产业资本是同一个东西，即是产业资本的组成部分；贷出的资本就是商品资本，这些商品资本，不是用来个人的消费，就是用来生产消费。所以，这里作为贷出的商品资本是处在再生产过程的一定阶段上。商品资本通过买卖，由一个人手里转到另一个人手里。"③ 而这种转移反映了再生产过程的不同阶段上需要消费不同的商品。同时在这种转移的过程中都没使用现金，而是延期支付，这样，信用就作为媒介存在于再生产过程的各个阶段，或者说信用在社会再生产过程中起中介作用。这种中介作用，又可以分为两个阶段，第一阶段，从原材料到制成品的完成，这是在商人同产业资本家的买卖之间起中介作用。如甲把棉花赊销给乙，乙把棉纱赊销给丙，丙把棉布赊销给丁。棉花从原材料到成品——

① 马克思恩格斯全集：第25卷［M］. 北京：人民出版社，1974：544.
② 马克思恩格斯全集：第25卷［M］. 北京：人民出版社，1974：544.
③ 马克思恩格斯全集：第25卷［M］. 北京：人民出版社，1974：545.

布，这一阶段，商业信用作为媒介存在于生产过程。第二阶段如棉布从批发商人手里卖到零售商人手里，假设他们也是赊销。在这种场合，信用作为媒介存在于流通过程。流通过程是再生产过程不可缺少的，所以借贷商品资本仍然处在再生产过程中。

借贷商品资本仍然处在再生产过程中，说明它不是闲置资本，所以商业信用的扩大并不意味着再生产过程内有大量的闲置资本。

由于存在商业信用，工厂生产的产品能赊销出去，这样就产生了一种假象，好像工厂生产的都是消费需要的。这样就会导致工厂不顾消费的限制，极大地扩大生产能力，结果就会出现产品过剩，从而不能不使商业信用缩小，因为赊销而卖不出去，我为什么还要赊销呢？马克思对此指出："有大量的商品资本，但找不到销路。有大量的固定资本，但由于再生产停滞，大部分闲置不用。信用将会收缩。"① 因为大家都要现钱交易，不愿赊销。这种情况下，大量的生产资本闲置不用，生产资本表现为过剩，而非缺乏。

（三）生息资本的积累和现实资本积累之间的关系

对于它们之间的关系，马克思概括为四个方面：①借贷货币资本的积累和现实资本的积累不相同；②借贷货币资本的积累同现实资本的积累不是一致的，往往按相反的方向发展；③不能把借贷货币资本的增减同流通中货币量的增减等同起来；④不能把借贷货币资本与产业资本循环中的货币资本混同起来。

对这四个方面，马克思的阐述是：

1. **"借贷货币资本的增加，并不是每次都表示现实的资本积累或再生产过程的扩大。"**②对于这一点，马克思说萧条阶段就很明显。在这个阶段，借贷货币资本大量闲置不用。因为这个阶段生意不好，物价下跌，资本家信用不足，不想兴办企业，扩大生产。银行有钱贷不出去，利息率很低。在这种情况下，借贷货币资本的积累显然大于现实资本的积累和再生产过程的扩大。

① 马克思恩格斯全集：第25卷［M］. 北京：人民出版社，1974：546.
② 马克思恩格斯全集：第25卷［M］. 北京：人民出版社，1974：549.

2. “**随着银行制度的发展**（参看下面举出的关于伊普斯威奇地区的例子，在 1857 年以前的几年间，那里的租地农民的存款增加了三倍），**从前的私人贮藏货币或铸币准备金，都在一定时间内转化为借贷资本**。这样造成的货币资本的扩大，和伦敦股份银行开始对存款支付利息时存款的增长一样，并不表示生产资本的增加。”① 这就是说私人的钱会在一定时期内变成银行存款，银行也可以作为借贷资本来运用。但是能否用得出去，不取决于主观愿望，还要看客观条件，也就是在客观上具不具备发展生产的条件。在资本主义生产周期处于萧条阶段，发展生产的条件不具备，因为有钱也不愿做生意。这时，生产资本的规模并没有变，可是借贷资本比较充裕。

如果资本主义生产周期处于复苏和繁荣阶段，借贷资本的增加才与现实资本的扩大结合在一起。因为在这两个阶段上，做生意有利可图，资本家要开办新的企业，旧的企业也要更新设备，同时要用钱购买原材料、发工资，所以不得不求助于借贷资本。这时利息率又逐渐提高到它的平均水平。

如果资本主义生产周期处于危机前夕和危机爆发阶段，那么在这个阶段上，由于生产过剩，因而现实资本也过剩，但借贷货币资本奇缺，这时的奇缺并不是货币资本或货币的绝对减少，而是由于信用的破产，人们不愿意把手中的钱存在银行，宁愿把钱留在手中。关于借贷资本的积累与现实资本的积累，在资本主义生产周期各个阶段上的表现，马克思进行了概括。总的说来，这就是按相反的方向进行的。当借贷资本积累扩大、充裕的时候，也就是现实资本积累缩小、下降的时候；当借贷资本积累缩小、缺乏的时候，也就是现实资本积累扩大、充裕的时候。只有在两个阶段上，借贷资本充裕和现实资本的扩大结合在一起。这两个阶段就是资本主义生产周期中复苏和繁荣的阶段，这是两个中间阶段。而在“一头一尾”，即萧条和危机阶段，借贷资本与现实资本都是按相反方向发展。

3. 除了分析借贷资本积累与现实资本积累的关系外，马克思还分

---

① 马克思恩格斯全集：第 25 卷［M］. 北京：人民出版社，1974：552.

析了信用制度和经济危机的关系。由于资本主义再生产过程都以信用联系起来，所以马克思认为："只要信用突然停止，只有现金支付才有效，危机显然就会发生，对支付手段的激烈追求必然会出现。所以乍看起来，好像整个危机只表现为信用危机和货币危机。"① 其实，信用危机和货币危机只是经济危机的表现，不是产生经济危机的原因。产生经济危机的原因是"现实买卖的扩大远远超过社会需要的限度"②，也就是说是由于生产过剩。

信用危机表现在汇票不能兑换货币。对于这些不能兑换货币的汇票，马克思认为："代表那种现在已经败露和垮台的纯粹欺诈营业；其次，代表利用别人的资本进行的已告失败的投机；最后，还代表已经跌价或根本卖不出去的商品资本"。③ 但这些现象能不能说是由于汇票不能兑换货币造成的呢？不能。这是人为使再生产过程猛然扩大的结果。可是，这一切都以欺诈的形式表现出来。为什么商品卖不出去？为什么产生投机欺诈？人们从表面上看是因为缺乏信用，缺乏货币，其实这是现象，实质的问题是资本主义生产。

马克思还指出："商品资本本身同时也是货币资本。"④ 马克思说它同时也是货币资本，就是说，商品会卖成钱，转化为货币。但是这只是在可能性上，所以马克思又说商品资本是"可能的货币资本"。⑤ 这种可能的货币资本在资本主义生产周期中，也总是处于不断扩张和收缩中。在危机前夕和危机期内，表现为收缩。因为商品卖不出去，商品的价格下跌，这样它代表的可能的货币资本就少。

马克思还指出，一国的货币信用危机将影响到另一国的货币信用危机，一切国家都会卷入危机。⑥ 为什么？因为一切国家除少数外，过度地输出，过度地输入，使得一切国家的国际收支都会出现逆差。差额是要支付的，你要支付给我，我要支付给他。如我不能支付，你

① 马克思恩格斯全集：第25卷［M］. 北京：人民出版社，1974：555.
② 马克思恩格斯全集：第25卷［M］. 北京：人民出版社，1974：555.
③ 马克思恩格斯全集：第25卷［M］. 北京：人民出版社，1974：555.
④ 马克思恩格斯全集：第25卷［M］. 北京：人民出版社，1974：555.
⑤ 马克思恩格斯全集：第25卷［M］. 北京：人民出版社，1974：555.
⑥ 马克思恩格斯全集：第25卷［M］. 北京：人民出版社，1974：556.

也不能支付。最后就得拿黄金出来。所以黄金外流也是危机的现象。

二、借贷货币资本积累与现实资本积累

在第31章中，马克思继续研究上一章提出的问题，即“关于以借贷货币资本形式进行的资本积累，究竟在多大程度上同现实的积累，即再生产过程的扩大相一致的问题”。[①] 为继续探讨这一问题，他指出：“在这里我们必须把以下两点区别开来：①货币单纯地转化为借贷资本；②资本或收入转化为货币，这种货币再转化为借贷资本。只有后一点，才能包含真正的、同产业资本的现实积累相联系的借贷资本的积累。”[②] 这就是说，在货币单纯地转化为借贷资本的场合，借贷资本的积累不表示现实资本的积累或再生产的扩大，而且往往与现实资本的积累无关。

（一）货币转化为借贷资本

在第30章中，马克思分析了借贷资本的积累与现实资本的积累成反比例。借贷资本积累过多，产生在产业周期的两个阶段上。第一个阶段是危机刚过、周期开始的时期，即萧条阶段。这个阶段，产业资本中的生产资本和商品资本已经收缩。产业资本中的货币资本闲置起来，存入银行，表现为借贷资本增多。第二阶段是已经开始好转，但还不大需要银行信用的时期，即复苏时期。这个时期借贷资本开始被使用，但利息率很低。这两个阶段，都表现为借贷资本的过剩。对于这种过剩，马克思指出：“在第一种场合，表示产业资本的停滞，在第二种场合，表示商业信用对银行信用的相对独立性。”[③] 其中，第二种场合表示生意开始好转起来，但主要是采用自有资本和商业信用的形式经营，很少向银行贷款，即使贷款也是小量的，期限较短。

在第一个阶段，借贷资本的积累与现实资本的积累正好成反比，

① 马克思恩格斯全集：第25卷［M］. 北京：人民出版社，1974：560.
② 马克思恩格斯全集：第25卷［M］. 北京：人民出版社，1974：560.
③ 马克思恩格斯全集：第25卷［M］. 北京：人民出版社，1974：561.

一个多，一个少，一个扩大，一个收缩。在第二个阶段，情况就有些不同，这一阶段借贷资本积累同现实资本的积累同时都有所增长，但现实资本增长得慢，因而对借贷资本的需求很少，所以在这种情况下，借贷资本仍然相对过剩。但这两个阶段都有利于现实资本积累的扩大。因为在第一种情况下，虽然物价低廉，但利息很低，资本家仍然有利可图，在第二种情况下，物价缓慢上升了，而利息仍然很低，资本家更有利可图。

在没有任何现实积累时，借贷货币资本的积累也能够增加，这是因为以下三点原因：

第一，借贷货币资本的积累，可以由单纯的技术手段，比如银行的业务的扩大和集中，以及流通准备金或支付准备金的节约来实现。银行业务的扩大和集中，会使存款、放款增加，从而增加借贷货币资本。各种准备金的节约，也会转化为货币资本。

第二，由于再贴现制度的建立，也能使借贷货币资本增加。商人把汇票拿到银行去贴现是初次贴现。如果银行把汇票再拿到其他银行如中央银行去贴现，就是再贴现。为什么会产生再贴现呢？因为不同的银行其资本有多有少，有的底子厚，有的底子薄，底子薄的，本钱少，如果需要钱，就会把汇票拿到底子厚的本钱多的银行去再贴现。为什么有的银行底子厚，有的底子薄？其中有个原因就是有的地区存款多、贷款少，有的地方存款少、贷款多。马克思引用了《经济学家》杂志的一个材料。说农业区银行存款多、贷款少、钱用不出去，而工业区银行存款少、贷款多，钱不够用。由于银行借贷资本分布得不平衡，有的人就专门成立了一种企业，叫“汇票经纪人”①，专门从事资本的分配，就是把工业区银行的汇票拿到农业区银行去。以再贴现的方式吸收部分银行的剩余资本，这对银行来说就是增加借贷货币资本。

第三，股份公司的出现，使出卖股票而收集的大量货币，在没有

① “汇票经纪人”是一种从事资本分配的新型商行，又叫贴现公司。从事这种业务的实际上是资本雄厚的资本家 。这种商行，按约定的期间和商定的利息吸收农业区银行的存款，吸收股份公司和大商行的暂时不用的资金，然后以更高的利息率贷出去。

现实使用之前，都存入银行，这也暂时地增加了借贷货币资本的积累。

由于这三点原因，借贷货币资本的积累超过了现实资本的积累。这种积累纯粹是货币转化来的。马克思指出："借贷资本的量和通货的量是完全不同的。我们这里所说的通货的量，指的是一个国家内一切现有的流通的银行券和包括贵金属条块在内的一切硬币的总和。这个量的一部分，构成银行的数量不断变动的准备金。"[①] 这就是说银行业务库存中的现金要算在流通量当中。

货币流通量就是流通中存在的货币量。这个货币量表现为银行存放款的差额。借贷资本量是银行的放款量。马克思对此举了一个例子："如果 20 镑每天贷出五次，那么就有 100 镑的货币资本被贷出，……"[②] 20 镑怎么变成 100 镑呢？就是因为把 20 镑贷出去，又流回来，流回来又贷出了。在这个场合，货币流通量是 20 镑，借贷资本量是 100 镑，二者不同。从这一点我们可以知道，在货币量减少的情况下，存款量、放款量可以增加。这种增加取决于以下两个因素。

第一，同一货币所实行的购买和支付的次数。这里的"同一个货币"不是相同的一枚货币的意思，是同一批货币（这批货币可能是 20 镑，也可能是 30 镑，数量可以不等，有书翻译为"同一货币"）。同一批货币作为购买和支付的次数，实际上就是货币流通速度。货币流通速度越快（即次数越多），流通中所需货币量就越少。引起同一货币实现购买和支付次数的重要因素是利息率。马克思指出：不同国家利息率的差别由利润率的差别和信用发展上的差别决定。[③]

从较短时期来看，利息率的变动取决于借贷资本的供给。但有一点很重要，就是要把同一个 20 镑贷出 5 次，成为 100 镑借贷资本的量，对此必须以购买和支付作为媒介，即贷出去，别人用来购买商品，卖商品的人又把收到的贷款 20 镑存入银行，银行又贷款出去。"如果

---

① 马克思恩格斯全集：第 25 卷［M］. 北京：人民出版社，1974：565.

② 马克思恩格斯全集：第 25 卷［M］. 北京：人民出版社，1974：565.

③ 原文为："后者由利润率之间的差别和信用发展上的差别决定"（马克思恩格斯全集：第 25 卷［M］. 北京：人民出版社，1974：565）。

没有购买和支付作为媒介，它就不会至少四次代表资本的转化形式（商品，其中也包括劳动，从而不会构成100镑的资本，而只会构成五次各20镑的债权）。"① 因此，银行贷一笔资本出去，就意味着这笔资本执行购买手段和支付手段的职能，同一货币被贷出去四次，就代表四个资本的转化形式（商品中包括劳动力），如果不以购买作为媒介，那么同一货币被贷出去四次，也只代表一个资本的价值，在这种情况下，只说明进行了四次债权转移，同时说明银行吸收的存款都是商品资本的转化形式。

第二，同一货币作为存款流回到银行的次数。"同一货币……反复执行购买手段和支付手段的职能，是通过它重新转化为存款来完成的"②。这就是说，如果不转化为存款，就不可能反复执行购买手段和支付手段的职能。要知道，同一货币流回来到银行的次数与同一货币当作流通手段、支付手段的次数是不同的。前者是"归行速度"，后者是"流通速度"。归行速度取决于持款人愿不愿意把钱存在银行里面；流通速度决定于商品买卖人交付款的时间次数。如有的人把钱拿在手里，你付钱给我，我付给你，不存入银行。在这种情况下，归行速度可能减慢，流通速度会增加。所以二者不是一个概念。归行速度对什么有影响呢？归行速度快，同一货币多次变为存款，就可以多次贷放出去，这样货币量不增加，存款贷放量能够增加。马克思举了一个例子："一个零售商每周把货币100镑存到银行家那里去；银行家用它来支付工厂主存款的一部分；工厂主把它支付给工人；工人把它付给零售商；零售商重新把它存入银行。"如果零售商每周存的100镑都不用，那么经过20周后，就是2 000镑了。③ 在这里，我们可以看出，这100镑货币作为支付手段四次，作为流通手段一次，作为归行速度两次（存款两次）。

马克思这样的对于纯粹的货币转化为借贷资本的积累的考察，证明了借贷资本的积累与现实资本的积累不同。

---

① 马克思恩格斯全集：第25卷［M］. 北京：人民出版社，1974：565-566.

② 马克思恩格斯全集：第25卷［M］. 北京：人民出版社，1974：566.

③ 马克思恩格斯全集：第25卷［M］. 北京：人民出版社，1974：566.

（二）由资本或收入转化为货币，再由货币转化为借贷资本

马克思指出，货币资本的积累有几种情况：一是由于商业信用活动的停滞，即不是赊卖，而是现金交易，而使收入存入银行；二是流通手段的节约，使手持现金存入银行；三是再生产当事人准备资本的节约存入银行；四是黄金从国外流入。

以上四种情况，都是纯粹的货币转化为信贷资本。但这里考察的由资本或收入转化为货币，再由货币转化为借贷资本的情况，与前述四种情况不同。马克思首先指出："这里考察的货币资本的积累，是与产业资本现实积累联系在一起的借贷货币资本的积累。"[①] 产业资本，包括货币资本、商品资本、生产资本三种形式。产业资本积累增加，表现为这三种形式的资本积累也要增加。由于信用事业的发展，货币资本绝大部分集中在银行，因此，产业资本中的货币资本的积累就必然表现为银行借贷资本的积累。这种积累"既不是商业信用活动发生停滞的表现，也不是实际流通手段或再生产当事人的准备资本的节约的表现"[②]。更不是黄金的流入的结果，而是生产发展的结果，由于生产发展的结果而增加的积累是生产向前发展的表现，而不是消极落后的表现。

马克思强调，由资本或收入转化为货币，再由货币转化为借贷资本[③]，其实质是劳动剩余价值转化为借贷资本。与上述四种情况不同，这是一个企业家不能忽视的重大问题。这就是强调：企业家必须把剩余价值的相当部分转化为资本。他指出：由于生产的发展，产业资本家积累增加，其积累的源泉是工人创造的剩余价值。资本家源泉的剩余价值，一部分用来积累，一部分用来消费。用来积累的部分，在没有购买生产资料和劳动力以前，要表现为货币资本，这部分货币资本被存入银行，就变成了借贷资本。用来消费的部分，在没有购买生活资料、消费以前，也存在于货币资本形态上，这部分钱是逐渐用出去

---

① 原文为"只有后一点，才能包含真正的、同产业资本的现实积累相联系的借贷资本的积累"（马克思恩格斯全集：第25卷［M］. 北京：人民出版社，1974：560）。

② 马克思恩格斯全集：第25卷［M］. 北京：人民出版社，1974：568.

③ 马克思恩格斯全集：第25卷［M］. 北京：人民出版社，1974：560.

的，也会存一部分在银行，借贷资本积累增加。①

此外，马克思还指出，借贷资本的积累除了来自产业资本的积累外，还来自各阶层的货币收入，如地租、高级工资、非生产阶级的收入，等等。这些收入“在一定时间内采取货币收入的形式，因此可以变为存款，并由此变为借贷资本”。马克思总结式地作了以下概括：“一切收入，不论是用于消费还是用于积累，只要它存在于某种货币形式中，它就是商品资本转化为货币的价值部分，从而是现实积累的表现和结果，但不是生产资本本身。”②

这就是说，一切收入（包括各阶级、阶层的收入）的最新表现为商品资本，即表现在生产的商品上。商品卖出去以后，这一切收入就表现在货币形式中，这些货币，有的作为积累，有的作为消费，不管用来积累或消费都会变成存款，使借贷资本的积累增加。这种增加，是现实积累增加的结果，也是现实积累增加的表现。但借贷资本还不是生产资本本身，生产资本表现为生产资料和劳动力。

还需指出的是，我们通常把资本主义生产周期分为四个阶段，即萧条、复苏、繁荣、危机。可是马克思对产业循环周期的划分要具体得多。马克思在《资本论》第三卷第 404 页中讲，产业资本运动的周期分为：静止状态、增进着活跃性、繁荣、生产过剩、恐慌、停滞、静止状态，等等。总之，马克思向我们指出：借贷资本的积累与现实积累不同，借贷资本的积累总是直接以货币形式进行，而现实积累要由再生产中的资本本身的各种要素的增加来实现。

如果说在上一章，即第 30 章，马克思剖析“货币资本积累与现实资本积累”的思维模式是立足于微观，从具体的有价证券运行着手，则在这一章，即第 31 章，马克思对这一问题剖析的思维模式是立足于宏观，抽象地从产业资本运动着手。这样的剖析让我们认知：借贷资本的积累能够快于现实资本的积累，但是必须指出，“借贷资本的这种迅速发展是现实积累的结果，因为它是再生产过程发展的结果。而

① 马克思恩格斯全集：第 25 卷［M］. 北京：人民出版社，1974：570.

② 马克思恩格斯全集：第 25 卷［M］. 北京：人民出版社，1974：570.

构成这种货币资本家的积累源泉的利润，只是从事再生产的资本家榨取的剩余价值的一种扣除。”①

马克思的这一论断包含三层含义：①再生产过程的发展，剩余价值的增加，借贷资本的积累，只是对从事再生产的资本家榨取的剩余价值的扣除。扣除的这部分“剩余价值”，形成货币资本家的利润，而利润是积累的源泉。②在有的情况下，货币资本家的积累是靠牺牲产业资本家和商业资本家的收入来实现的，如提高利息率，把职能资本家的利润全部吞掉。③通过买卖有价证券，低价购进，高价卖出，这买卖要占有公众一部分货币资本。

三、货币资本积累与现实资本积累

在第 32 章中，马克思在剖析“货币资本积累与现实资本积累”时，提到了两个转化，即资本或收入转化为货币，货币再转化为借贷资本。实现第一个转化的条件是把商品卖出去取得货币。实现第二个转化的前提是把钱存在银行里，转化为借贷资本。这两个转化，说明借贷资本的积累与现实资本的积累是一致的。但是借贷资本的量与现实资本的量是不同的。因此，这一章首先考察借贷资本的量与再生产资本的量的区别。考察它们的区别，首先要指出的一点是，用在消费上的收入部分不会转化为生产资本，但它能够转化为借贷资本。所以，从这一点上讲，借贷资本的量比再生产资本的量大。用在消费上的收入是要用来买消费品的，即要用来与第二类资本家交换的。在没有用来购买消费品以前，会表现为货币形态，这货币形态存入银行，就转化为借贷资本。

借贷货币资本这样的积累，向我们说明：产业资本循环过程中需要的货币资本，能够使一个人把再生产过程中需用的货币借给另一个人。也能够表现为银行一面吸收存款，一面发放贷款，把这个资本家的钱吸收进来，贷给另一个资本家。这样，使部分银行家表现为恩赐

① 马克思恩格斯全集：第 25 卷［M］. 北京：人民出版社，1974：569.

者，因为借贷资本的支配权，完全落到银行这个中介人的手里。

马克思揭示了引起货币资本的积累的几个因素。①由于原材料等的价格下降，会有一部分货币资本从生产中游离出来，如果生产过程不能立即扩大，这部分分离出来的货币资本就是多余的，从而转化为借贷货币资本。在这种情况下，借贷资本的积累表示对现实积累过程的促进，而通过积累到一定程度，又能扩大再生产。②特别是在商人那里，只要营业中断，资本就会以货币形式游离出来，从而转化为借贷货币资本。在这种情况下，借贷资本的积累都表示对实现积累过程的阻碍。因为商人那里的资本，本来是服务于商品流通的，如果游离出来，就意味着流通中断，这样会成为扩大再生产过程中的阻碍。③有一部分过去的产业资本家转化为单纯的货币资本家。

在第32章开头马克思就指出："作为借贷货币资本，它们并不是再生产资本的量。"[①] 这就是说，借贷资本的量与再生产资本的量是不同的。为什么？马克思分析了三点原因：①年产品中用于资本家消费的那部分收入不表现为再生产资本，但要表现为货币资本的积累。②年产品中用于补偿ⅡC的那一部分资本，在没有转化为实物形式以前，通常会转化为借贷货币资本，用于补偿ⅡC的那一部分资本，是什么呢？Ⅰm这部分资本如果不用来追加到生产中，则会闲置起来。③被用来补偿不变资本的一部分资本，虽然它的数量和再生产过程的规模一同增长，它本身无论在这个形式上或在那个形式上都不表示积累，但它暂时执行货币资本的职能。[②]

再说利润中不用来个人消费而用来积累的部分是什么原因也要转化为货币资本，这里有两方面的原因：一方面，或者是这个部分本身的资本过多，不需要增加新的投资，或者是积累的钱不够，需要增加新的投资。在这种情况下，这部分积累先转化为借贷货币资本，也就是先把钱借给别人用着，以后自己再收回来扩大再生产。另一方面，积累难于找到用途，找不到合适的投资领域，因为各个部门生产都过分膨胀。在这种情况下，货币资本的积累就表现为借贷货币资本的

① 马克思恩格斯全集：第25卷［M］. 北京：人民出版社，1974：572.

② 马克思恩格斯全集：第25卷［M］. 北京：人民出版社，1974：572.

过剩。

借贷资本的过剩表明生产过剩，生产过剩证明了资本主义生产的局限性。但不是说借贷资本过剩，必然地产生生产过剩，必然地表示为缺少投资领域。由于各方面原因借贷货币资本会不断扩大（如食利阶层的增加），需求减少会使借贷资本过剩，供给增大也会使借贷资本过剩。缺少投资使需求减少，食利阶层增加使供给增大。

马克思在分析了资本和收入怎样转化为货币，货币又怎样转化为借贷货币资本以后，提出了现实积累扩大与借贷货币资本积累扩大的关系。他说："货币资本积累的这种扩大，一部分是这种现实积累扩大的结果，一部分是各种和现实积累的扩大相伴随但和它完全不同的要素造成的结果，最后，一部分甚至是现实积累停滞的结果。"① 这就是说，借贷货币资本的扩大有三种情况，一种是利润中用于积累部分的增加，另一种是利润中用于消费部分的增加。这部分增加与现实积累的扩大相伴随，但它不是生产要素。第三种是现实资本停滞，即生产东西卖不出去或是买不到原材料，或生产过剩，找不着投资场所。这样会以货币资本形态出现，增加借贷货币资本。由于借贷货币资本的扩大是在这样三种情况下产生的，因而它积累的量不等于再生产资本的量。

四、启示

马克思关于"货币资本积累与现实资本积累"的剖析，对我们的启示有以下几点：

1. 供给于社会的货币，必须区分为：作为购买手段和支付手段的货币；作为货币资金的货币（马克思称为货币资本，尽管货币资本也是货币，但作为货币资本有增值的性质）；作为商品的货币。② 货币的职能有所不同，并非所有的货币都成为货币资金。

2. 作为购买手段和支付手段的货币，其量决定于投入流通中的商

① 马克思恩格斯全集：第 25 卷［M］. 北京：人民出版社，1974：575.

② 马克思恩格斯全集：第 46 卷（下）［M］. 北京：人民出版社，1974：493、499.

品价格总额；作为货币资金的货币，其量决定于社会再生产过程中需要垫支的购买劳动力和劳动对象的货币量（其垫支的时间即再生产过程中的流通时间）；作为商品的货币，其量决定于以其作为买卖对象的供求关系。换句话说，无论哪一种货币的需求量都是有限的，不是无限的，无限地供给货币，必然产生负效果。

3. 作为货币资金的货币，其载体主要以有价证券和借贷货币资本的形式存在。有价证券和借贷货币资本都能生息，又都统称为生息资本。引起生息资本（特别是借贷资本）量扩大的因素很多，因此生息资本的积累必然大大超过现实资本的积累。

4. 生息资本的积累，在有的情况下与产业资本的积累联系在一起，即同步的；但在另外的情况下，与产业资本的积累不联系在一起，即不同步。在后一种情况下，借贷资本的积累只是在于货币作为借贷货币沉淀下来。这个过程和货币实际转化为资本的过程是很不相同的。这是货币在可能转化为资本的形式上所进行的积累。

5. 借贷资本是货币资本家把别人节约下来的东西，变成他自己的资本，把别人提供给他的信用，变成了他私人发财致富的源泉，与现实积累的扩大相伴随[①]，这是说由于扩大再生产会产生贸易过剩、生产过剩、信用过剩，这是伴随着扩大再生产而产生的，会引起信用的扩大，从而借贷货币资本也扩大。

6. 大量增发货币会使相当大的一部分成为生息资本。如果全社会的资本大量地存在于生息资本，则是消极的积累，不是“积极的积累”。证券公司再融资的资金并非全部进入实体经济，相当部分以生息资本形式存在，如以借贷资本的形式进入房地产。

① 马克思恩格斯全集：第 25 卷［M］. 北京：人民出版社，1974：575.

企业家精神与市场资源配置

中共十八届六中全会公报明确提出要“保护企业家精神”，支持企业家专心创新创业。对这一崭新的提法怎么理解，怎样让企业家在资源配置中发挥作用，是本文探讨的主题。

一、企业家精神的内涵与外延

企业是工商业界的细胞。我国既有国有独资和控股的国有企业，也有多种经济成分组成的民营企业；既有大企业，也有为数众多的中小企业。每个企业都有“老板”，都有“高管层”，是否凡是“老板、高管层”都是企业家呢？答案应当是不确定的。应当说企业家是“老板、高管”，但不能说“老板、高管”都是企业家。应当说从“老板、高管”到企业家有一个历练过程，历练从量变到质变。

“老板、高管层”，经过量变到质变的历练过程，成为企业家，逐步形成企业家精神。企业家精神是企业家意识形态和智慧才能（组织建设企业的才能）的总的概括。它是抽象的，又是具体的，它是内向的，又是外向的。企业家精神，不仅反映在这个企业产品的市场占有率上，更展现在这个企业的形象和它所代表的一切上。可以说，企业家精神是企业文化的集中体现。有人概括说：学习是企业家精神的追求，敬业是企业家精神的动力，执着是企业家精神的本色，诚信是企业家精神的基石，创新是企业家精神的灵魂，冒险是企业家精神的天性，合作是企业家精神的精华。所有这些都是对企业家精神的充分肯定和对企业家的点赞和褒奖。这 6 组点赞和褒奖词的逻辑应当是“学习、执着、诚信——创新、冒险、合作”，前三者是企业家从业的基础和素质，后三者是企业家从业的选择和进取精神。

在这里我们特别要评论企业家的创新精神、冒险精神和合作精神，以及应有的使命感、责任感。其中创新精神应是企业家精神的核心体现。根据熊彼特的总结，创新分为 5 种情况：引进新产品、引用新技术即新的生产方法、寻找原材料的新供应来源、开辟新市场、实现企业的新组织。也就是说，企业家的创新精神体现在企业的产、供、销各个环节。而每个环节的创新过程都是“创造性破坏”，即都是对资源的重新组合过程，其实质是促进企业内部资源及社会资源的更进一步优化配置。企业家作为企业内部资源的配置者，需要按照现代科学技术的要求和其内在联系有机地组合各种生产要素，最大限度地提高投入产出效率；企业家作为社会资源的配置者，需要将生产要素投入转化为市场需要的产出，不断地开拓新产品、新领域、新市场，在不确定的环境下冒着一定的风险进行决策，在优胜劣汰的市场竞争中不断发展壮大自己，这其中无一不体现了企业家的创新精神、冒险精神和敬业精神。

二、企业家产生的过程和特征

让市场在配置资源中发挥决定性作用，应当使市场掌握在真正的企业家手中。而真正的企业家必须是德才兼备的经理人，这决定于企业家素质。如果企业家的素质不高，在配置资源过程中就会发生行为扭曲，不按经济发展的规律去配置资源，形成资源的错配与浪费。在这里，需要评析我国企业家特别是非公有制企业企业家产生的过程和特征。

（一）我国企业家的出生与时代背景

我国企业家应由国有企业（含国有独资企业和国有控股企业）高管和非国有企业高管组成。这样的高管群体要能成为企业家与我国体制相关，与社会经济环境相关，与出生相关。

我国在相当长的时期中，实行计划经济体制，不仅不同的行业有政府主管部门（如冶金部、化工部、机械工业部等），而且下属的每个企业的厂长、经理都是由上级主管部门任命，而且任命的厂长、经理有不同的级别。不同级别的厂长、经理的职责，主要是完成上级下达的生产销售任务。在这样的经济体制下，企业的高管只能是计划经济的执行者，算不上是企业家。国有企业的高管成为企业家，应当是在提出“我国经济体制改革的目标是建立社会主义市场经济体制”和提出“建立现代企业制度”以后。

非国有企业高管成为企业家，是一个逐步成长的过程。1988 年 4 月全国人大通过的《中华人民共和国宪法修正案》规定：国家允许私营经济的存在和发展，保护私营经济的合法利益，对私营经济实行引导、监督和管理。1999 年 3 月，九届全国人大二次会议审议通过的《中华人民共和国宪法修正案》，首次把“个体、私营经济等非公有制经济，是社会主义市场经济的重要组成部分”写进宪法。之后，依照宪法鼓励、支持和引导个体和私营经济发展。据报道，从 21 世纪初开始到 2013 年，个体和私人经济的发展大体经历了三个阶段：21 世纪初到 2004 年，为高速发展的阶段，其每年的增长速度超过 20%；从 2005—2008 年，为增速放缓的阶段，其每年的增速在 10%左右；从 2009—2013 年为较高速发展阶段，其每年增速在 15%左右。这样的增速变动与改革开放的进程相关，与政府投资变动相关，与职业变动相关。在 20 世纪 90 年代，特别是 1992 年邓小平“南方谈话”以后，“下海经商”的主要是那些先知先觉者，私营企业主主要来自工人、国有企业干部、科技人员和知识分子。但到 21 世纪初，那些原来是企业负责人，后来“下海经商”、单独干的，就占了绝大部分，而其他“下海经商”的成分呈现逐渐下降的趋势。有资料显示，私营企业主在“下海经商”前的最后职业：1993 年普通工人占比最高，达 24%，而到 2002 年占比下降到 4. 8%；同期，机关事业单位负责人占比从 6%下降到 3. 3%，专业技术人员占比从 11. 1%下降到 6. 7%，企业负责人占比从 15. 4%上升到 55. 4%。这表明，超过一半以上的私营经济生产经营比较稳定，少有职业变动。

企业家的出生有多种途径，根据中国企业家调查系统 21 世纪初的调查问卷（见表1），企业家由“组织任命”的比例达到45.9%，高于“市场双向选择”。另外，还有“组织选拔与市场选择相结合”“自己创业”“职工选举”等几种途径。问卷调查统计还表明，大型企业“组织任命”的比例占66.2%，远高于小型企业的36.2%；从企业性质看，国有企业“组织任命”的比例更是高达90.0%。值得注意的是，随着企业经营者年龄的增长，由上级任命的比例也逐步增加，56岁及以上的企业经营者一半以上由组织任命。

在市场经济条件下，通过市场竞争机制来选择企业家是一国市场化程度高低的重要标志。而我国任命企业经营者的“组织”多为“上级或行业主管机构”。这种“上级或行业主管机构”代替市场的选择机制对企业经营者的行为导向、企业的经营目标及经营业绩都会产生

表1　　2002年企业经营者获取职位的途径　　单位:%

分类	途径					
	组织任命	市场双向选择	组织选拔与市场选择相结合	自己创业	职工选举	其他
总体	45.9	3.3	11.1	24.5	13.2	2.0
大型企业	66.2	3.3	13.5	9.1	6.0	1.9
中型企业	44.4	3.7	11.3	24.0	13.9	2.7
小型企业	36.2	2.8	9.6	33.6	16.7	1.1
国有企业	90.0	0.3	6.3	0.7	2.5	0.2
私营企业	2.6	3.5	2.6	86.3	3.1	1.8
股份有限公司	30.8	4.2	22.4	20.2	19.1	3.3
有限责任公司	23.2	4.2	12.9	34.6	21.7	3.4
外商及港澳台	30.3	15.2	14.1	34.4	2.0	4.0
合资企业						
35岁及以下	29.5	5.5	10.3	45.2	6.8	2.7
36~45岁	38.0	5.0	11.6	1.8	11.8	1.8
46~55岁	50.6	2.4	11.1	19.6	14.7	1.6
56岁及以上	50.4	2.7	10.8	19.6	13.3	3.2

数据来源：中国企业家调查系统2003年抽样统计，它虽然反映的是21世纪初的状况，但仍有代表性。

极大影响。由“组织任命”的企业家，不是职业经理人，也就不是职业化的企业家。这种企业家生成机制难以避免选择标准的政治化倾向，政府部门对企业经营管理者的选拔和考核标准与政府官员的选拔和考核标准并没有显著差别。另外，企业经营管理者自身并未将自己的角色定位于企业家，许多人的追求目标是入政门、奔仕途。企业家选择机制中的政府任命行为与企业家的“官本位”倾向，使政府官员与企业家之间的角色转换频频发生。在国有企业中，政府官员与企业家的行政级别更是存在高度的相关性。这种角色定位的扭曲，行为目标导向的倾向只会产生“准官员”，而难以产生职业经理人。

表1中的数据还表明，私营企业经营者自己创业比例远远高于其他类型企业，达到86.3%。这些私营企业的经营者主要来源于公职人员辞职下海、知识分子创业、小生产者（包括农民）自己经营起家、国有企业负责人移位、复员军人转业、受冲击的人（劳改释放人员）就业等。改革开放以来，私营企业的不断发展壮大已成为推动我国经济持续、快速、健康发展的重要力量。但必须承认，相当多的私营企业家的素质仍存在着缺陷：文化水平一般不高，缺乏系统的现代管理知识和向现代企业家过渡的文化底蕴；敢想敢干，但具有冲动的倾向，缺乏对企业发展战略的思考，难以将企业做强做久；诚信意识不强，法律观念淡薄，为获取利润，不择手段，甚至铤而走险，违法经营等较为普遍。

还值得评析的是：我国民营企业家的“出生”，大体说来主要有3种情况：有辛勤致富起来的，有敢冒风险起来的，有权钱交易起家的。相应地：有逐步积累的民营资本，有负债起家的民营资本，有权势掌握的民营资本。不同的民营企业家，有不同的价值观、不同的思维方式、不同的从业选择、不同的做人态度。他们共同的特征是：先知先觉，锐意进取。但又面临着普遍的弱点和挑战：先天不足，形势严峻。所以，他们相当一部分人急功近利、短期行为。我们指出的这些，旨在表明“出生”对企业家精神的铸造有重要影响，但如果企业家自身加强修养也有利于企业家精神的形成。

19世纪40年代，西方发达的市场经济国家发生“经理革命”，逐渐形成了一大批职业型的企业家。职业型的企业家是财产所有权与经营权分离的产物，他们构成了企业家市场，在这个市场中，只有具备丰富的知识素养和企业管理经验，充分拥有企业家精神的人才能有施展才华的机会，而绝不会由政府来参与其中。在英美等国，企业家的产生还要通过 MBA 教育，MBA 每年培养大批优秀的企业家。美国高校每年授予的硕士学位中工商管理硕士就占 1/3。

（二）我国企业家的原始积累受体制转轨的推动

改革开放几十年来，伴随着市场经济的发展，我国涌现出一批又一批具有时代特征的企业家。

20 世纪 80 年代中期，乡镇企业开始兴起，苏南模式与温州模式率先以市场经济的方式推进了农村的工业化和城镇化，带动了当地经济的强劲发展，并推动了全国乡镇企业的发展。但时至 20 世纪 90 年代中期，绝大多数乡镇企业在日益激烈的市场竞争面前逐步衰落直至消失。究其原因有各方面，如产权不清、乡级政府的干预等，但乡镇企业的经营者素质偏低、行为短期化、缺乏市场竞争力不能不说是一个较为普遍的原因。

改革开放初期，在乡镇企业朝气蓬勃发展的同时，我国已进入社会转型与经济体制转轨的阶段，在新旧体制交替之时，那些善于寻找和发现新生事物的人迅速完成了原始积累，成为为数不多的富豪阶层。他们中的一些人虽然文化水平较低，但在较短时期中便从一无所有到腰缠万贯。相对而言，可以说这是“速成”的，因为在西方一些市场经济比较完善的国家，积攒数百万美元的资产平均要几十年，甚至几代人才能完成。不可否认，我国企业家的原始积累与经济体制以及当时的经济态势相关，有说服力的是价格双轨制的差异，应当说不少人就是利用价格双轨制的差异聚集财富。据统计，在 20 世纪 80 年代中后期，全国基于市场价格和计划价格之间的差异有近 6 000 亿元，其中有相当一部分成了一些人的原始积累。

20 世纪 90 年代初期，邓小平同志“南方谈话”后，我国经济又开始了新一轮的启动。在此过程中，由于土地批租不规范和不公开，土地资本化中政府征占和官方控制与金融投资相结合，一些人以土地作为炒作对象，通过权钱交易以极低的价格获取国有土地再进行倒卖，这使得财富迅速聚集在一部分人特别是权贵们手中。在同一时期，中国股市的强劲发展又给一部分人提供了致富机会，他们想方设法套用各种资金，其中相当一部分以银行资金炒股，在股市中翻云覆雨，获取了最初的“第一桶金”；而且，在股市由最初的“试验”转为“坚决要办好”的思想指导下，政府极力将国企推上股市筹集资金，企业家则竭尽全力争取让自己的企业上市，只要上市，真金白银就哗哗流入。此外，银行业中的权力寻租也使不少企业利用各种关系从银行获取贷款，谁能掌握银行贷款这一稀缺资源，意味着谁就有了经营企业的资本。这些状况表明：我国部分企业家的原始积累带有机会主义的色彩。反思这一历程，有利于认识我国企业家的素质。

（三）我国企业家的成长受权力经济的影响

我国企业家选择机制中政府任命占了相当一部分，这样的选择机制使部分企业家与权力经济在不同程度上结合在一起，导致部分企业家的行为偏离了市场，具体表现为：

（1）在经营决策中多注重官场，听命于上级领导的指挥，迎合其偏好，而忽视市场信号，脱离市场行为。这样，使得转轨时期我国的企业家在资源配置中不是主动而是被动发挥作用，这样做削弱了市场在资源配置中的决定性作用。当然，与权力经济结合也有利有得。比如，能够得到上级领导所掌握的资源为企业牟取一些“实惠”：当企业盈利时，大家共同分享所获利益；当企业亏损时，上级领导则协助申请补贴、减免税收、滞还贷款。难怪一些企业家曾说：办企业就要玩政治。

（2）在企业内部搞泡沫式的虚假繁荣，甚至虚报浮夸。这种状况说白了，是为了考核的需要，为了获得“政绩”的需要。但这种状况造成许多企业的经营行为短期化、投机化，给企业的长远发展带来了极大危害，如巨额债务和产品积压等。对这种情况进行深入剖析，还能发现，少数人为了赢得仕途上的步步高升，不惜以国有企业的资产作为寻租的交易费用，进行“钱权交易”。

（3）从国有企业绩效水平考察，据国家有关部门的抽样调查，

2003年在我国2 000家国有亏损企业中，由于政策性亏损的占9.9%，由于不可抗拒的宏观因素造成亏损的仅占9.2%，而其余近80%的企业是因为经营不善所造成的。这表明亏损的非市场因素起着重要作用。

三、我国企业家的素质有待提高

但在我国，当我们以“企业家”相称时，人们就已经对其进行了心理设定。概括地说，社会公众对企业家的理解有以下几个方面：①企业家是成功人士，熊彼特的企业家理论也同样把企业家设定为成功者，这也是人们更能接受其企业家概念的一个重要原因；②企业家是社会精粹，肩负着巨大社会责任；③企业家是道德完人，具有更多的利他倾向。其实，这是人们对于企业家的期望和条件要求。实际情况是，改革开放后，在我国市场经济的逐步确立与不断深化过程中，我国开始出现企业家的身影，尽管其中有符合人们期望的真正意义上的德才兼备的可称为“家”的人，且总体素质也在不断提高，但总的来说，离真正企业家的要求还有距离，主要表现在以下几个方面：

（一）部分企业家诚信意识淡漠

2016年初，我国最高人民法院牵头联合中央44家单位签署了《关于对失信被执行人实施联合惩戒的合作备忘录》（以下简称《备忘录》），以备忘录的形式，向媒体通报了关于对失信被执行人实施联合惩戒的情况。《备忘录》称，“近几年，全国法院每年新收执行案件已达300多万件，其中70%以上有财产债务人不主动履行，还大量存在恶意逃避执行或者暴力对抗执行等现象。对于生效法律文书确定的义务，当事人有能力履行而不履行，就是不诚信的表现”。为什么存在着这种状况?《备忘录》着重指出，“社会信用体系不健全，公众诚信守法意识不强，已经成为执行难不可忽视的深层次原因”。此外，《备忘录》还指出，“现阶段我国信用惩戒机制严重缺位，失信成本过低”，对其他市场主体形成的负面示范效应不可忽视。它强调，“这使得一些债务人隐匿财产，逃避执行的现象越发普遍和严重”。

应当说，最高人民法院的通报真实地反映了我国现阶段社会成员的诚信状况，其中自然包括部分企业家。要使企业家讲诚信，避免部分企业家失信，如果从经济学去认知，就是应当产权边界明确。市场经济中最核心的权利与义务是产权，即对财产的所有权、处置权、分配权和收益权。信用制度必须建立在产权边界明确、落实了产权监护人的基础上。产权边界明确，市场经济主体才有独立的财产，有了独立的财产才能产生真正的债权人和债务人，也才能形成真正的信用关系。因为，如果产权边界不明确，经济主体就没有独立的财产，没有独立的财产就意味着没有真正的经济实力来承诺财产义务和履行合约，也没有能力来承担交易风险。没有独立的财产，即使经营不下去严重亏损要破产，也无产可破。即使破了产，也不必承担责任。再说市场经济分散决策，产权边界明确，市场经济主体有独立的财产，使其对财产的所有权、处置权、分配权和收益权分散化，才有经济交易活动，也才有信用活动。所以，建立我国信用制度的关键是明确产权，落实产权的监护人，即确定谁是财产的真正所有者，并消除垄断。

当然，法制建设、道德教育也是信用制度建设所必需的，但这二者毕竟是外部力量。要增强信用制度的内部力量，只有从划清产权、落实谁是财产的真正所有者入手。古人云“无恒产者，无恒心”“无恒心者，无信用”，它表明了：恒产—恒心与信用的关系，这应当是制度建设的重要理论基础。

（二）部分企业家创新精神不足

企业的技术创新能力，是企业生存发展的命脉。我国企业在这一方面的投入每年都在增加，但从水平上来说，还是偏低，特别是民营企业。多数企业以引进为主，缺乏技术引进与自主创新的紧密结合；企业在技术创新中怎样走“专、精、特、新”的道路，还需要大力拓展；企业在技术创新中，怎样利用好社会资源，开展产业联盟，实行产、学、研密切结合，还需要积极探索。

技术创新，人才是关键。而目前的状况大体是：多数企业重视人才引进，缺乏人才培养；重视人才的当期研发成果，缺乏对人才创新能力的重视；重视创新成果的投入，强调贡献，缺乏以创新为导向的人力资本管理理念；特别是缺少利益分配和物质奖励制度。

应当承认我国企业家群体的创新精神在不断提高，但与国外相比还存在着差距。中国企业家调查系统的报告显示，在2004年，企业家认同的企业家特征中，选择“善于创新”的占50.7%。而国际著名管理及信息技术咨询公司Accenture（埃森哲）在22个国家和地区对880位高层管理人员进行了调查，结果发现，“保持对新生事物充满好奇，敢于冒险，敢于创造等创新精神是企业发展关键”的占到了98%。Accenture（埃森哲）的调查还显示，在谈到中国人的创新精神在世界各国中所处的位置时，中国企业的高层管理人员对这个问题的估计显得相当悲观：89%的被调查者认为中国人的创新精神远远不如一些发达国家，而64%的被调查者将自己的企业描述为“规避风险型”的企业，这个数据远远高于其他国家。

（三）部分企业家缺乏社会责任感

企业家的社会责任心指的是企业对整个社会的进步和保护社会的整体利益所承担的一种责任，它的表现形式主要有：爱护资源、保护生态环境，交纳税金，为社会提供更多就业机会，增进社会公益事业等。

企业家的社会责任感在很大程度上要靠企业家自身的道德约束。而我国企业家缺乏社会责任感的主要表现为自主纳税意识不足，爱护资源、保护环境的意识缺乏，社会公益心有待提高等。

国家通过税收取得财政收入，以满足实现其职能的物质需要，如加强国防、维护社会安定、发展教育卫生事业、进行科学研究、改善社会基础设施等。这些都是国家在宏观意义上对社会资源的再利用与再分配，是企业生存和发展所必需的外部基础条件。因此，企业的依法纳税对社会资源的有效配置是至关重要的。但我国企业的自主纳税意识还比较缺乏，各级税务部门需要查补的税款数额还很大。涉税违法犯罪的主要手段有弄虚作假、虚开发票、虚列成本、做假账等。

我国正处于经济快速发展时期，环境问题尤为突出。在现代社会的企业生产经营中，企业家的经营理念虽然发生了一些变化，但危害环境的行为仍然存在。其主要表现为：企业在生产过程中，过多考虑企业利润，而忽视环境代价或环境成本，为一点微利，即便消耗大量的资源也在所不惜；只注重眼前利益，并以牺牲环境为代价获取眼前利益，如把相对稀缺的资源用于低收益生产，破坏稀缺资源的可持续利用等。

从社会公益心来讲，世界许多知名的企业家在事业取得成功以后都是积极回馈社会，美国企业和个人的捐款一向执世界之牛耳，每年捐赠占 GDP 的近 9%；而中国最近公布的调查结果显示，在国家登记的超过 1 000 万家企业中，有捐赠纪录的不超过 10 万家，也就是 99% 的企业从未捐赠过；全国公益捐赠占 GDP 的比率更是只有 0. 1%。据调查，2015 年在非公有制经济的企业中，在慈善捐赠方面，大幅盈利的企业捐赠的平均值只有 39. 2 万元，而小幅盈利的企业捐赠的平均值为 351 万元。此外，在职工培训方面的投入，大幅盈利的企业也比小幅盈利的企业要少。这种异常的情况从一个侧面反映了大小企业履行社会责任上的差异。

四、市场在资源配置中起决定性作用，离不开企业家

市场在资源配置中起决定性作用，是要实现资源的优化组合，而资源的优化组合，要靠人的推动，这样的人中首先应是企业家。企业家既是经济人，又是社会人，作为经济人企业家具有利己的素质，作为社会人他具有奉献的素质。先利己后奉献是当代企业家的人格。经济学研究的经济人是利己的人，“利己”不是“自私”，而是“自爱”，是一种追求。正是因为企业家有所追求，才能推动资源的优化组合。社会学研究曾忽略企业家是社会的人，其实，作为一个经济生活的能动者，企业家同样也是社会人，生活于具体的社会环境之中。作为社会人，企业家应当有责任心。正是因为企业家有责任心，才能实现资源的优化组合。进一步说，资源的优化组合是通过市场微观主体的行为进行的，企业作为微观主体之一，其行为要通过企业家的思想来支配。企业家是企业的灵魂与大脑，企业生产什么，生产多少以及如何生产的决策都是由企业家做出的。市场不可能离开人的行为去配置资源，实现资源优化组合的是企业家。应该说企业家控制着市场，在资

源配置中发挥重要作用。具体而言，资源组合的优化与否要靠企业家精神、企业家的声誉、企业家的博弈、企业家的合作、企业家的价值判断、企业家的责任心等。所有这些都是企业家精神的彰显。

在市场经济的运行中，企业与企业的联系是环环相扣的，一个企业既是一些企业的供应商，又是另一些企业的销售商，产业链将企业与企业联系在一起。因而，企业间的博弈是时常发生的事，企业家之间对商品价格的博弈过程，其实就是对资源的配置过程。这个过程需要企业家之间的合作，合作的前提是相互信任，这种信任建立在企业家的声誉基础上。而声誉的形成又是企业家在市场中与其他社会主体，如消费者、资金供应者、其他企业家长期博弈的结果。越是讲诚信的企业家，越容易得到所需要的生产要素，越容易占领产品销售市场，这就促进了资源的合理有效组合。

五、需要准确把握市场在资源配置中起决定作用的内涵

在中共十八届三中全会决议的公报中，明确指出：要让市场在资源配置中起决定性作用和更好地发挥政府的调控作用。这样的措辞与中共十八届三中全会前提出的“要让市场在资源配置中发挥基础性作用”相比较，其含义有什么区别呢？我们认为区别至少表现在三个方面：①有主次之分，即市场调节是主要的，政府的调控是次要的；②有配合之义，即市场调节与政府调控需要配合，必须配合；③有更高的要求，这一高要求便是政府调控要“更好”，市场调节要“更活”。强调市场在资源配置中发挥决定性作用，不要忘了发挥这种“决定性作用”的基础，这一基础就是“建立统一开放、竞争有序的市场体系”。谁来建立和维护这样的市场体系？当然主要靠政府，所以，要更好地发挥政府的作用还应当包含着这一层的意思。

让市场在资源配置中发挥决定性作用靠什么？概括地说，要靠竞争、供求、价格。竞争是市场的“催化剂”，供求是市场的“杠杆”，价格是市场的“指挥棒”。它们的关系应是：竞争决定供求，供求影响价格，价格又作用于竞争。这三者既能够呈良性循环，又可能呈恶

性循环。

我国经济体制改革的目标是建立社会主义市场经济制度。我们要建立的社会主义市场经济制度，就是要使市场在国家宏观调控下对资源配置起决定性作用。市场有供求双方，供求双方处于竞争的状态中，市场在资源配置中起决定性作用，也就是供求双方在市场竞争中决定资源的配置。进一步说，供给与需求最终取决于消费（包括生活消费与生产消费），所以市场在资源配置中起决定性作用，可诠释为以消费需求为基础配置资源。

进一步说，市场在配置资源中起决定性作用，必须确立什么是资源，哪些资源的配置由市场起决定性作用，哪些资源不需要或不能够由市场进行配置。

资源作为人类生存、享受和发展的力量是客观存在的，因为一般说来它是物质的。作为物质的资源需要配置，配置是为了求得资源的最佳组合。在人类经济活动中，需要配置资源，主要是基于资源的稀缺性，而稀缺性的产生是基于人的无限需求，也就是说由于人类追求不断提高生活质量，但人类的活动要受到时间、空间及各种资源的限制。在这种情况下，为了提高资源利用的效率，必须配置资源。资源的配置是通过人们的行为实现的，通过人们的行为配置资源可区分为两种方式：一是通过政府配置资源，即政府发挥宏观调控的作用，采取管制、许可证、配额、指标等手段，对资源进行配置；二是通过市场配置资源，即把资源配置于市场交易中，通过自由交易、价格竞争、优胜劣汰等手段，对资源进行配置。在经济学的研究中，对这两种配置资源的方式褒贬不一。崇尚政府行为者，认为政府代表公众利益，主张资源主要由政府配置；而崇尚市场行为者，认为通过市场竞争能够提高效率，主张资源主要由市场配置。所以，在经济学研究中，讨论资源的配置就集中在怎样提高资源的配置效率上来。需要强调的是，人类社会经济制度的安排之所以要寻求建立市场经济体制，就在于通过市场配置资源能实现效率优先。在社会主义市场经济中，资源的配置不仅要讲效率，而且要注重公平，以注重公平去体现社会主义的特征。

但是，有些资源是不能通过市场配置的，如公共品资源、公益性资源。公共品资源如空气、阳光、水是人类生存不可缺少的条件，是客观存在的，不以人的意志为转移的，人人必须享有，不存在配置不配置，更不需要市场配置。公益性资源如医疗、教育属于社会公众共有，人人都有享受医疗、教育的权利，如果将这些置于市场之中，由于市场的趋利导向，则会剥夺一部分人享有医疗、教育的权利，所以不能通过市场配置。

能够通过价格机制（主要体现为价格变动）配置资源，也能够通过非价格机制配置资源，市场有效地配置资源是价格机制和非价格机制共同发挥作用和相互配合的结果。但无论是价格机制还是非价格机制，其作用都是有限的，不是万能的。

非价格机制总的说来主要是商誉，它包括商标、品牌、产地、担保服务、质押保险等。这些都是供给者对需求者的承诺。这表明：价格并不能完全解决供求问题。商誉是企业的社会资本。社会资本是企业公民对企业的支撑，可形成一种实力。

市场是一种理念，是一种利用商机的思维模型。市场交换的不是实物，而是权利。市场化、商业化，其实是把权力从事物中剥离出来并进行交易的过程。

二战后英国掀起了第一次国有化高潮，建立公共住房、公共医疗、社会保障体系。20 世纪 70 年代撒切尔夫人上台以后，大搞私有化，出售公共服务部门的股票，克服国有缺陷。这样的变化表明，在资源配置中引入供求双方权利的较量，私有化实质上是引入市场和竞争机制。

对撒切尔夫人的私有化运动褒贬不一，我们在这里不做评价。我们仅仅指出她这样做的理论基础是什么。雪利·赖特里写了一本书，名叫《撒切尔主义剖析》，认为撒切尔主义和市场自由主义是不同的。撒切尔主义的理论之一是“最小国家”理论，即缩减政府对社会福利的承诺，政府只扮演“守夜人”的角色。这主要体现在减少公共医疗和社会保障的财政开支方面。这实际上是减少政府的负担，增加私人的负担，促进国家责任向个人责任的转变。

近年来一种新的国家理论正在形成中，“允许私人部门介入，但不允许个人退出”。“允许私人部门介入”即允许私人部门以竞争性的投标方式来“承包”社会性的基础设施建设和服务，让政府逐步从实物供给中退出来。“不允许个人退出”即保留原来的“国民贡献”制度，即公民仍然要向政府交纳“国民保险税”。

资源配置问题是一个权力选择安排的问题，是主要让政府选择安排，还是让社会公民自己选择安排，是市场在资源配置中起决定性作用的应有之义。

六、市场有效配置资源所必需的条件

市场要有效地配置资源，必须要有条件，结合我国现阶段实际，在这里仅指出三点：

（一）建立科学、合理的政商关系

我国的企业家大体可分为国有企业家和民营企业家，他们作为自然人有不同的价值观、思维方式、从业态度和选择途径，但作为企业的法定代表人，有一个共同点，即都存在着政商关系。习近平总书记指出：我国政商关系不能搞成封建官僚与红顶商人的那种关系，也不能搞成西方大财团与政界之间的那种关系。不能搞成这样的关系，而应当搞成什么关系呢？

从国有企业家来说，按照现代企业公司治理的要求，国有企业的政商关系应当从传统的行政治理模式，转变成市场治理模式。

传统的行政治理模式的主要特征是资源配置行政化、企业目标行政化、高管任免行政化。这样的治理模式导致“权责利内部治理外部化，外部治理内部化”，使权责利不到位、不落实、难兑现。随着社会主义市场经济体制的建立和完善，我国国有企业改革的目标是：“要遵循市场经济规律和企业发展规律，坚持政企分开、政资分开，所有权与经营权分开，坚持权利、义务、责任相统一，坚持激励机制和约束机制相结合，促使国有企业真正成为依法自主经营、自负盈亏、自担风险、自我约束、自我发展的独立市场主体。”在“三坚持，四个自”的改革目标指引下，国有企业家与政府的政商关系，应当从传统的行政型转变为现代的市场型。现代市场型的政商关系的主要特征是：实行共产党党委领导下的总经理负责制，通过董事会、监事会的运作，落实企业家的权、责、利。在我国，国有企业属于全民所有，是推进国家现代化、保障人民共同利益的重要力量，是我们党和国家事业发展的重要物质基础和政治基础。所以，国有企业家与政府的政商关系不能是单纯的个人的责、权、利关系，更重要的是全局的、集体的经济关系和政治关系。

从民营企业家来说，我国实行公有制为主体、多种所有制经济共同发展的经济制度，民营企业属于非公有制经济，是我国社会主义市场经济的重要组成部分，是我国经济社会发展的重要基础，在民营企业从事经营管理的企业家与政府的政商关系应当是权利平等、机会平等、规则平等的关系。权利平等也就是保护非公有制经济的财产权和合法利益；机会平等也就是依法平等使用生产要素、公平参与市场竞争，同等受到法律保护；规则平等也就是要在法律面前人人平等，遵纪守法，依规展业。在这样的政商关系下，非公有制经济（包括民营企业）这些年来实现了长足发展，为我国经济的发展和社会进步做出了重大贡献。但不可讳言的是，这些年来，民营企业家与政府的关系也存在着问题，集中表现在：一些政府官员与民营企业家打交道时没有守住底线，没有把好分寸，陷入了贪污腐败的深渊；而一些民营企业家为了捞到某些好处又违法乱纪。这种状况，随着近年来“四个全面”的实施，虽然得到了遏制，但怎样建立新型的健康的政商关系仍是一个值得探讨的问题。习近平总书记指出，民营企业家与政府的关系应当是“亲和清”的关系。他还指出，对领导干部而言，所谓“亲”，就是要坦荡真诚地同民营企业家接触交往，特别是在民营企业遇到困难和问题的情况下更要积极作为、靠前服务，对非公有制经济人士多关注、多谈心、多引导，帮助解决实际困难。所谓“清”，就是同民营企业家的关系要清白、纯洁，不能有贪心私心，不能以权谋私，不能搞权钱交易。对民营企业家而言，所谓“亲”，就是积极主动同各级党委和政府及部门多沟通、多交流，讲真话、说实情、讲诤言，满腔热情地支持地方经济发展。所谓“清”，就是要洁身自好、走正道，做到遵纪守法办企业、光明正大搞经营。企业经营遇到困难和问题时，要通过正常渠道反映和解决，如果遇到政府工作人员故意刁难和不作为，可以向有关部门举报，运用法律武器维护自身合法权益。靠旁门左道、歪门邪道搞企业是不可能成功的，那样做不仅败坏了社会风气，而且心里也不会踏实。

所以，无论从国有企业家来说，还是从民营企业家来说，建立科学合理的政商关系，都要全面从严治党、加强党的领导。而政商关系的合理建立是推动市场有效配置资源的制度基础和政治基础。

（二）降低企业负担，增强企业活力

企业是推动市场有效配置资源的主体，如果企业没有活力，就难以配置资源。企业的活力源于资产配置，资产配置与负债相关。现阶段企业的债务负担很重，严重地遏制了企业资产的优化配置，降低了企业活力，所以权威文件强调“去杠杆”，把它作为推动供给侧结构改革的重大措施之一。

“去杠杆”从存量来说就是降低企业债务负担。在这里，需要指出的是，长期以来，企业过度负债，这首先与企业不注重自我积累、不增加自有资本相关。

而这一点反映在国有企业上表现为：首先，有的企业盈利水平不高，甚至无盈利；有的虽有盈利也安排在别的用途上，急功近利，缺乏远见。其次，与我国金融体制相关。商业性金融与政策性金融交叉，银行起第二财政的作用。而这一点反映在国有企业上，表现为经济主要由政府推动，反映在资金融通上表现为金融资源相对集中。再次，与我们的认识相关。在相当长的时期内，在没有提出建立市场经济体制以前，人们都认为“银行的钱就是国家的钱，银行为国家积累资金”。基于这样的认知，在资金的安排使用上，“财政管建设，银行管运营，实行流动资金‘全额信贷’”。所以，可以说企业债务负担过重，是多年的积累，非“一日之寒”。

怎样“去杠杆?”政府正在采取措施，比如财政部、国家税务总局2016年就联合发布《关于落实降低企业杠杆率税收支持政策的通

知》（财税〔2016〕125 号），提出了 8 项降低企业杠杆率的税收政策。

但在我们看来，首先要深入调查研究，接地气，求得统一认识。现在人们对“去杠杆”即降低负债率的认识极不一致。一般认为，政府、家庭的负债率不高，但企业负债率偏高。而企业中只有民营企业高，国有企业不高；政府中中央政府不高，地方政府高。继后，又把地方国有企业的债从地方政府债中剥离，说地方政府的债也不高。另外，怎样看待我国“去杠杆”“屁股指挥脑袋”，不同部门的人认知不同：中央银行的负责人认为，中国经济整体杠杆率偏高，要加快资本市场的发展，通过股本融资降低债务占 GDP 的比重；国家发改委的负责人认为，降杠杆要着力降低企业成本，包括制度性交易成本、人工成本、税费负担、融资成本等，同时要全力补短板，通过适度扩大投资弥补基础建设，增大公共服务等。多方各执一词，各有侧重。对“去杠杆”、降低负债率各有主张不是坏事，应是好事，但必须要看到矛盾的主要方面和问题的集中点。我们认为，负债率高不高，要考察企业的承受力和流动性。而“去杠杆”要着力解决整个社会的融资成本偏高和企业的盈利水平偏低的问题。这一点与现阶段的经济环境相关，与经济体制相关，必须深入研究。

（三）关注消费变化，扩大内需

生产为了消费，供给为了需求，这是马克思主义经济学的原理。市场在资源配置中是否有效，有多大的效用，要考察需求。我国正在进行的供给侧结构性改革，归根结底也是为了适应国内外的需求。所以，要建立有效的市场资源配置机制，不能不关注消费变化，扩大内需。

当代人们的经济生活发生了很大变化：吃，注重安全（标准化生产的，才是绿色的）；穿，突出个性；住，注重环境；行，热衷旅游；用，成为网民。此外，消费倾向的变化也很明显：从模仿型、排浪式的消费到突出个性、分层次的消费。

为什么有这样的变化？贫富差距拉大，每个人的承受力不同。不同层次的人，有不同的偏好。

怎样适应这样的需求形势的变化？大众创业，万众创新。科技创新总是少数人，多数人能够在岗创新。

2015 年 11 月 19 日，国务院印发了《关于积极发挥新消费引领作用加快培育形成新供给、新动力的指导意见》（以下简称《指导意见》），提出了三个新：新消费、新供给、新动力。《指导意见》还提出了服务消费、信息消费、绿色消费、时尚消费、品质消费等新消费领域。服务消费：教育、健康、养老、文化、旅游、职业培训、文化艺术培育，提供自驾旅游、房车旅游、邮轮旅游。信息消费：更多地运用互联网、云计算、大数据。绿色消费：净化空气、水、使用绿色家电、建材。时尚消费：个性化设计，柔性制造（具有弹性的制造）。品质消费：不仅要安全实用，舒适美观，而且要有品位格调。

《指导意见》提出要推动我国消费升级，要以消费升级带动产业升级，以消费升级引领投资、引领市场，以消费升级激励创新、繁荣经济。这些从道理上说都对，但更趋于理想化。

当前，要扩大消费、扩大内需：一要解决居民收入问题，二要加强制度建设。居民收入是一个什么样的水平？国家统计局把居民收入划为 5 等（按年人均收入），最低的不到 5 000 元，最高的 50 000 多元，中等的 18 000 元，2016 年上半年人均年收入 11 880 元，平均数能够说明什么问题？

居民收入能不能随经济增长，同步增长？加强制度建设，能不能解决好看病贵、上学贵、住房贵的问题？此外，还必须扩大农村、农民工的消费。这也是问题的节点。这些问题都是一定要解决的。

参考文献：

[1] 中华全国工商业联合会. 中国民营经济发展报告 [M]. 北京：中华工商联合出版社，2016：101.

[2] 中国企业家调查系统. 中国企业经营者价值取向：现状与特征——2004 年中国企业经营者成长与发展专题调查报告 [J]. 管理世界，2004 (6)：82-96.

［3］孙勇．去年税务稽查查补税款 360 亿元．经济日报［EB/OL］．2006-01-18，http://finance.stockstar.com/QJ2006011810137687.shtml.

［4］浙江大学管理学院“两个健康”课题组暨浙江大学家族企业研究所．2015 中国非公有制经济“两个健康”研究报告［M］．杭州：浙江大学出版社，2015：3.

［5］光明网．积极构建健康新型政商关系［EB/OL］．2016-04-03，http://theory.gmw.cn/2016-04/03/content_19554905.htm.

［6］李后建．市场化、腐败与企业家精神［J］．经济科学，2013（1）：99-111.

［7］新华网．“亲”与“清”是新型政商关系的本质要求［EB/OL］．2016 - 03 - 10，http://news. xinhuanet. com/fortune/2016 - 03/10/c _ 128790287.htm.

漫谈经济与金融的关系及制度安排

在中国首届“一带一路”高峰论坛上，习近平总书记再次指出了“金融是现代经济的血液，血脉通，增长才有力。我们要建立稳定、可持续、风险可控的金融保障体系”。结合习总书记在其他场合关于金融的讲话，他所说的“金融保障体系”，也就是对经济增长的保障体系，“金融活，经济活，金融稳，经济稳”，把金融与经济发展的关系定位为：保障与被保障的关系，前者是因，后者是果。这不是随便地颠倒金融与经济因果关系，而是对金融发展状况的理论升华。同时，它揭示了当代金融与经济的关系正在起变化，在一定的时空中，已经起变化。变化总是承上启下的，变化需要有理论支撑。在这里，从回顾过去并展望未来的角度，漫谈经济与金融的关系及其制度安排。虽然是漫谈，但是它蕴含着基础理论的探索。

一、经济决定金融的理论基础

经济决定金融，在经典作家和业内人士中曾经大体有三论：

1. 分工交换论。它表明：银行制度的产生是社会生产力进一步发展的要求。

2. 商品经济发展程度论。它表明：在商品经济发展程度不同的地区，与金融发生关系的人不同，换句话说，只有商品经济发展到一定程度，人才与金融发生关系，在商品经济发展程度高的地区，人们与金融发生关系密切；相反，不密切。

3. 经济主体收支决定论。经济主体可分为家庭、企业、政府。经济主体有多大的金融活动空间，取决于他们的收支安排。收支安排的负债倾向，为他们的金融活动创造条件。当代，有一种倾向值得注意，即政府靠负债管理，企业靠负债经营，家庭靠负债消费。这种倾向应当把握一个度。这个度在不同时期人们有不同的选择，它取决于人们的预期，明斯基的“金融不稳定假说”和后来有人提示的“明斯基时刻”也就是对社会负债状况的理性认知。

二、金融意识决定金融活动空间

经济主体有多大的金融活动空间，除取决于他们的收支安排外，还取决于他们的金融意识。

1. 人们的金融意识强不强以什么去衡量?

人们的金融意识强不强主要以两个指标去衡量：一是有多少人买卖金融商品，即有多少人进入金融市场?从历史上观察，人们进入金融市场的时序有先有后，带有规律性。二是对利率的敏感程度。一般说来，经济发达的地区，利率低，经济不发达地区，利率高。利率高低对人们的影响在不同地区有不同的反映。如人们对利率变动的反应敏感，表明金融意识强，相反，金融意识弱。一般说来，注意精打细算的企业和个人，对利率的敏感度强，相反，不注意精打细算的企业和个人，对利率的敏感度弱。

2. 企业和个人金融意识强不强的行为表现

企业和个人金融意识强不强的行为表现集中在是否注意对自己资产的“三性”组合。“三性”组合的实质是关注变现能力，关注现金流。

3. 金融意识的强弱也取决于宗教文化

美国有基督教文化，中国有佛教文化，阿拉伯有伊斯兰文化，不同的宗教文化，有不同的财富观、生存观、生活观、不同的价值判断，从而有不同的思想意识，其中包括金融，如阿拉伯世界认为利息是剥削。

三、金融作用于经济的不同视角

1. 金融作用于企业经济过程的不同环节

企业经济过程从再生产来说，通常区分为：研究、开发、试行、投产、营销、服务等不同环节。金融在哪个环节介入呢？一般说来，企业经济过程处于正常运作后，金融才有条件介入，换句话说，在开发、试行阶段金融不宜介入。如某项技术的创新在不成熟以前，金融不宜介入。再如某个企业“走下坡路”时银行也不宜贷款。但现在的情况有变化，如金融支持科技创新，银行支持企业重组。为什么会这样做？个中之理在于：金融要为别人承担风险，分散风险；金融要推动优化经济结构、经济过程。

2. 哪些行业需要外部融资，哪些行业不需要外部融资？

行业可粗分为物质产品生产流通领域与非物质产品生产流通领域：还可细分为采掘业、加工业、基本建设、农业、服务业等。过去看要不要借助于金融中介外部融资，主要看这个领域有没有现金流，有没有回报。但在有现金流的条件下，任何资产都能证券化，在有增值的条件下，任何资产都有回报，只是时间长短，能力大小的问题。有些事物，比如学生在学习期间没有现金流没有增值能力为什么银行还要搞助学贷款呢？这应当叫做人力资本投资或人力资本贴现，投资应当有回报，贴现是为了增强现金流。

考察一个经济体需不需要借助金融中介外部融资，应考察以下因素：①资本结构，所谓的资产负债率高低是资本结构状况的反映；②利润的有无和大小，这当中要关注显现的和隐性的；③原材料和产品储备周期，这取决于销售和现金回流的过程时间；④新兴业务发展；⑤债权债务关系的运作，即取决于资金长短，会不会断裂。在我国，有些企业资产负债率很高，是技术因素还是体制因素？我国某些企业投资建成后没有运营资本，全靠银行贷款，资产负债率不能不高。在我国，有些企业如烟、酒业利润很高，为什么还要向银行借款，这只能从上述因素中去寻找答案。

国外经济学家如斯蒂格利茨研究过哪些行业需要更多的外部融资，

哪些行业不要依赖外部融资。结果表明：传统产业（如轻工业、烟草、皮革、陶瓷等）不需要依赖外部融资；新兴产业（如塑料、IT 产业）需要依赖外部融资。

3. 地区经济结构不同，金融作用于经济增长的能量不同

还值得关注的是所有制差别与金融作用于经济增长的关系。上海复旦大学张军 2006 年 7 月在《学术月刊》上发了一篇文章《中国的信贷增长为什么对经济增长影响不显著》，指出原因是“更多的信贷配合于低效率的国有企业”。

他指出一个地区非国有企业获得的信贷越多，它们增长就越显著。他通过对 29 个省、市、区，跨度为 15 年的数据（1987—2001 年）实证，得出上述结论。

他采用的办法是：将高贷款地区与高增长地区比较，将低贷款地区与低增长地区比较，发现都呈负相关。但将高增长地区与低贷款区却呈正相关。也就是说，在经济高增长的地区，银行信贷占 GDP 的比重反而更低。值得关注的是：高贷款地区是怎么计算的？先计算每年各省贷款占 GDP 比重，并以这个指标作为参数，把 29 个省（市、区）分成“高贷款地区”和“低贷款地区”，然后与各省份的经济增长率相对照。结果发现，高贷款地区的经济增长率总体上显著低于低贷款地区的经济增长率。如浙江银行贷款占 GDP 比重低，但 GDP 增长较高；而辽宁银行贷款占 GDP 的比重高，但 GDP 增长较低。

由于高增长地区的经济发展主要靠非国有经济支撑，所以银行贷款给非国有经济效率高，而贷款给国有经济效率低。用这样的方法进行考察需要注意的是：①仅指银行贷款增长，不包括其他方式融资。②在实际当中有跨区贷款，这个因素怎么考虑？

四、考察经济与金融的关系的自我见解

对经济与金融的关系是作为两个对立的且相互关联的事物去考察，还是作为一个事物内部的结构去考察。如果是前者，则要考察它们的互动关系；如果是后者，则要考察总体与局部的关系。

通常我们说经济决定金融，金融反作用于经济，这里需要思考“决定”“反作用”的含义：谁决定谁，有主动的一方和被动的一方，如说经济决定金融，则经济是主动的一方，金融是被动的一方：“反作用”通常是被动的一方产生的效应，如说金融反作用于经济，则含有金融被动地产生对经济的效应的意思。主动——被动，含有时间序列因素，主动应当在先，被动应当在后，所以用“决定”“反作用”去描述经济与金融的关系，含有“因与果”“先与后”“主导与从属”的意思。如果用“互动”则没有或淡化了上述意思，“互动”含有相互推动、相互制约、“一荣共荣，一损俱损”的意思。

通常我们说金融是国民经济的一个产业，也就是把金融作为经济内部的构成去考察。考察事物内部的结构，要考察这一事物内部的结构状态、结构机制、局部与整体、各个环节的关联等。金融业作为国民经济的一个产业，应分析它与其他产业的关系。

我在《金融经济学》中，在剖析“经济决定金融”时，指出考察经济决定金融：一要注意商品经济的发展程度；二要注意政府、企业、居民家庭，有多大的金融活动空间；三是注意社会成员的金融意识。这三个方面概括起来说，就是要历史地、社会地去看问题。这样的考察比较宏观、粗略、笼统。如果深入地考察这个问题，可做以下分解：即宏观经济与宏观金融、中观经济与中观金融、微观经济与微观金融。前者以全球或一个国家为考察对象：后者以一个地区为考察对象；再后以一个企业或一个家庭为考察对象。

1. 以全球或一个国家为考察对象，经济决定金融的内容有：

（1）经济总量决定金融总量，如 GDP 的总量或消长的程度决定货币供给量的总量或消长程度；

（2）科学技术的发展水平，决定金融运作的总的技术水平；

（3）经济制度、环境，决定金融成长和发展的环境，比如：建立市场经济体制为金融发展创造了条件；

（4）经济政策包括政府的干预，调控决定经济增长等。

2. 以一个地区作为考察对象，经济决定金融的内容有：

（1）发达地区经济为金融运用创造了宽松环境，如：我国沿海发达地区的经济对金融机构展业的影响；

（2）欠发达地区经济对金融生长和发展的制约，如我国西部地区，对金融展业的影响；

（3）发展地区经济之间的经济联系，决定了金融的联系；

（4）发展地区与不发展地区经济的互补，决定了它们之间金融的互补。

3. 以一个企业、家庭为考察对象，经济决定金融的内容有：

（1）一个企业、家庭的兴衰，决定了与之相关的金融机构的兴衰；

（2）企业和家庭的资产结构、状况和安排，决定了与之相关的金融市场的交易；

（3）一个企业、家庭的金融意识，决定了金融行为选择。

我在《金融经济学》中，在剖析“金融反作用于经济”时，概括了10个方面。这10个方面是以不同的角度描述金融的功能，而且均从宏观的角度描述，这样描述也嫌粗略，其中论述“金融交易对社会经济生活的影响”，立足于企业、家庭，即从微观的角度描述，这样描述显得抽象。所以，金融怎样反作用于经济，还需要具体地、生动地考察。特别要注意发现新事物、新现象、新的途径、新的效果。

五、中国金融制度安排是从非正规金融逐步向正规金融演化的过程

非正规金融的产生和发展，具有明显的制度变迁导向作用，如中国股市的兴起，开始于地方政府、中小企业和个人。新制度经济学称为“初级行动团体”，中央政府只是在股市发展到相当程度并已有基本运行规则后，才介入股市，这表明非正规金融的产生和发展是“从下而上”，而不是“从上而下”。正规金融一般是指由政府法规制度认可的金融活动，受政府金融制度的约束，又称为制度金融，最典型的范例是银行系统。非正规金融一般是指尚未由政府法规制度认可的金融活动，由于尚未受政府金融制度的正式约束，又称非制度金融，范

例有私人借贷、抬会、合会等。

非正规金融的产生除有相当的经济基础外，还有文化背景，如亲缘关系、邻里关系、同乡关系、区社关系等。非正规金融与正规金融具有同一性和排斥性。同一性是指二者互补、互换共同支持经济社会发展；排斥性是指二者在一定程度上相互排斥、相互抵消，对社会经济的发展起负面效应。非正规金融的基础是非制度信任，即对他人履行义务和承担责任的信赖，换句话说体现为人际信任。非制度信任依托于伦理、道德。所以要发展非正规金融，首先要强化人际信任，而人际信任的培育，一要靠道德，二要靠法制。道德的培育要靠凝聚力量和个人的示范力量。法制的培育要靠教育、舆论和惩罚机制。

在这里，我们侧重从经济与金融的关系讨论金融制度的安排：

（一）金融制度安排与经济增长

金融制度安排对经济增长有没有促进作用，国外学术界有不同的认识。R. Levine（1997）认为有促进作用，主要是从金融机构的功能来说的，如动员储蓄、配置资源、提供服务（支付汇算）、实施公司控制等，通过这些渠道促进资本积累和技术创新。

但有的人认为金融没有促进经济增长的作用，它只是随经济的发展而发展，持这种观点的早期的有凯恩斯主义者琼·罗宾逊（1952），近期的有诺贝尔经济学获奖者卢卡斯（1988），卢卡斯认为经济学家们夸大了金融因素在经济增长中的作用（他是理性预期学派的代表人物，认为货币体系的作用会被人们的预期抵消）。认为金融对经济增长有促进作用的，又有两种观点，即是以银行为主的金融体系，对经济的促进作用大，还是以资本市场为主的金融体系对经济的促进作用大？哪种体系更优？认为资本市场为主的金融体系更优，较早的代表人物是约翰·希克斯。他在《经济史理论》中提出：蒸汽机之所以在英国而不是在别的国家制造出来，关键就在于英国有流动性较强的资本市场。流动性较强的资本市场，能解决投资者持有的有价证券的转让。这样的转让使投资者能够选择、安排在什么时期持有最有利，什么时期转让出去最有利。所以，最有利于吸引投资者对新技术投资。

但有的学者如 Demlruc Kunt&Levine（1996）对希克斯的观点提出

质疑，认为资本市场的流动性会有碍经济增长。①资本市场的流动性会产生“收入的替代效应，减少储蓄率”，储蓄率的降低，减少资本积累，从而影响经济。②资本市场的流动使投资具有不确定性，较多的不确定性对投机者有吸引力，较少的不确定性对风险厌恶者有吸引力。但也会降低他们对储蓄的需求，总的说来不利于储蓄。③股权市场的流动会影响公司治理。总之，流动性强的股市会导致投资者的近视行为，会弱化投资者的承诺。

（二）金融制度安排与技术创新

最早论述金融推动经济发展的是熊彼特，早在1912年在《经济发展现论》一书中，他详细阐述了创新与经济发展之间的关系。他认为经济发展的核心是创新，银行家对企业新技术的选择起着重要作用。

其后是经济史学家格中克龙（A. Gerschenkron），他于1962年提出银行在为工业化提供金融资源方面比资本市场更有效，因为银行在提供金融资源方面享有规模经济和范围经济。

戈德史密斯在《金融结构与金融发展》中提出“以初级证券和次级证券为形式的金融上层结构，加速了经济的增长，改善了经济运行，也就是说，是把资本转移到经济体系中能取得最高社会收益的那个地方”。

知识经济的兴起，美国经济的持续增长引起了人们关注，金融在其中发挥着什么作用？有人认为美国经济的发展是人力资本与风险资本的结合。美国风险资本的产生与独特的金融体系有着密切的关系。这主要是指在私募资本市场中各种基金的形成，为技术创新提供了经济基础。

（三）两种金融制度安排的比较

以银行为主的金融体系，构建的是双重的委托代理关系，即投资者与银行的委托代理关系和银行与借款人的委托代理关系。在这样的双层委托代理关系条件下，银行的运作有没有效率主要取决于两个因素：一个是信息的掌握程度，二是交易成本高低。以银行为主的金融体系是否优于以资本市场为主的金融体系，主要看谁掌握的信息充分，谁的交易成本较低。

R. G. King 和 Levine（1993）对 80 个国家 30 年（1960—1989 年）的历史进行了考察，发现金融中介的发展情况与经济的持续发展存在强的相关关系，但没有证明股票市场的发展与经济的增长存在相关关系。

Allen Franklin（1993）认为银行提供"一元化审查"机制，金融市场提供"多元化审查"机制。照我的理解，所谓一元化审查机制，即社会对银行的运作好坏（绩效）的评价，只看存款—贷款，而社会对市场运作好坏的评价能从多方面，如市场价格、交易量、企业并购企图等。

Allen 认为，针对不确定前景的新技术项目，金融市场的资源配置功能可以比银行发挥更好的作用。

Allen 和 Douglas 认为，任何一种融资方式占主导地位的经济都不是有效率的经济（2000 年）。因为以某一种融资方式为主导就阻止了竞争性融资形式的建立，就会使融资没有效率。

T. Beck 和 R. Levine（2002 年）认为过多依赖外部融资的产业，无论是哪一种金融体系都不会增长很快。他们认为金融结构与研发型企业、劳动密集型企业的运作相关性不大，因此不赞成把金融体系划分为两种，即使划分为两部分也无助于解释产业增长方式和资本的配置效率。

Marco Pagano（1993）认为，金融机构吸收的储蓄并非完全转化为投资，其中一部分构成了利差和经理人、交易商的佣金及其他费用，税收和准备金会减少储蓄转化为投资的比例。而通过信息对投资项目进行评价，引导资金流向高风险、高回报的技术项目，这种功能无论是银行还是资本市场都具备。他还认为金融中介通过储蓄率影响经济增长，但如果缺乏竞争，储蓄转化为投资的回报率更低。相对于完全竞争，在不完全竞争的条件下，金融中介给投资者的利率更低，这就会使得储蓄率低。

参考文献：

[1] 曾康霖. 曾康霖著作集续集 [M]. 北京：中国经济出版社，2010.

[2] 张军. 中国的信贷增长为什么对经济增长影响不显著 [J]. 学术月刊，2006 (7)：69-75.

[3] 曾康霖. 金融经济学 [M]. 成都：西南财经大学出版社，2002.

[4] 曾康霖. 按科学发展观发展金融事业需要多元化的金融制度安排 [N]. 金融时报，2004-10-19.

[5] 曾康霖. 我国金融事业发展的缺陷需要弥补——从以科学发展观发展金融事业谈起 [J]. 金融研究，2004 (12)：1-8.

简论系统性金融风险

——学习十九大报告有感

系统性金融风险简言之就是整个金融系统都不可避免的风险。它发生存在于金融机构体系和金融市场体系中。它的集中表现形式是：资产价格（包括各种产品）的剧烈波动和下降。同时，表现为金融机构资不抵债、流动性短缺、产生支付危机，发展下去发生金融机构破产，金融市场瘫痪，不能正常运行。

发生系统性金融风险的原因，主要是对宏观经济的失控和政府决策的失误，以及信息的误导，有客观因素也有主观因素。它的特点是：这种风险不可能通过分散投资消除，又称不可分散的风险：这种风险给人们带来的损失具有普遍性，因为他们所持有的资产贬值，甚至血本无归；这种风险具有潜在性、累积性，在一定时期内难以被大部分人认知，一旦爆发，人们就措手不及，难以躲避。

我国2015年的股灾，能够说是系统性的金融风险。在那次股灾中，整体行市急剧下跌，投资者没有条件通过购买其他股票保值，机构和自然人普遍遭到巨大损失。现在回顾那段历史，除了有政府决策导向错误，有人为的操纵捣乱等因素外，没有深入地认知中国的实际，激进地学西方，违背了事物发展的客观规律也是个重要原因。其中有一点我们要深思：谁做出的让“银行信贷资金支持炒股”的决策。当时大多数证券公司可以给投资者融资融券，其融资额相当于自有资金的一倍，但更重要的是场外融资，即相当多的金融机构趁机把数倍于自有资金的银行资金投入股市，致使在一段时期内，股市狂飙式上涨。总的说来就是通过“杠杆支撑”导致系统性金融风险。杠杆支撑的合理合法性何在？现在仍然必须反思，应当反思，可惜少有深入反思。

所以，认知系统性金融风险，一定要认知金融杠杆带来的正面效应和负面效应，杠杆会带来风险、危机、灾害。

周小川行长在学习十九大报告的辅助材料中，讲到《要守住系统性金融风险底线》必须关注“杠杆”问题。他说我国宏观杠杆率已达247%，其中企业部门杠杆率为165%。杠杆率即负债率，宏观杠杆率=分子（债务存量）/分母(GDP)这样认定，则2016年年底，我国负债总额相当于GDP的2.5倍。企业负债率=分子负债余额/分母资产，这样认定，则2016年年底，企业的负债相当于资产的1.5倍。此外，周小川行长还指出：我国的债务水平已经超过国际警戒线；而不少地方还存在“明股实债”。前者，它表明我国的债务负担是沉重的；后者，它表明对债务负担的测定还必须联系中国实际深入考察和研究，要知道系统性金融风险具有潜在性。与这个问题相关的是：周小川行长还提出了“明斯基时刻”，中国要避免“明斯基时刻”的到来。

在中国，“明斯基时刻”是否可能到来？我讲一点看法。“明斯基时刻”是西方经济学家保罗·麦考利基于明斯基的“金融不稳定性”或“金融脆弱性”理论提出的，所谓“明斯基时刻”简言之，就是：资产价值崩溃的时刻。这样的时刻在中国会不会发生，必须研究它的假定条件。概括地说，它的假定条件是：①长期地、过度地债务积累，也就是说，整个社会的债务负担很重；②政企分离，政府实施监管，企业处于被监管的地位，但监管不力、无效；③经济状况下滑，推动着债权人高压式的追索债务；④资产的价格完全由供求关系决定，不存在政府干预的因素；⑤央行的货币政策是既定的，不存在央行通过货币政策的调控解决流动性短缺问题。针对这五个假定条件，结合中国的实际，除第①、第②个条件在中国能够存在以外，第③、第④、第⑤个条件在中国都不可能存在，或不完全存在。比如，我国金融领域的债权人不会“高压式”地追索债务人的债务，因为债权人大都是国有和国有控股的金融机构，其中主要是商业银行，而债务人大都是国有企业或有背景的民营企业，“国有对国有”，一个“老板”怎么会高压逼债呢？实际当中，债权人组成“债权人委员会”，着手清理处理对债务人的债权债务关系，要求：能帮助搞活的，帮助创造条件，把企业搞活；实在搞不活的"僵尸企业"，可选择免息保本"债转股"或引进投资，折价转让。这充分体现在一家人中处理债权债务关系，着力于"温柔式"，而非"高压式"。另外，国有资产也不能任意降价处理，政府要防止国有资产流失让少数人捞好处，中央银行要根据经济发展的需要，调整货币政策。

如果说"明斯基时刻"在中国不会发生，则怎样认知我国系统性金融风险呢？我的认知是：如果杠杆率继续加大，政府、企业和家庭个人负债额度不断上升，最终会导致：①整个社会的货币超常增长，货币贬值，单位货币的购买力降低，物价持续上涨，通货膨胀；②使相当多的资产贬值或变相贬值（缺乏回报，难以保值增值）；③本位币供给过多，使本位币的汇价下跌，如果这种趋势不减，在相当长的时间内使本币持续贬值。这三种状况，都是系统性风险的集中体现，具有规律性和普遍性，外国会发生，中国也难以避免。密切结合中国的实际，这样的特殊表现集中在房市、股市上。房子是用来住的，但不可否认相当多的房子还在那里"炒"。这使得房价越来越高，房价越高，表明购买者货币贬值。现阶段房价高已经成为中国的普遍现象，并成为挑战中国金融不稳定的因素之一。这需要认知它是中国系统性的特殊表现。因为它使相当多的人（即投资者）的货币购买力降低，已经带来了损失，并继续带来损失。表现为沉重的债务负担，多年才能还清债务。

给相当多的人带来损失的可能性还会表现在炒股中。如果让不够条件的企业上市，和因监管不到位使得一些上市公司弄虚作假，则会影响股市价格剧烈波动。在这种状况下，就会导致系统性金融风险的发生。这就是说，不能保障上市公司的质量和使上市公司质量的降低，是产生系统性金融风险的温床。防范系统性金融风险，要从源头上着手。只有从源头上着手维护金融的稳定，才能保障大多数人按正常的市场秩序交易增加财产性收入，使其资产保值增值。

周小川行长在其辅导文章中指出："防范化解系统性金融风险，关键在于主动。改革开放是主动防范化解系统性金融风险的历史经验和未来抉择。"并指出在"当前和今后一个时期我国金融领域尚处在风险易发高发期”，在国内多重因素压力下，风险点多而广，呈现隐蔽性、复杂性、突发性、传染性、危害性特点，结构问题突出，违法违规乱象丛生，潜在风险和隐患正在积累，脆弱性明显上升，既要防止“黑天鹅”事件发生，也要防止“灰犀牛”风险发生。周行长的观察和认定，自然有他的针对性和权威性，需要学术界和实际部门去认知、警惕、防范化解。从“关键在于主动”的意义上，首先要发现清理在金融领域中的“乱象”。乱象产生于实际当中，存在于一定的系统和单位，开初可能表现为个别问题，继后则会导致诸多问题和系列的问题。比如金融系统的资产管理业务，随着经济的发展，精准扶贫的实施，小康社会的实现，人们收入差距缩小，财产增加，金融作为为老百姓服务和避免风险的中介，理财业务会方兴未艾，任重道远。这从专业的角度说，即资产管理业务。金融系统的资产管理业务，通常以自己或代人买卖理财产品进行，而当前各金融机构在买卖理财产品中存在的问题是：①以假乱真，假冒产品存在。不少人到银行购买理财产品，结果买的不是银行的产品也不是银行代理的产品，而是工作人员私下与其他金融机构勾结，利用银行营业网点以及银行信用背书进行非法销售的假冒产品。②透明度低，投资方向不明。不少理财产品根本不披露具体资金投向，产品透明度低。个人投资者出于对金融机构的信任，也通常不会仔细看理财合同或者追问投资或者资产细节。③诱惑投资，刚性兑付成为常态。理财和存款最大的区别在于，理财是有风险的，回报也是不确定的。但在实践中，金融机构为了吸引个人投资者，在激烈的理财市场竞争中赢得一席之地，刚性兑付成为常态。“预期收益率”成了实际收益率。④混同操作，资金管理混乱。很多金融机构不断发行多个理财产品，但每个产品缺乏单独、清晰的单独核算，不同理财产品的账目混同操作，导致机构账目糊涂，资金管理混乱。对个人投资人来说，多只理财产品对应多项资产，每只产品的预期收益来自哪些资产也根本无法精准识别。基于金融机构在资产管理业务中存在着诸多问题，我们能够说，金融市场中理财产品的交易比较混乱。认知、理清这方面的混乱现状，加强监管，使资产管理业务有据可依，有规可循，有序进行，是主动防范化解系统性金融风险的重要抓手。最近，国务院金融稳定发展委员会成立，协调“一行三会”和外管局颁布了《关于规范金融机构资产管理业务的指导意见（征求意见稿）》引起了社会高度关注。

近年来，我国金融机构理财市场发展巨大，《2016年中国银行业理财业务发展报告》显示，截至2016年年末，中国的资管行业规模已达116.18万亿元。但监管滞后，对此，2017年7月第五次全国金融工作会议提出：“强化金融监管的专业性、统一性、穿透性，所有金融业务都要纳入监管……加强宏观审慎管理制度建设，加强功能监管，更加重视行为监管。”在这样的思想指导下，监管部门将区分合格投资者与不特定社会公众。金融机构禁止欺诈或者误导投资者购买与其风险承担能力不匹配的资产管理产品，不得通过对资产管理产品进行拆分等方式，向风险识别能力和风险承担能力低于产品风险等级的投资者销售资产管理产品。在交易运作中，将打破刚性兑付，严格资金投向，分别单独核算。总之，金融机构应当向投资者主动、真实、准确、完整、及时披露以下情况：产品募集信息、资金投向、杠杆水平、收益分配、托管安排、投资者账户信息和主要投资风险。

从监管治理的宗旨和导向看，防范化解系统性金融风险，实际上是以人民为中心、以保护人民利益为宗旨，使广大群众在金融领域的资产能保值增值，能够亲身体验到其中的获得感。这是中共十九大后金融领域的重要措施，也是防范化解系统性金融风险，主动出击的集中表现。

此外，防范化解系统性金融风险的主动出击，还表现在中国证监会，将组织建立针对“发审委”的监察委员会。监察委员会的功能是优化上市公司的资源配置，而它的职责是监督“发审委”成员的行为，以杜绝假公济私，营私舞弊，弄虚作假，中饱私囊。进一步说，就是要使我国IPO制度真正落实到公正、公平、正义的基础上。应当说，证监会这一举措，既是防范系统性金融风险的主动出击，更是防范系统性金融风险的宗旨——以人民为中心、维护人民利益的又一集中体现。

金融周期、金融效率及金融产能研究

金融是经济的血液，金融业的发展不仅增大血液融通量，更重要的是增强血液流通的良性循环，为实体经济的生产和扩大再生产提供必要的货币资金支持。但如果金融行业发展不当，比如过快也会产生货币资金脱实向虚，从而对实体经济产生副作用。比如循环脱节，增大运作货币资本的成本等。我国经济进入新常态以后，经济从过去的高速增长转型为中高速增长，金融业怎样增强对实体经济支持的力度，需要研究。这方面的研究，既要关注总体，也要关注结构，更要关注效率。但对金融行业效率的相关研究，国际上是个薄弱环节，国内学者的研究应当说才开始。本文力图在回顾总结已有研究成果的基础上，从金融周期发展阶段的视角出发分析我国的金融业的产能及其效率以抛砖引玉。

一、金融周期理论提出的视角

应当说完整的金融周期理论，始于费雪的“债务—通缩理论”。1933年美国经济学家费雪（Irving · Fisher，1867—1947年）在《大萧条的债务通缩理论》一文中，首次提出了“债务—通缩”理论。该理论的逻辑是：①在经济发展的一定时期，企业家认为投资前景极好从而过度负债；②到经济发展到一定阶段，债权人会出于谨慎而高压式清收债务；③由于清收债务存款货币减少，货币流通速度下降，通货紧缩；④由于存款货币减少、通货紧缩，使得资产价格大幅下降；⑤资产价格大幅下降使得企业利润下降或亏损；⑥企业利润下降转为亏损，引发破产和失业；⑦企业破产和失业使人们的信心丧失；⑧人们的信心丧失，使得货币和商品的流通速度继续下降；⑨在以上8个进程中，利率受到影响，名义利率下降，实际利率上升。由于利率最直接影响到企业家的投资决定，这样的债务通缩循环并不能自我调整回到充分就业的均衡状态，只能逐渐走入经济萧条，爆发经济危机（Fisher，1933）。费雪的这一理论是他观察、分析了20世纪30年代的危机过程后得出的，是分析这场危机产生原因的一家之言。

值得我们重视的是，过度负债与通货紧缩之间的相互作用，尤其增加了债务人的多重负担。一是债权人催收负债——还本付息的负担；二是资产价值萎缩，实际债务价值更高；三是实际利率上升——企业财务成本上升。费雪计算了20世纪大萧条时期美国社会的债务变化情况，根据他的计算，到1933年3月由于价格下降和资产价值萎缩，整个社会的真实负债比1929年初大约上升了40%。所以，他说“债务人还的越多，欠的也越多”（Fisher，1933），这是经济危机的根本原因。

还值得我们思考的是，费雪的“债务—通缩”理论得以成立的假定条件。他假定的条件至少有：①经济繁荣时期企业家过度负债；②价格因此下跌，资产价值萎缩。也就是说，在他看来，过度负债和价格水平是这一理论的内生变量。换句话说，如果负债没有过度，价格水平因其他因素并未下跌，反而上涨，结果则另当别论。此外，这一理论还包含人的心理因素：企业家预期看好，债权人强势收债，企业家丧失信心。心理因素交织支配人的行为，行为导致结果。所以应当说，费雪的“债务—通缩”理论，既升华了当时美国的经济状况，又反映了人们的心理因素。

费雪的“债务—通缩”理论虽然对20世纪30年代大萧条做出了合理解释，成了一家之言，但由于人们对古典经济理论的逆反和对罗斯福新政的褒奖，这一理论没有得到应有的重视，而使得凯恩斯（John Maynard Keynes，1883—1946年）的观点流行起来。凯恩斯认为30年代的危机的主要原因不是过度负债和通货紧缩，而主要是因为30年代时在生产和投资领域的投机风潮。这样的认知也是从这场大危机的实际出发的：①这场危机持续的时期长达5年，造成了长期萧条的局面，生产下降、失业增加；②不仅是一场生产危机，而且是一场金融危机，表现为股票暴跌、股票交易破产、向银行挤提存款、抢购黄金、银行倒闭、货币政策失灵。面对这种状况，他认为导致萧条的根源不是需求的缺乏，而是信心的缺乏。他主张要恢复经济就必须恢复金本位的信心，同时削减政府开支。

与费雪的认知相比，凯恩斯着力从宏观层面和更宽广的视角去观察问题，而不是仅局限于债务—通缩。但他们有一个共同点，即对心理活动的分析：从最开始的投机风潮，到最终对商业信心的缺乏。

但在相当长的时期中，费雪的理论被忽视了。重新引发对这一理论重视和讨论的是 20 世纪末和 21 世纪初的两位经济学家。一位是沃夫森（Martin H. Wolfson，美国圣母大学副教授，其研究方向主要是激进经济学，包括马克思主义理论等），另一位是明斯基（Hyman P. Minsky，1919—1996 年）。沃夫森（1996）从三个方面对费雪理论进行了讨论：①价格水平下降这一假设不一定是必然的，因为价格波动是常态，通货膨胀也是一种历史趋势；②这一理论没有全面纳入银行体系的作用因素，费雪只把银行体系视为“债务—通缩”作用的结果而并没有作为原因，事实上银行在债务危机中起着推波助澜的作用；③这一理论没有着力分析引起过度负债的原因，只强调过度负债导致高压式的债务清偿。

着力分析引起过度债务原因的经济学家是明斯基。他在 1985 年出版的《稳定不稳定的经济——一种金融不稳定视角》一书中提出“在我们这种类型的经济中，是什么因素使经济运行状况产生如此剧烈的变化?”“要回答这个问题，就需要弄清楚那些追逐利润的商人和银行家如何把一个最初稳定的金融体系（不易引发金融危机）变成一个脆弱的金融体系（容易导致金融危机）。决定融资关系和资产价值的市场机制所发出的信号促进发展那些容易产生不稳定性的融资关系，并最终使不稳定性变为现实”（Minsky，1986）。明斯基在这一段话中指出了 4 点：①经济的不稳定性起源于金融的不稳定性；②金融不稳定性源于商人和银行家对利润的追逐；③引发金融走向不稳定的因素是那些决定融资关系和资产价值的市场机制所发出的信号；④这种信号会促进那些容易产生不稳定性的融资关系，并最终使不稳定性变为现实。他所指出的融资关系包括三个阶段或三个时期，即“对冲性融资”“投机性融资”和“庞氏融资”。“对冲性融资”也可称作“投资性融资”，是指债务人能够从投资中获得足够的“现金流”，以此还本付息后还有盈余，此时的融资关系是健康的。“投机性融资”是指债务人能够从投资中获得的“现金流”只能付息，不能还本，此时的融资关系已出现不稳定因素。“庞氏融资”是指债务人从投资中所获得“现金流”已无法满足付息的要求，只能通过出售资产偿还债务或者“借新还旧”“寅吃卯粮”，这种融资关系无法持续，最终会导致金融危机的爆发。在这样的分析中，明斯基强调投资获得“现金流”的波动性对企业资产负债活动的影响。对于“决定融资关系和资产价值的市场机制所发出的信号”，明斯基的认知是：“资本主义市场机制不能产生持续的、价格稳定的以及充分就业的均衡，”“严重的经济周期是源于对资本主义至关重要的内生特性。”这两点是明斯基认识金融不稳定的两个假定前提。前者指出：由于市场机制的不均衡，使得“现金流”波动，改变着企业家和银行家的行为，尤其是其融资方式；后者强调这种不稳定的内生性，非外生性，而且这种不稳定性呈现为经济周期。明斯基特别关注在经济“高涨时期”人的经济行为，他指出：人的经济行为为什么向较容易发生金融危机的方向转化？因为在繁荣的经济中危机容易被抑制住，在这种状况下“高危机，是正确的”。所以，这种倾向发生在投机性繁荣中，有着内在的、本质的不稳定性。现行经济的不稳定性源于金融的不稳定，或者说金融的脆弱性，这是明斯基在经济学领域的巨大贡献，也是他继承发展了前人学术思想和研究成果的体现。他说：“金融不稳定性理论的基本原理可以从凯恩斯的《通论》、费雪对‘债务—通缩’的描述，以及从西蒙的著作中推导出来。那些经历了20世纪30年代的经济学家们在解释当时的经济现象时，不会忽略金融崩溃及其前期的投机行为。”（Minsky，1986）

由明斯基的金融不稳定性理论，西方经济学家保罗·麦考利提出了“明斯基时刻”假说。所谓“明斯基时刻”假说是指资产价值崩溃的时刻。随着投资者所承受的风险水平越来越大，直到入不敷出，超过了收支不平衡点而崩溃。由于处于投机融资的阶段，放贷者会尽快收回贷款，“就像引导到资产价值崩溃的时刻”。“明斯基时刻”表示了市场繁荣与衰退之间的转折点：好日子的时候，投资者敢于冒险；好日子时间越长，投资者冒险越多，直到过度冒险。从而使得投资者逐渐到达临界点，资产产生的现金流无法偿还债务，投机性资产的损失促使放贷者收回贷款，最终导致资产价值崩溃。由此，我们能够说所谓的金融周期也就是债务周期，是债务危机被抑制住直到债务危机总爆发的时期。

继明斯基“金融不稳定理论”之后，1981 年诺贝尔经济学奖得主托宾提出了“银行体系关键论”，该理论指出：银行在金融危机中起关键作用。其逻辑是：企业过度负债，银行风险增大，银行贷款管理从严，企业投资减少，经济发展减慢，企业被迫出售资产清偿债务，资产价格下降，资产缩水，债务链条断裂，出现连锁反应，银行业发生危机。托宾认为在这一过程中银行是关键：只要银行能够继续放款，企业资金链就不会断裂，危机就不会发生。这实际上是指出了金融危机的货币因素。换句话说，在过度负债的状况下，如果银行能够提供贷款，可以避免“债务—通缩”的过程。由此，我们能够说，金融周期既是过度负债的过程，也是避免通货紧缩的过程。

金融周期理论始于费雪，深化于明斯基和托宾。这一理论被学术界普遍用来解释 2007 年发生在美国后来发展至全球的金融危机。我国央行的周小川行长最近也发出警告，要避免“明斯基时刻”的到来，守住不发生系统性金融风险的底线。

二、金融周期的特征及我国当前所处阶段

在对金融周期进行理论分析的同时，学术界试图从实证角度分析和刻画金融周期的特征。具有代表性的是国际清算银行（Bank of International Settlement）的众多经济学家，如 Drehmann 等（2012）对金融周期现象做了大量实证性分析。国内一些学者也较早就开始关注金

融周期与金融稳定性问题，如张晓晶和孙涛（2006）用实证方法度量的中国房地产周期的影响因素。近年来，一些学者对中国的金融周期问题进行实证分析和讨论，这包括彭文生（2017）、陈雨露等（2016）、张晓晶和王宇（2016）、伊楠和张斌（2016）、昌忠泽和曹沁（2017）等，对金融周期问题进行了有益探索。众多实证分析表明了金融周期独立于经济周期的存在性，并因此而强调了宏观审慎监管的重要性。

金融周期着力以信用规模、房地产价格和资本市场价格波动来刻画，反映的是全社会的信用总量以及资本市场价格的周期性特征。Drehmann 等人（2012）推荐使用设定频率的滤波分析（Frequency-based filter analysis）和拐点分析（turning-point analysis）这两种方法来构造金融周期指标。在此基础上用图描绘了美国、德国、英国、挪威、瑞典、澳大利亚和日本这七个国家的金融周期现象，并总结出各国金融周期的普遍特征。由此得出的两个主要特征是：①金融周期的跨度和波幅都大于经济周期；②金融周期的波峰一般对应着金融危机。对于第一个特征，从图中可以明显地看出经济周期一般为 1~8 年一个轮回，而金融周期则平均长达 16 年。20 世纪 70 年代至今，美国走完了 3 轮完整的金融周期，而经济周期则超过 6 轮。并且自 80 年代后期，金融周期的波幅明显高于经济周期的波幅。对于第二个特征，当金融周期达到顶峰的时刻一般都会对应着一定程度的金融危机，此顶峰也就是所谓的“明斯基时刻”。这七个国家自 1985 年以来的波峰共发生过 12 次，其中仅有 3 次没有爆发金融危机（1998 年的德国，2009 年的澳大利亚和挪威）。但这三次例外，实际上也伴随着银行业的巨大压力。德国的银行系统，尤其是互助银行系统在 2000 年左右面临了巨大压力；挪威当局在 2009 年向 28 个挪威银行注入 4.1 万亿挪威克朗以缓解其压力；澳大利亚当局也在 2008 年采取了相应的稳定举措。

金融周期的另一个重要特征是股票价格、房地产价格和信用规模（占 GDP 的比例）总是按照一致的顺序先后见顶。以美国为例，1987 年 10 月 19 日是著名的“黑色星期一”，股市暴跌，而房地产价格是推迟到1989年初才见顶回落，之后到1990年才出现信用见顶回落，宏观经济也在1990—1991年出现了衰退。2008年的次贷危机更为明显：纳斯达克泡沫破灭出现在2000年年末，但之后很长一段时间房地产价格和信用规模依然在上涨；房地产价格在2006年初见顶，而信用规模直至2009年才开始回落；与信用规模见顶回落相伴随的是2008年开启的全球金融危机。1990年和2009年是两次信用周期的波峰时刻，相隔19年，远远超过一般经济周期的跨度。

关于股票价格、房地产价格和信用规模按照顺序先后见顶的原因有很多解释，Drehmann偏向于用所谓的“未完成的衰退（Unfinished Recession）”理论来解释。简单地说，就是当股市和房地产价格先后见顶后，货币当局总是喜欢采取逆周期的货币政策，在信用规模偏向于紧随资产价格见顶回落的时候，一般都会有较为宽松的流动性环境。货币当局之所以在此时采用宽松政策，依据的是传统央行货币政策理论。传统货币政策理论认为物价稳定与实际产出等于潜在产出是央行货币政策的最重要的两个目标。Blanchard和Gali（2007）在一个大国封闭模型中证明了稳定的通胀率可以使得产出水平自动满足潜在产出，因此最理想的央行应实行通胀目标制。由于现实中存在的一些金融扭曲会使物价稳定和产出位于潜在产出水平这两个目标不一定能同时达到，甚至有可能相互冲突，央行普遍采用通胀率与就业率的双目标制，但仍主要以通胀率稳定作为其首要的政策目标。在这样的理论指导下，当资产价格开始下降时，物价趋于下降，而失业率趋于上升，央行自然首先考虑的是降低利率以抬高通胀率和降低失业率。美国在1989年和2006房地产价格见顶后，都是开启了降息周期，实际利率不断下降。但宽松的货币政策并不能阻止金融周期本身的见顶回落，其所能够做到的仅仅是将周期后延。被流动性环境拖延的时间越长，金融危机的破坏性越猛烈。因此，在2008年全球金融危机发生后，央行开始反思传统货币政策框架，并普遍都将宏观审慎政策作为货币当局的重要工作之一。

中国的房地产价格有自身的特殊因素。一般认为我国商品房制度改革的准备阶段是1988—1998年，1988年国务院房改领导小组引发了《关于在全国城镇分期分批推行住房制度改革的实施方案》，开启了住房商品化进程。1998 年则是在经历了亚洲金融危机所带来的低谷后，商品房全面改革以及住房面积大规模开工提升的开始。从股市价格来看，1998 年至今至少在 2007 年和 2015 年经历两次波峰，但房地产价格却没有明显的回落。虽然 2008 年受全球金融危机的影响，全国房价有短暂的回调，但随着 2009 年“4 万亿”投资的开始，房价很快又回到了上升趋势中。因此，从房地产价格来看，我国尚未走完一轮完整的金融周期。这主要是由于过去 20 年，中国经历了从计划经济向市场经济的转型，商品房市场从无到有，同时还伴随着城市化进程。房地产价格本身就有着较为明显的上涨趋势，其周期性特征故而并不明显。

我们以银行贷款余额与 GDP 的比例关系来表示信用规模，当前这一比例为 146%，两次较为明显的顶峰是 2003 年末和 2010 年。股票价格的三次顶峰发生在 2001 年、2007 年和 2015 年，前两次都一定程度上领先了信用规模的顶峰。虽然当前政府已经将降杠杆作为防控金融风险、增强金融稳定性的重要任务，但信用规模依然在温和上升。

根据信用规模的波动，我们认为 2003 年和 2010 年是两次周期的顶点。但伴随着相应的经济刺激政策和宽松货币环境，2010 年出现的下降被大规模信用投放和基础设施建设而终止。再叠加房地产市场改革和城市化进程的特殊性，可以说我国尚未走完一轮完整的金融周期。而当前则有周期见顶的可能：股市率先在 2015 年 6 月达到顶点，之后房地产价格在“去库存”的政策支持下继续快速上涨，随着 2017 年房地产调控政策趋严，房价已出现企稳的迹象。如果按照金融周期的典型特征，之后便会出现房价和杠杆率的回落。在一些文献中，也将这一阶段称之为“金融周期的下半场”（彭文生，2017），我们认为用“周期见顶前夕”的状态来描述会更为清晰。

总之，金融周期现象是客观存在的，其跨度和波幅都显著大于经济周期，并且波峰与金融危机的对应关系紧密。虽然在理论层面，对金融周期的解释仍存在分歧，但国际经验中反复发生的金融变量周期波动现象已充分说明了金融周期的存在性和规律性。其对实体经济的影响，简要来说，就是在发展中起推动作用，在出现风险时会产生一定的破坏作用。信贷周期是金融周期最为直接的表示，微观经济主体的杠杆率是反映信贷周期的重要指标。国际货币基金组织在对中国2017年的第四条磋商报告中指出，其找到43条信贷与GDP的比例在5年间上升30个百分点以上的经济体案例，其中有38个经济体在信贷扩张的同时立刻出现了增长大幅放缓或爆发金融危机，只有5个经济体幸免。而如果考虑在信贷激增的初期其信贷与GDP的比例已经超过100%的案例，则没有任何一个经济体幸免（IMF，2017）。根据中国社科院国家金融与发展实验室公布的数据，中国当前实体经济杠杆率为238%，相比2011年末增长了60个百分点，属于明显的信贷激增（张晓晶等，2017）。这符合金融周期的客观规律，但需要引起我们的充分重视。为了减少金融周期带来的副作用，提高金融业效率，需要进一步考察我国金融业现阶段的效率和产能。

三、对金融业效率的考察

金融业属于第三产业中的服务业，其作用概括地说：筹集资金、分担风险、转移资源、产生信息和提供激励，促进资金在社会中的流动，进而服务于实体经济的增长。在这个过程中，金融中介也为提供这些服务而获得补偿。从全社会的角度看，金融中介所获得的收入是整个社会的金融中介成本，是金融业效率的一种反映。金融中介的成本也是企业以及家庭财务成本的一部分，企业借贷、发行债券和股票，居民借贷或享受资产管理服务所支付的成本是金融中介增加值的一部分。这部分成本过高，一方面表示了金融中介所提供服务数量和质量的增长，另一方面也会影响到企业的费用和居民可支配收入，进而影响到经济效率。

关于金融中介效率的研究可以分为微观角度和宏观角度两种体系。在微观角度的研究中，金融效率主要指的是金融发展的经济增长效率，着眼于金融发展对经济增长的影响。这里的关键因素是金融发展过程中金融中介的成本的测度。相关测度方法，包括数据包络分析法、非参数 Malmquist 指数法和随机非参数数据包络分析法等。云鹤等（2012）将金融效率区分为分置效率、转化效率和配置效率，并建立了经济增长模型，以此来测算金融效率。此外，也有学者研究金融效率的风险调整测度方法。利用这些测度方法，一些学者对不同国家、区域之间金融业发展对经济增长的促进作用进行了对比（Rajan 和 Zingales，1998）。关于金融效率影响因素的研究也是重要的一部分，金融结构的优化、二元经济结构失衡、所有制结构变迁和金融市场的培育等宏观因素都是影响金融效率的重要因素。

具体到金融产业的发展研究中，Philippon 和 Reshef（2012）从历史的角度考察了金融业劳动力的组成，Greenwood 等人（2013）分析了美国现代金融的发展，指出在过去 30 年里，资产管理和家庭信贷的供应是主要的增长点，对资产管理而言，个人费用通常会下降，但资产配置向高收费管理部门转移，管理下的资产平均每美元的费用仍然保持不变。国内研究中，李晓庆和刘湘斌（2005）运用数据包络分析法，以商业银行的营业费用、利息支出等为投入指标，银行税前利润、利息收入等为产出指标，对我国商业银行 2002—2004 年的效率进行了测算及影响因素分析，发现主要是配置效率较低导致了银行成本效率低下。杨茜琳（2012）利用参数法中的随机前沿分析法对我国 1995—2010 年金融业的投入产出数据进行分析，指出我国金融业的平均技术效率水平较高，但在 2003 年与 2008 年有两次下降的过程。李苍舒（2014）使用非参数的 Malmquist 指数法，对我国金融业 2007—2011 年的各项效率指标进行测算，发现我国金融业技术进步不明显，金融业技术效率保持稳定水平。

在宏观角度的研究中，Philippon（2015）对金融业的效率水平进行了分析。他分别测度了 1880—2010 年美国金融业的收入和整个社会中被中介的金融资产数量，并用它们之间的比值求得金融中介的单位成本，以此来衡量美国的金融业是否有效率。学者对金融业单位成本并没有随信息技术的改善而下降这一事实进行理论解释。Glode 等人（2012）认为当代理人试图通过投资金融专业知识来保护自己不受投机行为的影响时，“军事竞赛”就会发生，进而导致了单位成本的增加。Bolton 等人（2016）指出一个市场的“撇脂定价策略”会降低其他市场的资产质量，允许金融公司收取更高的租金。Pagnotta 和 Philippon（2011）提出，由于交易速度的提高可以让交易所区分和收取更高的价格，因而带来了在交易速度上的过度投资。Gennaioli 等人（2015）将信任作为一种稀缺资源，指出被信任的金融中介因增加了投资的风险承担能力而获得更高的收益，信息技术的进步并不会改变这种现状，因而也不一定会使得金融中介成本降低。

从已有的文献中可以看出，现阶段关于金融效率的研究主要关注于金融发展对经济增长的影响，具体到金融行业发展的研究相对较少，而且现有关于金融行业效率水平的测度也主要是基于微观数据进行的分析，缺乏宏观视角的分析，既有宏观角度的研究也是针对美国数据进行的，缺少对中国实际情况的分析。此外，一些学者提出金融中介单位成本并没有随着信息技术的提高而降低，并对此加以分析，中国是否也存在类似的情况，中国的金融业效率是怎么变化的，这都值得研究。

金融业效率反映了金融业对实体经济的服务情况，本文参考 Philippon（2015）的测度方法，以社会中被中介的总金融资产代表金融业对实体经济提供的服务量，用金融业增加值来指代其在服务实体经济过程中的收入，这一变量从社会的角度看也即是金融中介的中介成本。通过计算金融业增加值和被中介总资产的比值可以得到金融业服务实体经济的单位成本，这一指标是对金融业效率水平的综合衡量。

从历史的角度看，金融机构业务随着市场需求及监管的变化而变化，银行、保险公司、基金公司、证券公司等各金融机构的业务差别很大，很难从金融业内部结构的角度去分析行业收入情况，因而本文把重点放在综合衡量所有金融中介的收入水平上。金融业 GDP 包含了金融业劳动收入和利润收入，是一个金融业的增值指标。金融业 GDP 与整个经济体的 GDP 比值可以衡量金融业收入水平，也即使对整个金融中介成本的度量。从 1990—2016 年，金融业收入占比呈现出前期缓慢下降，其后呈快速升高的趋势（以 2005 年为拐点）。近两年有趋稳的态势，加入房地产后基本情况相同。进一步看，金融业收入在第三产业中的占比在2005年之前快速下降，其后逐渐升高。

关于被中介的金融资产量的测量，参考Philippon用到的测度方法，采用消费者的信贷余额、非金融企业的信贷余额、股票市场市值和社会中持有的流动性资产数量这几项指标加总，来表示金融机构为实体经济提供金融服务的总量。1993—2016年，流动性资产量占GDP的比值与消费者和非金融企业的信贷总额变化情况基本相同，以2003年和2008年为两个分界点，经历了快速增加，接着缓慢下降，其后又保持高速增长的变化。股票市场市值整体呈上升的趋势，2007年突然变高，其后回落。从被中介的金融资产的总量上看，与GDP的比值整体呈上升趋势，在2008出现了一个大的回落，目前被中介的金融资产总量已经是GDP的5倍。

金融中介的单位成本，用金融业收入与被中介的金融资产的比值来测量。从趋势上看，金融中介的单位成本在前期逐步下降，以2003年为拐点，其后略有上升，基本维持稳定，这是由于前期金融收入降低而被中介的金融资产升高，从而单位成本降低，2003年后金融收入和被中介的金融资产之间基本保持一个同步变化，金融业单位成本也就变动很小。从整体上看，金融中介的单位成本值变动幅度不大，稳定在1%~3%，在一定程度上体现了金融业规模报酬不变的特征。

美国金融业收入占GDP的份额在1880—1930年间从2%增长到6%，其后开始下降，1950年已经不足4%，之后开始缓慢增加并于1980年达到了5%，其后增长速度明显加快；被中介的金融资产数量的变化与金融业收入的变化情况大体相同，也即是美国金融业收入占GDP的份额的变化绝大部分可以用被中介的金融资产量占GDP份额的变化来解释。在金融中介的单位成本测度中，Philippon先用金融业收入与被中介的金融资产数量来衡量，其后将借款者的类型变化纳入考虑，根据金融资产的不同质量对被中介的金融资产的数量进行了调整，从而重新计算得到了金融中介的单位成本。1880—2010年间，美国金融中介的单位成本稳定在被中介金融资产的1.5%~2%之间，金融业的效率随时间变化不大，金融业显现出规模报酬不变的特征。

因此，金融行业的单位成本并未表现出趋势性变化。美国的单位成本自20世纪以来，始终在1.5%~2%之间波动；而我国这一测算的成本自2000年以来也基本在1.5%~2%之间，当前为1.7%。根据常识的推测，随着科技尤其是信息技术的发展，金融业效率应具有提高的趋势。一些学者也对这一现象尝试进行解释，Hasbrouck（2009）指出交易成本随着技术的发展确实降低了，但交易量增加的更多；French（2008）认为虽然交易成本降低了，但主动型的资产管理成本升高，投资者平均花了0.67%的资产价值击败市场，总的单位成本仍然保持不变。可见，金融行业的效率并未因为产能的扩大而上升，这自然提出了我国当前金融行业是否存在产能过剩问题的疑问。

四、对金融行业产能过剩的考察

金融业的本质是中介，是服务于实体经济的部分。在当前中国经济进入新常态，金融也是否存在过度膨胀，是否需要在金融行业去产能是需要重点回答的。我们认为在金融周期的大背景下考察金融行业的产能过剩需要从三个方面去考察。

（一）首先要界定金融产能的含义和范围

金融产能，顾名思义，通俗地说指金融作为产业发挥出的能量。这里需要界定在什么范围内发挥出的能量，对谁发挥出的能量。金融产能通过金融活动发生，通过一定的组织推动。如果把这一定的组织称作金融机构，则金融机构活动的范围就是金融产能作用的范围。但什么是金融机构，什么不是金融机构，则需要界定。

据我们有限的了解，海外对金融机构的界定大都依法行事，或者由法律授权。英国有《2000年金融服务与市场法》，美国有《联邦金融机构监察委员会工作条例》，德国有《银行法》，我国香港有《银行业条例》，我国台湾有所谓“金融监督管理委员会组织法”。制定颁布这些法规、条例旨在规范有关部门行使职责的工作范围，而非从理论上确立什么是金融机构，什么不是金融机构？在制定颁布的法律条例中，虽然也明确了什么是金融机构，什么是“信用机构”？这样的机构能够从事什么业务，不能从事什么业务，但这样的规定完全是为了监管的需要。

在我国，金融机构的活动，也是依法行事由法律授权。通常认为：金融机构是指依法设立和从事金融业务的机构。这样的认定，其逻辑关系是：因为你经营金融业务所以是金融机构。按这样的逻辑，考察金融产能是否过剩？其焦点就集中到有多少机构在从事金融业务活动上来，无论是经过有关部门批准的机构，还是没有被批准的机构。

我国现阶段的现实是从事经营金融业务不仅是机构，而且还有自然人。其中既有依法合规准入的各种金融机构，也有非金融机构和主要由自然人组成的组织，如蚂蚁金融、京东白条、众筹、共享单车押金、委托代理、借贷宝、各种基金（风险投资基金、股权投资基金、母基金等）。能够说，不论是机构还是自然人，从事经营金融业务活动的形式，“五花八门”，不胜枚举。这些业务活动美其名曰：“金融创新”“金融业的新业态”，对推动经济社会的发展有正面效应，也有负面效应。对此，在这里我们存而不论。在这里我们要指出的是：大势所趋，不可避免。

之所以大势所趋，不可避免，重要的原因是在当代，货币以信用为基础。信用关系包含着权利与义务的关系。货币数字的流通也就是权利与义务的关系的建立与消除。它的优越性是取代了法定货币，就完成了交易。既节约了成本，又提高了效率。更重要的是增进了社会成员的信用观念，提高了社会成员的信用素质。

数字货币的出现，改变了真实货币的供求，强化了货币供求的不确定性。货币问题是个信用问题，社会成员既是货币需求者，也是货币供给者。给货币政策调控带来巨大的挑战。它的出现，拓展了金融服务的局面，也存在潜在的金融风险。

设想一下，如果数字货币就是信用关系的量化，货币流通就是权利与义务关系的建立和消除，则表明货币问题就是信用问题。在这种状况下，数字货币对金融业的挑战，就是社会信用状况对金融业的挑战。当年（1976 年），美国经济学家哈耶克曾著述《货币的非国家化》，旨在消除因货币的国家垄断有碍市场的自由竞争。现代，哈耶克的预言逐步展现在人们面前，数字货币不是国家创造的，不存在垄断，但这种发展趋势却发人深思。

（二）要考察金融业发展的深度和广度

考察金融业发展的深度，要研究：金融与经济的关系。是经济发展决定金融发展，还是金融发展决定经济发展。对这一问题不同的国家应有不同的回答，同一国家在不同时期也应有不同的回答。

我国改革开放以后在相当长的时期，经济呈两位数增长，经济增长要靠货币资金推动，货币资金也是货币，多年来靠增加货币供给推动经济增长也是不争的事实，所以要承认在这段时期是金融发展决定经济发展。如果这样的结论成立，就要承认，我国金融的发展已经有相当的深度。这种深度，是否导致金融产能过剩？这要确定，与谁比较？如果确定与实体经济发展比较，应当承认金融产能是过剩的。具体表现是，供给的货币相当大的一部分没有在实体经济领域形成货币资金作用于实体经济的生产流通。在现实中的表现是：银行难找到好项目，中小微企业特别是民营经济融资难、融资贵的局面还未消除。

考察金融发展的广度，通常以货币供给的速度和金融机构的规模去衡量。对于金融机构的规模过去以每一个金融机构服务于多少人去衡量。中国人多，且现在是网络时代，人均金融机构的数字没有多大意义了。但以货币供给的速度去衡量金融发展的广度仍具有意义。供给的货币，除了作为支付手段外，还要形成储蓄手段，储蓄手段的货币绝大部分作为货币资金发挥作用。但实际经济需要的货币资金是有限的，按经典作家如马克思的揭示，是取决于流通过程，进一步说作用于再生产过程的货币资金取决于流通过程的时间跨度和作为交易的商品流通总量。这个领域需要的货币量大体以 M1 表示。我国的实际是 M1 是逐步增长的且大体稳定的，而准货币 M2-M1，则增长得快。这样的货币并不闲置，而是作为货币资金发挥作用。货币资金要保值增值。在没有好的途径求得保值增值条件下，就不可避免地“以钱炒钱”。我们之所以强调金融要支持实体经济的发展，要把银行的钱落实到支持实体经济的发展中，其重要原因：一是金融活动必须以实体经济为依托；二是资金的价格必须以实体经济的利润率为基础。离开了这两点，金融活动就缺乏承受力，就会带来经济、金融危机，其最终结果是国民收入的不合理的再分配拉大贫富差距，造成社会的不稳定。

（三）要考察金融业发展的效率

金融业发展效率是考察金融产能是否过剩的核心指标。对此 IMF 有关人士编制了一个“金融发展指数”。这样的指数是基于发达市场经济国家的历史背景，因此，它能用来说明什么问题，不能用来说明什么问题，有待研究。上一个问题中，我们结合国内外学术界研究的状况，对怎样考察金融效率进行了评介，其主要内容是方法论比较。在这里，结合中国的实际，进行进一步分析。我国金融体系的状况是：高度集中垄断；无论是中央还是地方金融机构都摆脱不了政府的控制；财政与金融的功能难以划分，相互替代；这也许是中国金融体系的特色。有了这样的特色，要编制什么样的金融发展指数才管用，必须从信息层面和技术层面上研究。

不过 IMF 专家编制金融发展指数的指导思想有可取之处，有值得借鉴的地方，在这方面的核心内容就是“要遏制金融发展给社会带来的负面影响”。其负面影响有：拖累实体经济发展和社会进步；排挤其他部门协调发展，造成资源浪费，环境污染，导致人们的生活质量下降；带来经济金融危机；加大两极分化；影响社会安定和稳定。

与金融负面影响相关的是：金融支持资源的开发，是否是绝对的好事？Auty（1993）在研究矿产国经济发展问题时，首次提出了“资源诅咒”（Resource curse）这一概念，其含义大体是“丰富的自然资源可能是经济发展的诅咒而不是祝福”。提出这一概念的背景是 20 世纪 80 年代发生在荷兰的经济危机。20 世纪 50 年代，荷兰发现沿海岸线储藏着丰富的天然气，于是大肆开发扩大出口。这样，导致国内其他工业逐步萎缩，创新能力下降，削弱了在国际市场上的竞争力。结果至 20 世纪 80 年代初期，荷兰经历了一场前所未有的经济危机。经济学界称之为“荷兰病”（Dutch Disease），因为这场病是与矿产资源大肆开发相关引起的经济社会问题，所以 Auty 称之为“资源诅咒”。资源诅咒是基于自然资源丰富，由于大肆开发带来的拖累经济发展的一种经济理论。经济学家以此来警告：过分依赖某种资源来促进经济增长存在危险性。为了避免可能发生的危险性，经济学家们强调资源的开发一定要产权清晰，法律制度完善，市场规则健全，要避免“机会主义”行为和设租寻租活动的产生，要避免掠夺性开采。这应当是学术界新近提出的有关金融效率的理性认知。针对这一点，经济学界提出了绿色金融概念，倡导实施绿色金融。从金融领域本身去考察金融效率，要关注：金融资源分配负担的成本；金融服务供给所付出的成本；金融机构的收益。从中国当前的实际判断，总的来说，金融资源分配所负担的成本和金融服务供给所付出的成本增加，收益下降。从结构上说，这种状况不同地区、行业、部门有所差别。总的来说，经济发展，从而业务发展向好的地区、行业部门倾斜是从优的趋势；相反，则是从劣的趋势。这也是经济效率决定金融效率的集中表现。用它来考察金融产能是否过剩，是值得重视的一个方面。

五、理性认知

要解决货币资金脱实向虚，降低实体经济成本，让金融业切实回归到服务实体经济的原本上来，结合金融周期理论以及我国的经济发展特色，我们仅提出以下理性认知。

第一，协同各方，实行双支柱调控政策，稳定金融。

2014 年国际货币基金组织在一篇题为《新常态下的货币政策》的报告中认为，以单一通胀目标为核心的传统货币政策框架存在问题，既无法避免金融危机的发生，也不适应新常态下所面临的新约束。这是对金融危机的反思和总结（IMF，2014）。

然而究竟采用怎样的新货币政策框架才能避免金融危机，在各国央行间以及学者间存在巨大的争议。在这些争议之中，唯一能达成共识的一点是应将金融稳定性纳入新的货币政策的目标之中，即在传统货币政策的基础上纳入宏观审慎政策。国际货币基金组织首席经济学家布兰查德认为宏观审慎的特殊性在于其状态依赖的规则，也就是说宏观审慎并非单一不变的指标约束，而是可以根据不同经济状态去调整监管规则的政策框架。例如，按揭贷款的首付比例可以根据房地产市场的具体状态进行调节。因此，如果能够应用得当，宏观审慎政策可以在货币政策和财政政策的配合下用来应对多种不同类型的金融风险。

虽然各国货币当局对宏观审慎政策的重要性已有充分认识，但在具体实践中仍有巨大的分歧。这些分歧包括该发展哪些宏观审慎工具、如何应用这些工具、如何评价每种工具的效果以及该由哪个部门来实行宏观审慎政策等，这都需要研究制定和具体落实。例如，制定一个随经济状态变化的政策规则还是制定一个较为严格的监管比例，政策当局的不同选择表达了对宏观审慎政策的不同理解。另一个例子是，究竟是由货币政策当局来执行宏观审慎政策，还是由监管当局来执行，不同的制度设计也表达了当局对宏观审慎政策的理解。一部分国家采用的是央行负责制，即央行同时负责物价、就业和金融稳定的管理。这种框架下，一般会在央行内部建立防火墙以防止传统货币政策与宏观审慎政策间的冲突而影响其独立性。例如英国央行、欧央行、新加坡货币当局都设立了独立的金融部门。另一部分国家偏向采用分隔管理的方式，即央行依然以物价和就业为政策目标，而监管当局独立负责宏观审慎政策，但二者应在政策上加强沟通。例如澳大利亚是由金融监管委员会统领央行和财政部；巴西的情况是由其国家货币委员会负责宏观审慎政策，由央行负责传统货币政策，而国家货币委员会是由财政部长所领导，由央行行长和计划管理部部长等官员构成；美国的金融稳定监督委员会由财政部长任主席，由联储主席以及多位金融监管机构领导共同构成。

我们国家实践探索的是由央行发展出了“货币政策+宏观审慎政策”双支柱政策框架，将过去的差别准备金动态调整机制“升级”为宏观审慎评估（MPA）。从组织结构上也形成以“一行三会”、财政部、国家发展和改革委员会构成的国务院金融稳定发展委员会。从而形成了我国的监管体系。为了加强金融稳定性、防范金融风险，尤其是在当前金融周期接近顶点时可能出现的金融不稳定性，应加强金融稳定发展委员会对宏观审慎政策的操作和管理，并协调好央行的宏观审慎与银监会所主导的微观审慎之间的关系。同时，还应继续丰富和发展宏观审慎的框架，以加强动态管理机制，应对不同类型的金融风险。

第二，增强金融系统的稳定性，积极稳妥地降低各种微观经济体杠杆的比率，避免“明斯基时刻”的到来。

2017 年 10 月 19 日，周小川行长在国际货币基金组织和世界银行年会上，强调提出了中国要着力守住不发生系统性风险的底线，重点防治“明斯基时刻”的发生。这是对 2017 年国际货币基金组织在对中国的第四条磋商报告中重点提示的回应。因为 IMF（2017）认为：中国所发生的信贷激增现象，提升了金融风险。2017 年的 5 月份和 9 月份，穆迪公司与标普公司全部下调了中国的主权信用评级，其下调的重要理由也在于政府部门，尤其是地方政府债务规模增长过快。这种情况提醒我们：对于金融风险与金融稳定，必须引起足够的重视。

加强对债务风险的消化，稳定实体经济杠杆率的关键在于对国有企业和僵尸企业的处理上。根据中国社会科学院国家金融与发展实验室的估算，国企债务占全部非金融企业债务规模的比例高达 62%。且国有企业本身拥有更高的资产负债率，国企资产负债率为 61%，而非国有企业仅为 52%。与此同时，国企的盈利能力普遍低于非国有企业，2017 年 2 季度末，规模以上工业企业中的国有企业总负债与营业收入的比值达到 101%，而非国有企业仅有 35%。可见，主要债务偿付风险集中于国有企业（张晓晶等，2017）。

由于存在国有企业负债率高、盈利能力差的问题，金融监管当局仅仅把眼光放在金融机构上是远远不够的。金融风险表现于金融部门，但其产生的根本原因在于实体经济。以银行减记一笔不良贷款为例，表面上看是银行的资产负债表受损，银行的自有资本下降。但如果从全社会角度来分析，这笔不良贷款实际上是从银行的自有资本向企业自有资本的转移，实质上是银行的股东将资金转移给了企业的股东，在社会上发生了一次资本转移，并未产生损失。而真正的损失其实并非发生于减记不良贷款这一时刻，而在于企业用这笔贷款做了无效投资，且投资并没有带来应有的收入。换句话说，由于这些无效投资的存在，会虚增 GDP。这是值得重视的中国经济当前存在的状况之一。

进而论之，大量国有僵尸企业存在，银行为这些企业输血，产生无效投资，在这种状况下，就会产生 GDP 增长的同时，隐蔽着相当大的一部分金融风险。因此当前，降低金融风险的关键在于对国有僵尸企业债务的清理和处理。

第三，加强协同监管，规范金融创新，有效降低金融行业产能。

正如前所述，从一定角度说我国当前金融行业存在产能过剩，主要表现为五花八门的金融创新现象。不规范的任意的金融创新极大地扩张了金融行业的产能，同时也拉升了实体经济融资成本。在一些地区，表面上银行的流动性充裕，却难以找到好项目；与此同时中小微企业融资难、融资贵问题仍然存在。这也是金融行业产能过剩的另一种表现。因此，为了满足这些中小企业的融资需求，银行资金需要借助其他通道，甚至是多重通道的转移再将资金提供给实体经济的最终需求部门，特别是科技型、创新型的中小企业。

参考文献：

[1] 昌忠泽，曹沁. 金融顺周期性对中国金融宏观调控的影响及对策研究 [J]. 经济学家，2017 (1)：70-78.

[2] 陈雨露，马勇，阮卓阳. 金融周期和金融波动如何影响经济增长与金融稳定？[J]. 金融研究，2016 (2)：1-22.

[3] 李苍舒. 我国金融业效率的测度及对应分析 [J]. 统计研究，2014 (1)：91-97.

[4] 李晓庆，刘湘斌. 我国商业银行效率测度及影响因素分析 [J]. 上海财经大学学报，2005 (4)：16-22.

[5] 彭文生. 渐行渐近的金融周期 [M]. 北京：中信出版社，2017.

[6] 杨茜琳. 金融业技术效率的参数法估计 [J]. 特区经济，2012 (10)：78-80.

[7] 伊楠，张斌. 度量中国的金融周期 [J]. 国际金融研究，2016 (6)：13-23.

[8] 云鹤，胡剑锋，吕品. 金融效率与经济增长［J］. 经济学（季刊），2012（11）：595-612.

[9] 张晓晶，常欣，刘磊. 中国去杠杆进入第二阶段［N］. 经济观察报，2017-11-04.

[10] 张晓晶，孙涛. 中国房地产周期与金融稳定［J］. 经济研究，2006（1）：23-33.

[11] 张晓晶，王宇. 金融周期与创新宏观调控新维度［J］. 经济学动态，2016（7）：12-20.

[12] Auty R., 1993, Sustaining Development in Mineral Economies: The Resource Curse Thesis, Published by Oxford University Press.

[13] Blanchard O. and J. Gali, 2007, "Real Wage Rigidities and the New Keynesian Model", Journal of Money, Credit, and Banking, 39 (1), pp. 36-65.

[14] Drehmann M., C. E. V. Borio and K. Tsatsaronis, 2012, "Characterising the Financial Cycle: Don´t Lose Sight of the Medium Term", BIS Working Paper, No. 380.

[15] Fisher I., 1933, "The Debt-Deflation Theory of Great Depressions", Econometrica, 1 (4), pp. 337-357.

[16] French K. R., 2008, "Presidential Address: the Cost of Active Investing", The Journal of Finance, 63 (4): 1537-1573.

[17] Gennaioli N., A. Shleifer and R. Vishny, 2015, "Money Doctors", The Journal of Finance, 70 (1), pp. 91-114.

[18] Glode V., R. C. Green and R. Lowery, 2012, "Financial Expertise as an Arms Race", The Journal of Finance, 67 (5), pp. 1723-1759.

[19] Greenwood J., J. M. Sanchez and C. Wang, 2013, "Quantifying the Impact of Financial Development on Economic Development", Review of Economic Dynamics, 16 (1), pp. 194-215.

[20] Hasbrouck J., 2009, "Trading Costs and Returns for US Equities: Estimating Effective Costs from Daily Data", The Journal of Finance,

64 (3), pp. 1445-1477.

[21] IMF, 2014, "Monetary Policy in the New Normal", IMF Staff Discussion Note, 2014 April.

[22] IMF, 2017, "People' s Republic of China: Selected Issues", IMF Country Report No. 17/248.

[23] Minsky H., 1986, Stabilising an Unstable Economy, Published by Yale University Press.

[24] Pagnotta E. and T. Philippon, 2011, "Competing on Speed", NBER Working Paper, No. w17652.

[25] Philippon T., 2015, "Has the US Finance Industry Become Less Efficient? On the Theory and Measurement of Financial Intermediation", The American Economic Review, 105 (4), pp. 1408-1438.

[26] Philippon T. and A. Reshef, 2012, "Wages and Human Capital in the US Finance Industry: 1909 - 2006", The Quarterly Journal of Economics, 127 (4), pp. 1551-1609.

[27] Rajan R. G. and L. Zingales, 1998, "Financial Dependence and Growth", The American Economic Review, 88 (3), pp. 559-586.

[28] Wolfson M., 1996, "A Post Keynesian Theory of Credit Rationing", Journal of Post Keynesian Economics, 18 (3), pp. 443-470.

研究我国货币供给超额增长要有创新思维

一、引言

近些年我国每年新增的货币供给量快速增加。中国人民银行《2012年货币统计概览》显示，截至2012年12月末，我国广义货币供应量M_2已多达97.4万亿元人民币，约占全球货币供应量的25%，高于美国和整个欧元区，居世界第一位。2012年我国新增M_2约为2.26万亿元，占该年全球新增M_2的46.7%。如果2013年我国货币供应量预计增长13%，则我国M_2将高达110万亿元，将比2012年增加13万亿元，这已超过2012年全球其他国家新增货币的总和。

中国增发的货币量占了同期全球增发货币量的一半，这种态势在世界各国经济发展史上都是少有的，其增长速度不仅超过发达国家，而且超过了不少发展中国家。怎样看待我国货币供应量的迅速增长？与此相关的是，怎样看待M_2/GDP的相对增大？是否仍然存在超额货币供给？这需要结合中国实际作进一步的再探讨。本文回顾了近年国内对超额货币供给之研究对用M_2/GDP来取代的合理性进行了阐释，在此基础上探讨了货币供给量中哪个层次的货币与之密切相关，并提出研究货币供给量超额增长要有创新思维。

二、近年国内对超额货币供给之研究

国内对超额货币供给之研究始于20世纪90年代，当时的研究大都束缚于传统的货币交易方程式：$MV=PY$。研究者大多沿袭交易方程式的经典阐述，认为货币流通速度 V 取决于社会制度和消费习惯等因素，在短期内是稳定的，而产出水平 Y 受制于生产力水平，短期之内也不会改变。那么从长期来看，货币供应的增加将会导致物价水平的上升。对交易方程式简单数学处理之后得到：$\Delta M-\Delta Y=\Delta P$，当货币增长率 ΔM 高于经济增长率 ΔY 的时候 $\Delta P>0$，即物价水平上升，反之物价水平将会下降。基于上述原因，很多国内研究者都用 $\Delta M-\Delta Y-\Delta P$ 来测算超额货币供给规模。上述研究者研究超额货币供给的思路可以说是以交易方程式所确定的货币需求函数为标准，如果现实经济生活中的货币供给规模大于货币需求函数的计算值则意味着超额货币供给。如超额货币供给未引起通货膨胀则意味着货币迷失。

较早对中国货币迷失问题展开研究的是 Mckinnon（1993），他在研究中发现：中国财政收入占 GNP 的比例从 1978 年时的 34.8%迅速减小到 1991 年时的 18.5%，但这段时间，并未出现严重的通货膨胀。而按他所提出的经济市场化的次序理论，只有在中央财政平衡的条件下金融才能实现稳定增长，否则财政失衡引起的通货膨胀会遏制其增长。中国这特别的现象被 Mckinnon 称为“中国货币之谜”。继后中国学者把货币之谜诠释为：货币供给增长率超过产出增长率与物价上涨率之和。学术界对超额货币之研究围绕着解释这个谜展开，概括地讲 20 世纪 90 年代主要有四种理论来解释货币供给的中国之谜：①货币化程度加深论；②时滞效应论；③被迫储蓄论；④货币转化论。这四种理论虽然各有差别，但都是回答超额货币供给的原因，而且大都以实体经济作为基点对我国超额货币进行研究。这样的研究反映了我国 20 世纪 90 年代的现实，都有一定的说服力。

进入 21 世纪以后，我国学术界和实务部门对超额货币供给的研究有较大进步，主要体现在：一是采取目前国外较成熟的“货币滞存法”来测算我国货币超额供给程度；二是着力于实证研究。Roffia 和 Zaghini（2007）提出的“货币滞存法”有三个前提假设：①货币市场供需均衡：$M_2=M_d$；②货币需求是物价水平、国民产值及实际利率的函数，即 $M_d=f(P_t, y_t, i_t)$；③超额货币供给量为货币的实际供给与均衡值之差，即 $CM=M_2-M_d$。“货币滞存法”第三个假设中的 M_2 与

M_d 都是存量，相比 M_2 和 GDP 这种存量和流量的关系分析更加科学，并且第二个假设将经济增长、物价水平以及实际利率等重要经济变量纳入分析框架，这也是重大进步。

在实证研究方面，宋健（2012）采用货币滞存法，分别对广东省相关的经济变量（特别是虚拟经济变量）进行计量，得出了广东超额货币供给与该地区虚拟经济运行存在正向影响的结论，并相应地提出了政策建议。此外，张晓东（2012）选取 1991—2010 年间的年度数据为样本，采用“货币滞存法”测算我国的超额货币并运用 ADF 检验、协整检测格兰杰因果检验、VAR 模型、脉冲响应函数、方差分解等方法实证分析了超额货币对通货膨胀的影响。其研究结果表明：中国存在超额货币现象，超额货币对通货膨胀不仅有正向冲击，并且影响持续时间一般较长。

在实证研究的推动下，有的实务部门对“货币超发”和 M_2/GDP 扩大问题更直率地表达了自己的意见。中国人民银行南京分行调查统计课题组（2013）认为那些断言我国当前存在“货币超发”的观点缺乏充分的科学依据，其理由如下：① GDP 无法涵盖所有需要用货币交易的商品；②经济金融领域的市场化改革和演进需要大量新增货币支撑；③ M_2 除了充当交易媒介外还承担了货币的价值储藏职能。该课题组强调我国 M_2/GDP 的比例较高，有其内在的合理性：①较高的 M_2/GDP 反映了全球信用货币的一般发展趋势；②较高的 M_2/GDP 是我国经济结构失衡的外在表现；③较高的 M_2/GDP 是我国金融资产短缺的必然结果；④较高的 M_2/GDP 未必引发严重的通货膨胀。此外他们还针对“货币超发说”的几个典型论点依据货币供求理论结合我国经济金融发展的经验事实，分别进行了反驳论证并在此基础上就我国实际的货币超发程度进行了评判。

据上述分析，使用 M_2 和 GDP 的绝对数值或者增长率来衡量超额货币供给的适当性值得深思，必须要考察用 M_2/GDP 去取代 FIR 是否合理。

三、FIR 有特定的含义，不能用 M_2/GDP 取代 *FIR*

Goldsmit（1969）在研究金融结构理论时，提出用金融相关率（*FIR*）来衡量经济货币化程度，这个指标在后来的相关研究中得到广泛使用。曾康霖（2013）根据 *Goldsmith* 的定义（$FIR=M_2/GDP$），对比分析中国和世界各国的 M_2/GDP 指标，发现中国经济货币化程度远高于大部分西方成熟市场经济国家和新兴市场经济国家，这种状况是否真正经得起推敲呢？我们认为要回答这一问题，必须从 Goldsmith 对 *FIR* 的定义和阐述说起。Goldsmith 指出，金融理论研究需要探索决定一国金融结构、金融工具存量和金融交易流量的主要经济因素，并阐明这些因素怎样通过相互作用，从而推动金融发展。他还指出，金融机构和市场中的各种金融工具构成了国家的金融结构，与体现在国民财富中的经济基础结构不一样，它是一国金融的上层建筑，并且它与经济基础之间的关系就是通过它而得以体现的。因此，Goldsmith 对 *FIR* 的定义可以表述为：（某时点上金融资产总存量）/（实物资产总值+对外净资产）。

首先，*FIR* 表明了市场经济条件下融资的市场化程度。也就是说，*FIR* 反映了一国经济中，家庭、企业、政府利用外部和内部融资的相对规模。外部融资包括股权和债权融资，诸如发行股票、发行债券及获得银行信贷等方式。只要外部融资规模相对国民产值越大，投资相对于储蓄的依赖性就越小，这反映出一国融资市场化程度的提高。经济货币化程度越高的国家，通常会出现两个现象：①实体经济与货币经济的关系更紧密；②经济对市场的依赖程度更高。因而经济货币化的金融解释应当是反映了融资的市场化，这样便会得到融资市场化程度越高的国家，其金融业也就越发达的推论。所以，我们认为 *FIR* 可以很好地反映金融业的发展程度。

其次，*FIR* 也揭示了经济发展与金融资产的市场价值在市场经济中的相关关系。一般认为，金融资产的市场价值与利率成反比关系，利率的上涨（下跌）会抑制（刺激）投资的规模，从而引起国民产值的缩减（扩张）。因此，金融资产的市场价值与经济发展的相关性可概述为：资产价格——利率——投资——经济等变量的相互影响。在市场经济中，人们的心理预期又决定了这些经济变量的相互影响。从而可认为 M_1 的变动定程度上表明了人们心理预期的变动。当金融工具相对于有形财富的比例上升，表明人们对经济的预期偏好，反之亦然。因此，*FIR* 也可以认为是个信心指数。

应当说，用 M_2/GDP 指标来衡量经济货币化程度是有时代意义的，一些国家在特定阶段用 M_2/GDP 衡量经济货币化的程度具有一定的合理性。但是随着客观经济环境的改变，进入 21 世纪后的中国，M_2/GDP 和经济货币化程度的不匹配现象也越来越明显。从世界银行提供的截至 2012 年的数据来看，在 M_2/GDP 全球排名前 25 的国家中，大部分都是人均收入水平较高的国家，其中既有深陷欧债危机泥潭的葡萄牙和西班牙等国，也有货币政策最为稳健的德国。这表明 M_2/GDP 趋高，与居民收入较高密切相关，而与经济货币化的程度弱相关。在这里还需要指出的是：有人以此说明投资与产出的关系，即把 M_2 看作投资，把 *GDP* 看作产出。我国近年来这两者比例关系一直较高，M_2 大约是 *GDP* 的 1.8~1.9 倍，有人据此说投资 2 元钱，产出 1 元钱，或者说投资 1 元钱，产出 0.5 元钱。这样的认识可不可以？合不合理？也值得研究。

四、货币供给量中 M_1 与 *GDP* 的关系更紧密

有个问题一直困扰着我们，即 M_1 和 M_2 之中究竟哪个层次的货币供给量与 *GDP* 的联系更加紧密？马歇尔（Marshall，1890）指出，社会货币供给量中包括“作为媒介的货币”和“作为资产的货币”，曾康霖（2002）也对此做了进一步阐述。基于上述考虑，我们认为货币供给量中 M_1 与 *GDP* 的关系更加紧密。如果从债权债务关系的视角来分析，货币属于资产的范畴，它包括“作为资产的货币”和“作为媒介的货币”。前者指的是能够保值增值的货币，后者指的是发挥支付手段职能的货币，它们分别对应着潜在的购买力和现实的购买力。在金融统计中，作为潜在的购买力的货币叫“准货币”，即 M_2-M_1。

既然 M_1 与 GDP 的关系更加紧密，那么定义为 M_2/GDP 的“金融相关率”就只能表明融资的市场化程度，而很难准确地阐述投入和产出的联系。因此，我们认为应该通过考察 M_1 与 GDP 相关度的变化状况来判断货币供给是否过多或超量。对此，我们以 1992 年作为研究的起点，因为 1992 年邓小平同志“南方讲话”以后，我国改革开放实际上才起步，这才对货币供给和经济发展产生实质性的影响。同时有价证券（股票）的上市交易，必须额外新增货币供给。但是据我们所知，在相当长的时期中，金融统计部门没有把作用于有价证券交易的货币统计在货币供给量中。再说，我国经济周期与政治周期是密切相关的，1992 年，党的十四大上做出了三项重大决策：一是提出“保 8”的概念；二是提出了建立社会主义市场经济体制；三是确立了建设具有中国特色的社会主义理论。

对此，我们利用 1992—2012 年国家统计局这 21 年的《中国统计年鉴》的相关数据分析以下指标：① M_1/M_2，这一指标表明作为支付手段和购买手段的货币在货币供给量中的比例。M_1 是现实流通中的货币，M_2 则计量了我国的广义货币供给。在这 21 年中，M_1/M_2 指标稳定在 36%~45%之间，波动并不是很大，这说明作为媒介的货币较为稳定。② GDP/M_1，这一指标表明国内生产总值与现实流通中的货币的比例关系。国内生产总值是产品价值的组成部分，产品价值的实现必须借助于货币，所以 M_1 与 GDP 关系密切。在这 21 年中，这一比例关系平均为 1.92∶1，最高是 1995 年时的 2.53∶1，最低则是 2010 年时的 1.51∶1，整体呈下降趋势。由此可见，作为媒介的货币在保障国民经济产出的货币需求中的比例呈下降态势，诸如信用卡之类的货币替代品的广泛发展，是造成这一现象的重要原因。③ GDP/准货币，其中，准货币是货币供给量中没有处于现实流通中的货币，它主要是社会成员对货币的储备或储蓄。因此，这一指标表明国内生产总值与社会成员持有的作为储备或储蓄的货币的比例关系。在这 21 年中，平均为 1.22∶1，最高为 1992 年时的 1.97∶1，最低为 2012 年时的 0.78∶1。数据表明，这 21 年的开始几年，由于其他信用形式欠发达，民众的储蓄途径主要是银行存款，而继后的几年，其他信用形式有了较快速度的发展，民众对银行存款形式的储蓄依赖减少。因此，我们得到两个推论：第一，其他信用的发展，加速了金融脱媒，特别是银行体系的脱媒；第二，诸如有价证券之类的信用凭证可替代“作为资产的货币”。④ M_1 环比增长速度，所谓“环比”，即考察期与上期的对比。在这 21 年中，年平均增长为 18.8%，1993 年的环比增速为 39%，达到最高，而 2012 年的环比增速最低，只有 6%。这表明现实流通中的货币的增速是下降的。⑤ *GDP* 环比增长速度，即考察期 *GDP* 相对上期 *GDP* 增长幅度。在这 21 年中，平均为 9.9%，最高为 1993 年，比上年增长 14.2%，最低为 1999 年的 7.6%。它表明我国国内生产总值一直稳定快速地增长。⑥商品零售价格指数，它表明了我国的消费品物价变动程度。在这 21 年中，年平均指数为 103.6，最高为 1994 年的 121.7，最低为 1999 年的 97，这表明我国消费品物价水平较为稳定。⑦工业生产者购进价格指数，它反映了企业作为投资而购买原料时所支付的价格水平变动程度。在这 21 年中，年平均指数为 106.4，最高为 1993 年的 135.1，最低为 2009 年的 29.1。这表明我国生产者生产成本受内外因素影响，并不稳定。

五、M_2/GDP：中国与日本比较

权威人士指出：中国的 M_2/GDP 指标不是最高的，日本比我们更高，我国 M_2/GDP 的比值较高有两大原因：一是储蓄率高；二是间接融资的比重大。这就给我们提出了一个值得考察的重大问题：怎么分析比较中国与日本的 M_2/GDP 状况？

关于 M_2/GDP，中国与日本比较，首先要考察 M_2 的统计口径在国别之间的差异。现阶段，中国 M_2 的统计口径为现金、企事业单位活期存款、企事业单位定期存款、居民储蓄存款、住房公积金中心存款、非存款类金融机构在存款类金融机构中的存款之和。日本 M_2 的统计口径为钞票、硬币、活期存款、定期存款之和。根据世界银行官方网站数据库的资料，对比中国与日本的 M_2/GDP 的指标可知，1977—2012 年这 36 年中，日本的 M_2/GDP 指标在 2000 年达到历史高峰后开

始下降，在随后的2001—2007年间一直保持在较为稳定的水平，直至2008年又开始上升，且在2012年接近历史最高点。结合当时的经济金融环境分析可知，日本2000年和2012年货币供给两次历史高峰均源于金融危机之后的货币扩张性政策，以此来缓解金融危机的影响。又据世界银行的数据，日本*GDP*与M_2的比值在1994年就达到了1：2，在2000年更是达到历史的最高峰1：2.4。但从M_2的增长速度来看，日本在这20年间，前10年（1991—2000年）广义货币供给量M_2的平均增长率为3.84%，后10年（2001—2010年）广义货币供给量M_2的平均增长率为-0.99%；而中国在这20年间，前10年（1991—2000年）广义货币供给量的平均增长速度为25.3%，后10年（2001—2010年）广义货币供给量的平均增长速度为18.3%。这表明：日本的货币供给量增长速度比较平稳，而中国的货币供给长期保持高速增长，特别是2008年以后的近5年。2008年国务院办公厅发布的《关于当前金融促进经济发展的若干意见》（“金融30条”）指出，要落实适度宽松的货币政策和促进货币信贷稳定增长，可以从下面两个方面入手：①保持银行体系流动性充足，促进货币信贷稳定增长。全年广义货币供给量M_2的增长目标应当高于*GDP*增长与物价上涨之和3~4个百分点，力争达到17%。②增加政策性金融机构贷款和商业银行对中央投资项目的资金支持力度，努力实现当年人民币贷款达到4万亿元以上的目标。该政策的贯彻执行，使得2008年的金融机构人民币贷款达到4.2万亿元，由于政策的延续性，2009年的M_2同比增长29.36%，金融机构人民币贷款高达9.6万亿元，大大超过预定的目标。这表明中国货币供给量的增长，很大程度是政策推动的。

要分析比较中国与日本的M_2/GDP的状况，有三点值得注意：①中国货币供给量一直持续上升，而日本则有起有伏；②日本货币供给中M_2的统计口径与中国货币供给量中M_2的统计口径不一样。前者较窄，后者较宽；③日本货币供给的增长主要是市场推动，中国货币供给的增长主要是政策推动。所以，我们不能将日本和中国的货币供给状况简单对比，而是要找出差别。

我国的货币供给如以2012年的97.42万亿元为基数，并假定M_2

增速控制在 13%，那么 2013 年和 2014 年的 M_2 将达到 110 万亿元和 124 万亿元左右。据国家统计局的统计年鉴（2012）数据，2011 年年末我国总人口数为 13.473 5 亿，假定 2013 和 2014 年的人口数为 13.5 亿，那么对应的人均货币持有量分别为 8.15 万元和 9.21 万元。但是，我国 M_2 的分布并不均匀，大量流动性集中在了少数人手上。仍然以 2012 年为基准年，如果假定中国 *GDP* 增长速度稳定在 7%左右，M_2 增长速度控制在 13%左右，则 *GDP* 与 M_2 的比例在"十二五"规划末期年将会扩大到：1∶2.2，这就赶上日本的水平了。

六、研究货币超额增长需要有创新思维

如以 M_2 的增速与 *GDP* 的增速比较，得出我国货币供给超额增长，这样的结论是有悖常理的。悖理的地方是：所供给货币并没有完全形成 M_1，而相当多的货币形成了准货币，准货币尽管是潜在的购买力，能够转化为 M_1 的支付手段，但在未转化以前，它仍然是社会公众持有的货币资产。货币作为资产不仅要保值增值，而且能够被人们无限持有。在一定条件下，货币供给继续扩大的可能是存在的。问题在于谁掌握了货币供给权，向什么人供给货币？所供给的货币有利于谁掌握资源，对谁有利？这在我们看来已经超出了经济、金融学所要讨论和研究的范围，而且难以用西方经济学中的思维逻辑和研究范式去考察，比如 M_2 与 *GDP* 的比例关系等。这就要求我们必须结合中国的实际，有创新的思维逻辑和研究范式。我们认为研究货币供给超额增长，应当注意以下三点：

（一）要把货币与准货币区别开来

货币（M_1）是现实中流通的货币，发挥着流通手段和支付手段的职能，准货币（M_2-M_1）是潜在的货币，在现实中发挥着储蓄手段的职能。作为流通手段和支付手段的货币（M_1），在企事业单位中，构成它们的货币资金，在商品交换中起着购买手段的作用。由于货币资金量的多少决定于各企事业单位流通过程的长短和需要购买或出售的

商品量，因而其占有的货币资金量是能够测定的。总的来说，M_1 是有限的，而且是比较稳定的。作为储蓄手段的准货币（M_2-M_1）在企事业单位中，构成它们的货币收入积累，尽管货币收入积累通过分配能够转化为货币资金，但在没有转化以前，仍然是货币收入积累，其占有量不决定于企事业单位的流通过程，而是决定于经济效益，由于效益具有不确定性，因而其货币收入积累量尽管也能测定，但弹性较大。

（二）要着力研究储蓄与投资的关系

研究储蓄的视角很多，包括社会学、心理学和经济学等，不同的研究视角有不同的特征，获得的评价也不尽相同，而我们认为当代对储蓄的研究应当采取金融学视角，考察以货币资金表现的储蓄与以货币资金表现的投资二者之间的关系。研究二者之间的关系，就是要求得二者的均衡。追溯学说史可以了解到瑞典学派的维克赛尔（Wicksell，1898）最早将储蓄和投资联系在一起分析，他结合洛桑学派瓦尔拉斯的一般均衡理论和奥地利学派 Bahm-Bawerk 的资本与利息理论来分析储蓄与投资的关系，指出自然利率是影响储蓄与投资均衡的主要原因。维克赛尔表述的要点是：①储蓄和投资分别对应着借贷资本的供给和需求，储蓄和投资的均衡就是借贷资本的供需均衡。②自然利率是影响储蓄和投资均衡的关键因素，相当于资本的预期收益率受市场预期的影响而变化。③当货币利率（现实市场利率）低于自然利率（资本的预期收益率）的时候，经济处于积累性扩张阶段（投资需求扩张阶段），借贷资本需求的增加导致货币利率上升，同时也起到进一步促进储蓄增长的作用。④储蓄的增长对应着借贷资本供给的增加，但货币利率的上升又会遏制市场的借贷资本需求，这一正一负的作用使得借贷资本的供给在新的利率水平实现均衡。⑤在新的均衡条件下，商品和劳动力的价格保持不变。总的来说，货币利率与自然利率相一致的假设是维克赛尔储蓄与投资均衡理论的前提，只有满足该条件才能通过调节货币供需来实现储蓄与投资的均衡。尽管现实经济生活中的货币利率与自然利率经常背离，但是不能因此而否定 Wicksell 最早将储蓄与投资结合起来研究的价值和意义。

在维克赛尔之后，凯恩斯（Keynes，1936）对储蓄与投资均衡的研究也影响深远，他将储蓄与收入和投资联系起来，并定义储蓄为个人货币收入与个人本期消费所对应的货币支出的差额。需要注意的是，凯恩斯的储蓄定义中“个人”实质上指的是仅包括企业家和雇员的“社会成员”，并没有包含政府。凯恩斯所指的投资是特定阶段社会资本的净增量，假定为 I，此外假定储蓄和意外所得分别为 S 和 Q，则储蓄加意外所得之和为资本净增量：$I=Q+S$。因为意外所得并不包括在收入之中，所以它不会形成储蓄。那么通过公式变形可以得到：$S=I-Q$，即储蓄等于资本净增量与意外所得的差额。由此可见储蓄必然不会等于投资。此外，凯恩斯还指出储蓄群体和投资群体并不相同，也没有一种机制或法则使得一个群体的储蓄等于另一个群体的投资。在后来出版的《通论》中，凯恩斯对上述观点进行了修正：所得=产品价值=消费+投资，储蓄=所得-消费，故储蓄=投资。

凯恩斯关于储蓄与投资关系前后反差的出现，并不仅仅是计算方法的改变，更多的是探索储蓄与投资机制使然。凯恩斯的《货币论》认同维克赛尔的部分思想，即货币利率是否等于自然利率是影响储蓄与投资均衡的重要因素。但他又指出，储蓄是消费者群体的行为，投资是企业家群体的行为，二种行为的规模、作用机制和效应都不尽相同。在《通论》中，凯恩斯所指的储蓄与投资自然相等是有前提条件的，即物价稳定。可是现实经济生活中，物价的波动是常态，所以储蓄和投资二者很难均衡。我们应该注意到，凯恩斯在《通论》中主张的是可以通过财政货币政策来刺激投资需求，来调节储蓄倾向递增和投资需求不足的矛盾。因此，凯恩斯是通过着力于储蓄与投资机制的建立来研究储蓄和揭示储蓄与投资的均衡。

与凯恩斯不同的是，萨缪尔森（Samuelson，1948）从宏观经济现象视角考察了储蓄与投资的关系，他指出：①由于折旧在某种程度上也对应着部分供给和需求，因此固定资产的折旧应该纳入企业的储蓄范畴；②提出“政府储蓄”的概念认为应当将政府的储蓄行为纳入储蓄与投资均衡分析的框架中来；③量化和实证分析了个人、企业和政府的储蓄；④提出储蓄与投资恒等式。

萨缪尔森和凯恩斯一样，承认储蓄和投资在理论上达到均衡的可能性，但也清晰地认识到二者自动均衡的前提条件很难在现实经济生活中实现。在萨缪尔森看来，由于储蓄与投资群体、动机和传导机制都不尽相同，通过财政金融政策的调节有利于这二者实现均衡。

遵循经典作家研究储蓄与投资均衡的理论逻辑，我们能够得出：储蓄是所得的一部分，进而是社会产品价值的一部分；不仅家庭个人、企业有储蓄，而且政府也有储蓄；要使储蓄与投资均衡，必须使财政金融政策作用于不同的行为主体、不同的行为动机和不同的传导机制。

在我国，作为货币形式的投资主要来源于作为货币形式的储蓄，但不完全来源于作为货币形式的储蓄。从一定时期考察，如果作为货币形式的投资大于作为货币形式的储蓄，则超出部分，可视为超额供给的货币量。说它可视为，是因为引起超额供给货币的因素较多，不完全是投资。再说，作为货币形式的储蓄也不完全表现在当年新增的货币供给中，还有可能表现在多年的货币存量中。但这并不能影响我们得出结论：我国货币超额供给的重要因素，不完全是求得当年作为货币形式的储蓄与作为货币形式的投资的均衡而是通过新增货币供给将货币变为资金启动资源来发展经济。

（三）要研究货币与货币替代品以及准货币与有价证券之间的替代关系

货币替代品（如信用卡）能够替代货币发挥货币的支付手段职能因为它们有一个共同点，即建立在银行信用的基础上。能在一定条件下保值和增值的有价证券也在一定程度上能够替代货币，发挥货币的储蓄手段职能。研究货币供给是否超额增长，必须考察它们之间的替代消长。前面指出，在过去的 21 年（1992—2012 年）间，作为支付手段的货币（M_1）有下降趋势，重要原因是货币替代品的广泛发展；同时，在前面数年，民众的储蓄方式更多选择的是银行存款，而后面数年由于其他信用形式的较快发展，民众对银行存款的依赖性降低，这表明作为资产的货币（M_2-M_1）与各种信用凭证（有价证券）有直接的相互替代关系。一般说来，各种信用凭证能被社会公众认同和接受，则对作为资产的货币需求会相应减少；相反，则对作为资产的货币需求会相应增加。这是考察货币供给超额增长不可忽视的因素。

有的研究以 M_2 的绝对量减某一年 GDP 的量得出货币超额供给量，以这样的思维逻辑和研究范式更是悖理的。悖理的地方：① M_2 是历年货币供给的存量，是个时点数，GDP 是某一年中的流量，是个时期数。以时点数减时期数，得出的不知是什么数。②存量反映货币的沉淀，流量反映产出，怎么能把沉淀的货币量减去产出量就是超额货币供给量呢？③历史沉淀的货币量 M_2 并不都作用于某一年的产出，因为在 M_2 中有相当一部分变成了作为资产的货币存在，而且其中一部分还流出国境了，不能作用于国内的产出。④货币流量是有速度的，速度的增减作用于流量，流量要作用于产出，流量变了，存量怎么可能不变。

七、结论

一些国家在特定阶段用 M_2/GDP 指标来表明经济货币化的程度，具有一定的合理性。但是随着客观经济环境的改变，M_2/GDP 和经济货币化程度的不匹配现象也越来越明显。如果继续用 M_2/GDP 指标来说明我国经济货币化程度，则会得到我国经济货币化程度高于西方成熟市场经济国家和部分新兴市场经济国家的结论。这个结论既经不起理论推敲，也不符合中国国情，因为在我国，M_2/GDP 的增大反映的是我国融资的市场化程度的推进。

研究货币供给超额增长要有一个时期跨度，要关注转折点，我们以 1992—2012 年这 21 年为时期跨度，并基于经济周期与政治周期密切相关，把这 21 年分作前 10 年和后 11 年。在前 10 年中，引起货币供给大量增加的主要因素是引进外资和鼓励出口；在后 11 年中，引起货币供给大量增加的主要因素是房地产业的发展以及与此相关的地方“土地财政”。在前 10 年中 1998 年是个转折点，这一年的货币供给第一次超过 10 万亿元。在后 11 年中，2005 年和 2009 年是转折点，2005 年货币供给近 30 万亿元，而 2009 年货币供给超过了 60 万亿元。

在我国过去的 21 年中，M_1 的增长率基本上与经济增长率和物价水平率之和相一致，不存在超额供给的现象，而真正出现超额供给的是“作为资产的货币”，即准货币。我们认为“作为资产的货币”在一定程度上可以视为市场参与者的储蓄，那么这部分储蓄转化为投资的过程就是超额供给的货币通过动员社会资源来实现经济发展的过程，而资产会在此过程中形成。值得注意的是，资产形成效率的高低决定着负债的偿还能力。如果过度通过超额供给货币来发展无效资产，那么资产所对应的负债恐怕要靠后人来偿还。

在一定条件下，货币供给继续扩大的可能是存在的，问题在于谁掌握了货币供给权，向什么人供给货币？所供给的货币有利于谁掌握资源，对谁有利？这在我们看来已经超出了经济、金融学所要讨论和研究的范围，而且难以用西方经济学中的思维逻辑和研究范式去考察。我们认为，研究货币供给超额增长：①要把货币与准货币区别开来；②要着力研究储蓄与投资的关系；③要研究货币与货币替代品以及准货币与有价证券之间的替代关系。

参考文献：

[1] 阿尔弗雷德·马歇尔. 经济学原理 [M]. 刘生龙，译. 北京：中国社会科学出版社，2008.

[2] 保罗·萨缪尔森，威廉·诺德豪斯. 经济学 [M]. 萧琛，译. 北京：人民邮电出版社，2007.

[3] 约翰·梅纳德·凯恩斯. 就业、利息和货币通论（重译本）[M]. 高鸿业，译. 北京：商务印书馆，1999.

[4] 宋健. 超额货币与虚拟经济——以广东经济数据为例的实证分析 [J]. 中南财经政法大学学报，2012 (4).

[5] 魏克塞尔. 利息与价格 [M]. 蔡受百，译. 北京：商务印书馆，1997.

[6] 张晓东. 我国超额货币供给与通货膨胀的实证研究——基于“货币滞存”视角的 VAR 模型分析 [J]. 上海市经济管理干部学院学报，2012 (5).

[7] 中国人民银行南京分行调查统计处课题组. 断言我国当前

“货币超发”缺乏充分的科学依据［J］. 金融纵横，2013（5）.

［8］曾康霖. 金融经济学［M］. 成都：西南财经大学出版社，2002.

［9］曾康霖，吕晖蓉，徐培文. 怎样看待我国货币供给量迅速增大［J］. 中国金融，2013（9）.

［10］Goldsmith R. W., Financial Structure and Development. New Haven: Yale University Press, 1969.

［11］Roffia B., Zaghini A., Excess Money Growth and Inflation Dynamics. International Finance, Vol. 10, No. 3, 2007, pp. 241-280.

［12］Ronald I. Mckinnon, The Order of Economic Liberalization: Financial Control in the Transition to a Market Economy. Baltimore: The Johns Hopkins University Press, 1993.

论虚拟经济与实体经济

——从虚拟资本谈起

党的十九大报告指出：深化金融体制改革，增强金融服务实体经济的能力，提高直接融资比重，促进多层次资本市场的健康发展。在2018年中央经济工作会上又强调：打好防范化解重大风险攻坚战重点是防控金融风险，要服务于供给侧结构性改革这条主线，促进形成金融和实体经济、金融和房地产、金融体系内部的良性循环，做好重点领域风险防范和处置，坚决打击违法违规金融活动，加强薄弱环节监管制度建设。

毫无疑问，权威文件的昭示应当是我国金融展业和改革的指南。同时为实际部门和学术界提出了值得讨论的理论和实际问题：什么是实体经济？金融如何服务实体经济？

实体经济相对虚拟经济而言，虚拟经济是从经典作家提出的虚拟资本衍生过来的。所以，需要从虚拟资本谈起。

一、经典作家考察虚拟资本的逻辑

虚拟资本是马克思提出来的，对此人们了解得更多的是股票，而股票为什么和怎样成为虚拟资本，则往往进行表面的分析。要深入理解马克思经济学中的虚拟资本论，必须考察其思维逻辑。

（1）虚拟资本想象论。在马克思以前，法国古典学派经济学家西斯蒙第曾提出“想象的资本”这一概念，认为“国家有息证券不过是一种想象的资本”。在西斯蒙第看来，国债之所以是“想象的资本”，是因为“与此相等的资本已经消耗掉了”。而以后通过发行国家有息债券，以利息的形式，偿付给国家的债权人，只不过是以征税的形式，从创造的社会财富中取走的一部分，这部分的多少取决于“本国通行的资本和利息的比率”，也就是说“设想一个想象的资本”额度，使“这个资本的大小和能产生债权人应得年利的那个资本相等”。可见，“想象的资本”，是由于国债不代表资本而产生的，但为了从财富中取走一部分用于对国家债权人付息，又不得不“设想一个想象的资本”。

马克思在《资本论》第三卷中，曾用过“幻想的虚拟的资本”这一概念。需要指出的是，马克思的论述比西斯蒙第前进了一大步：①假定“债权人不能要求债务人解除契约，而只能卖掉他的债权，即他的所有权证券”。这样的假定，意味着政府只付息、不还本，国债所有者要收回本金，只有把它卖掉。②假定国债能在市场上卖掉，“一旦债券卖不出去，这个资本的假象就会消失”。③指出了“不管这种交易反复进行多少次，国债的资本仍然是纯粹的虚拟资本”。马克思的论述表明：国债作为“虚拟资本”是对投资者即购买国债者而言，因为购买国债的人把它的投入当作对国家的货款，即当作生息资本来看待，而出卖国债的政府又不把它当作资本来运用。

马克思考察国债是虚拟资本以后，进一步考察股票。他认为：股票是信用制度创造的联合的资本，这种资本的价值也纯粹是幻想的。其思维逻辑是：从股票不能作为职能资本与所有权资本的双重性存在，导出股票必须买卖才能体现它作为所有权资本的存在，再从买卖的价值确定，导出虚拟资本。股票作为虚拟资本体现在收益的资本化上，其资本化以现有的利息率和未来的收益为尺度。所以股票之所以成为虚拟资本，不在于股票本身，而在于股票买卖。股票作为虚拟资本与国债作为虚拟资本不同，前者含有实现预期的价值的含义，而后者没有这一层意思，因为国债的收益是既定的，而且是有保证的。

（2）**虚拟资本制造论**。除马克思考察国债和股票具有虚拟资本的性质外，恩格斯还指出商业汇票也具有虚拟资本的性质。恩格斯把开出汇票并把汇票贴现看成是“制造虚拟资本”，其含义有两个方面：一是以商业汇票代替货币资本作为货币来支付；二是将商业汇票向银行贴现提前获得货币资本。前者是商业信用取代银行信用，后者是银行信用取代商业信用。前一个取代节约了社会货币资本，后一个取代新增了社会货币资本。可见恩格斯论述的因开出商业汇票和商业汇票贴现而制造的虚拟资本，有节约和新增社会货币资本的意思。

恩格斯从上述意义上考察虚拟资本与马克思考察国债是虚拟资本不同：国债之所以是虚拟资本是因为它本身不作为资本而存在，但又要设想出一个资本额度去付息。这也与马克思考察股票是虚拟资本不同，正如上述股票之所以为虚拟资本，其价值具有幻想的成分，而开出商业汇票和商业汇票贴现“制造”的虚拟资本，其价值不具有幻想的成分，因为一般说来它们的发生都是以贸易为基础（当然在贸易上也会存在着欺诈）。

（3）**虚拟资本派生论**。继恩格斯考察开出商业汇票和商业汇票贴现“制造虚拟资本”以后，马克思指出银行家资本的最大部分是纯粹虚拟的，其含义有四：①是指他拥有的作为准备金看待的资本价值即取得收益的权利的不确定（不断变动的）而言。②所谓的“银行家的资本的最大部分纯粹是虚拟的”是就银行家的资本大部分并不代表他自己的资本，而是代表公众在他那里存入的资本而言。③所谓的“银行家的资本的最大部分纯粹是虚拟的”还是就“有各种方式使用同一资本，甚至同一债权在不同人手里以不同的形成出现”而言，因为在这种状况下，一切资本好像都会增加一倍，有时甚至增加两倍。④就发行银行而言，所谓的“银行家的资本的最大部分纯粹是虚拟的”，是就缺乏黄金保证发行的那一部分银行券。综述以上四个方面考察银行家的资本绝大部分纯粹是虚拟的内容，能够发现虚拟资本，既反映在银行家的非实际业务中（如保存的准备金中），又反映在银行家的实际业务中（如资金来源和资金运用中），同时表明银行家的虚拟资本既在职能资本中存在，又在非职能资本中存在。

（4）**虚拟资本的相对论**。“虚拟”的德文“fiktiv”有两个含义：一是“der phantasie entstammend，nicht wirklich：einc - e welt beschreiben”，即“来自想象，幻想的，非真实的，如描述一个虚拟、虚幻的世界”；二是“vorgetauscht”，即“装的、假装的、模糊的”。在德文中，与“虚拟”对应的词是“wirklich”，意思是“真正的、现实的、事实上的”。所以，我们能够确定，马克思指出的虚拟资本（das fiktiv kapi-tal）是相对真实资本（das wirkliches kapital）而言。真实资本是指“已投资于企业，并在企业中发挥作用的资本，或由股东支出的，用于企业中起资本作用的货币”。相对而言，没有投资于企业，不在企业中发挥作用的资本，都可以认为是“虚拟资本”。货币资本也是货币，从这个意义上说，没有投资于企业、不在企业中发挥作用但又要增值的货币，都是虚拟资本。但在《资本论》中，马克思没有做出这样笼统的概括，而是针对具体的问题，从具体到抽象，从不同视角考察“虚拟资本”。可见马克思研究资本问题总是相对不同的事物而言。如果我们设定在什么条件下，确认某一事物是真实的，那么，离开了设定的条件，就能够确认某一事物是虚拟的。这是认识论上的辩证法。

尽管经典作家对虚拟资本这一概念的认知有所不同，但它们的共同点是：通过市场，存在于交换之中：在权利和义务关系中，基于债权方持有的资产而言；其资本的含义，大都是基于收益利息化的诠释，所谓收益资本化；指出的都是事物的客观存在，无褒贬之意，有探讨之实。

二、考察虚拟经济需要界定不同的概念

马克思在《资本论》中考察虚拟资本时，运用了不同的概念，如“虚拟资本”“幻想资本”“幻想的虚拟的资本”“虚拟的货币资本”“这种‘货币资本’的最大部分纯粹是虚拟的”等。应当说，不同的概念有着不同的含义、表达不同的意思。

但在我国，人们在考察虚拟经济时，总是把不同的概念混为一谈，比如把虚拟资本等同于有价证券，把虚拟经济等同于虚拟资本、网络经济、泡沫经济等。由于概念不清，讨论分析时，往往对不上口径。因此，相关问题值得我们做细致思考。

（1）**虚拟资本不完全等同于有价证券。**评介马克思恩格斯考察虚拟资本的思维逻辑，我们能够发现虚拟资本存在的形式有：国债、股

票、汇票、缺乏价值保证的银行券等。它们作为虚拟资本的物质载体有一个共同点，即都是有价证券。有价证券作为虚拟资本的载体，相对职能资本来说，有以下特点：①它不是劳动生产物，本身没有凝结价值。②它不能在生产和再生产过程中发挥作用，不是职能资本。③职能资本是现实的资本，它的市场价值即是它的价格一般取决于现实的市场评价；而有价证券是非职能资本，因而也是非现实资本，它的市场价值即它的价格，一般不完全取决于现实的市场评价，而很大程度上取决于预期。④它不是价值符号，而是价值收益索取的证明书。价值符号是价值实体的代表，它能兑换但不能增值；而价值收益索取证明书，一般不能与价值实体对换而寻求增值。有价证券的特点表明：虚拟资本只不过是能代表取得一定收益的所有权证书。由于取得同一收益的权利表现在不断变动的有价证券所代表的资本价值上，所以把有价证券称作虚拟资本。由此，我们能够说虚拟资本是其价值不确定的生息货币资本。生息货币资本与货币资本不同：货币资本与商品资本、生产资本相联系，是再生产过程中资本存在的一种形式，是一种过渡的资本形式；而生息货币资本与商品资本、生产资本没有直接的联系，不是再生产过程中资本存在的一种形式，更不是一种资本的过渡形式。生息货币资本与信用制度、利息相联系。

有价证券是虚拟资本的载体，但不能说虚拟资本都反映为有价证券。从上述马克思、恩格斯考察虚拟资本的思维逻辑中，我们能够发现，他们从多种角度，在不同的意义上定义了虚拟资本。概括地说，马克思从国债运用的非资本性和利息支付的资本设想，表明国债是虚拟资本，从股票市场价值取决于股票收益资本化，表明股票是虚拟资本；恩格斯从商业信用取代银行信用，银行信用又取代商业信用，指出开出汇票和汇票贴现制造虚拟资本：马克思从银行保持的准备金不代表资本，只代表取得收益的权利，其价值是不确定的意义上，指出了银行家资本的构成大部分是虚拟资本。如果说上述虚拟资本都因以有价值证券作为载体，因而与有价证券有关，则马克思指出的银行家的资本大部分不代表他自己的资本。而代表存款人的资本，以及同一资本在不同人手里转移使得一切资本好像增加了若干倍，因而也是虚拟资本的论述，就不纯粹以有价证券作为载体，而是以所有权的归属和转移作为载体。可见，马克思所指出的虚拟资本的含义，既包括有价证券所代表的资本价值的不确定性，也包含所有权归属的不确定性；前者以有价证券作为载体，后者以运用资本的权利作为载体。

（2）**虚拟经济不完全等同于虚拟资本**。在现实经济生活中，为了表达新生事物，人们引进了“虚拟”这一概念，如虚拟工厂（virtual factory）、虚拟办公室（virtual office）、虚拟银行（virtual bank）、虚拟大学（virtual university）等。在这里“virtual”没有虚假、虚幻的意思，而是指事实实际的而不是名义上的状态（almost what is stated in fact but not in name），也就是说事物的现实状态与它自身的过去传统的名义状态相分离。如果我们把这种状态分离用哲学的“异化”来表达，则虚拟是对事物状态异化的理论概括，虚拟经济也就是对经济事物状态异化的概括。在现实经济生活中，有载体异化的经济活动，如电子商务。电子商务在网上为顾客提供信息让顾客选择，提供商品，送货上门，一般人称之为“虚拟企业”。虚拟企业与实体企业相比有它们的共性，即提供商品信息，满足顾客需求；但又有它们的个性，即没有可供观感的商品，没有可容纳顾客的营业场所等，所以，载体异化了。虚拟资本如股票，既可以把它称为载体异化的虚拟经济（因为它的载体是表现为所有权资本的有价证券，而不是职能资本的产出要素），又可以把它称为功能异化的虚拟经济。股票之所以称为虚拟资本，不在于它具有分割剩余价值的功能，而在于它能够作为商品在市场上买卖，通过买卖实现增值。这就说它能够作为商品在市场上买卖，实现价值增值，赋予了它新的功能。除了功能异化的虚拟经济外，还有形式异化的虚拟经济，如一种权利派生或转化为另一种权利，如银行资产证券化和期权等。

这种状况表明：虚拟经济能够有多种活动或状态存在，如果以货币来计量这种活动的价值，并以此求得增值，则以货币计量的价值便成为虚拟资本，因此可以说虚拟资本是人们从事的实体经济以外的，以一定的价值求得价值增值的活动。这表明，虚拟经济中包含虚拟资本，但虚拟经济不完全等于虚拟资本，二者涵盖的内容是有差别的。

（3）**虚拟经济不同于网络经济**。网络是一个系统，网络经济是通过系统提供信息的一种经济活动。网络经济的存在为虚拟经济的产生、发展创造了条件，但如果从网络的客观存在来说，它不是虚拟的，而是实在的。比如IT产业，它是网络经济的重要组成部分，它是实体经济而非虚拟经济。但如果以网络为条件构建电子商务活动，形成虚拟企业，则网络产生的活动又成为虚拟经济。问题在于基于什么而言，或者说从什么意义上讲，它是虚拟的或非虚拟的。

（4）**虚拟经济不同于泡沫经济**。泡沫经济是呈现在人们面前的转瞬即逝的一种经济现象。这种经济现象一般通过市场价格的急剧上升又急剧下跌表现出来。产生这种现象的原因有人为的操纵、人们预期的失误等。这种现象的存在有别于经济周期正常的波动。经济周期正常波动受客观因素制约，时间较长，呈现着阶段性；泡沫经济的波动是非正常的、受主观因素制约、时间较短、不呈现阶段性。

泡沫经济除了反映在市场价格的波动中外，还会反映在其他领域，如虚报产值、虚报GDP等。前者可称为价格泡沫，后者可称为产值泡沫或GDP泡沫，可见泡沫经济有多种表现形式。在虚拟经济中有可能存在泡沫经济，但不能说必然存在泡沫经济。这就是说虚拟经济中还会不存在泡沫，所以虚拟经济不等于泡沫经济，而且泡沫经济不等于价格泡沫。这就是说泡沫经济不一定反映为价格过度上涨。

（5）**泡沫经济不同于经济泡沫**。经济泡沫是指经济增长的状况中存在着泡沫，如价格泡沫、产值泡沫等。在经济增长中存在一定泡沫是不可避免的，从这一意义上说是正常的。经济泡沫进一步发展，可能成为泡沫经济。可以说，从经济泡沫到泡沫经济是一个从量变到质变的过程，但泡沫经济是不正常的、畸形的经济。

三、当代值得关注的虚拟经济

人们在考察虚拟经济时，多注重有价证券的市场特别是股票的上市流通，这自然是需要的。但在当代经济金融化的趋势下，更值得我们关注的虚拟经济，应当是房地产交易。

按经典作家的论述，交易是为了实现商品的使用价值和价值。生产为了消费，通过交易使商品进入消费领域，商品的使用价值得以实现；劳动创造价值，通过交易凝结商品中的劳动被社会承认，实现了商品的价值。使用价值是价值的物质承担者，价格是价值的货币表现，这是经典作家指出的关于商品交易的基本原理，也是能够被大多数人了解的普通常识。房地产交易，交易的对象或者是房产，或者是地产，交易的目的也应当是实现其使用价值和价值（如果交易的土地不是劳动的产物，应当没有价值，但应当有使用价值）。如果交易的房产，其使用价值不是用来“住”的，而是用来“炒”的，其使用价值就不能进入消费领域，而仍然存在于流通领域；如果交易的地产，不利用其价值，让它荒芜、浪费，则它或者处于流通领域，或者离开了流通领域，在这种情况下就不能说，其商品的使用价值和价值已经得到实现。按这样的立论，在房地产交易中，如果所买卖的房地产，没有让它进入消费领域实现其使用价值，而是为了“炒”，则它实际上是一种价值载体，仍存在于流通领域，这种价值载体与股票、债券相当，只不过股票、债券通常是纸制品，而房地产一般是物体的存在。作为价值载体的房地产，在“炒”中，实际上是作为“非使用价值”存在，它能够作用载体只不过是“权利证明书”或权利的象征。这种权利的象征，在市场交易中能够使一些人“只见钱，不见物”，能够使一些人存在不切实际的期待或幻想。我国房地产价格降不下来，与一些人的不切实际的期待或幻想密切相关。所以，应当认知，在房地产交易中，不用来“住”，而是用来“炒”的房地产交易行为是虚拟经济不是实体经济。对于这样的认知，重申其理由是：①用来“炒”的房地产不是消费品，而是投资品；②这样的交易不能让房地产进入消费领域实现其使用价值；③要说其仍然有使用价值，那就是用来“炒”实现增值，这与股票、债券没有什么不同；④这样的交易其价格也不是凝结在其中的价值得到了真正实现，而是受到非经济的、非市场的因素的干扰，人为操纵、行政干预将房地产价格的、行政的操纵提高，这从根本上说不是凝结在其中的劳动得到实现、被社会承认，相反，遭到了人们的反对、反感、唾弃，社会不承认；⑤“炒房”交易与人们的生产、生活无关，只与赚钱发财有关。

认定用来“炒”的房地产交易是虚拟经济不是实体经济，则房地产就不应是国家的支柱产业。把房地产确立为国家的支柱产业是误导。这样说，不是彻底否定炒房地产而仅指出政府行为的认识偏差和政策误导。仔细分析，人们炒房地产成风，与货币供给相关，与投资渠道狭窄相关，与有一些人急功近利的短期行为相关，更重要的是与权力、体制相关。在这里存而不论，仅仅指出，对房地产经济要重新认识：房地产作为投资品，属于虚拟经济。

科技的发展，经济的增长，社会的进步，人们观念的更新，给经济学的研究提出了许多新的课题，虚拟经济是其中之一。研究这个课题旨在表明人类的经济活动是发展变化的，不是一成不变的。对此必须排除传统固有观念：虚拟=虚假、虚幻、不存在的。也就是说，要树立虚拟是客观存在的、真实的，只不过相对原有的状态而言，已经变态了，可以说虚拟经济是变态了的经济。这种变态了的经济是人类活动的新领域，拓展了人类经济活动的空间，缩短了人类经济活动的时间，改变着人类经济活动的价值观。信息掌握、资源配置以及运作方式，对社会经济的发展将产生重要影响。

四、实体经济是人类社会赖以生存和发展的物质基础

实体经济与虚拟经济并存，但它们在社会经济生活中的地位和功能不同，简明地说：前者是物质基础，后者是价值取向。关于实体，经济的含义学术界和实际部门有不同的诠释，2007 年美国发生次贷危机后，美联储使用“实体经济”这个词的频率高起来，主要是宣称“金融市场动荡没有损及实体经济”。在美联储那里，金融市场（包括房地产市场）是排除在“实体经济”之外的。美联储凭什么说“没有损及实体经济”，只凭食品价格指数和消费者核心物价指数以及库存和零售等指标。这说明美联储所谓的实体经济状况反映的是市场运行基本面的状况。由此可见，美联储所谓的“实体经济”就是关系着人们日常生活的经济，它反映在消费者的核心物价指数波动中。还要指

出的是，美联储又把能源消费排除在“实体经济”之外，理由是：实体经济健康，往往与能源价格走势相反，意思是能源价格上涨给人们的生活带来负面影响。这又可以看出，在美联储那里，哪些因素纳入实体经济之中，哪些因素排除在外，有人为的选择。这样的标准，着重是“民间疾苦”。从市场状况关注民间疾苦，应当说是合理的、可取的。

在我国，什么是“实体经济”有待权威部门规范。从便于认知的运作的角度说大都就行业而言，比如能生产物质产品的制造业、将产品送达到生产和生活消费领域的运输业等。但在我们看来，实体经济既包括物质产品又包括精神产品，既能够给人们提供物质产品消费，又能为生产、生活提供服务，它包括农业、工业、商业、运输业、通信业、建筑业、文化产业等行业和部门。能够说，凡是直接和间接关系着人类“吃、穿、住、行、乐”行为的经济活动都是实体经济，或者说，为人类“吃、穿、住、行、乐”提供产品、提供服务、提供场所、提供享受的经济都是实体经济。

党的十九大报告强调要增强金融服务实体经济的能力，2018 年中央经济工作会上又强调金融要服务于供给侧结构性改革这条主线。进一步的昭示其理论支撑：①实体经济是人们生存的基本要素，人们衣食住行、吃喝玩乐的载体即使用价值，只能由实体经济供给，所以金融必须支撑实体经济。②实体经济是价值的创造领域，在这一领域人类的有效劳动创造价值，而有效劳动体现在实体经济劳动的过程中，虚拟经济在一定范围内和一定程度上是需要的，但其劳动严格说来与创造价值无关或不创造价值。③实体经济领域中创造价值的增值部分成为一定时期这个社会的新增价值，所新增的价值是这一时期国民收入分配的基础，金融领域的分配比如向银行借款还本付息，必须以国民收入为底线，超过了底线就背离了利息是利润的一部分、是剩余价值转化的原理。进一步说，超过了这个底线就要产生国民收入的畸形分配，就要抬高整个社会的运营成本，其中包括融资成本。

当代，金融的主导作用，感性地体现在单位和个人所持有的资产的定价和波动的幅度上。定价合理不合理，价格水平稳定不稳定，资产价格会不会崩溃（资产价格崩溃必然导致金融危机），关乎各单位和个人的切身利益，影响着社会的利益分配，关系到金融及经济的增长和发展，危及经济安全、政治安全和国家安全。因此可以说，金融不仅是现代经济的核心，而且是现代社会的核心。

也论优化国家资本结构

——兼评一国发行的货币及以本币发行的国债都是国家的股权论

《比较》2017年第五辑刊登了美国哥伦比亚大学教授帕特里克·博尔顿（Pastick Bolton）和中国国际金融股份公司董事、总经理黄海洲的文章:《国家资本结构——理论创新与国际比较》。该文主要以莫迪格里亚尼—米勒定理（Modigliami-Miller Theorem，简称MM定理）为理论基础，分析了国家层面的资本结构，提出了国家的债权就是国家以外币发行的主债权，国家的股权就是国家发行的货币和以本币发行的主债权，并认为:“一国发行的货币及通过本币发行的国债，实际上都是国家的股权。”（见《比较》该辑第184页）

该文认为“将国家货币视为国家股票并带来一个全新的视角，可以解决很多原来争论不休的问题”。如发达国家需不需要外汇储备，需要多少?

该文认为，一个国家和一个公司一样，都有一个“最优资本结构”问题，“如何思考一国最优资本结构呢?国家应考虑要借多少外债、发行多少本币，增加多少外汇储备?国家一方面应尽量少借外债以减少国家破产风险，但过量发行货币或以本币发行国债（股票）又会增加通货膨胀（稀释成本），最优资本结构使二者达到平衡。”（见《比较》该辑184页）。

该文在比较了1993—2013年中国、美国、日本、英国四国国家股权情况后，提出了中国要大力发展国家层面股权融资，推动经济发展。

应当说博尔顿教授和黄海洲总经理的文章是富有创意的，他在传承前人相关经济理论特别是公司金融理论的基础上，建立了一个新的经济学模型。对建立的这一模型，需要研究、应当研究。在这里，我仅对文章中提出的主要观点和主张提出自己的看法，抛砖引玉。

（1）国家的资本结构与公司的资本结构联系、类比意义何在？

（2）一国发行的货币和以本币发行的国债，能不能都视为国家的股权？

（3）一国最优资本结构怎么把握？

（4）主张中国大力发展股权融资推动经济发展可不可取？

（一）

将国家资本结构与企业资本结构联系、类比，首先需要规范国家资本结构这一概念。按现有的文献记载，国家资本，这一概念，是美国哥伦比亚大学教授迈克尔·佩蒂斯（Michael Pettis）在《中国资本结构不够合理，资产负债表亟待重建》（载于《财经》2004 第 22 期）文中提出来的。文章分析了当时中国债务状况，指出：中国银行不良贷款占比过高，占 GDP 的 40%~50%，外债余额已相当于外汇储备的 1/3，地方政府的债务除公开的外还有隐形债务，且占到了 GDP 的 10%。文章指出这种状况值得忧虑，要防范陷入恶性循环的风险，要重建中国的资产负债表。由此可见，**佩蒂斯所谓国家资本结构是就国家资产与国家负债的比例关系而言，它反映在国家资产负债表中，主要考察的是国家在一定时点（即存量）上的偿债能力。**

企业资本结构，按马克思主义经济学的诠释指的是一个企业中不变资本与可变资本的比例关系，经济学公式为 C∶V，C 是不变资本，表现为生产资料，V 是可变资本表现为劳动力。马克思提出这一概念旨在表明：随着资本主义经济的发展，资本积累的增大，资本有机构成在提高，即不变资本比重增大，可变资本比重减少。由此表明剥削程度的加深。当代西方经济学中，企业资本结构理论前期最具有代表性的是 MM 定理。按 MM 定理，在没有企业和个人所得税的情况下，任何企业的价值，不论其有无负债，都等于经营利润除以适用其风险等级收益率。风险相同的企业，其价值不受有无负债及负债程度的影响，但在纳入所得税的情况下，由于公司支付的债务利息可以抵减应纳税额，而现金股利和留成收益则不能。这样，企业价值会随负债程度的提高而增加，股东也可获得更多好处。于是负债越多，企业价值也会越大。

当代西方经济学中，关于企业资本结构理论近期有多种，其中净收益理论与净营业收益理论呈明显对立。净收益理论认为：由于债务成本一般较低，利用债务可降低企业的综合资金成本，负债越高，成本越低，企业价值越大。而净营业收益理论则认为：资本结构与企业价值无关，决定企业价值高低的关键因素是企业的净营业收益。尽管企业能够获得较低成本的资金，但同时也增大了企业的风险，导致权益资金成本的提高，企业综合资金成本仍保持不变。不论企业的财务杠杆程度如何，其整体的资金成本不变，企业的价值也就不会受资本结构的影响，因而不存在最佳资本结构。

尽管如此，在这里要指出的是，他们阐述的核心是企业怎样筹资。与其说西方经济学中关于资本结构的理论，不如说是关于筹资结构的理论，一字之差其含义有较大的不同。筹资结构理论阐述的内容是，选择股权筹资还是选择债权筹资，要考虑的因素有：筹资成本、承担的风险，以及对企业市场价值的影响。上述三种理论都是围绕着这三个方面展开的。

现在的问题能不能用西方经济学中企业的筹资理论（特别是 MM 定理）来与中国国家资本结构理论联系、类比。应当说提出 MM 定理的莫迪格里亚尼和米勒并没有用他们提出的 MM 定理与中国国家资产结构联系、类比，用来与中国国家资本结构联系类比的是佩蒂斯和博尔顿、黄海洲。前者于 2004 年，后者于 2017 年。佩蒂斯认为一国的资本结构就如同公司的资本结构一样，具有两个资本功能：①资本结构决定了一国经济收益的分配方式。②资本结构决定了内外部冲击时对一国宏观经济的影响。第①点试图表明：企业借款多、付息多，在经济增长时有利于债权方，一个国家如果借入的外债多则付息高，也有利于国外的债权人。第②点试图说明：一个国家对外的债务比较高时，就会遭到外部索债的冲击，而冲击的影响是加剧还是削弱，则取决于一国的资本结构的基本类型。按我们的理解这里所谓的“一国资本结构的基本类型”主要是指外汇储备形式、币种和数量。后者即博尔顿和黄海洲的文章中，应用公司金融理论来分析国家的资本结构，他们认为，一国发行的主权货币和以本币发行的主权债是国家资本结构中的股票，而以外币发行的主债权才是债务。他们认为，在国家层面，其货币（股票）发行得越多，面临破产风险就越小；其货币（股票）越被国际资本市场高估，越应该发行更多的货币（股票），以加大投资、消费或换取外汇储备。

他们这样的联系、类比意义何在呢？我们认为佩蒂斯的联系和类比是有意义的：佩蒂斯所谓的国家资本结构的概念是指国家资本与国家负债的比例关系，研究这一比例关系的构成要考虑国家在一定时点上的偿债能力，同时要关注一国收益的分配是有利于债权人还是债务人。但博尔顿和黄海洲的联系、类比就很值得研究：①他们所谓的企业资本结构是指企业筹资的结构，对这一问题论述的核心是：选择债权筹资好，还是选择股权筹资好，也就是说讨论的二者的比例关系，制约选择的因素是成本、风险和对企业价值的影响。由于企业资本结构与国家资本结构这对概念的含义不同，简单地将二者联系、类比就有差距，甚至能够说二者不能联系、类比。②国家资本结构反映在国家资产负债表的资产方和负债方，而资产方的内容，概括地说是国家即政府能够支配的资产；负债方的内容，概括地说是国家即政府必须承担的负债，可简述为主权资产和主权债务的关系。而这样的反映能够表明国家的权益或政府的净值（资产-负债=权益）。企业筹资结构都反映在企业资产负债表的负债方，无论是债权筹资还是股权筹资都是企业负债，这样的反映，只能表明筹资渠道、方式、多少的不同，不能直接表明企业权益或净值的变动。③既然不论债权筹资还是股权筹资都是企业的负债，那么，国家发行的货币和以本币发行的国债怎样构成“股票”呢？按股份公司章程规定，股票是投资者对企业投资的权利证明书。权利的物质基础，应当是生产要素，如果投资不能转化为生产要素，则股票代表的权利是不确定的，甚至是虚的，所以怎么能够把发行的货币和以本币发行的国债与国家股票等同呢？所以博尔顿和黄海洲文章中的联系和类比，其逻辑和观点是很值得商榷的。

（二）

一国央行发行供给的货币和以本币发行的国债能不能都视为国家股权，必须以我国人民币的性质和供给机制论起。我国人民币是信用货币不是黄金符号，是绝大多数业内人士的共识。人民币之所以是信用货币是基于它产生的经济基础是信用关系。进一步说国家银行之所以能够创造货币投入流通是以商品流通为基础。银行在提供货币的同时伴生着多种信用关系。其信用的机制过程是：①商品供给者需要实现商品的价值，它要求商品购买者给予货币；②商品购买者不能自己创造货币，只能求助于银行；③银行要求商品购买者以商品作担保提供贷款；④贷款形成商品供给者的存款（或现金），这实际上又意味着商品供给者以销售的商品向银行提供的信用。

这一过程表明：商品购买者之所以能够购买是借助于银行提供货币，而银行之所以能够提供货币是因为它间接地掌握了商品即银行通过对商品购买者的贷款掌握了商品的支配权，银行一旦需要收回贷款，商品购买者便不能不出售商品。当商品购买者出售商品收回货款偿还向银行的借款后，货币流回到它的出发点——银行，商品进入消费领域，这样便完成了一次货币资金的循环和商品流通。这时，流通中既无货币，也无商品。人们通常说我国人民币流通是以国家的物资作为后盾的，以国家的物资作为后盾也就是社会成员将自己创造的物资供银行支配。这种支配包括这样的含义：物资部门（主要是国营工商企业等）提供物资，国家银行提供货币。以国家物资部门提供的物资去收回银行提供的货币，货币便流回到了出发点。人们常说："货出去，钱进来，钱出去，货进来。"在这十二字当中包含着信用关系的消长：站在企业的角度说"货出去，钱进来，"是表示商品供给方通过商品销售，取得货币（存款或现金），反映着授予银行信用；"钱出去，货进来"是表示商品购买方借助银行贷款支付货款，反映着接受银行的授信。但是站在银行的角度说是"钱出去，货进来，货出去，钱进来"。"钱出去，货进来"是银行提供贷款掌握对商品的支配权，在社会成员对银行提供信用的同时，银行也对社会成员提供信用；“货出去，钱进来”是银行放弃对商品的支配权收回贷款，这是社会成员收回对银行提供的信用的同时，银行也收回对社会成员提供的信用。这种信用关系反映着对货币的供给与需求。

人民币信用货币的性质，揭示了：

1. 央行发行供给的货币是国家的负债

信用货币是债务货币。在我国社会主义制度下，人民币基本上是国家银行供给的。国家银行供给货币，欠持币人的是什么债务？在银行券能兑换黄金的条件下，银行欠持币人的是借用一定数量的商品债务。因为银行供给货币即银行发行自己的债务凭证也是一种借贷，这就是向愿意持币的人借用与货币数量相当的商品，然后把这些商品转借给别人。这一借一贷反映在银行业务上是负债的增加、资产的增加。银行通过借的活动虽然负了债，但能够通过贷的活动掌握资产，因为，由负债而供给的货币能够通过资产而将它收回。人民币既然是一种国家的负债，那么它的增加或减少受制于国家银行的贷款和收款。过多的贷款会增加负债，因为它不转化为现金便转化为存款，该收的货款不收回来，甚至豁免，也会增加负债，因为它没有减少存款或现金。

2. 在一定条件下能够转化为纸币

信用货币与典型的纸币有区别，但在一定的条件下它能够转化为典型的纸币，也就是说当国家财政出现赤字又需要国家银行增加货币的供给弥补时，银行供给的货币也会成为典型的纸币。典型的纸币具有强制流通的性质。要知道当代的国家财政，已经不再是“有多少钱，办多少事”的小商品经济的财政，而是大商品经济即社会化的商品经济的财政，它的特征是财政收支信用化，国家靠负债去建设和管理，即财政收入的相当大的一部分由举债收入而形成，包括向国外举债和向国内银行、个人举债。西方不少国家如此，我国也不例外。我国一些年份的财政赤字为什么避免不了，概括地说，是国家组织经济生活的需要。财政出现赤字或者向银行借款，或者向银行透支，或者从其他途径占用银行资金，或者发行国债。所以，央行发行供给的货币和以本币发行的国债在本质上没有区别，都是国家的负债，即主权债。

3. 在一定条件下，央行的欠债能够不还

央行欠的债有相当一部分能够不还，这就是长期持有的部分和残损、流失的部分。其道理也简单：央行提供的货币是债务凭证，债权人长期持有，意味着不向债务人索债。残损、流失的部分，意味着债务凭证无效，自然也没有条件向债务人索债。债权人的长期持有是一个连续的过程，随着人口增加，在连续的过程中，央行欠债可以不还的这一部分还会增大。

与这个问题关联的是，中央银行需不需要用本钱去还债？正确的回答是：中央银行需要一定的资本作为信用的支撑，但不一定需要用本钱去偿还。中央银行的资本可分为两类：有形资本包括黄金、外汇；无形资本包括政府的权利和公众的信任度。这两类资本的作用主要是维护它的信誉。中央银行凭什么提供基础货币，总的说来就是有形资本和无形资本的支撑。提供的基础货币是负债，负债在金本位和金汇兑本位条件下，有可能用黄金、外汇去还债；但在信用制度下，央行的负债“续短为长”，在“续短为长”的过程中，着力稳定币值，币值稳定能正常地发挥货币的使用价值，货币能从一个持有者的手里转到另一个持有者手里。债权人就不需要债务人还债。从这一点来看，资本的作用在于稳定币值。币值稳定，公众都能接受，债权债务关系能够正常运转，央行就不需要还债了。

4. 中央银行既是政府机构，又是信用机构

中央银行作为政府机构制定和贯彻国家的货币政策，它作为信用机构，创造供给货币，是信用货币供给的源头，否则不仅供给的货币在质上缺乏统一标准，在量上也缺乏应有的控制，而且不具有权威性。中央银行作为社会信用机构的枢纽，它既要保证供给货币的质又要控制供给货币的量。但不是一般的信用机构，而是社会信用机构的枢纽。这种枢纽的地位体现在：一般说来，只有中央银行先授予商业银行和其他金融机构信用，商业银行和其他金融机构才有条件授予顾客信用。这是因为在信用货币流通的条件下，货币都是由银行的资产业务产生的，商业银行和其他金融机构持有的货币是中央银行的资产业务产生

的，顾客手中持有的货币是商业银行和其他金融机构的资产业务中产生的。就整个银行体系来看通常说是“先有贷款，后有存款和现金”，便是这个道理。如果中央银行不先授予商业银行和其他金融机构信用，尽管在一定的范围内和一定的条件下，商业银行和其他金融机构也能够对顾客提供信用，但总是有局限性的，最终仍然要依靠中央银行提供信用。

人民币信用货币的性质，决定了我国中央银行发行供给的货币和以本币发行的国债要能成为国家的股权，是由条件的，不是无条件的。其条件是：①让社会成员全部长期持有，不用于购买成为流通手段，但这是不可能的。社会的发展和进步，不可能再进入没有货币的物物交换时代。这就是说，能够作为国家主权的由中央银行发行供给的货币（含本币发行的国债），只能是一部分不可能是全部。也就是不向中央银行、财政部“兑现”，反过来说，中央银行、财政部能够不偿还的那一部分。②让人民币能转化为纸币。因为信用货币转化纸币后，发行供给人民币的主体（中央银行）从理论上说不承担偿还义务，尽管纸币仍然在流通，但中央银行不负责偿还。但在我国社会主义制度下不存在、不允许。因为社会主义制度始终是维护和增进广大人民群众的利益，国家银行发行提供货币产生的负债，主要以供给商品去偿还，而不主要靠征税去消除。③与中央银行发行供给货币（含以本币发行国债）形成的负债相对应的资产从理论上说应当都存在，而且能够有效发挥作用。这就是说能成为股权的是资产，不是负债。反映在资产负债表上的资产如果都存在，其物质承担者或者是生产要素，或者是生活要素，从而能够进入生产领域或者消费领域，发挥他们的使用价值，实现保值增值，与之相对应的负债成为股权，才有真实意义，否则毫无意义，通俗地说都是“虚”的。今年我国学术界和实际部门在讨论“降杠杆”时，不少人主张“债转股”，甚至有的人提出“债转股”就把负债转化为资产，能够使负债减少，资产增加，从而降低杠杆。这种论调在我们看来是不能成立的，是谬误，会误导。存在的为数众多的“僵尸企业”表明：企业的负债能够通过“债转股”能够减少，但是资产绝不会增加，因为企业的资产或者早已转移，或者消耗殆尽，或者成为废品，或者价值和使用价值降低。面对这种状况，学术界早有人关注到：通过“债转股”要“僵尸企业”复活几乎是不可能的，是“账面游戏”。客观存在的大量事实证明：能够成为股权的是资产，不是负债。

总之，中央银行发行供给的货币和以本币发行的国债，是国家即政府（主要是中央政府）对广大社会成员的负债。负债中的一部分能够成为国家即政府的股权。这一部分的量取决于不向中央银行和财政部门“兑现”即索债的量。这一部分的实质取决于与之对应的资产的存在和用途。把中央银行发行供给的货币和以本币发行的国债，全部视为国家的股权是不能成立的，会产生误导，更会导致通货膨胀。

（三）

什么是一国最优的资本机构：佩蒂斯（2004）的认知与博尔顿和黄海洲（2017）的认知是有差异的：①博尔顿和黄海洲认为最优的资本结构是使企业价值最大化时的资本结构；而佩蒂斯认为“最优的部门（国家）资本结构很可能是和金融系统的稳定性联系在一起的。”②佩蒂斯认为，要使国家资本结构最优就要寻求一国的金融最具稳定性，而博尔顿和黄海洲认为“如何思考一国的最优资本结构呢？国家应考虑要借多少外债、发行多少本币、增加多少外汇储备？”。他们认知的差异表明：在衡量什么是一国的最优资本结构问题上，尺度标准不同，应考虑的因素不同。前者强调一国最优的资本结构要与一国的金融系统的稳定性紧密联系；后者仅指出一国最优资本结构要求得避免国家破产的风险与增加通货膨胀的可能性这二者达到平衡。从这样的差异可以看出，佩蒂斯的认知要厚重些，而博尔顿和黄海洲的认知要单薄些。

值得我们注意的是，佩蒂斯不赞成用 MM 定理来揭示什么是一国最优的资本结构。他在《中国资本结构不够合理，资产负债表亟待重建》一文的附注中指出：“我们很难定义一个部门，尤其是国家的市场价值。因此，完全从公司金融理论角度来研究最优的国家资本结构是难以行得通的。但是，如果我们说一国金融系统的稳定为一国的基本目标，那么，我们就可以定义一个最优的国家资本结构。即，如果某种资本结构下一国金融系统是最稳定的，那么，这种资本结构就是最优的。但是，很显然这个方面的研究极具挑战性。”［见《国家（政府）资产负债表问题研究》第5页］

为测度一国金融系统是否最具稳定性，国内外的学者都主张编制国家资产负债表。国家资产负债表是一种会计学的工具，用于记录社会成员的财务状况，一般由政府、企业、居民和金融机构四个部门构成，显示一个国家在某一时点上的“家底”。与GDP核算系统相比，国家资产负债表分析一国的经济活动时有其特征：前者，即GDP反映的是一国在一定时期（如一年）的流量，后者，即国家资产负债表是一国在一定时刻（如年末）的存量；前者，不含以往经济活动特别是物化成果，后者，包含着以往经济活动的成果，进一步说也就是在考察一国当前的经济活动时，需要考虑以往（包括上期）经济活动的影响和对未来经济活动的影响。这种影响力是通过资产负债表提供基本信息，并由不同部门间的传导去实现的。

既然国家资本结构表明的是主权资产与主权负债的比例关系，则考察国家资本结构优或不优就应从评析国家主权资产负债表着手。根据国家资产负债表研究中心提供的资料，我国主权资产负债状况如表1所示。

这一资产负债表的状况表明：①在这三年中，国家的主权资产大于主权负债，政府具有足够的偿债能力，不会发生偿债危机。②在资产负债表中的资产方和负债方虽然有若干栏目，但总的说来它包含着四大内容，第一是国家的非金融资产，第二是国内的金融资产和负债，第三是国外的金融资产和负债，第四是储备资产。需要考察的是：非金融资产和金融资产之间的联系；国内金融资产与金融负债的联系；国外金融资产与金融负债的联系；国内外金融资产负债与储备资产的联系。③由于非金融资产和国内外金融资产及负债涉及各部门，因而对主权债务偿债能力及其风险的考察，不能仅着眼于政府本身，而应当纳入各相关部门。

表 1　　中国主权资产负债简表（2012—2014 年）　　单位：万亿元

项目	年份			项目	年份		
	2012	2013	2014		2012	2013	2014
政府在中央银行的存款	2.1	2.9	3.1	中央财政国内债务	7.7	8.6	9.5
				主权外债	2.8	3.2	3.4
国有资源型资产	57.2	62	65.4	非融资平台公司的地方政务债务	6.5	8.6	10.6
行政事业单位的国有资产	9.6	11.8	13.4	地方政府融资平台债务	13.5	15.5	16.5
非金融企业国有总资产	82.8	96.4	116.2	非金融国有企业债务（扣除地方政府融资平台债）	44	51.6	65.4
金融行业的国有总资产	15.2	20.3	27.7	政策性银行金融债	7.9	8.9	10
				银行不良资产	0.5	0.6	0.8
				处置银行不良资产形成的或有负债	4.2	4.2	4.2
全国社会保障基金郭勇总资产	1.1	1.2	1.5	养老金稳性债务	3.6	3.6	3.6
资产合计	168	194.6	227.3	负债合计	90.7	104.8	124.1
				政府净值	77.3	89.8	103.2

资料来源：课题估算组。

通常对一国在一定时刻上偿债能力及其风险的考察，要把握住资本结构错配、期限错配和货币错配这三个方面。所谓资本结构错配是指国家在一定时期中对外负债是否过度和国内各经济单位的负债是否过度。所谓期限错配是指长短期负债与各种资产的现金流是否协调。所谓货币错配是指需要用来偿债的货币、币种和数量与储备货币是否对称。这三方面的匹配或不匹配，关系着一国金融体系的稳不稳定。匹配带来稳定，稳定能避免危机。如果不匹配，则会使金融稳定，不稳定会带来危机。危机要带来货币贬值，货币贬值带来债务上升，资产价值下降。这是不以人的意志为转移的经济规律，是“金融周期论”的重要组成部分，已被实践证明。在 20 世纪 90 年代的经济金融危机中，1997 年 10 月韩国开始出现危机时，由于它的大企业对外负债很高，没有相应的外汇储备偿债，很快就导致本币韩元贬值，由于韩元贬值，国内债务又迅速上升，国内债务的迅速上升又导致国内资产价值急剧下降。因为负债的企业为避免破产大肆出售资产并换成美元，其结局是：国内资产价格持续下跌，韩元贬值，整个金融体系崩溃。金融危机的实际表明，要优化一国资本结构必须注重三方面的匹配。这三方面的匹配，涉及国内外相关的经济、金融部门信息的完备和真实。需要指出，反映在国家资产负债表中的信息会不完全、不一定真实，有的信息还会不反映在国家的资产负债表中，比如潜在的国家债务和潜在的资产损失。所以，佩蒂斯指出，要使一国资本机构最优，这方面的研究具有挑战性。

（四）

把中央银行发行供给的货币和财政部门以本币发行的国债视为股权，主张中国要大力发展国家层面的股权融资推动经济发展，这样的主张可不可取，必须结合中国的实际进行评析（在这里对主张本币发行的国债为国家股权，就不单独评析了，因为在国内以本币发行国债，其运作机制最终必然导致央行多发行货币）。

1. 需要评析中央银行发行供给货币的使用权。中央银行发行供给的货币成为基础货币，它表现为商业银行在中央银行的准备金存款和结算户存款，以及存在于流通中的现钞。发行供给基础货币，构成中央银行的负债，同时也使中央银行取得了对货币的使用权。对其使用权的运用，能不能成为股权，要考察央行货币的使用权在哪些方面，其效应是什么？

央行货币的使用权取决于对央行的货币需求，对央行的货币需求有四个方面：一是政府即财政；二是商业银行；三是居民；四是非居民。政府财政金库的存款是央行创造的货币，这部分货币通过三个渠道形成：一是财政直接向央行透支；二是财政直接或间接向央行发行国债；三是财政征税，纳税人通过商业银行将在央行的存款转入金库。通过这三条渠道，形成的财政金库存款是政府对央行货币的需求。政府对央行的货币需求意味着政府利用金融机构创造负债凭证，分配国民收入。

商业银行对央行的货币需求，主要是寻求基础货币支撑。基础货币是派生存款的基础，其具体用途：一是满足顾客提现；二是用于汇差结算。如果没有基础货币支撑，商业银行就不能开展业务。商业银行对央行的货币需求，意味着商业银行展业需要央行的信用支撑，由央行信用支撑，派生存款间接产生对社会财富的分配。

居民对央行的货币需求，主要是满足流通手段、支付手段和贮藏手段的需求。他们的货币需求意味着“资产置换”，把实物资产置换为金融资产，或者将一种金融资产置换为另一种金融资产。

非居民对央行的货币需求，一般是将持有的外币资产转化为本币资产，或者将本币资产转化为外币资产。

不同的货币需求产生不同的效应：①基础货币用在政府财政方面，所发生的效应是政府利用央行提供债务凭证，支配社会财富。这部分债务凭证，政府怎么偿还收回呢？通过征税和出卖国有资产。央行能得到的收益是财政能够支付利息。②用于商业银行方面，所发生的效应是商业银行凭借央行的信用，维持自身的正常运转，能否以此间接支配社会财富？有一部分，但其能量较小。商业银行用以支配社会财富且能量较大的主要是派生存款。央行能得到的收益是商业银行向央行必须支付的利息。③用于居民的方面，所发生的效应是居民的财富被以央行为核心的融资体系支配。居民持有现金意味着自己劳务和拥有的价值物的付出。④用于外汇资产，所发生的效应是债权与债务形式的交换，取得外汇是债权，付出本币是债务。在这种情况下，央行的收益是对外债权的利用。在对财富分配的过程中，有一部分即不向央行兑现或者央行能够不偿还的部分，能够成为股权，但毕竟是一部分不是全部。

2. 对此，能不能“大量和超大比例的股权融资”（博尔顿和黄海洲在讨论“国家资本结构的理论”时提出的）**要考察我国金融业发展的深度、广度和效率。**

考察金融业发展的深度要研究金融与经济的关系。是经济发展决定金融发展，还是金融发展决定经济发展，对这一问题的回答，不同的国家应有不同的回答，同一国家在不同时期也有不同的回答。

我国改革开放以后在相当长的时期经济呈两位数增长，经济增长要靠货币资金推动，货币资金也是货币，多年来靠增加货币供给推动经济增长也是不争的事实，所以要承认在这段时期是金融发展决定经济发展。如果这样的结论成立，就要承认，我国金融的发展已经有相当深度。这种深度，是否导致金融产能过剩？要确定与谁比较？如果确定与实体经济发展比较，应当承认金融产能是过剩的。具体表现是，供给的货币相当大的一部分没有在实体经济领域形成货币资金作用于实体经济的生产流通。在现实中的表现是：银行贷款难找到好项目，中小微企业特别是民营经济，融资难，融资贵。

考察金融业发展的广度，通常以货币供给的速度和金融机构的规模去衡量。对金融机构的规模过去以每一个金融机构服务于多少人去衡量。中国人多，且现在是网络时代，人均金融机构的数字没有多大意义了。但以货币供给的速度去衡量金融发展的广度仍具有意义。供给的货币，除了作为支付手段外，还要形成储蓄手段，储蓄手段的货币绝大部分作为货币资金发挥作用。实体经济需要的货币资金是有限的，按照经典作家如马克思的揭示，是取决于流通过程，进一步说作用于再生产过程的资金货币取决于流通过程的实践跨度和作为交易的商品流通总量。这个领域需要的货币量大体以 M1 表示。我国的实际是 M1 是逐步增长和大体稳定的，而准货币 M2—M1，则增长得快。这样的货币并不闲置，而是作为货币资金在发挥作用。货币资金要保值增值。在没有好的途径求得保值增值条件下，就不可避免地“以钱炒钱”。应当承认，“以钱炒钱”盛行是货币供给过多，实体经济相对萎靡的集中体现。在这种状况下，“以钱炒钱”难以避免，也可以说是常态。问题是“以钱炒钱”是否抬高了整个社会的融资成本？如抬高了整个社会的融资成本就是不正常的。因为这样会改变整个社会的收入分配结构，扩大社会收入差距，乃至贫富差距。我们之所以强调金融要支持实体经济的发展，要把银行的钱落实到支持实体经济的发展中，其重要原因：一是金融活动必须以实体经济为依托；二是资金的价格必须以实体经济的利润为基础。离开这两点金融活动就缺乏承受力，就会带来经济、金融危机，其最终结果是国民收入的不合理的再分配从而拉大贫富差距，造成社会不稳定。所以，结合我国现状进行理论分析，应当承认金融发展的广度已经过剩。现阶段还难说这种局面已经稳住。

要考察金融业发展的效率，IMF 有关专家编制了“金融发展指数”。这样的指数基于发达的市场经济国家历史背景，它能用来说明我国金融的什么问题、不能用来说明什么问题，有待研究。我国金融体系的状况是：高度集中垄断；无论是中央还是地方金融机构活动摆脱不了政府的控制；财政与金融的功能难以划分，互相替代。这也许是中国金融体系的特色。有了这样的特色，要编制什么样的金融发展指数才管用，必须从信息层面和技术层面上讲究。

不过 IMF 专家编制金融发展指数的指导思想有可取之处，有值得借鉴的地方，在这方面的核心内容就是：“要遏制金融发展给社会带来的负面影响。”其负面影响有：拖累实体经济发展和社会进步、排挤其他部门协调发展、造成资源浪费、环境污染、导致人民的生活质量下降、带来经济金融危机、加大两极分化、影响社会安定和稳定。

与金融负面影响相关的是：金融支持资源的开发，是否绝对是好事？1993 年英国曼彻斯特大学教授 Auty 在研究产矿国经济发展问题时，首次提出了“资源诅咒”（Resource curse）这一概念，其含义大体是“丰富的自然资源可能是经济发展的诅咒而不是祝福”。提出这一概念的历史背景是 20 世纪 80 年代发生在荷兰的经济危机。20 世纪 50 年代，荷兰发现沿海岸线储藏着丰富的天然气，于是大肆开发扩大出口。这样，导致国内其他工业逐步萎缩，创新能力下降，削弱了在国际市场上的竞争力。结果至 20 世纪 80 年代初期，荷兰经历了一场前所未有的经济危机。经济学界称之为“荷兰病”（Dutch Disease），因为这场病是与矿产资源的大肆开发相关引起的经济社会问题，所以 Auty 称之为“资源诅咒”。资源诅咒是基于自然资源丰富，由于大肆开发带来的拖累经济发展的一种经济理论。经济学家们以此来警告：过分依赖某种资源来促进经济增长存在危险性。为了避免可能发生的危险性。经济学家们强调资源的开发一定要产权清晰，法律制度完善，市场规划健全，要避免“机会主义”行为和设租寻租活动的产生，要避免掠夺性开采。这应当是学术界新近提出的有关金融效率的理性认识。针对这一点，经济学界提出了绿色金融概念，倡导实施绿色金融。从金融领域本身去考察金融效率，要关注：金融资源分配负担的成本；金融服务供给所付出的成本；金融机构的收益。从中国当前的实际判断，总的说来，金融资源分配所负担的成本和金融服务供给所付出成本增加，收益下降。从结构上说，这种状况在不同地区、行业、部门有所差别。总的说来，经济发展，从而金融业务的发展，向好的地区、行业部门是从优的趋势，相反，是从劣的趋势。这也是经济效率决定金融效率的集中表现。用它来考察金融产能是否过剩，是值得重视的一个方面。

博尔顿、黄海洲将中国与美国、日本、英国这三个国家比较发现，这四个国家有一个共同点，即“几乎没有外债”，而且中国国家发行供给货币占 GDP 的比例在 1993—2014 年期间都低于英国和日本（在他们的文章指出：1993—2014 年，美国国家股权占 GDP 的比例从 120%上升到 180%，英国从不到 100%上升到 250%，中国从 100%上升到 210%，日本从 215%上升到 300%），因而主张中国要“大力发展国家层面股权融资”。他们提出：“既然中国发行货币并没有导致通货膨胀问题，为什么不多发一些呢？中国的 GDP 增长势头良好，为什么不更多地依靠股权融资（发行货币）呢？”

我们认为，根据前几年的数据做出这样的判断，得出中国要大力发行货币（他们表述是要更多地依靠股权融资）推动 GDP 增长的结论，是与中国实际背离的，是不成立的。

1. 货币与 GDP 的比例关系和增长速度，日本与中国不能简单地对比，而要分析其差异。首先，需要指出的是 M2/GDP 的比例关系中，中国与日本对 M2 的统计口径是不同的。在中国，M2 的统计口径：现金、企事业单位活期存款和定期存款、居民储蓄存款、住房公积金中心存款、非存款类金融机构在存款类金融机构的存款之和。日本 M2 的统计口径为钞票、硬币、活期存款、定期存款之和。根据世界银行官方网站数据库资料，对比中国与日本的 M2/GDP 的指标可知，1997—2012 年，日本 M2/GDP 指标在 2 000 年达到历史高峰后开始下降，在随后的 2001—2007 年间一直保持在较为稳定的水平，直至 2008 年又开始上升，且在 2012 年接近历史最高点。结合当时经济金融环境可知，日本 2000 年和 2012 年货币供给两次历史高峰均源于金融危机之后的货币扩张性政策，以此来缓解金融危机带来的影响。又据世界银行的数据，日本 GDP 与 M2 的比值在 1994 年就达到了 1∶2，在 2000 年更是达到历史最高峰 1∶2.4。但从 M2 的增长速度来看，日本在 1990—2010 年，前 10 年（1991—2000 年）广义货币供给量的平均增长率为 3.84%，后 10 年（2001—2010 年）广义货币供给量的平均增长率为-0.99%；而中国在这 20 年间，前 10 年（1991—2000 年）广义货币供给量的平均增长速度为 25.3%，后 10 年（2001—2010 年）广义货币供给量 M2 的平均增长速度为 18.3%。这表明：日本的货币供给量增长速度比较平稳，而中国的货币供给长期保持高速增长，特别是 2008 年以后的近 5 年。2008 年国务院办公厅发布的《关于当前金融促进经济发展的若干意见》（“金融 30 条”）指出，要落实适度宽松的货币政策和促进货币信贷稳定增长，可以从下面两个方面入手：第一，保持银行体系流动性充足，促进货币信贷稳定增长。全面广义货币供给量 M2 的增长目标应该高于 GDP 增长与物价上涨之和的 3~4 个百分点，力争达到 17%。第二，增加政策性金融机构贷款和商业银行对中央投资项目的资金支持力度，努力实现人民币贷款达到 4 万亿元以上的目标。该政策的贯彻执行，使得 2008 年的金融机构人民币贷款达到了 4.2 万亿元，由于政策的延续性，2009 年的 M2 同比增长 29.36%，金融机构人民币贷款高达 9.6 万亿元，大大超过了预定目标。这表明中国货币供给量的增长很大程度是政策推动的。

分析比较中国与日本的 M2/GDP 的状况，有三点值得注意：①中国货币供给量一直持续上升，而日本则有起伏；②日本货币供给中 M2 的统计口径与中国货币供给量中 M2 的统计口径不一样。前者较窄，后者较宽；③日本货币供给量的增长主要是市场推动，中国货币供给量的增长主要是政策推动。所以我们不能将日本和中国的货币供给状况简单对比，就得出中国要大力发展国家层面股权融资的结论。

2. 通货膨胀不完全反映为货币供给量的增大，在中国现行条件下，主要反映为货币的购买力的降低。房地产价格持续上涨，所谓的绿色食品的大幅加价兜售，服务行业收费连续增加，都是通过通货膨胀的集中表现，这种状况未统计在消费品物价指数中，但社会公认有较强的感受。

3. 大力增发货币，一定要关注由此引发的财富转移。在博尔顿和黄海洲的文章中，提出了一个很值得人们关注和研究的问题，即通货膨胀引起的财富转移和分配。该文章指出："在既有原始股东又有新股东的情况下，公司发行新股必然涉及财富由原始股东向新股东转移的过程，这就是公共财物中的稀释成本。""公司财务中的稀释成本就是宏观经济中的通货膨胀""通货膨胀成本来源于对原有货币持有者的财富稀释所引发的国民之间的财富转移。"在这里我们需要指出的是，文章提出发行新股将引起新老股东之间的财富转移，增发货币也要引起原有货币与国民之间的财富转移，并把这一过程带来的效应称作"稀释成本"和"通货膨胀"是值得肯定的，有价值的。遗憾的是：文章没有紧扣讨论的主题，即中国要大力发展国家层面的股权融资，揭示会不会引起财富的转移，怎样引起财富的转移，是否发生"通货膨胀"。在我们看来，这是肯定的。所谓大力发展国家层面的股权，就是大力增发货币，其结果或者引起通货膨胀，或者在一定时间不会发生明显的通货膨胀，但其效应是相同的，即引起财富的转移。进一步说就是引起财富在这一部分人与那一部分人之间的分配。在中国改革开放40年以来，一部分人富起来了，其中一部分人暴富，而一部分人没有富起来，难以富起来，究其原因，都在于能否持有货币，怎样持有货币！这可以说是有目共睹的，也是不争的事实。这些年随着经济的发展，贫富差距拉大与这一问题密切相关。既然如此，该文章主张中国大力增发货币，又不直面这样的后果和效应，即怎样引起财富的转移。这样，不仅是理论分析的缺陷，而且难以自圆其说。

理论源于实践，实践基于实际，当代中国最贴切的实际是中国特色社会主义进入了新时代。在新时代，中国经济的发展已由高速增长阶段向高质量发展阶段，经济的发展不能片面地追求 GDP 的增长，而要全力推动质量的提升和发展。对此，权威文件要求“必须加快形成推动高质量发展的指标体系、政策体系、标准体系、统计体系、绩效评价、政绩考核，创建和制度环境。”在这些方面，“稳中求进”这一基调不能变，要长期坚持。权威文件还强调指出“‘稳’与‘进’是辩证统一的，要作为一个整体来把握，把握工作节奏和力度，要统筹各项政策，加强政策协同”。权威文件还指出“积极的财政政策取向不变，调整优化财政支出结构，确保对重点领域和项目的支持力度，压缩一般性支出，切实加强地方政府债务管理。稳健的货币政策要保持中性，管住货币供给总阀门，保持货币信贷和社会融资规模合理增长，保持人民币汇率在合理均衡水平上的基本稳定，促进多层次资本市场健康发展，更好地为实体经济服务，守住不发生系统性金融风险的底线”。基于中国进入新时代的实际和权威文件的导向，我们能够说，在这个时候，这种环境下，主张“中国要大力发展国家层面的股权融资”，是与权威文件的精神背道而驰的，是悖理的。

经济社会在进步，人们的认知在不断提高，科学在发展，理论在创新，“国家资本结构”怎么优化，是当前和以后仍必须关注和研究的课题。理论不仅源于实践，而且要指导实践，怎样评价前人关于“国家资本结构”理论研究的成果，恳请学术界和业内人士发表高见。

参考文献：

[1] 普特里克·博尔顿，黄海洲. 国家资本结构——理论创新与国际比较 [J]. 比较，2017 (5).

[2] 余斌. 国家（政府）资产负债表问题研究 [M]. 北京：中国发展出版社，2015.

[3] 陈雨露. 国家资本结构陷阱、金融创新与宏观套期 [N]. 人民日报，2004-03-07.

[4] 迈克尔·佩蒂斯. 中国资本结构不够合理，资产负债表亟待重建 [J]. 财经，2004 (22).

[5] 曾康霖. 央行铸币税与财政赤字弥补 [M] //曾康霖著作集: 第10卷. 北京: 中国经济出版社, 2004.

[6] 曾康霖. 货币银行学 [M]. 北京: 中国金融出版社, 2006.

前沿探讨

论普惠制金融

一、普惠制金融产生的历史背景

普惠制金融概念产生于2005年。当年，世界银行扶贫协商小组（CAGP）举办了一个小额信贷宣传年，宣传小额信贷能有效地、全方位地为社会所有阶层和群体提供金融服务体系。联合国希望通过小额信贷的发展促进建立这样的金融体系。

普惠金融这一概念是从英文"inclusive financial system"翻译过来的。率先翻译这个词的人是中国小额信贷联盟中的白澄宇先生。为了表达服务对象的广泛性和包容性，所以用了"普惠"这个概念，也就是要所有的人平等享受金融服务。

这一概念产生的历史背景应追溯到20世纪80年代。当时，发展中国家传统的农村金融政策普遍遇到了挫折，即没有取得预期的成效。

20世纪六七十年代，发展中国家和许多低收入的国家（主要是拉丁美洲国家和东南亚国家，如巴西、泰国、菲律宾、印度）为了促进农业的发展，在农村大量发展金融中介机构，以此为依托向农村发放了大量贷款。最终，有的国家取得成功，但更多的是不成功，不成功的主要表现是大量的贷款收不回来。大量贷款收不回来的主要原因是农业的经济效益低微。而农业经济效益低微，主要受到农产品低价销售和自然因素导致的产量不稳定的影响。

在农业经济效益低微的情况下，为了激励农村金融市场的发展，各国政府以较低的利率为导向，推动在农村发放贷款，试图以振兴农业和农村金融市场。但实际情况是，只有少量的农户获得低息贷款，而绝大多数的农户不能获得。产生这种情况的重要原因是“贷款的利率诱使放款人和借款人都热衷于集中贷款”。放款人热衷于集中放款是因为这样能减少交易费用，降低放款成本；借款人热衷于集中借入是因为这样能得到更多的政府补贴。但综合起来考量，这样做不是缩小了贫富差距，而是加大了贫富差距。

此外，大量的贷款收不回来，与农村金融市场交易费用高也有关系。在不太发达的农村金融市场上，无论对放款者来说还是借款者来说，交易费用都很高。放款者的交易费用包括筹集资金的费用、收集借款者信息的费用、维护和收回放款的费用等。借款者的交易费用包括为了获得贷款必须花费的贿赂费、交通费以及本该由中介机构承担而不愿承担却转嫁给借款人承担的费用等。

20世纪六七十年代的这种情况引起了学界和实业界的探讨，探讨集中在以下几个问题上：在农村，什么样的金融中介机构是最佳的？农业的经济活动怎样影响农村金融市场？政府实行哪种政策对贷款者的行为最有效？

对于第一个问题的讨论，学界和实业界把发展中国家和低收入国家在农村设立的金融机构概括为四类，即合作社、政府所有的农业开发银行、私人农村银行和致力于多目标开发的机构，并指出，在农村设立的这四种类型的金融机构大都是照搬发达国家和高收入国家的模式。采取这些模式的指导思想是，要用正式信用取代非正式信用，要用合规的贷款取代非合规的贷款。在这样的思想指导下设立的农村金融机构，其贷款的资金来源大都来源于政府、在城市的总行和外国捐赠机构。它们相对说来几乎都忽视了动员自愿性的金融储蓄。所以业界的倾向性意见是：只有既动员储蓄又发放贷款的机构才是具有活力的机构，才是农村金融中介机构的最佳选择。

对于第二个问题的讨论，学界和实业界指出：农村金融市场在很大程度上依赖于它所服务的公司或家庭的经济活力，而它们的经济活力取决于对内销的农产品价格涨落和外销的农产品市场的货币汇率的控制。如果内销的农产品价格不合理，并且外销的农产品市场货币汇率扭曲，则服务公司和家庭的经济活动会削弱。这样表明：服务公司和家庭的经济活力取决于农业的经济效益，而农业的经济效益又取决于农产品的价格合理（外销部分取决于汇率的波动）。

对于第三个问题，学界和实业界指出：政府企图通过规定最高或最低贷款限额来影响贷款者的行为，但其作用有限，因为贷款者能够通过改变贷款用途和分散贷款笔数去规避最高或最低贷款额度的约束。政府实行优惠利率（比如允许以优惠的利率向中央银行贴现）使贷款者能够有机会获得较大的利差，这能不能影响贷款者行为，使其重视所要达到的目标？学界和实业界认为，实行优惠利率有两个弱点：一是优惠利率不利于贷款者积极动员储蓄；二是如果贷款者预期某项农作物的收益低，也很难激励贷款者以优惠利率放款。总之，在学界和实业界看来，政府采取政策作用于贷款者的行为是有限的，应当让市场作用于贷款者的行为。从这样的视角出发，他们主张不宜在农村强制设置银行分支机构；在农村实行低利率政策，不一定能达到预期的效果；要鼓励动员农村地区的私人储蓄。

继后，以贫困或低收入人群为对象的小额信贷兴起并发展。在小额信贷兴起和发展过程中，遇到了两大理论和实际问题：一是小额信贷的风险怎么认定和防范；二是小额信贷怎样持续运转。这两个相互关联的问题，引起了学界和实业部门的热烈讨论。一派意见认为，小额信贷是非竞争性的银行体系融资，这样的融资具有垄断性，可实行更高的定价，利率可以较高，企图以“高利贷”去抑制小额信贷的风险。并认为，要使小额信贷能持续运转，必须使供给者机构的财务具有可持续性。而要使供给者机构的财务具有可持续性。必须做到收入覆盖成本，自负盈亏，同时争取“捐助者”，使“捐助者”的资金与私营成本互补。而另一派意见认为，要使小额信贷成为与贫困斗争的工具，必须使穷人得到全方位的金融服务，为此，政府必须介入，这样才能实现小额信贷的目标和宗旨。随着实践的不断发展，世界把前一派的意见和主张成为制度主义派，而把后一派的意见和主张成为福利主义派。前一派强调小额信贷供给机构的财务可持续性，后一派强调小额信贷的扶贫目标和宗旨，提高小额信贷运作机制的效率。世界银行扶贫协商小组（CGAP）倾向于制度主义派的意见和主张，并按照这些意见和主张提出了小额信贷原则。应当说，这是普惠金融产生的历史背景。

二、普惠金融概念的理论基础

这一概念的理论基础，首先是诺贝尔奖获得者孟加拉经济学家尤努斯在《穷人的银行家》中提出的，“贷款的权力应被视为一种人权，贷款能够在全球摆脱饥饿方面起到一种极具战略性的作用”。意思是每个人都有获得信贷的权利，只要获得这种权力，就能摆脱饥饿。

笔者在《富人是否比穷人更讲信用》一文中提出：“人无信不立，市无信不兴”“在信用面前，人人平等。”可谓“机会均等论”。

除了“人性论”“机会均等论”外，普惠金融的理论基础还有一点，那就是“权力对称论”。提出这一理论的人认为存款人把自己的存款存在银行，实际上是转移了自己资产的所有权。也就是把自己的产权转移给银行集中支配。尽管这样的转移是有条件的（比如将存款作为投资），但对存款人来讲，已经丧失了对这部分资产的支配权。为了使金融资源的所有权与支配权对等，必须使凡是提供了金融资源的人都占有金融资源和享有金融服务。所以，普惠制金融的建立和兴起，不仅是合理的，而且是必然的。

三、普惠金融在中国研究之发展

从 2005 年开始，联合国开发计划署与商务部国际技术交流中心和人民银行、国家开发银行、哈尔滨银行、包商银行合作，开展了“建设中国普惠金融体系”项目研究。该项目由时任人民银行研究局副局长焦瑾璞主要负责（任该研究项目主任），同时翻译出版了联合国《普惠金融体系蓝皮书》。项目研究的成果，形成了著述《小额信贷和农村金融》。该著作从三方面界定了普惠制金融的含义：一是服务对象的特定性。普惠制金融体系以价格相对合理的产品为中小企业、微型企业、农户等低收入群体对象提供服务。二是金融服务产品和功能的全面性。普惠制金融不仅为客户提供贷款服务，还为其提供存款和保险、汇款、养老金等全方位的金融服务。三是金融机构的多样性、体系的多层次性和保持适度竞争。上述分析型的定义侧重普惠制与放松金融管制的关系，允许社会各种性质的资本在贫困地区设立为中低收入经济群体服务的多种类型的金融机构，使普惠制金融体系包括从专门的小额信贷机构到银行金融机构等各类金融机构。由此出发，从事普惠制金融操作的机构坚持商业性经营原则，以促使整个体系具有可持续发展的制度基础。

继该项目研究之后，在国内政策界提出普惠制金融概念的是杜晓山的文章，他从“普惠制金融覆盖所有人”的原始定义出发，提出了普惠性金融体系框架——只有将包括以穷人和低收入阶层为对象的金融服务有机地融于微观（金融机构）、中观（金融基础设施）和宏观（法律和政策框架）三个层面的金融体系，才能使过去被排斥于金融服务之外的大规模客户群体获益。且这种包容性的金融体系能够对发展中国家的绝大多数人，包括过去难以到达的更贫困和更偏远地区的客户开放金融市场。此外，杜晓山指出普惠制金融的表现形式一般体现为小额贷款。

进入 21 世纪以后，人们对普惠制金融体系的建设，立足于金融增量改革。王频（2010）指出：“普惠制金融并非是面向‘所有人’的金融服务体系，而是面向具有盈利前景且被正规金融组织排除在外的经济主体，或者说是覆盖所有对金融资源供给有供给的存款人。”“小额信贷只是普惠制金融的一种形式，而非全部。”文章强调普惠制金融体系的建立应以社区金融体系建设为依托，而社区金融体系又以金融市场为依托，开发金融产品（如投资基金类产品）实现“融资的可得性”。只有这样，才可能在根本上实现金融资源取之于某一群体并运用于同一群体的根本目标。

四、值得探讨和思考的几个问题

第一，普惠制金融是什么性质的金融？

在当代，金融区分为商业性金融、政策性金融和合作性金融。不同性质的金融具有不同的追求目标：商业性金融以追求盈利为目标，政策性金融以支撑政府行为为追求目标，合作性金融以互补互动为追求目标。不同的追求反映不同的价值取向。普惠制金融的价值取向怎么定位？如果定位于扶贫，则具有政策性金融的性质；如果定位于增加弱势群体收入，则具有商业性金融的性质；如果定位于弥补被常规金融体系排挤的群体阶层的金融缺陷，则具有合作金融的性质。

笔者倾向于第二种性质，即扶贫，这样才能名副其实。普惠就应普及惠民，在经济发展、收入增长、收入差距拉大的当代，应当让相当部分低收入阶层，享有金融资源，得到金融服务，缩小收入差距。

第二，金融资源能让社会各个阶层共享吗？

金融资源是个复合概念，它建立在信用关系的基础上，反映着债权债务关系，影响着政府、企业和家庭个人的资产负债，具体表现在货币、证券和其他各种形式的金融资产上。这些金融资源作为某一种金融资产被政府、企业和家庭个人占有。政府、企业和家庭个人能不能占有某一种金融资产，首先取决于各自的事业，特别是经济的发展程度和收入水平；其次取决于怎么分配；最后取决于变现能力，而变现能力主要取决于市场的发展程度。应当说，政府、企业和家庭个人占有金融资产的差距，在经济发展和收入水平为一定的条件下，主要取决于分配政策和市场化水平。

基于社会成员的经济基础和社会地位的不同，基于每个社会成员的金融意识存在着差距，要让金融资源（表现形式是各种金融资产）供社会各阶层共享是不现实的，是理想化的。不能让金融资源供社会各阶层共享，只能让金融资源供那些有经济基础和金融意识的人分享。所以，在普惠金融的概念中，让“人人皆享金融服务”是正确的，而要让社会各个阶层都占有金融资源，从中获益，是不妥的。

第三，高利率是否是普惠制金融抑制金融风险的好选择？

小额信贷是普惠制金融的一种形式。小额信贷的利率一般都较高。

较高的利率为什么借款人能够承受？实际中的解释是周转快、时间短。相对本金来说，利息虽高但可由其他因素弥补。但从道理上说，利息是新创造剩余价值的一部分，在企业中表现为总利润，则高利率的存在，要么降低企业纯利润的水平，要么给企业带来亏损。在行业乃至社会普遍存在亏损的情况下，高利率的存在不仅不反映新创造的剩余价值的增长，而且只能反映对金融资源的分割。借款付息、以本还息是这样分割的具体表现。

需要指出的是高利率的存在，降低了普惠制金融的价值，有违它的初衷，因为高利率的存在抬高了整个金融业乃至社会的利率水平，助长了“以钱炒钱”的风气，违背了金融要以经济为基础、支撑实体经济发展的原则。

诺贝尔经济学奖的获得者孟加拉经济学家尤努斯办起来的格莱珉（Grameen）乡村银行进行小额信贷，说是为穷人服务的银行，但利率却很高。期限在一周左右的贷款利率都是两位数（比如年利率20%以上）。这样高的利率，穷人是怎么承受的？银行是怎样回避金融风险的呢？简单地说穷人的承受全靠对贷款的使用效率。而银行回避风险则采取了制度保障。所谓制度保障，一是把穷人组织起来，特别以女性为主；二是成立“贷款保险储蓄基金”，如有人因天灾人祸还不了，则由基金账户偿还。这样的制度保障在一定的条件下，回避了金融风险，起到了积极作用，但它必须以贷款所产生的经济效益为基础，而经济效益来源于穷人对自己事业的生产经营管理。这就是说穷人对高利率的承受和银行对贷款的风险回避最终取决于经济基础。没有实体经济的支撑，高利率是不能实现普惠的。所以高利率与普惠制金融是相悖的。

参考文献：

［1］韩俊. 加快建立普惠型的农村金融体系［J］. 农村经营管理，2009（2）.

［2］吴晓灵，李明昌. 充分利用财政杠杆 改进农村金融服务［J］.

中国金融，2009（7）.

［3］陆磊，王颖. 以社区型金融机构为载体构建中国普惠制金融框架：从微观到宏观［J］. 农村金融研究，2010（5）.

［4］杜晓山. 小额信贷的发展与普惠性金融体系框架［J］. 中国农村经济，2006（8）.

［5］杜晓山. 建立可持续性发展的农村普惠性金融体系——在2006年中国金融论坛上的讲话［J］. 金融与经济，2007（2）.

［6］何嗣江，史晋川. 弱势群体帮扶中的金融创新研究——以台州市商业银行小额贷款为例［J］. 浙江大学学报（人文社会科学版），2009（1）.

［7］焦瑾璞，杨骏. 小额信贷和农村金融［M］. 北京：中国金融出版社，2005.

［8］D·W亚当斯，R·C沃格尔，吴强，许青. 低收入国家的农村金融市场：最近的争论和教训［J］. 广西农村金融研究，1988（6）.

论普惠：普惠金融的经济伦理本质与史学简析

> 大道之行也，天下为公。选贤与能，讲信修睦。故人不独亲其亲，不独子其子；使老有所终、壮有所用，矜、寡、孤、独、废疾者皆有所养。男有分、女有归。货恶其弃于地也，不必藏于己；力恶其不出于身也，不必为己。是故谋闭而不兴，盗窃乱贼而不作。故外户而不闭。是谓"大同"。
>
> ——孔子，《礼记·礼运》

一、引言

自古以来，各类文明，不约而同地向往"大同"社会。这是一个伦理问题。在经济学和经济政策范畴，一个或许会永久内在的伦理问题是公平与效率的权衡取舍，而普惠金融仅仅是这一伦理在金融领域的某种外化——这是因为，普惠金融实际上只是在实现这样一种功能：让弱势群体获得金融服务，或者更直接地使其获得融资。恰如王曙光（2013）所总结的：普惠金融体系的基本含义是，金融体系应该具有包容性特征，应该以有效方式使金融服务惠及每一个人、每一个群体，尤其是那些通过传统金融体系难以获得金融服务的弱势群体。这或许代表了所有我们能够接触到的关于普惠金融的开篇性论断。必须承认，当前的"普惠"思想来自西方，其本意是包容性（inclusion），因此，我们必须把视野放到当代经济学领域，以发掘普惠的现代理论基础。一个事实是，普惠属于要素配置、分配和再分配的分析范畴，这就进入了以价值判断为核心的政治经济学分析领域，成为一个伦理问题。

恰如 Draxen（2000：300）所指出的："在大多数经济中，收入、财富或私人品的分配或再分配，都是政策争论的主要领域。且再分配主要属于财政政策范畴，特别在税收和税制问题上显得更为突出，而其中最核心的问题是公平性。"同样，当我们研究普惠和普惠金融在经济史中的实践时可以发现——普惠是一个政策问题，是一个财政税收问题，因而是一个以公平为核心的收入分配和再分配问题。在这一领域，经济学已经作出了充分的研究。

与此同时，令人困惑的是，现代经济学的主流似乎天然排斥普惠。究其原因，如 Coase（1992）所言，"亚当·斯密《国富论》的主题，无非在说明政府管制或计划经济对经济体系的有序运行是无用的，价格体系（所谓'看不见的手'）会使经济自动调节并实现合意结果"。因此，问题随之产生：如果市场经济所达到的均衡结果必然是充分"合意"的，那么也势必是为每一个人、每一个群体所充分接受的，也就是普惠的。但问题是，在各类文献中，我们会发现普惠往往是相对于市场的某种矫正机制。这提示我们，所谓"合意"是一个主观判断。换言之，当我们研究普惠金融，首先需要明白的并不是如何操作普惠金融，或者如何设计金融服务或金融产品让弱势群体实现准入的均等化，更重要的问题是要明确什么是"普惠"。这就势必转化为以下伦理问题：

第一，为什么人类社会需要建立某种普惠政策框架？这将驱使我们从普惠还是从金融角度研究普惠金融，即在金融领域一定存在某种"非普惠性"，于是所谓普惠金融设计不如说规避金融运行的非普惠性。这一问题的解决是设计或评价普惠金融的基础，否则我们将仍然陷于所有的普惠金融理念落实到现实运作中迅速异化为非普惠金融的尴尬境地。

第二，普惠是否覆盖所有人？传统研究往往立足于针对弱势群体设计金融机构、市场和产品体系，但往往忽视了每一个人、每一个群体的覆盖性。不妨设想，假如我们推行普惠金融必须以牺牲另外一些群体的利益为前提，那么这一制度设计的有效性和可持续性将令人怀疑。比如，一旦政策设计者要求限定金融资源的特定流向（面向弱势群体），于是导致一个很可能出现的情形是另外一些群体因此遭遇福利损失，这就意味着制度设计的“非帕累托改进”性质。就金融层面而言，我们需要问的就是为什么多年来着力发展的社区性金融组织总是具有向社区外扩张的冲动，或许是因为政策设计者强行限定其风险承担和收益；我们着力提高涉农贷款和中小微型企业融资比例，但是否因此导致其他经济主体的融资可得性降低？一旦在更广义的范围考虑普惠金融，我们就不能忽视利益之间的对立。

第三，普惠的层次性何在？这一问题来源于我们对普惠本身的定义，或者说是对普惠目标的界定。我们发现，普惠实际上分为三大层次——资源配置普惠，在金融层次上体现为融资覆盖面；收入分配普惠，在金融层次上体现为要素收入的公平性；再分配普惠，在金融层次上体现为补充性金融投入，如再融资或反哺机制。

二、普惠的提出：从不一致性到要素配置

（一）禀赋不一致性与“普惠”的提出

在分析如何实现普惠之前，我们首先需要在理论上研究普惠存在的意义。当然，我们可以说这是一种先验的伦理要求——诸如人生而平等。在经济学上，上述说法是苍白的，这是因为我们必须问这样一个问题：那么不普惠又怎么样？且事实上的不平等在各个领域均或多或少地存在。这就势必在实践上进入政治经济学的分析范式，在理论上更多地借用伦理学范畴。一方面，从经济学角度看，由于个体间要素禀赋的不一致性往往导致不同群体间的利益不一致性，因此，从政策层面上看，为维护弱势群体生存和发展所需要的转移支付势必在财富再分配、财政政策、开发性融资等不同层面存在；这属于政治经济学分析框架。另一方面，从伦理上看，传统的达尔文主义所推崇的适者生存和丛林法则是不讲普惠的；但过度强调效率势必导致弱势群体对抗与反弹，最终造成群体间严重对立和社会经济崩溃。据此，我们研究普惠的存在性——或者说，我们为什么需要普惠——实际上遵循

的是以下三条假设[①]：

假设一、从禀赋（出身家庭贫富、所处地区、科学和艺术的接受能力、体能等）看，不是人生而相同，而是人生而不相同。禀赋差异的客观性势必造成要素配置、收入和财富的差异；

假设二、历史经验证明，不同人群之间和谐相处的前提是经济资源（包括土地、收入和财富）的合意分配与再分配；反之，是社会动荡和财富灭失的必要条件之一；

假设三、弱势群体不成为社会的摧毁性（或曰革命性）力量，存在两个经济前提：一是具备脱贫致富的可能性；二是具备要素和收入配置的非剥夺感。

一言以蔽之，若人类经济社会追求稳定增长，则普惠——即面向弱势群体的要素配置、收入分配和再分配几乎是永远的伦理命题和政治经济学命题。

人生来是不相同的，这塑造了普惠存在的客观现实基础。Atkinson and Stiglitz（1980：298）所描述的："如果每一个人都具有相同的偏好和禀赋，那么许多经济政策和公共财政问题都将失去意义，国家行为更是如此；如果每一个社会成员的利益都能够用一个代表性主体来表示，那么政府的作用就为蜕变为落实代表性主体的最优抉择而已。"于是，经济学用两种不一致（heterogeneity）加以描述：一种是先验不一致（ex-ante heterogeneity），即不同人、不同家庭、不同群体的禀赋和偏好不同，这往往反映了不同的价值观或伦理；另一种是后验不一致性（ex-post heterogeneity），指的是在一定的游戏规则下导致的分配的不一致性，如在商业或市场游戏规则下，私人品（包括金融资源）的分配必然存在不均等性。

不一致性会导致以下三个层面的问题：

一是要素禀赋配置的不均等。这是指，由于出生地、家庭财富、家族权势、个体先天身体和脑力差异所形成的社会经济资源在不同群体间配置的差异性。

① 这里所指的"假设"是在进入主题论证前已经先验接受的归纳性认识。

二是收入分配的不均等。这是指，由于要素配置的不均等，客观上自然会导致收入分配差异的形成。

三是再分配的不均等。这是指，由于不同社会的主导性伦理差别，会形成不同的再分配政策，并进而影响财富在不同群体间的分布。

上述三种不均等自然导致要素配置、收入和财富分配中的“排他”——即普惠或包容的对立面。普惠的提出即在于试图矫正此种排他性。

（二）不一致性导致社会利益对立和一系列制度框架的形成

现在的问题在于，不一致性会造成怎样的后果？历史经验告诉我们，在缺乏主动矫正机制的前提下，必然会导致“掠夺”。这一分析来自 Grossman（1995）、Hershleifer（1991），以及 Grossman and Kim（1996a、1996b）。他们的研究证明：①只要存在先验不一致性，则社会群体分化和利益不一致会导致群体间的相互掠夺。②无论是要素配置、收入分配或再分配，如果弱势群体在数量上占优，则强势群体必须同时具备两个条件才能确保博弈均衡：一是有足够的反掠夺防御力，二是有足够的利益流淌型的再分配机制。③这一均衡如果呈现稳态特征，则必须具备足够的产权保护机制——无论对强势群体或弱势群体均如此，否则必现相互掠夺，即强势集团剥削与弱势群体揭竿而起并存。上述理论反映了这样一个事实，即普惠本身是强势集团为维护自身利益所实施的某种让步。Grossman（1995）以侠盗罗宾汉劫富济贫的历史传说进一步延伸论证了资本家与工人的利益关系，提出“产权”是确保各方采取生产性行为而非掠夺性行为的关键性制度保证。他论证道，工人有时间禀赋，可以配置于生产，也可以配置于剥夺者，如果工资福利等普惠性再分配机制对资本家而言并非难以操作的，则再分配有利于资本家和工人双方利益；否则必然导致工人揭竿而起。

因此，“普惠”——实际上被定义为要素禀赋不均等分配前提下的要素配置矫正、收入初次分配和再分配——成为有利于各方的选择。

三、要素的普惠配置及其崩溃：井田制是普惠性要素借贷制度

（一）要素的普惠配置

就中国而言，普惠金融是21世纪才提出的命题；但普惠的实质存在却由来已久——从历代经济史看，土地从来是最重要的经济资源，土地资源配置的普惠与非普惠性对中国经济社会稳定与否具有相当影响。据此，我们完全可以从土地配置的普惠性，扮演当今普惠金融发展的伦理基础。从史实看，把“均等”做到极致的是经钱穆（2014）所考证的周代“井田制”——根据《春秋谷梁传注疏》载：“井田者，九百亩，公田居一。私田稼不善，则非吏；公田稼不善，则非民，”“古者什一，藉而不说。”① 其含义是：西周诸侯是土地资源的所有者，以一口井灌溉900亩方圆为单位，划分为九宫格，其中中间100亩为公田，周围800亩为借贷用地，平均分配给8户农民，所谓“藉而不税”就是指只借贷不征税——所谓公田即是贷地利息。如果私田单位收成低于公田，则追究官员责任；如果公田单位收成低于私田，则追究农户责任。这是很有意思的一种制度设计，可以说是笔者可以搜寻到的附带激励安排的普惠性要素融资之最原始版本。

井田均分，意味着要素配置的均等。由于户户均得到100亩土地，显然是一种绝对均等的要素分配制度，故而普惠到极致——即，只要具有劳动力，就可以拥有土地借贷权。且这种分配是以租赁或长期借贷形式实现的，这是因为井田位于诸侯国内，诸侯对土地拥有所有权，农户通过借入土地而实现自身和诸侯的产出和收入，在性质上属于“商业信用”，即以实物方式借贷。实质上，这与当前的“公司加农户”的经营模式并无二致——诸侯向农户借出的是土地，而公司向农户借出的是种苗。

---

① 参见：谷梁赤（战国）【撰】，范宁（晋）【集解】，2011，《监本附音春秋谷梁传注疏》（宋刻元修本），黄山书社。

（二）收入的普惠分配

利率较低，意味着要素定价的均等。根据“什一税”的借贷价格，按照九宫格计算，每个农户拥有井田 1/9 的收成，而诸侯从每一个井田所获得的收入也仅是农户的 1 倍①；这导致了政治经济上的一个必然后果——攻城略地。即，在农业社会内，诸侯只有占有更多的土地才能拥有更多的收入。根据《汉书·食货者》记载，战国时大约有 600 万亩农田，假设每户耕种 100 亩，则有 6 万农户，而按照井田制，诸侯的收入约为一个小农户的 6 万倍。但值得注意的是：在诸侯即代表主权的时代，诸侯的收入即国家的全部收入，其内政外交军事开支全部依赖诸侯支出，11%～12%的宏观税负可以算是仁政。因此，井田制可以被认为是农耕文明时期春秋战国不断发生战争的经济动因：在利率偏低的背景下，唯有资产扩张才能获得更高收益。

（三）再分配制度——产权制度构成群体间合作的激励机制

井田制实际上是最原始的土地要素、劳动力要素和技术要素的组合方式。这一制度除了要素的初次分配普惠外还具有明显的再分配性质——体现在所有权和支配权分离基础上的均等性再分配。土地和技术要素来自诸侯，土地所有权自不必说：所谓“四封之内，莫非王土；食土之毛，莫非王臣”（钱穆，2014：18）；在土地使用权上，井田制通过农户提供劳动力要素而实现了对 100 亩土地的实际占有；在土地的收益权上，通过借贷合约实现了产出在诸侯和农户之间的分割。在技术上，诸侯设立农稷官，向农户传授种植技术并督导农耕。上述要素在井田制度框架内通过借贷合约形成了生产函数。在此需要注意，井田制存的两大再分配保障：个就井田制就存在问责制的。由于公田由 8 家农户公田耕种，如果收成低于私田，则一定存在出工不出力行

---

① 计算方法：由于井田一共 9 个方格（900 亩），统一耕作的单位亩产在理论上应该一致；假定总产出为 9 单位，每个农户私田产出为 1 单位，占比 1/9；而诸侯通过直接拥有公田收成以获得借贷土地利息，其在每一井田所得收入亦为该井田总收入的 1/9，即与单个农户收入相当。据此我们可以计算年利率——从诸侯借贷土地角度看，100 亩公田/借贷出去的 800 亩私田＝12.5%。或者换一种算法，以农户的劳动力投入角度看，缴纳土地收入给诸侯为 100 亩×1/8，实际耕种面积为 100 亩+100 亩×1/8；因此最终利率为 1/9＝11.1%。

为；反之，则管理者（农稷官）一家存在过度盘剥的可能。因此，通过调整收入分配的再分配措施保证各种要素均得到了充分投入。二是100亩底线的再分配效应。根据制度，每个男丁成家立业后，自然会从诸侯那里分得100亩土地。在土地是农耕社会最主要生产要素、一切产出依赖土地的时代，这无疑是来自诸侯（国家或政府）的转移支付。这也是一种产权制度安排，实际上通过法律或约定俗称的规则①，确保一定的身份必然拥有一定数额的财产权利。

（四）普惠的悖论——井田制作为要素和收入分配普惠体系的崩溃

废井田、开阡陌②是中国经济史上的大事，当然也意味着最原始的以要素均等分配为核心的普惠的崩溃。而这种崩溃的起源却是为了获得更大的普惠——土地私有。尽管当前已经无法考证井田制何时消亡，但《左传·宣公十五年》记载的自公元前594年“初税亩”，即：“开始按土地面积征税”意味着有信史证明的土地私有化，即诸侯与农户的所有权和交易关系已经发生了重大变化：一是“税”取代“藉”，表明已经取消公田，且私田不仅仅是农户具有使用权，而且具有所有权，这是因为“税”表明的不再是所有者向使用者实施的财物借贷关系，而是行政当局对所有者经营成果的比例征收关系。二是

① 真正的成文规定并成功付诸实践的是北魏孝文帝元宏实行的均田制：“诸男夫年十五以上，受露田四十亩，妇人二十亩。”参见魏收（北齐）【撰】，1974，《魏书》，中华书局。

② 关于废井田、开阡陌，经济史上存在较大认知分歧。司马迁在《史记》中认为是开设阡陌；《汉书·王莽传》中有郎区博上书推行井田制的莽“井田虽圣王法，其废久矣……周道既衰，而民不从；秦（国，孝公）知顺民之心，可以获大利也，故灭庐井而置阡陌，遂王诸夏，迄今海内未厌其弊”。这说明，井田归井田，阡陌是另一种制度，即以阡陌划分私有土地边界。而南宋朱熹著《开阡陌辨》认为是突破阡陌的约束，因为井田制是依靠纵横的阡陌隔开的。钱穆（2014：16）在《中国经济史》中赞同后一种说法，论据是《战国策》载：“决裂阡陌，以静民生之业而一其俗，”并以此推断这是中国土地私有制的开始。实际上，我们更关心的不是“阡陌制”是旧法还是新制，而是井田制作为一种均等、极端普惠的要素组合模式被打破了，那么，新的生产函数是因何而形成，是什么样子的呢？此外，笔者认为，司马迁所言显然高于朱熹和钱穆，其“开阡陌”是指由此确立了私有产权边界，而井田时代即使有阡陌，仅具有丈量土地意义而不具备产权边界意义，这是因为“溥天之下莫非王土”，产权是明晰的。司马迁的阡陌，则具有了交易意义，其延伸出此后的地契和土地交易市场。

“亩”的提出，实际上意味着中国历史上第一次出现了按照田地数量计量税赋的制度，其含义是一户100亩土地的“古制”就此被终结。

第一，取消公田，意味着利益下淌。综合《孟子》《左传》《商君书》记载，废除尽管存在人口迅速增长导致田少人多，也包括分工导致工商业兴起所客观要求的部分家庭必然要与土地要素分离，还包括农业生产力的迅速上升，铁制农具的出现使100亩为单位的家庭经营运作效率更低等因素；但更重要的原因却是体制性的——“农户耕种的积极性”，或者说，农户总是具有懒于耕作公田，勤于获得私田产出的内在激励。于是，一种更为灵活的要素组合方式出现了：取消公田，在事实上实行土地使用权私有化，并规定固定税率（10%）。究其制度本意，这是一种更高级别的普惠——即诸侯仅仅是名义上的土地所有者，放手把所有生产要素让渡给经济个体，且要素可以交易，土地使用权可以流转。以秦国为例，根据《商君书·更法篇》和《史记·商君列传》，商鞅变法使农户有积极性寻求更多的土地资源，极大发展了社会生产力，同时废除了“世卿世禄”制，套用当地语言，公田为私和鼓励垦殖即意味着农户充分享有“经济发展和技术进步的成果”。土地扩张、产出增长，在固定税率下，国家也获得了更高的预算收入；司农这一负责农业技术推广和督导的行政系统由此衍生为兼具财政收支、户籍管理职能的财经管理部门——即户部的前身。

第二，从上有封顶到下不保底，产权制度改革导致非普惠。《汉书·食货志》记载：自商鞅变法，“改帝王之制，除井田，民得买卖”，到了秦始皇三十一年，更进一步实施“自实田”制度，即百姓向政府据实申报土地面积，土地所有权明确为百姓所有，自由占有、自由交易。而与此同时出现的问题是，“让王制遂灭，僭差无度。庶人之富者累巨万，而贫者食糟糠”。因此，在伦理上形成了一个千古悖论：井田制是绝对均等的要素配置模式，不可谓不普惠；废除井田是更大程度的利益下淌，使生产力得到极大解放，但此后2000年的土地兼并和贫富分化随之形成，并因此构成中国历代王朝兴衰更替周期律之根本动因。可以说，从公元9年王莽改制恢复“王田”到1931年《中华苏维埃共和国土地法》第五条“平均分配一切土地”，再到中华人民共和国成立后的人民公社，中国最主要的要素——土地——配置一直徘徊于均等即普惠的伦理范畴。但是，中国最终走向联产承包，实现土地经营以家庭为单位的制度安排，实际上可以认为是对均等的扬弃和对更高层次的普惠的追求，当然，贫富分化再度成为城乡发展面临的问题。

四、普惠是否对所有人都有利：狭义普惠与广义普惠

（一）普惠的包容性实际上是某种排他性

根据普惠的当代定义——“包容性”，就可以发现存在以下问题：如果普惠是特别关注某一个群体，即他们是收入、财产数量偏低的弱势群体，我们需要通过货币（收入倾斜、平准均输）或非货币手段（赋予土地，如均田制；或打击其他集团，抑制商业投机）加以扶持。因此，这就演化为一种零和选择：当我们选择普惠，也就选择了对另外一个集团利益的侵犯。所以，这里的直观结论是，普惠并非对所有人有利。在再分配的研究中，Mueller（1989、1997）和Riker（1962）就政治决策作出了精辟论断：所谓再分配，就是将收入从失败者联盟转向胜利者联盟。如果存在多数裁定规则，通过改变转移支付数量或改变税收负担成本，以实现多数集团的利益，而这一均衡势必偏离帕累托可能性边界。这就意味着普惠性政策安排本身或许就是一个“伪命题”：普惠一定存在转移支付，也因而存在成本承担者和获利者，且获利者不是全体社会成员。只有当我们认识到了这一点，才可能意识到普惠性政策在实际操作中的难度[①]。因此，当公共产品（公共政策）的提供是在牺牲一个集团的利益以谋求另外一个集团的利益，往往就需要以更为隐蔽的方式进行，否则一定会招致对抗（Tullock，1959）。

---

① 这是因为，在经济学意义上，如果真的存在对所有群体都实现利益提升的状况，我们可以称为“帕累托改进”，这也就意味着没有人会反对这种改进——既然每个人的境况都将变得更好，为什么不做呢？于是，帕累托改进的逆否命题是——假如某一项政策的实施总是遇到障碍，则一定是因为遭遇到预期收益下降者的抵抗。这也就证明了普惠性政策一定不是使所有人获利，而是一种转移支付。

既然普惠的实质是转移支付，研究就进入了政治—经济均衡进程。Romer（1975）、Meltzer and Richard（1981）和 Roberts（1977）分别研究了再分配的博弈过程。在这一过程中，给定某个政策决策，任何个体都寻求自身目标函数（如收入）的最优化；在此基础上，各个群体（如士农工商）决定自身的最偏好的政策框架（涉及自身所作贡献和所获得利益），最后通过适当的集体决策机制（可以是游说或者选举）"加总"为全国性政策。这里的关键性假设是，任何经济群体都是绝对机会主义的——他们只关心自己的净收入，如果要获得他们对政权的支持，则只有两个办法：一是用转移支付来交换，二是在游戏规则上考虑收入分配的"合意性"本身。上述论证实际上以现代经济学方法证明了中国历史上两大学派的基本观点。重农主义是以转移支付获取支持，而重商主义则是在伦理上证明各行业获得自身收入的天然合法性。需要指出的是，这里非常有趣的是意识形态问题——即普惠政策到底应该惠及哪个或哪些特定群体。如 Lindbeck and Weibull（1987）以及 Dixit and Londregan（1995、1996）论证了政策很可能呈现的"表里不一"问题，即及时决策者的确期望实施对某些特定群体的转移支付，但基于为了获得更多的支持，因而会违背其初衷。这一诊断的重要性在于解释在历史上出现的政策不落实问题——如均田固然重要，但决策者有时不得不赢得豪强地主的支持，因而最终仍然不得不作出让步。因此，政策均衡可能是不确定的，由于决策者明确知道既得利益的难以动摇性，普惠程度——或者说对弱势群体的支持度往往取决于反对力量的强度（Dixit and Londregan，1998）。因此，这实际上造成了普惠的悖论：即使政策目标在伦理和价值观上具有普适性——如帮扶弱势群体，但只要这种政策具有外在成本——如会导致其他群体（既得利益集团）受到税收或预期收益的负向变化，那么最终的政策效应是不确定的。这可以在中国经济发展史中得到检验。

（二）普惠一旦等于特殊照顾则必然导致无效率

如果我们把普惠作为一种政策安排，随即出现的一个问题是：政策制定者是否有足够的积极性作出真正的普惠性决策？这一问题所具有的现实性在于，历史上经常出现两种情况：要么说得多做得少或不做到；要么说了也试图去做，但因种种原因而无法推行。我们通常理解“普惠”，往往把它作为一种群体间的再分配制度，典型的如红十字会、福利彩票等，如 Lowi（1964）以来，相当多的学者研究了这样一种普惠特征——一项政策的利益由一个小的集团享有，但成本由一个大得多的集团来分担。至 Wilson（1989a、1989b）作了总结，称之为“特殊照顾政治学”（Client Politics）。这就产生了如下基本问题：如果一个集团总需要另外一个集团“特殊照顾”，这种均衡是否为一种稳定均衡？或者说，即使存在均衡，是否可持续。在这一问题上，理论研究存在较大分歧。

一是转移支付的博弈均衡——富裕群体与贫困群体各得其所。此种观点认为，由于存在生产要素使用的不充分性，转移支付是可以获得某种政治均衡（Weingast et al.，1981；Sheples and Weingast，1981，1984），即“博爱”（Rransfers in Kind）的可能性。他们以分散决策的博弈模型证明，只要分担给强势群体的成本足够低，富裕群体是愿意向贫困群体提供转移支付的。Buchanan and Tullock（1962）则以合作博弈模型证明，由于群体间存在相互依存性，且每一方都具有一定的发言权，则“相互支持”会成为某种博弈均衡。但是，学者们公认的是，即使存在转移支付，在经济学意义上是无效率的——比如在农村地区修建高速公路往往车流量极少但仍然要支付较高的维护成本。

二是转移支付的无效率性——普惠的不可持续。一种基于价值观：如应该照顾弱者的经济政策是否有效率、是否可持续，吸引了相当多的研究者。如 Olsen（1969）、Bruce and Waldman（1991）、Coate and Morris（1995）都研究了转移支付的无效率性。研究发现，转移支付型普惠政策往往无效率，其原因在于相当多的政策具有利益传递的隐蔽性，而这就导致了政策操作者与政策指向者（一般是农户等弱势群体）的信息不对称，因此，存在 Barro（1973）、Rogoff and Sibert（1987）所假定的存在“好的决策者”和“坏的决策者”，两者的差别在于：后者将依据自身的信息优势而进行反向操作，使最终利益未必流向本应该扶持的弱势群体，而呈现在中间耗散的局面①。Dixit and Londregan（1995）则提出了更为现实的问题：普惠的存在是否具有可持续性取决于转移支付的指向——如果决策者着力于向明显不具备竞争优势的夕阳行业提供补贴，那么即使被补贴者也不会相信此种补贴的可持续性，而宁愿相信自己也会成为一个成本承担者。这一结论让我们想起公元8年至公元25年在中国发生的王莽败亡的故事②。

（三）历史经验证据：中国的农商对立——狭义普惠与广义普惠

从表面文字看，农和商仅仅是不同的产业，但重农或重商所依据的截然不同的价值观，其背后的伦理基础是“狭义普惠”与“广义普惠”③ 的争论。实际上，消灭原始普惠——“井田”的恰恰是农户私有本能、生产力和商业。随着农户有了地，除了缴税，种植和养殖的自主权得以激发，专业化分工成为可能，交换亦得以发生。于是，商业、运输业和工业得以发展。据钱穆（2014）考证：中国春秋时期并无商人，直至战国，范蠡、白圭等大商人才出现，而春秋以前的农业城邦演化为战国乃至此后延续2000年的商业城市。是农还是商，成为此后经济政策界的持续争论，而普惠还是有别构成了争论的核心。自古以来，各执一端。另一个有趣的历史现象是，历代决策者几乎都是重农主义者，其差别仅仅在于重农抑商还是重农不抑商而已④。这一伦理基础是不容忽视的，甚至构成了中国2000年以来的重大心理暗示——时至今日，当2013年中国国内生产总值达到568 845亿元，第一产业增长值为56 957亿元，占比仅为10.0%、全国总人口13.6亿

---

① 上述研究所描述的情况与中国汉朝平准均输等重农政策反而导致利益向官僚集团聚集的情况是一致的，即官员具有信息优势，其平准和均输迫使农民非但得不到政策优惠，反而不得不付出更高成本，从中渔利的是官僚—商人集团。

② 参见：班固（汉）【撰】、颜师古（唐）【注】，2012，《汉书》第四卷，中华书局。

③ 狭义普惠指只关注农户，广义普惠指包括农业在内各业平等。

④ 参见：钱穆《中国经济史》所考证：无论是实行法家思想的秦始皇，还是遵循黄老之术的西汉文帝、景帝，抑或采纳“罢黜百家、独尊儒术”的西汉武帝，乃至唐宋元代的“劝农”，直至清康乾时期的地丁合一，几乎没有例外地重农。只是，秦始皇、汉文帝、唐高宗永徽至玄宗开元年间，都实施了对商业、金融和资产（土地）交易较为宽松的政策。因此，笔者的总结是：第一，重农是共性，是否重商却历代不同。第二，重农必然重视小农户，带有税赋到要素配置的普惠性；重商则注重要素配置的激励性。

人，乡村人口6.30亿人，占比下降到46.27%，且出现了2.6亿农村剩余劳动力向城镇转移的时代，中国经济社会决策中的每年“一号文件”仍然是农业与农村发展。

1. 重农主义是狭义普惠论者

在经济思想史上，典型的重农主义是儒家学派，且提出了朴素的政策思想，是最早考虑农业作为基础性产业面临的自然灾害风险与市场风险，并给出相应普惠政策安排的学派。如《孟子》提出“耕者，助而不税，则天下之农，皆悦而愿耕于其野矣”（参见钱穆2014）。所谓“助”就是在土地借贷前提下，根据农业收成按照“浮动利率”收取地租；而税收则是一种按固定比率缴纳产出的办法，没有充分考虑农业风险——自然灾害或战争对农产品收成的影响。

这就给我们建立了一个思维逻辑：如果我们把农业作为弱势产业，农民作为弱势群体，则2000年以来中国的总体经济政策必然具有普惠倾向，这就产生了一个问题：重视小农的普惠动机是否形成了普惠后果？答案是令人惊讶的。以汉代为例，高祖刘邦诏令“乃令贾人不得衣丝乘车”，以“重租税以困辱之”的汉武帝刘彻进一步认为商人（市场经济）以剥削为业，遂于元鼎二年（公元前115年）试行，并于元丰五年（公元前110年）在全国推广均输法、平准法。如大司农桑弘羊《盐铁论》[①] 所说：“开委府于京，以笼货物。贱即买、贵即卖。是以县官不失实，商贾无所贸利，故曰平准。平准则民不失职，均输则民齐劳逸。故平准均输，所以平万物而便百姓。”可见，“便百姓”一词，充分表明平准、均输是最早通过中央政府明确说明政策目标的“普惠”操作，本意是通过国家买卖货物，以形成物资储备，在价高时出售，在价低时买入，以打击商人囤积居奇。结果是：平准法实行后，各地均属官与商人勾结，往往强令各地农户缴纳本地所不产的货物，造成农户不得不高价向商人买入商品再缴纳成为国家储备，农户负担加重，受害更深。王莽改制则是更为惨痛的历史教训。王莽作为儒家学派的坚定信奉者和实际政策操作者，在理论上深信贾谊和

---

① 参见：桑弘羊（汉）【撰】，王利器【校注】，1992，《盐铁论校注》，中华书局。

晁错的观点①，并于始建国元年即下诏令推行井田制，废除奴婢制，其虽志在民生，由于“豪强地主—农民—奴婢”实际上构成了东汉末年的重要因素组合，甚至各方都没有积极性打破固有组合，应该获利者本身——农户没有形成新制度给自己带来超额收益的预期，各方的反对使悲天悯人的王莽所推行的复古改制造成的结果却是工商失业，民生凋敝，盗贼蜂起。

综合起来：重农主义的普惠伦理存在以下三大问题：

第一，在经济学意义上，王莽等普惠主义者试图打破一种看起来很不“合意”的生产函数，于是形成土地、劳动力、技术等基本要素的组合关系被打破，但其试图建立的新型生产函数变得更加复杂或不确定性更强。王莽的鲁莽在于根本没有建立任何新的生产函数，全国经济陷于一片混乱；而汉武帝刘彻则采取限商政策，通过算缗令、告缗令对商业征收重税，新的生产函数形成了，而结果是引入了新成本，即商人把成本进一步转嫁给农户，因此民生比贾谊、晁错上书文帝刘恒时期更糟。

第二，在信息经济学和政治经济学意义上，政府平准不见得是一个好政策。平准的前提假设是“各级”政府一定具有同样的普惠或人本主义情怀，但执行的是“官吏”，其利己动机和信息不对称（如，均输本来应该贵买贱卖，操作时往往恰恰相反）导致了更为严重的失衡。于是，自秦汉至晚清的2000年来，重农主义理想中的新生产函数始终没有得以确立。各类变法一般均以失败告终，而普惠亦仅仅停留

① 如贾谊上书汉文帝刘恒：商业的繁荣导致“今背本而趋末，食者甚众，是天下之大残也。淫侈之俗，日日以长，是天下之大贼也。残贼公行，莫之或止；大命将泛，莫之振救”；并主张“今驱人而归之农，皆着于本，使天下各食其力；末伎游食之民，转而缘南亩，言皆趋农作，则蓄积足而人乐其所矣”。可见，贾谊是一个典型的重本抑末论者。晁错的观点与之雷同：“今农夫五口之家，其服役者，不下二人；其能耕者，不过百亩；百亩之收，不过百石，尚复被水旱之灾。而商贾，大者积贮倍息，小者左列贩卖；其男不耕耘，女不蚕织，衣必纹彩，食必粱肉，无农夫之苦，有阡陌之得。因其富厚，交通王侯，以利相倾，千里遨游。此商人所以兼并农人，农人所以流亡也。”王莽对贾谊、晁错所观察到的经济社会现象了然于胸，但他们都存在一个共同的问题：政策解法不符合现实需要，仅针对现状给出抑制性措施，却不分析商业繁荣的原因——分工的必然性、要素配置的效率要求和交易的客观性。因此，限商政策导致的结果是全国性经济灾难。

在《悯农》等诗歌层次上。

第三，在发展经济学意义上，“普惠”一般流行于社会生产力上行的时期或地区，这是因为，产出增长会导致分工，分工几乎必然导致贫富分化。尽管我们不能苛责古人，但历史上的重农思想都以要素生产率的静态（为常数），我们能够查到的历代史料文献，都基本假设每亩地的产出是一个常数。问题恰恰在于，几乎没有重农主义的研究者关注“井田制为什么崩溃?”这一核心命题：以铁制农具的出现为标志的技术更新、人口自然增长所导致的土地要素与劳动力要素的分离以及农户天然具有的利己动机（这是经济人假设）这三大原因亦为历代重农思想被有意无意忽视。本（农）、末（商）对立，认为末必然剥削本，是普惠思想的基本出发点。其结果是维持落后的要素生产率，而不是容忍甚至教化人民如何获得更高回报。

我们的结论是，中国的重农主义者实际上是“狭义普惠论”者，其立论出发点是让广大农户更多地享有既定产出，因而站在道德高地；政策取向是引进更为均等化的要素配置（历史上主要是土地要素）；结果一般是由于引进更多的切蛋糕者导致民生更为艰难。

2. 重商主义是广义普惠论者

中国经济史的吊诡之处在于，持非普惠论的学者及其实践往往导致的是普惠的结果。我们不妨称之为“广义普惠论者”，代表人物是司马迁。之所以称为“广义普惠”，原因如下：

第一，司马迁认为所有行业均应一视同仁，因此其重本而不抑末。简言之，如果各行各业均应该被平等对待，显然是一种起点上的普惠。《史记·货殖列传》记载了他的思想：“农而食之，虞而出之，工而成之，商而通之。”即农业、采掘业、工业和商业缺一不可，平等地构成了国家财富之源、人民衣食之本。因此，在他看来，没有本末之分，各业有别，但共同发挥作用：“源大则饶，源小则鲜，”则各业充分发育才能导致国家经济发展不存在短板[①]。这就是无歧视的广义普惠论。

第二，司马迁认为趋利避害是一切经济个体行为的本能和基本出

① 这一核心观点与亚当·斯密并无二致，因而司马迁在公元前二世纪的思想可以称为中国的《国富论》。

发点，因而支持一切牟利的经济活动。“天下熙熙，皆为利来；天下攘攘，皆为利往”；“无岩处奇士之行，而长贫贱，好语仁义，亦足羞也”。即没有真正安身立命、经世致用的一技之长傍身，日子过得贫贱惨，只会空谈仁义，是一种耻辱[①]。这一观点使我们足以把司马迁定义为非普惠论者、差别论者或激励论者，个人要素禀赋有别，但每个个体都应该具有动态发展的空间。从这一观点延伸而成的政策安排势必是鼓励一部分人先富起来，激励后富者见贤思齐。

第三，司马迁认为在承认经济个体趋利避害的前提下，经济政策是有“品”的。“夫神农以前，吾不知矣。至若《诗》《书》所述，虞夏以来，耳目欲极声色之好，口欲穷刍豢之味。身安逸乐，而心夸矜势能之荣。使俗之渐民久矣！虽户以眇论，终不能化。故善者因之，其次利导之，其次教诲之，其次整齐之，最下者与这争”（参见《史记·货殖列传第六十九》，2011：2819）。上述观点针对当时学者言必称上古，但至今仍振聋发聩。其观点是：不要再告诉我伏羲、神农时代的太平盛世传说，对于非信史时代，我们只能存疑。但从有史料记载以来，从舜、禹至今，我们所能看到的“人”就具有以下特点：听悦耳的、看炫目的、吃美味的，好逸恶劳且羡慕富贵。即使学者们去每家每户教化他们别那么物质，多一些精神追求，但教化效果极差。既然这样，那么我们自然可以对政策进行划分：第一等政策，放任经济个体的趋利避害本能；第二等政策，设定政策目标，但要使政策追随者有利可图（利导）；第三等政策，以价值观教育民众；第四等政策，通过严格管制规定经济行为；最末等政策，与民争利。

可见，司马迁作为重商主义的代表人物，其观点是无本无末，因而本末并重；在政策上强调因势利导。在中国的实践中，我们能够找到的只在唐朝实现了因势或利导，即租庸调制。

唐朝的租庸调制仍然以土地要素为核心的普惠性要素配置安排。唐朝高祖李渊武德七年规定，所有国民年满 18 岁授田 100 亩（1 顷），其中 80 亩为口分田，60 岁还给政府；20 亩为永业田，可不断传给子

---

① 这一核心观点与现代微观经济学的理性假定完全一致。

孙；对孤寡残疾老人满60岁则在永业田基础上多给20亩。针对商业，唐朝不收任何税赋，不强迫百姓一定务农；在赋予土地以保民生底线的基础上，任由百姓经营工商，上不封顶。在重要商业物资领域，唐代立国100年后的玄宗开元年间才开征盐税，立国140年后的代宗广德年间才开征酒税，立国170年后的德宗建中年间才开征茶税。就此，钱穆（2014）评价道："汉、唐两代经济政策不同，汉代对大商贾重征商税，不许社会有太富的现象。但唐代每丁给田80亩，每家100亩，给予人民最低限度的生活水平，如欲富裕，则亦不加限制……如划成两条平行的水平线。汉代是不准人民冲破上水平线，但不理人民生活在下线之下；唐代则听任人民冲破上水平线，但不让人民生活在下水平线之下。两者相比，唐代为优。"至少在唐代初中期的100多年历史上，农虞工商各业繁荣，广义普惠奠定了盛唐气象。可见，这又形成了一个悖论：唐代专门不重农，反而形成了"公私仓廪俱丰实"（见杜甫诗），贫富差距不显著的景象；而中唐开征各种商业税，却导致了"朱门酒肉臭，路有冻死骨"（再见杜甫诗）的贫富分化。

综上，中国的经济思想从来不缺乏普惠精神，其具有两大基本特点：一是由于历代农业立国的产业特征，普惠思想更多地立足于产业、要素和人群，即：是否应该针对农业、土地和农户制定特殊保护政策，2000年来的重农和重商思想无非于此；二是普惠的出发点与结果的背离。我们发现，在贾谊、晁错和汉武帝刘彻等越强调重农抑商的时代，农业产出和农户收入反而低下；反之，在司马迁的理想实际上被采纳的唐朝初中期，针对各业的广义普惠反而激励了农虞工商的同时繁荣。

五、普惠的"俱乐部"性质：同一群体内的要素互助

长期以来，我们在论及普惠和普惠金融时，往往从一开始就没有区分普惠的产品性质——即，普惠作为一种被提供的服务，其性质是私人品还是公共服务？井田制、均田制和租庸调制都是在要素国有前提下进行的要素配置、收入分配和财富再分配，这引发我们的思考是：是否在要素私有背景下，势必产生转移支付上的极端困难和最终财富

分布的两极分化？恰如我们所分析的西汉时代的情形。之所以提出这一问题，是因为金融资源是私人品，因而我们很难想象按照井田制或均田制的方式实施事前分配，于是金融资源配置的非均等性自然成为长期困扰各个国家，特别是发展中国家的机制瓶颈。因此一种带有让步性质的思考是，即使不实行转移支付，允许弱势群体内各个个体间的互助合作，或许是一种更具可操作性的普惠。据此，在普惠金融领域，一种比较基础性的制度安排往往是合作金融。

（一）理想状态下的资源配置：林达尔解

在考虑普惠或普惠金融机制设计时，一个重要的伦理问题是否需要建立某种特殊机制以完成普惠性资源配置。早在20世纪初，关于公共财政的研究就已经发现了所谓“林达尔均衡”（Lindahl，1991）。其核心观点是，政府的转移支付或公共支出只要基于对每个个体的需求和可接受负担进行逐一测算，就一定可以找到均衡解。这也就意味着公共品与私人品一样，可以实现市场出清。其反映的伦理含义无疑是具有古典特征的：如果你想得到什么，首先要看你能负担多少，而一切“不切实际”的盲目馈赠毫无疑问会扭曲市场。沿这一结论出发，所谓普惠，必须建立在权责对称的前提下。

林达尔均衡导致了一个普惠悖论：如果所有的转移支付都可以按照边际贡献与边际收益相等的状态实现，那么转移支付就是不存在的，或者说，普惠也因而不存在。人类社会之所以研究普惠和大同社会，无非是发现了一个群体，它们的需要超出了它们“至少在目前”能承担的成本，因而如前文所分析，普惠与转移支付才是客观需要研究、设计的某种社会利益倾斜机制。因此，在必然涉及转移支付的公共政策安排上，“林达尔均衡”等于什么都没说。但是，这不意味着该均衡全然没有意义。事实上，均衡告诉我们的是经济社会自然会达到的稳定状态，即各方都没有积极性去改变的状态。这就给我们某种启示：如果转移支付是靠不住的（即它总是处于非均衡状态），那么依靠自身力量实现境遇的改善可能是某种“让步”“次优”型普惠。这就是合作制在世界和中国萌芽的理论解释。

（二）集体行动与“俱乐部”

依靠集体力量，通过合作寻求自身境遇的改善并不是一种新鲜的行为，中国四大古典名著中的三部似乎都与此有关：在《水浒》为“聚义”，在《三国演义》为“结义”，在《西游记》则为“皈依”。无论是梁山好汉，还是东汉末年的织席贩履之辈，还是几个不得志的神怪，都通过加入某个俱乐部，采取集体行动，通过互助合作以改变自身物质生活水平（如梁山好汉的大碗喝酒、大块吃肉）、社会地位（如刘备从平原令到左将军、领豫州牧，关羽张飞封侯、诸葛亮从“臣本布衣”到“闻达于诸侯”）或精神追求（如孙悟空等取经成佛以脱离妖怪境地）。在这一领域，经济学界的研究亦可谓丰富多彩。不过有趣的是，大多数研究并不相信集体行动。Hardin（1982）、Olsen（1965）和 Baumol（1952）的研究都偏向悲观——由于存在个人利益，在一个集体中很难出现采取集体行动以增进集体利益的结果，大多数情况是自利动机导致集体行动或合作的失败。这似乎可以解释上文所论及的“井田制”的崩溃。

然而，集团或集体行动仍然是普遍存在的一种组织行为，特别盛行于弱势集团——如相对于北宋朝廷处于弱势的梁山好汉集团、相对于董卓、袁绍等豪强处于弱势的刘关张桃园集团和相对于天庭处于弱势的西天取经集团。因此，各类研究仍然趋向于分析合作所形成的共赢可能。

一是 Olsen（1965）提出的集团规模理论。该理论以合作所形成的个人收益与总成本的比率作为参数，提出该比率与集团规模成反比。即，合作集团越大，个人通过合作所获得的好处与集体付出之间的比例越小，因而合作会崩溃。反之，在一个足够小的集团内，互助合作、共同提供公共产品的可能性是存在的。这似乎可以解释中国农村合作金融在规模扩张进程中逐步与农户和弱势群体脱离的原因。

二是 Olsen（1965）提出的副产品理论（by-product theory）。该理论认为，每个个体之所以愿意积极主动采取集体行动，向集体贡献资源，往往是因为其他目的，比如信息交换或规模经济。我们发现，商学院 EMBA 热、高端餐饮会所，都在一定程度上印证了副产品理论，其目的不是（或不主要是）读书、吃饭，而是获取其他相互支撑的信息资源或经济资源。

三是 Buchanan（1965）、Sandler and Tschirhart（1980）、Cornes and Sandler（1986）的集体物品俱乐部理论（the theory of clubs）。俱乐部理论分为两类：一类是纯粹俱乐部，或称单一型俱乐部，针对的是上文所述的“不一致性”，给出的解法是：只要具有相同禀赋或偏好的人参与俱乐部，对外排他，则可以实现不存在任何交易成本的前提下实现对私人品的共享。这是合作制的理论基础。第二类是混合型（mixed）俱乐部，其分析基础是在承认禀赋与偏好差异的基础上，由近似偏好的成员组成，按照差别定价获得对私人品的分享。这可以被认为是股份合作制的理论基础。实际上，混合型俱乐部更具可操作性。在中国历代出现的非正规的乡绅制度与正规的保甲制度往往结合在一起，由不具备相同禀赋，但具备共同利益的个体组成“俱乐部”，并由此出现分工：里正或保长一般由乡绅或族长控制，在乡村内部实行资源的有差别共享，而其理想无非是实现“男有分、女有归、矜寡孤独皆有所养”的大同社会。

（三）历史经验证据：中国元朝的农业合作社

元代作为一个多民族开放式朝代，仍然奉行劝农不抑商政策，尤其值得圈点的是，元世祖忽必烈在耶律楚材的指点下，于 1261 年在全国范围设立劝农司，于 1270 年发动全国农村组织农社。这是一个典型的混合型俱乐部①。一个农社由 50 家农户组成，选举一年长有务农经验者为社长；如果某一家遭遇变故，由各家协助耕种；如一社遭遇水旱虫灾或瘟疫，则由其他农社协助耕种。更有意思的是农村合作金融，在内部融资上，社员如需要购买耕牛农具，在自身资金不充足的情况下由其他社员出资共同购买，待取得收成后还款；在外部融资上，如果多个农社共同需要建设水利、道路等基础设施，则由政府出资兴建，待农社取得收成后部分偿还。在信用管理上，社员所耕种的土地插有

---

① 参见：傅海波（德），崔瑞德（英）. 剑桥中国辽西夏金元史［M］. 北京：中国社会科学出版社，1998.

木地，确定归属，如耕种不积极则被劝导、帮助；社员家庭如有不合法不合规情事，则由社长书写木牌挂于门户，改过后取下；如不改过，便在社内做义工。800年后的今日，中国各地所推行的信用户、信用村镇建设，无非仍在延续元代的合作制。在政策上，元代的制度实际上是放权让利型的普惠安排，相信群众自治，并给予财政投入支持（主要体现在基础设施建设、劝农官的技术投入），并鼓励发展民间合作金融（主要以赊购、赊销等商业信用方式操作）。应该说，尽管今日的合作金融、普惠金融在理论和实践上都具有了现代元素，但其本质在元代已经成熟。据此，所述中国元朝即存在的农业合作社，是否可以成为“普惠”的一种另类形式①。

六、从普惠到普惠金融：若干结论性评价

第一，普惠是普惠金融的伦理基础。而所谓普惠，大而言之，来自天下大同的人类理想；小而言之，来自恻隐之心人皆有之的人伦关怀。既然是大同，则必然的是“不同”。而这种不同主要来自禀赋所具有的先验和后验的不一致性，并进而导致三个层面的现实差距：要素配置、收入分配和再分配的非均等性。因此，普惠由伦理理想自然演化为政策取向——三层次的分配机制设计问题。一是资源要素配置的均等性，二是收入分配的均等性，三是再分配的乔正作用。这一结论为普惠金融理论研究和机制设计奠定了基础，即金融作为一种要素，是否具有均衡配置的可能性；金融作为一种投资必然形成回报，则收入分配是否具有均等性；金融作为最灵活的跨区域跨部门流动的资源，是否具有反哺性。这将构成我们设计普惠金融机制的伦理基础。

第二，普惠是对弱势群体的利益倾斜。由此形成值得研究的一个

① 之所以说是“另类”，实际上“普惠”的原意应该是包容性，即强势群体应该给弱势群体以发展机会，这就天然具有集团间、群体间转移支付性质。但事实上，无论是历史经验还是理论研究，都证明转移支付是具有相当大难度的，因此实际上的普惠和普惠金融似乎天然地演化为社区互助和社区金融概念。这种自然演化值得我们思考——也许是因为最优解，即群体间转移支付存在非均衡性质，则群体内的互助才成为当代普惠的主要特征，恰如我们谈普惠金融往往指农村金融，而农村金融往往指农村社区金融。

伦理问题是：由于存在转移支付，则该由谁来承担原始成本。无论理论梳理还是历史经验都证明，“包容”很容易演化为“排他”，即通过打击另外一些集团的利益以确保需要专门倾斜的群体利益。这就在经济学意义上导致普惠的不可持续性。本章由此辨析了“狭义普惠”和“广义普惠”的差异，在理论上的代表分别是董仲舒、贾谊的“重农抑商”和司马迁的“重农不抑商”或各业并重两种取向，在实践上的政策代表分别是西汉武帝时期和唐朝前100年的操作。应该说，后者取得了事实上的成功，且符合普惠的基本内涵——每一个人、每一个群体都应该得到善待。这构成了后文对普惠金融立足点分析的伦理基础，即我们是否先验、强加地认定普惠金融就是一定要外生地向弱势群体配置金融资源，还是让弱势群体参与“金融—实体经济”循环过程，使之在经济增长中改变自身禀赋，并因而“分享改革与发展的成果”。据此，普惠金融分析不仅仅把农户等弱势群体作为融资方，而是视其为集投资方与融资方为一体的金融服务对象或金融消费者。而立足于广义普惠的普惠金融框架设计成功概率更高。

第三，普惠还体现为弱势群体内部的交叉互助，这种互助可以是完全均一、纯粹的；也可以是有差别、混合型的。这就在微观角度，把普惠从一种转移支付的政策性分析框架转入微观个体间为达到私人目的而进行相互扶持的合作分析框架内。在伦理上，交叉互助分为两个层次：一种是具有完全相同禀赋和目标的合作制；另一种是禀赋不完全相同，但具有共同利益取向的合作制。上述两种合作都将直接影响普惠金融的体系设计。前者即通常所说的以民主管理、一人一票制的合作社，以及众筹等现代互联网金融形式；而后者则一般体现为产业链金融，如“公司加农户”的商业信用模式。然而，普惠金融将远比一般互助形式更为复杂多彩——金融资源的高度流动性、金融管理的专业性和金融资源配置的风险本质，使得单一性、纯粹的合作制很容易演化为不稳定均衡，而一旦形成混合型俱乐部，则内部人控制、风险管理等问题随之成为普惠金融必须研究的技术性难题。

参考文献:

[1] 班固（汉）【撰】、颜师古（唐）【注】. 汉书：第四卷 [M]. 北京：中华书局，2012.

[2] 傅海波（德），崔瑞德（英）. 剑桥中国辽西夏金元史 [M]. 北京：中国社会科学出版社，1998.

[3] 谷梁赤（战国）【撰】，范宁（晋）【集解】. 监本附音春秋谷梁传注疏（宋刻元修本）[M]. 合肥：黄山书社，2011.

[4] 孟轲（战国）【撰】，方勇【译注】. 孟子 [M]. 北京：中华书局，2010.

[5] 钱穆. 中国经济史（叶龙记录整理）[M]. 北京：北京联合出版公司，2014.

[6] 桑弘羊（汉）【撰】，王利器【校注】. 盐铁论校注 [M]. 北京：中华书局，1992.

[7] 石磊【译注】. 商君书 [M]. 北京：中华书局，2011.

[8] 王曙光. 普惠金融：中国农村金融重建中的制度创新与法律框架 [M]. 北京：北京大学出版社，2013.

[9] 魏收（北齐）【撰】. 魏书 [M]. 北京：中华书局，1974.

[10] 左丘明（春秋）【撰】，郭丹，程小青，李彬源【译注】. 左传 [M]. 北京：中华书局，2012.

[11] Atkinson, A., and Stiglitz, J., 1980. Lectures on Public Economics, N. Y.: Mc-Graw Hill.

三论普惠金融

——普惠金融立论和生命力的深入解析

近年来，我与我的学生先后写了两篇文章，一论再论普惠金融。一篇是《论普惠制金融》，另一篇是《论普惠：普惠金融的经济伦理本质与史学简析》。前者，论述普惠制金融的产生背景、理论基础、在中国研究之发展，以及值得探讨和思考的问题。后者结合中国的历史实际，从伦理学和经济学的视角，论述了对普惠的理解及普惠政策的实践、得失和取向；提出了“立足于本末兼重的广义普惠，则普惠金融框架设计成功概率更高”的见解；探讨了金融作为一种要素是否具有均衡配置的可能性，金融作为一种投资其收入分配是否具有均等性，金融作为跨地域跨部门的资源是否具有范本性等问题。本文在前两者的基础上，试图对普惠金融的理论、制度建设和生命能量，作进一步解析。

一、普惠金融立论的深入解析

在《论普惠制金融》一文中，我们提出普惠制金融的理论基础是“人无信不立，市无信不兴”“在信用面前，人人平等”，即“机会均等论”和“权力对称论”。这里需要进一步从伦理学和经济学的角度进行分析，讨论普惠及普惠制金融的立论、普惠的含义，或者说普惠是什么；普惠存在的必要性，或者说普惠为什么要必须存在；普惠是一种制度安排。

（一）普惠的含义或者说普惠是什么

应当说普惠的理念率先来自东方，两千多年前儒家学派的创始人孔丘就提出“大同世界”的理念。其理念的主要含义用现代的语言表达，就是：“老吾老以及人之老，幼吾幼以及人之幼”，使老有所养、幼有所爱、人尽其力、物尽其用、贼而不作、户而不闭，最终实现大同世界、和谐共处。“大同世界”理念，相对“小康社会”而言，孔子认为夏、商、周三代以前为“大同世界”，但这样的世界已经过去了，而今是“小康社会”，小康社会与“大同世界”最重要的区别在于：生活在小康社会，人与人之间不能和睦共处，产生各种矛盾冲突，所以必须礼制。

有人说孔子的大同世界理念是虚构的、理想化的，但在我们看来，有两点值得肯定：一是它明确指出世界是沿着大道前进的，要取得太平盛世必须遵守一定的准则；二是礼制需要建立和遵循，如违犯了礼制必须受到惩罚和带来祸害。基于孔子肯定的这两点，我们认为“普惠”不仅包含在“大同世界”的含义中，而且推动普惠的前进，必须礼制。礼制实际上是一种约束，包括法制约束和道德约束。[①]道德约束是伦理学研究的范畴。伦理学以道德现象为研究对象，其中最重要的是讨论道德与利益和物质生活的关系、个人利益与整体利益的关系。简单地说，个人利益的维护不能损害整体的利益，要把维护整体利益作为行为的准则。所以从伦理学视角观察，普惠具有公平、正义的含义。经济学以人类生产生活为研究对象，其中最重要的是讨论社会生产、再生产过程中供给与需求、成本与收益、公平与效率。供给必须

① 图片来源：昔者仲尼与于蜡（读 zha，蜡祭）宾。事毕，出游于观之上，喟然而叹。仲尼之叹，盖叹鲁也。言偃在侧，曰：“君子何叹?”孔子曰：“大道之行也，与三代之英，丘未之逮也，而有志焉。”大道之行也，天下为公。选贤与能，讲信修睦。故人不独亲其亲，不独子其子。使老有所终，壮有所用，幼有所长，矜（读 guan，同“鳏”，老而无妻的人）寡孤独废疾者皆有所养。男有分，女有归。货，恶其弃于地也，而不必藏于己；力，恶其不出于身也，而不必为己。是故谋闭而不兴，盗窃乱贼而不作。故外户而不闭，是谓大同。今大道既隐，天下为家。各亲其亲，各子其子。货、力为己。大人世及以为礼，城郭沟池以为固，礼义以为纪；以正君臣、以睦兄弟，以和夫妇，发设制度，以立田里，以贤勇智，以功为己。故谋用是作，而兵由此起，禹、汤、文、武、成王、周公由此其选也。此六君子者，未有不谨于礼者也。以著其义，以考其信。著有过，刑仁讲让，示民有常。如有不由此者，在埶（读 shi，同“势”，指职务）者去，众以为殃，是谓小康。

摘自西汉·戴圣《礼记·礼运篇》（《礼运》全篇主要记载了古代社会政治风俗的演变，社会历史的进化，礼的起源、内容以及与社会生活的关系等内容，表达了儒家社会历史观和对礼的看法）

满足需求，成本必须协调收益，公平与效率必须互动，它们都要求均衡。所以从经济学的视角，普惠也具有公平、正义的含义。总之，普惠含义的核心就是公平、正义。

（二）普惠存在的必要性，或者说为什么需要普惠存在

对这一问题的回答可以从正向和反向两个角度考虑：从正向说，为了消除人生的禀赋差异，促使人们和谐共处。人诞生于这个世界，就处于差异之中：所在的地区不同，家庭的贫富不同，生活的条件不同，受教育的环境和程度不同等。这些差异是客观存在的，是能够改变的，不改变这些差异，人们就不会或很难和谐共处。由此，我们可以说，普惠的存在是消除人生差异、和谐共处的需要。

为什么不消除人生差异，人们就不会或很难和谐共处？这是因为人生差异会带来人们相互之间的不信任和对政府或其他社会团体、群众组织、企事业单位的不信任。按社会学的概括：信任是社会的黏合剂，信任是社会资本，社会资本能使参与者更有效地共同行动，参与共同的目标。近年来，国外的学者关注并研究了不平等与不信任的因果关系，研究的结论认为：欧、美广泛存在的不平等显著降低了人们相互之间的信任和对执政者的信任。研究者指出：“如果人们看到年龄、受教育程度和工作类型与类似的人与人之间的收入差距越来越大，那么信任就会下降，而如果收入差距是由于人们受教育程度和职业选择不同而引起的，那么信任就不会受到影响。”研究者对这种状况的解释是：“由人力资本决策和投资不同引起的不平等比较容易理解，也显得比较公平，而如果运气或不明因素导致收入差距增大，人们就会对他人和政府失去信任。”研究者还指出：美国和欧洲的不平等损害了人与人之间的信任，带来了社会的分裂和抑制经济增长。他们用大数据和综合社会调查的方式证明了自20世纪70年代以来，在美国信任他人的人口比例持续下降，从50%左右下降到了33%。这表明：差距与信任之间存在着密切的因果关系。其根本原因在于：差距的存在人们理不理解？如差距的存在是由于“人力资本决策和投资不同引起的”，则人们比较容易理解，人们就认为比较公平，就不会失去信任；而如果差距的存在是由于“运气或不明因素所导致”，则人们就

不容易理解，就认为不公平，就失去信任。这样的分析表明：人们的信任是建立在对公平理解的基础上的，而公平对人们来说有主观因素，也有客观因素。由主观因素引起不公平，人们容易理解，由客观因素引起不公平，人们不容易理解。实行普惠，就是要消除客观因素引起的不公平，使人们容易理解不公平，从而实现和谐共处。

从反向说，为了不使弱势群体成为社会不稳定的因素。如果人们对引起不公平的因素不理解，形成对他人、对政府的不信任，则会产生群体事件，造成社会的不稳定，进而影响经济发展和社会进步。这种状态是现实中的存在。所以，它是我们从反向回答为什么需要普惠存在的重要的理论基础之一。

二、普惠是一种制度安排

普惠是指导经济发展和社会进步的理念，是被推行的一种社会形态。既然如此，就需要探讨：谁来倡导这种理念，谁来励行这种形态？所以，要倡导这种理念，励行这种形态，需要制度安排。

普惠的制度安排，需要把握两大关键：普惠的覆盖面和普惠实施过程中要消除的障碍。

（一）普惠的覆盖面

“普惠”顾名思义是指普遍惠及人们。这个“人们”是指广大的老百姓，还是指特别的阶层，或其他？应当说其认知是发展变化的。在前期，普惠大都针对弱势群体，也就是说普惠不是覆盖所有的人，因而在资源配置上，着重偏向这一群体，在制度设计和政策制定上，着力消除“排他性”，增强“包容性”。但是，值得注意的是“非帕累托改进”，即在资源配置中、在使一些群体得到好处的同时，使另一些群体遭受损失。所以，随着经济社会的发展，普惠就不仅是对弱势群体，而是对某一阶层。

生活在社会中的人群能够按政治态度、经济地位、思想意识划分为不同的阶层，大体说来不同的阶层有不同的价值取向、消费观念、生活方式和政治追求。社会学家大都倾向于按经济地位，把社会人群划分为富裕阶层、中产阶层和低收入阶层。而且他们认为中产阶层的形成，是推动社会经济结构从“金字塔形”向“菱形”转变的重要因素。由于中产阶层相对富有，具有较高的文化修养，拥有良好的工作环境，享有较高水准的生活质量，他们对现实的认同感强，因而对社会矛盾能起缓解作用，有利于社会稳定。经济学家认为，中产阶级的形成有利于扩大消费、刺激需求、推动投资、扩大生产能力，使经济步入良性循环。所以，一些国家的当权者都把增加人们的收入、推动中产阶层的形成，作为稳定社会的基本国策之一。把“普惠”定位于中产阶层，有利于稳定这个社会。

当然，除了惠及中等收入阶层外，还必须惠及低收入阶层。也就是说，随着经济社会的发展，中等收入阶层和低收入阶层将成为普惠的群体。普惠这两个群体，将壮大和稳固社会基础，而且有利于推动社会精神文化建设。还要说明的是：对弱势群体的普惠，具有特殊照顾的性质，而对两个群体的普惠，具有一般性、非照顾性，使“普惠”具有可持续性和常态化。从制度安排的视角，需要把握住什么是中产阶层、怎样惠及中产阶层。

什么是中产阶层，划分中产阶层以什么为标准？目前还没有一个权威解释，但大体上形成了这样的共识：①拥有一定的资产；②一般受过高等教育；③从事技术性或专业性的工作；④有相似的价值观念或意识形态；⑤有较高的收入。世界银行近期有一项研究成果表明：全球中等收入阶层收入的起点为人均年收入为 8 000 美元，相当于 6 万元人民币。但不同的国家和地区则有不同的标准。

四川省调查总队的调查人员对 2016 年四川省人均可支配收入和人均消费支出跟踪调查后，将四川省中产阶层的标准界定为：家庭年收入在 5 万~20 万元之间；家庭全部资产和财富在 20 万~50 万元之间；家庭拥有私家车和家庭月收入在 1 万元以上。他们认为，这三条标准，居其一者属于中产阶层。有的部门提出的标准是：其收入水平能支付人力资源的发展和人的素质提高；其食品消费支出的比例占收入比例的 25%以下；与国际惯例靠拢，但不能脱离我国实际太远。这样的标准可不可行，自然需要研究、实践。但有一点是人们的共识，即家庭的收入水平和拥有的财产状态是衡量中产阶层的重要标志。

（二）普惠实施过程中要消除的障碍

普惠的覆盖面既然包括中等收入阶层，则在普惠实施过程中要消除的障碍主要是“中等收入陷阱”。“中等收入陷阱”是2006年世界银行提出来的，它的含义是：经济体从中等收入向高收入迈进的过程中，既不能重复又难以摆脱以往由低收入进入中等收入的发展模式，很容易出现经济增长的停滞和徘徊，人均国民收入难以突破1万美元。这是世界银行基于经验事实总结出来的现象。如果某个经济体已经或将出现这一现象，将会形成中产阶层形成的障碍。这时，在制度层面建设上，就要着力推动经济增长，以消除经济增长的停滞和徘徊。

（三）普惠金融是普惠制度的金融化，或普惠制金融

普惠制度金融化表明通过金融资源的配置、金融产品的创新、金融服务的完善和金融手段的利用，实现普惠的供给与需求。它是普惠制度在金融领域的具体化，也是实现普惠制度的重要途径，因而前述普惠的立论，也是普惠金融的立论，是深入认识普惠金融的理论基础。

结合我国实际，深刻认知中国式的普惠金融，还必须把握住以下特点：

1. 组织结构：层次分明

2017年，中国银行业监督管理委员会联合10部委发布《大中型商业银行设立普惠金融事业部实施方案》，要求大中型商业银行专门建立普惠金融事业部。其指导思想是：“按照党中央和国务院的决策部署，坚持政府引导和市场主导相结合，以回归服务实体经济为本源的导向，推动大中型商业银行建立健全事业部制普惠金融组织管理体制，创新服务模式，加强对普惠金融事业部的考核评价，充分调动商业银行的积极性，弥补金融服务短板，提高服务实体经济的能力。”并提出对普惠金融要实行“商业化运作”“条线化管理”“专业化经营”“差异化发展”“分步骤实施”“配套政策支持”。这样的制度安排，我们的理解是要把普惠金融与其他金融业务区别开来，独立运作，特殊对待；扶助弱小，持续发展。

为什么要大中型商业银行成立普惠金融事业部实行专业化经营?该文件指出：这是为了“建立专门的综合服务、统计核算、风险管理、资源配置、考核评价机制，将内部资源、政策向普惠金融服务领域倾斜，下沉经营中心，建立健全权、责、利相结合的激励约束机制”。为什么要普惠金融商业化运作，文件指出：这是使“成本可算、风险可控、保本微利，推动加大信贷投入，倾斜资源配置，加强金融产品和服务模式创新，实现普惠金融事业部长期可持续发展”。总之，这样的制度安排，是要建立普惠金融的专业化服务体系，强化普惠金融的服务能力，体现普惠金融的普及性、便利性和优惠性，使广大群众对普惠金融有参与感、获得感、幸福感。

2. 运作机制：点面结合

普惠金融这一新生事物怎么运行?我们认为：必须实践，取得认知。一定要注重点面结合、总结经验。已有的经验证明：在实践中，会存在“普而不惠”，也会存在“惠而不普”和“惠而难普”。发展普惠金融，是时代的需要、当前的热点，政府和监管部门在资源配置上倾斜，在金融政策上优惠（比如实行优惠利率，设立金融风险的可忍度等)。在这种状况下，有的金融机构就趁机对农村普遍授信，对每家每户给予贷款，而各家各户由于没有资源配置，没有展业的需求，于是贷款被农村村干部集中挪作他用。这就是所谓的“冒名贷款垒大户”，而农户没有真正受益，普而不惠。

为了避免普而不惠、惠而不普，在中国，经过向有关部门申请并得到批准，建立“普惠金融改革试验区”。河南省兰考县成为全国首个“普惠金融改革试验区”。

2016年河南省要求兰考县和滑县率先脱贫，为此，中国人民银行郑州中心支行联合各家金融机构针对兰考农业基础设施创收、农民工转型、扶贫开发、现代农业和小微企业发展等重大问题做了一些实实在在的工作。后继，中国人民银行又进一步探索县域信用信息服务平台，引导加大县域信贷投放；引导推进多样化的信贷产品，加大对进城农民工购房、创业就业、技能培训和子女教育等方面的支持；引导国家开发银行、农业发展银行围绕农田水利、农村基础设施建设等，加大中长期贷款的投放力度，并在偏远农村合理设立现金存取、查询转账、民生缴费、投资理财为一体的金融综合服务站，探索建设整合银行、支付机构、银联等业务的普惠性移动金融服务平台，实现惠农服务的一网通。这表明：在兰考县普惠金融改革试验区未建立前，已经实实在在地做了很多基础性的工作，为试验区建立奠定了经济基础和思想基础。

2015年12月，我国正式出台《推进普惠金融发展规划（2016—2020年）》。正是在这一国家级的战略规划中，明确提出“要在风险可控、依法合规的条件下，开展推进普惠金融发展试点，推动改革创新，加强实践验证”。兰考县普惠金融改革试验区的获批正是这一政策的具体落地。2016年12月，中国人民银行会同有关部委制定了《河南省兰考县普惠金融改革试验区总体方案》（以下简称《总体方案》）。《总体方案》中提出，要把兰考县建成全国普惠金融改革先行区、创新示范区、运行安全区，为贫困县域探索出一条可持续、可复制推广的普惠金融发展之路。

为了打通县域普惠金融发展的“最后一千米”，助力兰考县如期实现全面建成小康社会的宏伟目标，《总体方案》提出了10个方面、27项主要措施。

《总体方案》在完善县域普惠金融服务体系方面，提出了要鼓励更好地发挥银行业金融机构作用，规范发展新型金融服务组织，完善风险管理和分担补偿体系。其中，鼓励国开行以批发资金转贷形式与兰考县金融机构合作，降低县域小微企业融资成本。省县两级财政出资在兰考县设立融资担保基金，积极发展政府支持的、重点服务于“三农”和小微企业的融资担保机构，引导加大对重点领域和薄弱环节的信贷投放。

《总体方案》在强化精准扶贫金融服务方面，提出要创新金融扶贫产品和服务模式，完善精准扶贫配套措施。其中，支持农行在兰考县创新推广“三位一体”金融扶贫模式。在财力可能的前提下，创新推出“扶贫再贷款+地方法人金融机构贷款+财政贴息+农业保险”金融扶贫模式，精准支持建档立卡贫困户和扶贫龙头企业，降低县域融资成本。

《总体方案》在优化新型城镇化金融服务方面，鼓励创新新型城镇化投融资机制，深化涉农金融服务创新，推动小微企业金融创新，积极支持农民工市民化。其中，支持河南省先进制造业集群培育基金、河南省新型城镇化发展基金与兰考县开展合作，探索设立兰考县发展基金，重点支持该县现代农业发展和基础设施建设。鼓励银行业金融机构创新农民工进城购房金融产品和服务，推出多样化的信贷产品，加大对农民工创业就业、技能培训等信贷支持的力度。

《总体方案》在充分利用多层次资本市场方面，提出要培育发展股权融资，支持开展债务融资。其中，支持兰考县涉农中小微企业在中原股权交易中心挂牌融资。鼓励国家科技投资引导基金、国家新兴产业创业投资引导基金、河南省财政涉企资金基金化改革，基金优先向兰考县倾斜。

值得关注的是，在强化要素服务平台建设方面，《总体方案》提出要完善农村产权交易服务平台。其中，将积极推进农村产权要素的确权颁证、价值评估、抵押登记、交易流转和风险处置机制建设。将农民住房财产权、林权、水域滩涂使用权、大型农机具、农村知识产权等纳入贷款抵（质）押范围。有关专家认为，上述政策利好将对河南省 22 个县（市）正在探索开展的农村金融改革试点起到极大的助推作用，将加速其先进经验在全省范围内的推广复制。这也表明：试验区的实践关系着金融服务体系建设的各个方面，关系着农村产权交易服务平台的建设。这也表明：普惠金融的发展，必须以发展经济为基础，而发展经济又必须搞活生产要素，要搞活生产要素又必须明确产权，建立颁权证、价值评估、抵押登记、风险防范等机制。

3. 实现目标：精准扶贫

在我们看来，普惠金融与扶贫金融是有区别的：普惠金融，主要强调的是机会平等，不能把穷人排斥到现有的金融服务体系之外；扶贫金融，主要强调的是要缓解弱势群体在生产、生活上的困难。普惠金融的主体是特定的金融机构；扶贫金融的主体，不是特定的金融机构，其主体有金融机构，还包括其他社会组织和个人。普惠金融的客体，早期更侧重于个人（自然人），扶贫金融的客体是弱势群体，包括自然人和法人。普惠金融的形式早期集中于“小额信贷”；扶贫金融的形式不仅是“小额信贷”，还有其他形式。普惠金融要以收抵支，回避风险，良性循环，持续发展；而扶贫金融具有财政的实质。这表明：普惠金融立足于市场化原则，金融机构在可负担成本的条件下，为更多的社会成员提供金融需求服务，同时供给方也能获益。

尽管如此，近年来，在中国，普惠金融要实现的目标，与精准扶贫联系在一起，政府利用金融机构的人力、物力、财力资源，针对实际，下基层包干，精准扶贫。这不仅因为在中国“一体化”的领导下，它是必须齐心协力完成的政治任务，而且在中国行政体制与金融体制相互交叉、互利互补，所谓的“一条裤子，两条腿”的局面没有彻底改变。在实践中，为了实现精准扶贫的目标，金融领域在人力上分片包干深入基层，出谋划策，以期让当地基层摆脱贫困；在物力上，购买物资改善条件，新建基地增加就业；在财力上支持搬迁，改善环境，支持“两创”，发家致富。这是当代普惠金融的现实：精准扶贫，让贫困地区脱贫，又为经济、金融的发展和社会进步创造了条件，可谓实现目标的良性循环。

三、普惠金融发展趋势和生命力

在2017年5月，中国举行了首届“一带一路”高峰论坛，习近平总书记在开幕式的主旨演讲中，再次指出了“**金融是现代经济的血液，血脉通，增长才有力。我们要建立稳定、可持续、风险可控的金融保障体系，创新投资和融资模式，推广政府和社会资本合作，建设多元化融资体系和多层次资本市场，发展普惠金融，完善金融服务网络**”。这一段论述包括的含义是：①要建立稳定、可持续、风险可控的金融保障体系，普惠金融应当是这样的金融保障体系的组成部分；②在这样的金融保障体系内，要创新投资和融资模式，要维护政府和社会资本合作，要建立多元化融资体系和多层次资本市场；③要发展普惠金融，完善金融服务网络。结合习总书记在其他场合关于金融工作的指示，他所说的“金融保障体系”，也就是对经济增长的保障体系，“金融活，经济活；金融稳，经济稳”，把金融与经济发展的关系定位为：**保障与被保障的关系，前者是因，后者是果。这不是随便地颠倒金融与经济因果关系，而是对金融发展状况的理论升华。**习总书记强调，当今世界人类面临着三大挑战，即“发展赤字”“和平赤字”“治理赤字”，金融形成了互联互通的合作网络，融资瓶颈是实现互联互通的突出挑战。所以，他指出：**发展普惠金融必须与完善金融服务网络联系起来。**

学习领会习总书记讲话，我们认为：

（一）建立和发展普惠金融的时代背景正在变化，已在变化

当代，在金融领域面临着两大挑战，即数字货币的挑战和科技金融的挑战。数字货币建立在信用关系的基础上，数字货币实际上是信用关系的量化，信用关系包含着权利与义务的关系。数字货币流通也就是信用关系中权利与义务的产生和抵消。它的优越性是不要真实的法定货币出场，就完成了交易，既节约了成本，又提高了效率。但数字货币的出现，改变了真实的法定货币的供求，强化了货币供给量和需求量的不确定性，这给货币政策调控带来巨大挑战，也存在潜在的金融风险。不过，它拓展了金融服务的面，为普惠金融的建立和发展创造了条件。金融科技（Fintech）的出现，推出了不少金融科技产品，如自动发卡机、自动柜员机等。这些产品颠覆了传统的金融业务，创造了机器人投顾平台，节约了金融业的人工成本，提高了金融服务的质量和效率，增强了金融机构的信用度，加强了金融机构与顾客和其他社会成员的联系，也为普惠金融的建立和发展创造了条件。

（二）普惠金融的功能正在变化

以往的普惠金融着力点是扶助弱小、支持脱贫。当代，扶助弱小、支持脱贫仍然是必要的。但要知道，一个地区脱贫以后，仍然需要普惠金融。这种状态下，普惠金融主要惠及低收入阶层和推动中产阶层的形成，以巩固、稳定社会的经济基础。进一步说，就是要通过普惠金融，推动经济增长，缩小收入差距，舒畅人心。习近平总书记指出：

"从现实的维度看，我们正处在一个挑战频发的世界，世界经济增长需要新动力，发展需要更加普惠平衡，贫富差距鸿沟有待弥合。"所以，我们认为普惠金融的功能正在向着消除贫富差距、填补鸿沟方向变化，实现普惠平衡。

（三）普惠金融的面涉及全球

当代全球有发达国家，有发展中国家。不仅发展中国家经济需要发展，存在着贫富差距，而且发达国家的经济也需要调整、恢复，也存在着贫富差距，贫富差距在发达国家加剧，并有越来越严重的趋势。在这种形式下，普惠金融既要作用于发展中国家，也要作用于发达国家，所以它的作用面涉及全球。

（四）普惠金融的普惠将逐步深化

实践表明：金融的普惠不仅仅涉及当事者双方或三方，而且要涉及广大的社会公众；金融的普惠不仅仅惠及当前，也要惠及未来；既有现实的普惠，更有潜在的普惠。在这方面，典型案例集中在农村：在农村，通过普惠金融，打造农村环保，改善农民生活条件，发展生态农业，生产绿色农产品，不仅维护了当代人的身体健康、生命延续，而且造福于子孙后代。

在当代，信息网络化的条件下，金融归根结底是收集、储蓄、处理和交易信息的业务。金融的这些业务不受地理区域限制，让全球各地更多的人参与这样的交易，享有和使用金融服务，通常称为金融的包容性（inclusivefinanciallystem）。金融的包容性集中体现在以下三个方面：①在支付结算上，使市场参与者之间直接结算成为可能，而不需要通过银行和第三方，比如比特币交易依附的区块链技术；②在融资方面，使存款人直接将货币资金借给借款人成为可能，而不需要通过银行和第三方（比如 P2P）；③在投资方面，由投资者直接选择项目，而无须通过中介公司（如众筹）。理论来源于实践，实践是不断丰富和发展的，由此我们能够悟出：包容其实就是允许、鼓励创新和发展。包容是世界的潮流，创新是大势所趋。如果说普惠金融是金融包容性的中国化，在中国，适应这个时代潮流的普惠金融具有无限的生命力。

在当代，普惠金融借助于数字技术发展，被称为“数字普惠金融”。数字普惠金融相对传统普惠金融而言，传统普惠金融强调支付、储蓄/理财、微型融资、保险等的广泛服务惠及人们，数字普惠金融就是把数字技术融入这些业务当中，或者使传统普惠金融数字化。

2016 年，在中国杭州 G20 国际高峰论坛会上，中国人民银行副行长易纲提出了《G20 普惠金融指标体系》。这个指标体系包括账户的普及率、储蓄率、信贷普及率、数字支付、网上支付、移动支付的普及率，以及 ATM 机和银行网点的密度、客户账户的使用频度和消费者保护等。易纲说，这一指标体系主要是测度普惠金融的可得性、普惠金融的使用情况和服务质量。他还说，我们用这些指标来衡量一个国家或一个地区的普惠金融发展到什么程度；据世界银行的统计显示，这些数据中的许多数据中国都比较靠前，表明中国普惠金融发展的进程比较乐观。

在 G20 杭州国际高峰论坛上，易纲提出了《G20 的数字普惠金融高级原则》作为普惠金融的行动纲领。该行动纲领包含 8 条原则，其重要内容是：提倡用数字技术来推广普惠金融，因数字技术有成本低、效率高的优势；要加强拓展数字金融服务的基础设施建设，这样的基础设施建设包括央行调控、风险防范、法制规范和人力资源的培养；其目的在于提高普惠金融的服务质量，推动经济的发展，保护消费者的利益。

据参与《G20 的数字普惠金融高级原则》制定的“蚂蚁金融服务集团”首席战略官陈龙先生介绍：在发展中国家，还有 20 亿人没有银行账户，成人只有 10%的人有信用卡，只有 21%的人可能从正规金融机构得到贷款。这说明：当代，在发展中国家，数字普惠金融还有很大的发展空间。这既表明普惠金融的发展趋势，也彰显了普惠金融的生命力。

参考文献：

[1] 曾康霖，罗晶. 论普惠制金融 [J]. 西南金融，2014 (2):

3-5.

[2] 王颖，曾康霖. 论普惠：普惠金融的经济伦理本质与史学简析 [J]. 金融研究，2016 (2)：37-54.

[3] 埃里克·D. 古尔德，亚历山大·海曾平，等. 让我们彼此更信任 [J] 观察与发展，2017 (3)：37-39.

[4] 郭田勇，丁潇. 普惠金融的国际比较研究——基于银行服务的视角 [J]. 国际金融研究，2015 (2)：55-64.

[5] 经济日报社中国经济趋势研究院. 中国家庭财富调查报告 (2017) [R]. 2017.

[6] 华桂宏，费凯怡，成春林. 金融结构优化论——基于普惠金融视角 [J]. 经济体制改革，2016 (1)：144-149.

[7] 李敏，互联网金融视角下农村普惠金融的实现机制、难点及对策 [J]. 浙江金融，2015 (12)：14-19.

[8] 罗志华，蒋霞. 我国中小企业融资担保体系选择研究——基于四川省融资担保业的调查分析 [J]，观察思考，2017 (1)：50-57.

[9] 罗志华，黄亚光. 西方中小企业融资担保体系运行机制研究：一个文献综述 [J]. 经济体制改革，2017 (2)：163-170.

[10] 曾康霖，罗晶. 对互联网金融的再认识 [J] 征信，2015 (4)：1-7.

[11] 曾康霖. 漫谈网络银行 [J]. 征信，2014 (3)：1-4.

[12] 罗晶，曾康霖. 互联网的生存环境、功能定位和科学价值——三论互联网金融 [J]. 征信，2015 (9)：1-7.

四论普惠金融

——以四川北川县、云南太邑县的实践为证

在这之前，我和我的学生们先后发表了一论、二论、三论普惠金融，这三论普惠金融集中地讨论了普惠金融产生、发展，简述了普惠金融的制度安排，展望了普惠金融的发展趋势和生命力。如果说前三论普惠金融着力于规范研究，则这一篇《四论普惠金融》倾向于实例研究。规范研究论述的是事物的必然性、必要性、可能性，实证研究论述的是事物的现实性和贴切性。本文根据调研材料试图从摆事实、讲道理的角度证明普惠金融在我国蓬勃发展、方兴未艾，它正在使金融领域发生变化，已经给社会公众带来实惠，彰显人们的获得感。

现阶段，新型金融模式正在逐步向传统金融行业渗透，电子商务、互联网金融等行业的发展改变了现今传统金融思维模式，这些模式有效解决了传统金融发展中交易成本、跨区域限制及信息不对称问题，在一定程度上促进了普惠金融的健康快速发展，也为普惠金融体系建设提出了新的更高要求。

一、互联网金融下的普惠金融

（一）互联网金融相关概念

互联网，既是一种技术，又是一种生产、生活方式，因为它改变了人们的思维模式和操作流程。互联网的兴起，使金融机构和非金融机构有条件利用互联网形成金融业务。对于互联网金融的概念，在西方甚至互联网发源地美国，都没有明确定义。谢平在“金融四十人年

会”首次提出了“互联网金融”概念，引起了学界广泛关注。一般认为，金融机构利用网络技术开展业务，称作金融互联网，而非金融机构利用网络技术开展金融业务，称作互联网金融。金融互联网早已产生，现已成为常态。而互联网金融是近些年才发生的新生事物，方兴未艾。

（二）互联网金融的产生与普惠金融关系

考察金融互联网与普惠金融的关系逻辑容易梳理，道理比较简单，这就是把金融业务网络化后，既提高了效率，又节约了成本，而且有条件在更大的范围内为人们提供金融服务。

但考察互联网金融与普惠金融的关系，却不是这样简单：首先要让人们懂得“互联网”是什么。现在人们都了解互联网是一种通道技术，这种通道技术能让人没有信用变得有信用，没有钱，变得有钱。但不太清楚这个信用是谁授予的，这个钱是谁给的。所以，要进一步懂得这一问题，就必须了解操作这一通道的机构和操作平台。

要了解互联网这一通道和操作平台，必须要知道，这个机构是谁组织起来的，谁在操作这个平台？因为机构是人组织起来的，平台是人操作运用的。而这样的人既是自然人，更是社会人。社会人，他在社会中活动；作为自然人，他在社会中活动怎样被别人认知、认可。

我国阿里巴巴能够被社会认知、认可，首先是从“第三方支付”“余额宝”开始的。“第三方支付”让用户先把一部分钱存到我这里，发生交易时我替你支付，简单便捷，既节省时间又减少精力消耗，何乐而不为。这样的货币支付方式，便产生了“余额宝”。对阿里巴巴来说，“余额宝”聚集起来的钱不断增大而且零成本，于是便给阿里巴巴带来收益，这个收益开始来自银行，后来来自基金。基金的推出给阿里巴巴带来了信用，给用户带来了收益，于是带来了非金融机构利用互联网办金融的激励和对金融机构利用网络技术展业的冲击。这样，权威部门即政府不得不重视和加强监管，而社会公众有条件广泛参与。

有了广泛的社会参与度，就有了普惠金融发展的基础，因为普惠金融的重要目标之一就是解决金融“排斥性”问题，为社会所有群体

和个人提供服务。因此，互联网金融是扩大普惠金融覆盖面的有效途径。

（三）互联网金融的优势和缺陷

社会公众要广泛参与互联网金融，还必须认知互联网金融的优势和缺陷。

互联网金融的优势之一是以电子商务为依托，或者说以电子商务为展业平台。电子商务又以网络为依托，网络聚集了海量信息，海量的信息为消费者提供了广泛的可选择机会，机会对每个人来说都是平等的，消费者通过选择可满足各自的需求。而且这样各自的需求的满足，速度快、效率高、成本低。在这种状态下，互联网金融与普惠金融便结合在一起，并广泛发展起来。

互联网金融的优势之二是"去中介化"。"去中介化"也就是把投资需求直接放到网上，让投资者选择。在这方面，典型的代表是"众筹"。"众筹"（crowdfunding）一词来自国外，有的译为"群众集资"，有的译为"群众募资"，这一互联网金融形态不在乎怎么称呼，而在于它的特征。"众筹"重要的特征是"注重创意"，它最初的兴起使艺术家们为创作筹措资金，继后才演变为其他领域的企业或个人为自己的项目争取资金的渠道。所以，"众筹"首先应当是那些具有创新意识的人展示自己的创意争取社会公众关心和支持的阵地。

"众筹"由发起人（有创造能力，但缺乏资金的人）、支持者（对筹资者的实业和回报感兴趣，有能力支持的人）和中介平台（连接发起人和支持者的互联网终端）组成。众筹进入的门槛低，项目具有多样性，参与的投资者众多。"众筹"可能成功，也可能不成功，如果发起人的项目"众筹"失败，则已筹集的资金必须全部退还支持者；"众筹"一般事先承诺回报，项目成功后回报方式或者是货币，或者是实物，或者是服务，其份额以支持者的投资在众筹中所占比例为准（比如股权"众筹"，以股份为准）。与传统的融资方式相比，"众筹"主要立足于推动创新创业，不论人的身份、地位、职业、年龄、性别，只要有想法，有创造能力就可以发起项目；众筹涉及的面广，覆盖社会各个领域；发起者和支持者不以商业价值作为唯一标准，只要自己对这个项目有偏好、兴趣，都能够立项，都可以支持。概括地说，“众筹”是依靠社会的力量推动创业创新。他不同于传统的融资，传统的融资一般要承担风险，它也不同于捐赠，捐赠一般不要回报。

互联网金融的优势之三是其展业的条件摆脱等级的约束，让有需求的人都能参与。非金融机构利用网络从事金融业务，不需经过政府监管部门批准，领取经营执照。而经营的对象不是“高富帅”而是广泛的“老百姓”。所以互联网金融为普惠金融拓展了广阔的空间。

但需要认知，互联网金融在一定的条件下，也有劣势。现实生活中，P2P 的泛滥，造成了大量的烂账，就引人深思。从技术上说，互联网还不能完全实现信息充分对称，如果不能弥补或者难以弥补这种劣势，将成为普惠金融发展的障碍。

二、电子商务下的普惠金融

（一）电子商务的含义

电子商务是指直接应用计算机、互联网进行商务活动的过程，包括商业信息发布与检索、电子广告、电子合同签署、电子合同签署、电子货币支付和售前售后服务。电子商务有广义和狭义之分，广义的电子商务定义为，使用各种电子和信息技术进行商贸活动；狭义的电子商务定义为，主要利用互联网从事商品交易。无论是广义的还是狭义的电子商务的概念，电子商务都涵盖了四要素：即商城、消费者、产品、物流。

（二）电子商务对拉动金融消费的促进作用

消费是拉动经济增长的主要动力。在我国 GDP 中最终消费支出的贡献率在 70%以上。电子商务与普惠金融相结合的主要渠道是金融消费，其让金融消费模式从线下拓展到线上，拓宽了金融消费的渠道、提升了产品的使用效率，提高了消费的便利性。

随着城镇化进程的推进，年轻人消费观念的提升，金融消费逐渐成为当代的时髦。金融消费的平台有商业银行、金融消费公司、电子商务平台等多种渠道，相对来说，电子商务平台有一定的优势。①通过网络（大数据、云计算）对消费者进行信用评估，相应地授予一定的信用等级，并贷款支持；②能够“先消费、后付款、打白条”；③吸引各行各业商家，建立可供选择的商品买卖平台，供消费者选择；④形成产业链、物流链，吸引更多的参与者，打造规模经济；⑤有特定的资金来源，或者通过特定的金融手段，保持资产的流动性，维持生命力。在中国，这一方面值得称道的是“京东白条”。

（三）京东白条的业务模式

“京东白条”是京东商城为了扩大业务的一项举措。2014 年 2 月，“京东白条”在京东商城上线，为用户在购物时提供“先消费、后付款”“30 天免息，随心分期”服务，成为行业创新典范。2015 年，白条开始走出京东融入更多场景，为用户提供信用消费贷款。目前包括与银行携手打造的白条联名信用卡，与第三方商户合作提供打“白条”分期旅游、租房、装修、购车、教育等服务，并设有专门为校园和乡村人群提供的消费金融支持。

“京东白条”作为一款互联网金融消费的产品，涵盖了各个阶层、不同领域、不同人群，具有形式小巧、运作灵活、内容宽泛、个性服务突出的特点。其产品申请不需要人工审批，都是通过大数据模型来识别用户。大数据模型评估的基础是用户数据的积累，用户的各种数据需要实时动态更新。所以，随着大数据建模更加精准，用户“白条”激活概率也会提升。目前，京东消费金融已经对接近 2 亿用户完成了信用评分。

（四）电子商务对普惠金融的促进作用

1. 拓宽消费渠道。电子商务的发展拓展了传统消费的覆盖面，使消费渠道由线下消费升级到了线下、线上相辅相成、共同发展的局面，从而拓宽了消费者的选择面，真正实现了“普”和“惠”。

2. 突破交通制约瓶颈。电子商务可以有效解决“买卖难”的问题，在消费角度，可以不受地域限制，通过有效物流实现消费“无差别化”；在销售角度，可以利用电商平台，跨越空间时间界线，破解卖难问题，拓宽销售渠道，增加商家（农户）收入。

因此，在农村或者经济金融不发达地区发展普及电子商务，能够激发大众创业热情，优化产业结构、推动金融思想普及，促进普惠金融发展。

三、岗位设置与普惠金融

（一）决定金融发展的基础要素

一个地区金融业的发生和发展，主要取决于两个要素：一是经济基础；二是思想基础。经济基础决定于收入（货币收入与实物收入），收入区分为消费与储蓄，在收入达到一定水平而消费又呈现为常态的情况下，会导致储蓄倾向递增，储蓄形成各种资产。其中流动性资产与金融的发生和发展密切相关，因为资产寻求保值、增值，对此资产总额中的相当部分必须保持流动性，资产在流动当中，才能保值增值。流动性资产即能变现的资产。资产能变现，表明市场的认可和接受能力。如果资产都保持在非流动性状态下，呈现在固定性资产的状态中，则难以保值增值，因为资产的非流动性，意味着它不能或难以变现，难以变现表明它能不能进入市场，市场是否认可和接受。所以，金融业发生和发展的经济基础是人们持有资产的流动性。人们持有流动性资产数量大、品种多，进入市场交易的机会越多，金融业发展的可能性越大。

思想基础决定于人们的金融意识，金融意识主要反映为：①是否致力于资产的保值、增值。②是否懂得利用货币资金创业经营，发财致富。③是否明白货币既能升值也能贬值，换句话说，是否明白货币的购买力会变化。如果这个地区的人们或个人具有这三方面的意识，或在这三方面的意识超前，则金融意识强。相反，则不具备金融意识或金融意识弱。

（二）当前岗位设置创新在普惠金融实践中的经验

结合当前我国农村实际，必须利用金融杠杆脱贫致富。要利用金融手段脱贫致富，在农村必须具备的条件是：农民要有资产，特别是流动性资产；另外农民必须有金融意识，知道并懂得利用金融杠杆。信用也是一种资产，利用金融杠杆，必须建立在信用的基础上。人无信不立，应当说农民的信用观念是逐步建立的，但必须指出：农民的金融意识不是自发产生的。农民的金融意识必须靠外部输入，受到环境的影响。为了培育农民的金融意识，现阶段有的金融机构在农村设置联络员，既为农民提供金融服务，又帮助农民提高金融意识。

在这方面值得称道的是四川凉山彝族自治州农商银行。据调查，四川凉山彝族自治州有 3 700 个村，现阶段（2015—2017 年）已选聘 1 300 个联络员，这些人经过遴选入座。入座的是三种人：一是致富能手；二是该村开店经营商业的人；三是村干部。联络员的功能有三：一是向广大群众宣传金融知识；二是向农商行提供信息，如存贷款人的经济、金融状态和行踪等；三是向广大群众提供金融服务（如取款、转账），每个联络员手中都有 POS 机，作为存款转账的工具。设置这样的岗位，让金融方便人们的生活，同时与商业活动联系起来，让相当部分人在与联络员的交往中增强金融意识，利用金融手段发家致富，这应当说是培育和发展普惠金融的一种模式。

除了四川凉山彝族自治州农村商业银行的举措外，还值得肯定云南大理市富滇银行与孟加拉格莱珉银行共同设立的“富滇—格莱珉扶贫贷款项目”。该项目于 2016 年 5 月在大理市太邑乡实施，由富滇银行太邑支行具体执行。太邑支行的执行中值得肯定的主要有两点：①设立经理人制度。在该项目设立前就从应届大毕业学生中招聘了 10 名经理人，让他们学习领会诺贝尔和平奖得主孟加拉国银行家穆罕穆德·尤努斯（Muhammad Yunus）的思想和主张，以及孟加拉乡村银行即格莱珉银行向穷人提供小额贷款的做法。②普及金融知识。通过走村串户、访贫问苦，向农民灌输金融思想和知识，提高他们的金融意识。在经理人的努力下，太邑支行从 2016 年 5 月运作以来，到我们去调查为止，共有 64 人加入了富滇格莱珉项目，其中 61 位女性，3 位男性，已分批发放贷款 38 人，共计 54. 7 万元，人均 1. 44 万元。支持他（她）们刺绣、养殖、运输、贩卖等脱贫致富活动，这相对于这个乡的贫困人口来说，虽说只占少数，但这个良好的开端，其意义正在扩大和呈现：一是激发了贫困家庭自力更生，发奋图强、团结互助的精神。调查中，我们问及他（她）们为什么要参加该项目时，她们自豪地说："这是我们妇女第一次当家做主，有机会做自己想做的事，出去打工不是长久之计。"她们说深深地被项目经理人的精神所打动（项目经纪人是为了实施该项目从社会上招聘的应届大学生），经理人不怕路程遥远，跋山涉水，走村串户、访贫问苦，为她们排忧解难，启发她们做"小生意"，传递金融、经济知识。二是发掘了当地创业致富的资源。太邑乡是云南大理市的民族乡，相当大的一部分处于山区，地理位置处于滇南，近似亚热带气候。这个地区出产核桃、中草药、野生菌。项目推出后，激发了不少家庭致富的激情。她们说，"靠山吃山，靠水吃水"，我们过去没有条件上，现在机会来了。特别要说明的是激发了当地彝族同胞的传统工艺——刺绣。调查中，彝族妇女说他们三代从事刺绣，纺织各种彝族服饰，完成一件约三个月，但价值不菲，几百到上千元不等。她们说，项目贷款让他们的刺绣工艺发扬光大后继有人。三是富滇—格莱珉银行扶贫贷款无须找人担保和联保。农户无须登门求助而是由经理人上门服务，且组织农户分组抱团，定期会议，分享经验和智慧，为他们排忧解难。这些是项目的特点也是优点。

但在这里必须指出：普惠金融的生成和发展必须有可利用的资源和市场环境。没有资源不能使货币资金与资源相结合创造产品；没有市场也不能产生需求，形成交换，使货币资金回流，呈现良性循环态势。它表明：普惠金融仍然需要经济基础。

四、金融科技产品的推出与普惠金融

（一）金融科技的含义

近年，金融领域出现了一个新名词"Fintech"即金融科技。金融稳定理事会（FSB，2016）把金融科技的含义概括为：技术发展带动的金融创新。所谓的技术包括：网络通信技术；计算能力的技术以及加密技术。网络通信技术的发展将各种网络彼此连接融合，将海量的信息技术化，使信息传输覆盖全球；计算能力技术的发展使对大数据的处理成为可能；加密技术的发展，使网络传输的价值得到了保障。所用这些，推动着金融领域的创新，从而为发展金融服务，提高金融服务的质量奠定了基础。

（二）金融科技产品概述

就金融科技产品的推出而言，近年来在这一方面推出的产品有：高速大额存款机、CRS、存折取款机、自助发卡机、自动柜员机、电子银行体验设备以及 VTM、VTS 等。

高速大额存款机是一款现金自动化处理设备，可实现现金的高速自动化清点、识别及安全保存，同时记录并储存钞票冠字号信息，可全面支持现金业务自助化，提高工作效率，降低运营成本。

CRS 即自动存款机，在存款过程中，自动存款机能自动识别面值并判断真伪。客户存款能实时入账，并可以马上查询到交易处理结果，不必担心交易过程中出现意外问题。

存折取款机，顾名思义就是支持存折用户进行取款、查询等交易的自助设备。

自助发卡机指的是可通过用户自助操作（完全或者部分）来实现即时发卡的自助设备。自助发卡机是一种新型的自助设备，它主要利用现代的网络技术、计算机控制技术及人机交互技术，将传统的柜台发卡服务转移到自助设备上完成。

VTM（Video Teller Machine），即远程视频柜员机。也称虚拟柜员机、远程柜员机、视频柜员机等。是一种通过远程视频方式来办理一些柜台业务的机电一体化设备。

VTS（Video Tellersystem），即远程智能柜员系统，其综合运用了智能路由、高清视频通信、云协作等技术，实现“远程虚拟柜台”功能，通过高清视频虚拟“面对面”服务并协助客户业务办理，将过去需要客户到银行营业网点办理的柜台业务，转移到 VTS 远程智能柜员系统上办理。

以上这些产品颠覆了传统的金融业务，创造了机器人服务平台，节约了金融行业的人工成本，提高了金融服务的质量和效率，增强了金融机构的信用度，加强了金融机构与顾客和其他社会成员的关系，为普惠金融的普及和发展创造了条件。

（三）金融科技产品在实践中的运用

在农村，当前仍有相当多的客户特别是老年客户习惯用存折办理日常存取款业务。在农信社，存折查询补登业务占据大量的柜台资源。受传统观念的影响，文化程度相对较低的农村客户要看见存折上的存取款特别是进账流水记录才有安全感，认为钱到账了，因此如何用自助机具提高存折查询、补登的柜面替代率一直是农信社研究的重要课题之一。

四川绵阳农信社通过实地调研，引进了存折查询、补登一体化综合机（以下简称一体机），布放在农村营业网点、农村商业中心（小卖部）等人口相对集中的区域，并派专业人员对机具布放点的商业中心（小卖部）老板进行培训，让其熟练掌握机具操作方法，以便指导农民使用。商业中心（小卖部）很乐意并积极争取此类机具在其店面布放，配合农信社对店面进行必要改造并主动承担机具的维护责任。原因有三：一是通过机具投放可增加其商店人口流动，促进商品销售；二是村民看见银行机具都投放在此，证明店主信用好，增加了店主威望，促使其成为村上有“威望”的人。三是店主认为通过此类合作可增加其在农信社小额农贷授信金额。

通过一体机的布放和宣传引导，大大提高了农信社的存折查询、补登柜面替代率，节约了柜面人力资源，同时方便了农民生活，满足了其金融需求，是打通和解决金融服务“最后一千米”的有效途径。

除了一体机推广，绵阳市北川县农信社的手机银行普及经验，也为科技金融产品如何推动普惠金融发展提供了较好借鉴。

北川县地处四川盆地西北部，是我国唯一一个羌族自治县，也是国定贫困县，同时北川县也是“5·12”特大地震重灾区，举世瞩目全国关注。如果仅从客观条件看，在北川县推广科技金融是有一定局限性的：①区域内居民文化程度不高，对新生事物特别是科技金融产品接受度普遍不高。②区域内地广人稀，交通不便，信息传播速度滞后，渠道覆盖面不广，科技金融产品的宣传推广存在一定的难度。③区域内居民物质生活水平普遍不高，对科技智能产品需求低，特别是农村，智能手机拥有率低于全国平均水平。但是客观条件不是不变的，客观条件在人的主观条件推动下，不仅能改变，而且变得越来越好。四川绵阳北川的实际情况是：这个县农信社自2014年在县域内全面推广手机银行，并通过调研结合实际，提出了将手机银行建设成“四大平台”（业务交易平台、资金归集平台、财富管理平台，授信数据采集平台）的目标。其主要做法是：①提高用户使用积极性。制定了优惠政策，鼓励用户使用手机银行办理相关银行业务，并对符合条件使用手机银行贷款10万元以内的用户执行3.915‰的优惠利率。②加大宣传力度。积极协调当地政府支持，让全县3 077名村镇干部充当义务宣传员，利用村民大会等场合宣传手机银行便捷，同时北川县联社也选派66名客户经理下基层当“农信村干部”，走村入户进行宣传，普及金融知识，向当地百姓灌输金融意识，特别是科技金融意识。③加大贷款授信覆盖面。利用自身小额农贷平台数据资源，优化授信流程，将原108个维度的小额农贷客户授信评价系统简化为13个，对全县居民进行普遍授信，让符合条件的居民都能通过手机银行申请贷款，挖掘满足客户碎片化、及时化的金融需求。④加强村民信用体系建设。对授信标准条件额度公开，并普遍授信，将每户的授信额度予以公示，对长期以来讲诚信的贷款农户增加授信额度。通过这一系列措施，培养农户信用意识，让其明白“信用也值钱”的道理，营造良好的信用环境。

通过这些举措，2016年末，北川县联社小额农户贷款比年初增加了3 462户，净增2.81亿元，分别比年初增加26%和67%，手机银行活跃客户14 583户，占比51.3%；手机银行替代率13.86%，比年初增加8.26个百分点，相关指标排名在同业名列前茅。

（四）金融科技产品对普惠金融的推动作用和局限性

普惠金融的重要内涵之一就是要让更多人享有平等、便捷的金融服务。通过调研，笔者认为科技金融产品对普惠金融发展有很好的推动作用，可以切实解决以下问题：一是实现不受时间、空间限制的全方位服务；二是提升银行业机构迅速获得客户、服务客户、满足客户金融需求的能力；三是拓展服务内涵，拓宽服务半径，满足客户及时化金融需求；四是有效降低银行机构经营成本，实现普惠金融可持续发展。

但在这里需要注意的是金融科技产品普及应用并助力普惠金融，还有一定的局限性：①会出现数字鸿沟。我们强调科技化的时候其实也忽略了一群对数字科技设备使用并不熟悉，甚至没有数字科技设备的人；如不提升这类群体金融意识和文化水平，将使他们离数字化金融越来越远。②会出现金融诈骗。我国的整体金融普及教育与投资者教育相对来说并不完善，这种情况下，在数字金融、数字设备上也容易存在金融诈骗行为。③风险评估会出现局限性。在做风险评估判断的时候，如果过于强调数字化，获取的数据可能并不能非常充分、全面地体现用户全貌。因此在现实条件下，普惠金融不仅需要数字化科技手段，也需要与传统方式相结合。只有更好地利用线上、线下相结合的方式做好客户的金融普及教育，才能更好地为普通百姓提供普惠金融服务。

参考文献：

[1] 曾康霖，罗晶. 论普惠制金融［J］. 西南金融，2014（2）：3-5.

[2] 王颖，曾康霖. 论普惠：普惠金融的经济理论本质与史学简析［J］. 金融研究，2016（2）：37-54.

[3] 曾康霖. 三论普惠金融［J］. 征信，2017（7）：1-7.

[4] 孙萍. 电子商务的特点及其实践价值探讨［J］. 重庆科学学院学报（社会科学版），2012（19）：122-123.

五论普惠金融

——北川普惠金融实践的理性认识

2008年，四川汶川“5·12”特大地震震动了大半个中国，震动了东南亚，震惊了世界。也许人们还不知道在这次大地震中损失最大的不是汶川，而是绵阳市的北川羌族自治县。地震把整个北川县城夷为平地，城区所建房屋荡然无存。地震给人们带来的灾难令人们久久不能忘怀，北川老县城成了国内罕见的地震遗址博物馆，巨大破坏使县城的重建不得不另寻新址。然而北川人民没有被地震的残酷吓倒，没有屈服于现状，而是面对困难，砥砺奋进。时间已过去10年了，一个全国唯一的羌族自治县正在重新崛起，崭露头角。

特别值得关注的是金融领域：一个正待批准的“数字普惠金融试验区”的实践，给人们以新鲜感，以振奋，以启发。理论源于实践，实践出真知。理论的建树必须从感性认识到理性认识。北川普惠金融实践，给人们的理性认识是：普惠金融的发展必须具备六大要素，即思想基础、经济基础、技术支撑、社会职责、价值取向及生命力。只有通过对这六大要素“施肥”，普惠金融的生命之树才能在广袤的中华大地生根、发芽、枝繁叶茂。

一、普惠金融的思想基础——信用定位。

信用是市场经济的灵魂和试金石，信用的作用在信用经济时代的市场上尤其明显。“三农”工作的突破口在于强化农村信用体系建设，改善农村信用环境，赋予农民更多的财产权利，使农民和农村经济主体的自身信用价值得到重估和发现，让其活力得到激发和释放，普惠金融体系建设更是如此。北川普惠金融的实践是从对农民、城镇居民的信用价值重估即信用评级、授信开始的。

首先，他们着手调查“金融服务不足的人群”“金融服务缺乏的人群”和“自我排斥金融服务的人群”，发现因不符贷款条件产生金融排斥的约占70%。在自我排斥人群中，因贷款条件不足产生的自我排斥的约占50%。自我排斥金融服务的人群中，其中较大部分产生于被金融排斥的后遗症。为了消除金融排斥，北川把破解这一难题的思路放在信用评级、授信上。其次，引入以信用为核心的小额信用贷款评级授信体系。他们组织力量依靠“农信村干部”，开展了对北川所辖农村、城镇居民的信用普查和广泛授信，截至2017年9月，共对全县57 915户进行了评级授信，授信面达68.8%，授信金额40.24亿元，其中农村居民授信41 324户，授信金额22.61亿元，授信面76.5%。他们这样做，其基本理念就是“在信用面前人人平等”“富人不一定比穷人更讲信用”。最后，他们用经济杠杆调动老百姓使用手机银行等自助金融工具的积极性，凡使用手机银行贷款10万元以内的用户，执行年息4.698%的优惠利率。这样做的效果是：不仅解决了老百姓融资难、融资贵的问题，而且调动了农户使用小额贷款的积极性，提高了小额农户贷款的覆盖面和满意度。以北川农村信用联社为例，2016年到2017年9月，农户小额贷款客户增加了34.12%，余额净增了4.69亿元，净增幅度为116.16%。应该说普惠金融的实践，推动了金融业的健康发展，实现了成本可降，风险可控，效益可靠。普惠金融像雨露甘霖洒遍了北川24万羌族人民。

北川的普惠实践，给人们的理性认识是：

（一）信用是人们的财富

在中华传统文化中，对信用文化的揭示很多，如“人无信不立”“一诺千金”“无信不富”“童叟无欺”“诚信天下”等都是证明。但这样的定论大都基于个人的品德、行为而言，可谓微观视野。从社会的视角，从宏观的视野，怎样认知信用，是值得探讨和研究的课题。北川普惠金融的实践，强烈地、集中地向人们揭示了信用是人们的财富。

为什么说信用是人们的财富？①人们生活在权利与义务的关系体系中，信用是享有权利与应尽义务的社会学概括。“人无信不立”正表明人必须生活在这样的关系中。②当代货币都是信用货币，信用货币是信用关系的主要载体。信用货币不仅由社会权威的金融机构，如中央银行和商业银行供给，而且随着科学技术的发展，制度的变迁，信用货币还能够由非金融机构供给，如数字货币，换句话说，货币是什么？货币是以相应的信用为基础和保障的货币符号。通俗地说，数字货币就是信用关系的量化。用它来进行收支结算，标识着人们权利与义务关系的建立和消除。③权利与义务关系的建立和消除，是建立在财产所有权确立和明晰的基础上，没有这个前提条件，就无所谓权利与义务。而权利与义务是人们拥有、运用财产过程中的法理表述。财产是财富的重要构成或同义语，所以认识信用是财富是顺理成章的，是被普惠金融实践证明且更是被社会认同的。

有人说“未来个人的财富路线是：行为——能力——信用——人格——财富”，意思是，社会的发展使得人们的行为和能力在大数据和互联网的推动下转化和彰显为相当的信用度，而信用度的彰显提升着人格，人格的提升能占有和运用更多的财富。这样的概括，既适合于个量分析，也适合于总体分析。这表明社会的每一个人有信用度——财富值，每一个国家或地区有信用度——财富值。这就是我们要归纳的结论。

（二）信用是人们的生存剂

按有的国家（如美国）的法律规定，符合规定条件个人能够破产，个人破产后所欠债务一笔勾销。这是法律的规定，也是个人能够的选择。这样的好处是个人得到法律的保护一身轻松，但其弊端是增加了信用的不良记录。这一不良记录无论你去到哪里，就跟到哪里，可以说相伴终身。这样的不良记录，不仅给生活带来影响，而且威胁着你的生存。比如不能在银行开户获得信用卡，不能租车、租房，甚至不能买卖生活资料，不能取得别人的信任、帮助。近年来，我国也加强了社会诚信环境建设，2015 年 7 月 6 日，最高人民法院审判委员会通过了《最高人民法院关于修改〈最高人民法院关于限制被执行人高消费的若干规定〉的决定》，对被执行人为自然人的，采取限制高消费的八条严厉措施。可以说，缺失信用，寸步难行。可见信用是人们的生存剂。

（三）信用观念需要借助于外部力量培养

人的信用观念的培养，集中起来说就是在自己经济和社会活动中，要讲诚信。**诚信是一个国家信用制度的道德基础，精神支柱。诚信是每个人应尽的义务，而不是享受的权利。**不讲诚信，必须他律即应受到惩罚，所以培养信用观念提高诚信品德，必须从提高精神境界的角度去把握。在这里，我们指出“需要培养”，主要表明：**它的形成不是内生的，必须要借助外部力量。**要知道，人们讲不讲信用，与环境有关。北川普惠金融兴起，改变了信用环境，促使更多的人讲诚信，这表明信用环境会改善人们的精神境界，使人们在自身的活动中注重讲诚信。在借助外部力量培养人们的信用观念时，还需注意人们的接受能力和个体差异。北川在对农民的授信中，有部分农民不接受，他们对授信工作人员说自己并不缺钱，然而真实的思想是怕别人说他穷。因为在农村，如果有人说他们穷，就会为其带来非议，甚至歧视，如婚嫁成家等方面都会受到排挤。后来金融部门换了一种方式，把对家庭条件较好的农户授信，改为对优质客户、诚信客户的授信，获得了这类农民的热烈欢迎。

（四）信用环境的改善必须多方面配合

政府和金融部门是金融环境改善的重要推动者。改善先要治理，**首先，政府应当把信用环境的治理作为一项重要的政府职能。**各级政府应将本地的社会信用环境治理当作促进改革开放和经济发展的重要工作来抓。**其次，政府对社会公众的信用意识教育负有责任。**信用问题是地方经济发展的一项社会基础工程，地方信用环境好，有利于实现金融和经济的良性互动和稳健发展。营造良好的社会信用环境仅靠金融系统的努力是难以奏效的，地方党政部门就必须以加强信用意识教育为己任，大力表彰诚实守信企业和个人，积极疏导、理顺银企关系，督促市场行为主体履约守信，从而提升全社会的信用意识。**最后，**

为了保证信用经济的正常运转，必须加大信用立法和执法力度，在相关法律中，补充增加对不讲信用，恶意逃债、赖账，给国家和个人造成经济损失的人的定罪量刑条款，依法规范政府、企业、银行和个人的信用行为。特别是针对当前金融案件“胜诉容易执行难，胜了官司还赔钱”的现状，要加大对不讲诚信的人和行为的打击力度。

金融部门在营造社会信用环境中要扮演主角。金融部门特别是金融监管当局，首先要加强信贷监督管理，实施定时通报企业个人欠债欠息制度，即对赖债的企业个人实行联合制裁或禁入，使不讲信用的企业个人受到震动和威慑。同时，各金融机构可将借款人到期无正当理由而不归还的逃废银行债务的企业及法人代表名单予以公示，让不守信用者有“老鼠过街”的感觉，从而倡导一种“讲信用者光荣，不讲信用者可耻”的文化风尚。

（五）信用制度需要建设

从建立健全游戏规则的视角说，建立健全征信制度从制度上保障市场经济秩序的正常运行。完善征信机构对个人、企业的信用状况评估。征信系统的建立和信息完善，是为了要通过征信系统确定授信额度，在额度范围内借款，随借随还，周转借用。这样做，的确有它的积极意义。不少地区出现了“信用村”“信用镇”，调动了农民的积极性，树立了农村社会讲信用的形象，优化了信用环境。

二、普惠金融的经济基础——资源配置。

从一般意义上讲，人类社会经济活动所涉及的任何资源都有一个优化配置问题。但是，在“经济学”的研究中，着眼于“经济”或“效率”的意义，人们通常关注的主要是那些相对稀缺资源的优化配置。普惠金融的内在要求之一就是要解决金融资源优化配置的问题。

北川推动普惠金融的建立和发展，除了信用定位增强人们的信用观念帮助其积极参与金融活动外，更着力推动经济社会的发展。而推动经济社会的发展需要优化资源配置。在资源配置中，遵循市场在资源配置中起决定作用的原则，从北川资源的实际出发：①首先是优化

金融资源的配置。金融资源是宝贵的经济资源，是自然资源转化的助推剂。金融资源要优先配置在发挥北川资源优势，服务农业供给侧改革，服务实体经济，服务城乡居民生产水平提高、生活改善，环境美化的经济活动中。金融不能满足于追求自身发展、追逐企业利润，建立金融与地方携手发展，“合拍共鸣”的共赢机制，建立“银政同频共振”，服务地方经济，实现长远发展、可持续发展、健康发展的良性互动平台和发展机制。**②着眼资源节约，环境友好可持续利用**。北川环境恶劣，地处龙门山地质断裂带，地震频繁，小震不断的环境，对环境保护、资源节约的任务和压力繁重，资源保护和利用工作十分重要。金融机构在地方政府的引导下，着重从发展和保护出发，侧重支持了绵阳市政府推广的“沃野绵州”循环农业项目，绿色生态茶叶蔬菜、家禽家畜、果药项目，旅游和水资源开发项目，在发展中保护资源，在利用中发展资源，实现和谐共生。**③银企合作，提高资源综合效率**。发挥银企整合资源，开发资源的优势，开展规模化种植、商品化转化、特色化产品的优质资源利用。具体的金融实践案例是该社与绵阳安福魔芋开发有限公司联手对北川魔芋产业和贫困户的支持上面。安福魔芋开发有限公司成立于2001年，注册资本580万元，公司现在总资产6 981万元，是省级龙头企业。该企业产品质量好、销量大、市场占有率高。2016年，两家签订了战略合作协议，一方面，北川联社积极支持企业发展，并对魔芋生产基地的老百姓生产资金不足，发放信用贷款并优惠利率；另一方面，企业加大力度建设贫困村魔芋生产基地，并提供技术和种子支持，产品保价收购，以产业带动贫困村、贫困户脱贫奔康。2016年，北川联社为4个村592户农村居民中的459户开展授信，金额1 637万元，其中对贫困户138户中的99户授信278.3万元。两年来，两家联手共发展了四个村360户农民种植北川地理标识产品花魔芋60公顷。其中贫困户113户，种植花魔芋20公顷，累计发放魔芋生产贷款84户，金额324.1万元，其中贫困户37户，贷款124.3万元。

据安福公司初步测算，仅魔芋生产一项，就可户均增加纯收入7 250元。普惠金融主动参与，推动经济发展和贫困户脱贫工作已显现出稳定的效果。

发展特色经济，支持产业升级。以服务供给侧改革为目标，以服务人们生活、娱乐、健康需求为重点，以特色项目，特色产品为带动，提升普惠金融服务的有效性。如北川农信联社与县内桂溪镇、曲山镇党委政府合作，针对两镇资源禀赋和产业规划，依托九皇山、药王谷、地震遗址博物馆等四星、五星级旅游景区，合力打造生态种养、有氧健身、特色餐娱、全域旅游四大特色产业发展带。授信 8 亿元，提升产业和产品的绿色健康品质品牌，形成有特色、有品质、有品牌的产业发展带。

近年来，北川的经济持续增长，人们的生活质量不断提高，精神面貌得到改变，金融在这些方面起到了重要的推动作用。我们的理性认知是：

（一）必须重视金融的主导作用

金融与经济的关系，长期以来学术界的认识是：经济决定金融，金融反作用于经济。这种作用与反作用的关系是基于货币的中介功能和货币资金是再生产过程的动力与持续的动力理论。简要地说就是通过货币的中介作用把生产要素联系起来，推动再生产过程的发展。应当承认在市场经济条件下，这一理论并未过时，它正在并继续发挥着作用。但仔细考察这一理论把金融置于被动的位置上，而且将其功能范围限于再生产过程，这就失之偏颇。

1991 年 2 月邓小平同志提出“金融很重要，是现代经济的核心。金融搞好了，一招棋活，全盘皆活”。这是他对金融的地位和作用的重新定位。这些年来，学术界和实际部门对“金融是经济的核心”进行了学习和讨论，对其精神实质有多种解读。但其“核心”究竟该怎样把握仍然需要认知？结合小平同志提出这一理论的时代背景和时间地点，我们认为这一理论的核心是强调在改革开放的条件下，中国经济怎么发展，中国市场经济制度怎么建立，必须下好金融这“一招棋”。所以，它既是经济社会发展的指导思想，又是途径的选择，即它包含着方法论。邓小平同志曾提出：“改革不能蛮干，必须有秩序的进行，”资本主义的东西（如证券、股票）要拿过来“试”，要“摸着石头过河”，我们认为这些思想与“金融是经济的核心”是一脉相承的，是积极地进取，不是消极地等待。

北川普惠金融的实践，佐证、丰富和发展了金融是经济的核心的这一理论：①金融要支持实体经济的发展；②实体经济不只是第一、第二产业，还应包括第三产业即服务业；③支持实体经济是从生产到消费的过程；④支持实体经济，金融要与多方配合。这四点充分地展示在北川普惠金融的实践中。它给人们的理性认知是：①金融必须支持实体经济，是因为实体经济是人们生存的基本要素，人们“衣食住行”“吃喝玩乐”的载体即使用价值，只能由实体经济供给。②实体经济是价值的创造领域，在这一领域人类的有效劳动创造价值，而有效劳动体现在实体经济劳动的过程中，虚拟经济在一定范围内和一定程度上是需要的，但其劳动严格说来与创造价值无关或不创造价值。③实体经济领域中创造价值的增值部分成为一定时期这个社会的新增价值，所新增的价值是这一时期国民收入分配的基础，金融领域的分配比如向银行借款还本付息，必须以国民收入为底线，超过了底线就违背了利息是利润的一部分，是剩余价值转化的原理。进一步说，超过了这底线就要产生国民收入的畸形分配，就要抬高整个社会的运营成本，其中包括融资成本。

当代，金融的主导作用，感性地集中地体现在单位和个人所持有的资产的定价和波动的幅度上。定价合不合理，价格水平稳不稳定，资产价格会不会崩溃（资产价格崩溃必然导致金融危机），牵挂着各单位和个人的切身利益，影响着社会的利益分配，关系到金融及经济的增长和发展，危及经济安全、政治安全和国家安全。所以，能够说金融不仅是现代经济的核心，而且是现代社会的核心。

（二）金融活经济活，金融稳经济稳，地区也不例外

“金融活经济活，金融稳经济稳”是习近平总书记今年4月在中央政治局学习会上提出来的，是他继提出“要建立稳定、可持续、风险可控的金融保障体系”后又一次对金融与经济关系的理论概括。把金融与经济的关系定位为保障与被保障的关系，同“金融活经济活，金融稳经济稳”的逻辑关系是一致的，前者是因，后者是果。它肯定

了在当代经济社会中的金融的地位和作用的主动性和主导性。

在当代经济社会中，金融的主动性和主导性，体现在资源配置、宏观调控和风险防控等方面。这些方面，学术界和实际部门更多的是从宏观层面认知的，一个地区的状况怎么样，在一个地区是否也是“金融活经济活，金融稳经济稳”？北川普惠金融的实践给我们做出了肯定的回答。

作为典型的山区县、国定贫困县、少数民族自治县的北川，民族团结，经济发展，社会稳定任务历来艰巨繁重，金融的力量和作用也一直不够突出。大地震前，北川对金融作用的认知，金融对北川的支持都比较弱化，使得北川只有农业银行、农发银行、邮政银行和农村信用社、村镇银行等金融机构，其中：农业银行和农村信用社两家的市场份额占比达90%以上。金融对经济的核心作用明显名不副实。转机出现在2008年“5·12”特大地震后，除上述金融机构外先后有：工商银行、中国银行、建设银行、城商银行等入驻北川，参与灾后重建，GDP也随着存贷规模的增加而大幅增长（如表1所示）

表1　2007—2016年部分年份北川县金融机构存贷款规模、人均可支配收入及GDP总量汇总

年份	2007	2008	2009	2012	2014	2016
金融机构存贷款规模（亿元）	25.21	58.57	134.16	167.34	173.33	189.14
城镇居民可支配收入（元）	7 250	6 500	10 370	17 136	20 999	24 888
农村居民可支配收入（元）	2 831	3 200	3 444	5 682	7 333	10 677
GDP总量(亿元)	13.16	10.42	18.78	31.70	37.46	43.89

数据来源：历年北川统计年鉴。

从表1可以看出，北川县银行业金融机构各类存贷款由2007年末的11.03亿元和14.18亿元；增加到2017年9月的120.86亿元和98.32亿元，近10年时间增加了11倍和7倍。这10年，城镇居民人均可支配收入由7 250元提高到24 888元，增加了3.43倍；农村居民人均可支配收入也由2 831元提高到10 677元，增加了3.77倍。国内生产总值（GDP）也由2007年末的13.16亿元增加到43.89亿元，10年时间增长3.34倍。地震后金融对北川的整体入驻和巨量资金投入，为北川震后交通恢复，社会稳定，经济发展提供了强大支撑，造就了今天北川欣欣向荣、美满安宁的社会经济环境，可以说金融力量功不可没。

再进一步对北川农信联社分析。该社10年来，存贷款规模从地震前的4.39亿元和2.96亿元增加到53.03亿和38.63亿，分别增长12倍和13倍。从2014年以来，开展数字普惠金融实践，推动小额农户贷款进村入户，农村居民可支配收入实现了较快增长。在2014—2016年三年中，北川城镇居民人均可支配收入从2013年19 244元增加到2016年的24 888元，增加了5 644元，增长了29.43%，而同期农村居民人均可支配收入从6 472元增加到10 677元，增加了4 205元，增长64.97%，增长高出城镇民居35.54个百分点。

北川的金融实践告诉我们：①金融的活力推动了经济的活跃。金融作为现代经济的核心，金融对经济发挥着十分明显的撬动作用，也发挥着十分明显的阻滞作用，在我国凡是经济发达的地区，金融地位都比较高就是明显的例证。②金融支持实体经济、支持农业供给侧改革、支持“三农”和普惠金融促进了经济、社会和谐稳定健康发展，现代经济一切活动的背后，都有一只强大的金融之手在支撑；反之近些年席卷全球的各类金融乱象，则破坏了经济和社会的良性健康发展。③金融经济的关系相辅相成，相互支撑。金融支持经济服务民生，最终是要让广大人民享受到经济的、文明的成果，否则就是无意义的无效益的。普惠金融着力于对弱势群体提供服务，消除贫困，实现社会公平和稳步发展，实现了“活”和“稳”的高度契合。④普惠金融的理想和实践，从一个侧面对破解明斯基提出的“金融的脆弱性”① 提供了一个金融稳定性的思路。

① 金融脆弱性（financial fragility）有广义和狭义之分。狭义的金融脆弱性是指金融业高负债经营的行业特点决定的更易失败的本性，有时也称之为“金融内在脆弱性”。广义的金融脆弱性简称为“金融脆弱”，是指一种趋于高风险的金融状态，泛指一切融资领域中的风险积聚，包括信贷融资和金融市场融资。现在通用的是广义金融脆弱性概念。

（三）培育资源，保护资源，消除“资源诅咒”

普惠金融的经济基础是资源配置。资源配置必须培育资源，保护资源。作为普惠金融的服务对象，在弱势群体、弱质产业、弱势地区中，资源是什么、价值在哪里、怎样发挥和利用？北川的思路是首先发现资源，即发现有价值、可利用的有效资源。在此之前传统金融的资源观使得这些优质资源却一直处于闲置枯萎状态，北川的实践认为信用资源是普惠金融最宝贵的优质资源，庞大的客户群体，多样性的金融需求，优越的自然禀赋，是普惠金融深厚的发展基础。

培育保护和充分利用资源，必须让这些资源发挥应用价值、产生物质的推动力量，改变引导人们既有的资源观、价值观。普惠金融资源配置，着眼于人的价值和自然资源价值的挖掘，着力于弥补不足，补齐短板。北川在这一方面的思路是，首先是发现资源。北川的绿色农产品、旅游和生态环境就是优势资源，人们未充分挖掘利用这一优质资源，其中重要一环就是金融这只手的作用表现得不够积极，作用不够彰显。对独特自然资源的挖掘、利用和保护既为人所用，造福于人类，又杜绝拔苗助长迷失方向，避免出现资源诅咒现象。为此，北川金融支持可持续发展的金融政策是发展普惠金融，即通过小额信用贷款的投入，广泛、深入的参与到千家万户。既改变发展生态，又不破坏自然生态；既改善生存、生活环境，又不破坏自然生态环境，在微型经济发展进程中，避免大工业、大项目对环境的根本性破坏。比如发展家禽家畜养殖，发展茶叶药材、花果蔬菜，发展加工食品工业，都以资源承载和绿色利用为原则，发展绿色金融，永续经营资源，避免“机会主义”行为和设租寻租活动的产生，避免掠夺性开采。这应当是学术界新近提出的有关金融效率的理性实践行为和对经济学界提出的绿色金融概念、倡导实施绿色金融的先期实践。

三、普惠金融的技术支撑——网络信息

金融归根结底是收集、储蓄、处理和交易信息的业务，在当代信息网络化的条件下，金融的这些业务不受地理区域限制，让全球各地

的人参与、享有和使用金融服务，学术界称为金融的包容性(inclusive financially stem)。金融的包容性具体体现在金融的可得性、可负担性、全面性和商业可持续中。可得性是指客户不论他处于什么阶层、地位，经济条件如何，都能够基本不受时间空间限制，根据需要能即时获得金融服务；可负担性是指有金融需求的每一个人对金融服务的价格都能够承受；全面性是指金融服务的覆盖面能够包括各类客户，特别是能包括未享受和未充分受到金融服务的人群；商业可持续性是指金融机构在运营中在财务上能自给自足，自求发展。包容性中的这“四性”，必须有合适的技术支撑，在当代其技术支撑就是网络信息。网络信息技术涵盖包括互联网、人工智能硬件、大数据云计算等诸方面。我们说网络信息是普惠金融的技术支撑，就是让这些方面的技术在开辟融达客户，服务方式、渠道融合以及风险控制等领域，发挥传统金融不具有的功能和作用。

相对于银行传统的金融服务方式而言，互联网具有用户和渠道入口的巨大优势，利用互联网技术，金融机构可有效突破地理和空间限制，提升他们融达及连接用户的能力。传统金融机构具有资产管理和风险定价的核心竞争力，但在客户融达及获取方式上，主要通过网点辐射、路演和线下广告这些途径，其所覆盖的领域有限，获取客户资源成本高，容易成为业务发展的瓶颈。互联网的功能是把握或激发用户需求，创造服务场景、发现和重塑客户关联，同时提高有效资源的周转效率和服务客户频次，实现客群、渠道、产品、交互及周转频次等多维度相互叠加的全面价值发掘和创造，即抓住并黏住客户，创造反复提供服务、延伸服务链条、扩大服务覆盖面、加速服务循环的机会，找到双方乃至多方的共赢点。

相对于银行传统的金融服务能力而言，在支付清算方面，由于网络支付具有能够满足用户存、取、借贷、理财、记账等多元化需求的特点，逐渐成为主流的使用方式，这就要求银行积极推动数字账户快速融入社交、旅游、消费等生活场景，提升用户使用的便利性；在融资借贷方面，由于“去中介化”的网络融资理念已逐渐被社会理解并接受，银行需要重新搭建融资平台，对接投融资需求，重构借贷业务模式以获取新的竞争力；在理财服务方面，技术成熟降低了理财服务门槛，促使网络理财放量增长，银行可借助机器人投入变革传统的服务方式、提升运营效率，进而将服务客户扩展至大众市场。

相对于传统的银行支付渠道而言，由于互联网占领了大量的用户入口，银行就必须构建以网络支付为基础，以移动支付为主力，以实体网点、手机银行、电话支付、自助终端、微信支付为辅助，多渠道融合的服务体系。

相对于传统的银行风险控制而言，由于互联网信息技术依靠其线下的海量数据进行充分分析，并依托线上所掌握的情况对客户进行综合评估和鉴别，能够较准确地对客户评定信用等级，掌握客户与客户之间信息所呈现的共同特征，以及由此能够细分客户群，使得银行规避风险的能力增强从而使可能产生的风险得到有效控制。

总的说来，以互联网信息技术为支撑的金融服务模式具备成本低、效率高、速度快、门槛低、精准度好等特点和优势，使得金融互联网与互联网金融相互融合，互利共赢，近年来成为金融业发展的趋势。我国工、农、中、建四大国有控股银行与四大互联网“巨头”（腾讯、百度、京东、阿里）陆续开展合作，更进一步证明了网络信息是银行包括普惠金融的技术支撑。

北川县内各家金融机构在普惠金融实践中，一是依靠科技，提高效率。大力铺设助农取款点、POS 机、自助银行共计 3 117 台套，发展手机银行用户 72 471 户，通过科技提高金融服务能力，通过持续宣传和引领，提高客户的自助服务能力，全县金融自助服务率达到 86. 14%。农信联社达到 88. 11%，其中地理位置在农村的 17 家网点，老百姓的自助服务率也达到 88. 13%。二是简化手续，让利于民。北川农信联社对手机银行自助贷款实行“一次授信、随用随贷、余额控制、周转使用、信用监控、动态调整”，在贷款授信额度内根据自己的资金余缺，随借随还，节约了大量的人工付出和资金利息支出。三是扩大小额信用贷款服务面。2017 年以来，北川农信联社的小额信用贷款不仅限于农民、城镇居民、企事业单位员工，进一步扩大为在校大中专学生、返乡创业“双创”人员以及社会信用、诚信意识好有金融需求的其他各类人员，为个人就业、发展、脱困提供宝贵的金融资源，为缩小贫富差距，社会稳定作出了有益的贡献。

总的说来，北川联社利用手机银行拓宽银行服务边界，满足人们随时随地随身，跨时间跨空间的金融服务需要，把主要的银行功能移植到手机银行实现，效果是实实在在的。其中2017年9月，手机银行开户达34 209户，开通贷款功能14 971户，分别占全辖人口总数的14.25%，6.23%，户口总数的40.66%和17.79%；仅以贷款功能而言，10万元以下信用贷款授信户的手机自助贷款率就达到63.4%。据统计，该联社2014年以来，已累计有15 536户农户自助发放小额信用贷款115 684笔，金额20.81亿元，现11 042户有余额，69 070万元。就充分说明其中的社会需求和运用前景。

北川县普惠金融的实践使我们得到的理性认识是：**①金融服务"以客户为中心"必须秉承"开放、平等、协作、分享"的理念。**需知道，网络信息打破了社会分工越来越细、专业化越来越强的社会结构限制，网络信息的互联互通，使信息难以封闭、封锁。网络信息难以封闭封锁，使得产业链垂直整合或横向开放成为可能，由此可以实现去中介化。去中介化，直接拉进了供需距离，降低了成本，增加了收益，为金融分享创造了条件。所谓金融分享就是对金融资源或金融要素的分享也是对金融利益的分享。有人提出分享金融，认为分享金融具有"三去一降一补"（即去时空化、中心化和中介化，降低边际成本，填补金融空白）的特点，能够有效地解决融资难，融资贵的问题。进一步说"以客户为中心"，解决了融资难，融资贵这一"老大难"的问题，才称得上分享金融。**②破解农村金融难题，缺少抵押品、缺少良好的政策环境只是表面现象，而非本质问题。信贷的基础是信息，农村金融的核心问题就是信息问题。**蓬勃兴起的大数据、云计算、人工智能就在于对信息资源的高度重视和深度开发。以信息资源作为信贷决策的依据，摒弃对担保物的崇拜，用信用贷款取代担保贷款有效地拓宽了客户基础。而农村信用社扎根农村60多年，本身就是一座农村农户信息资源宝库，守着宝库不运用，而日复一日从事烦琐庞杂的低效劳动，这无疑是金融排斥的又一症结！**③未来的农村普**

惠金融发展，应当是移动银行+大数据，两者结合将有效地将金融服务与客户挖掘、风险评估、节约资源、降低成本有机融为一体，开创农村普惠金融新的未来。

四、普惠金融的社会职责——缩差共富

2006 年 8 月，笔者曾以《金融在缩小收入差距中有何作为》为题在《光明日报》上发文指出："首先，在观念上转变，不能认为金融总是'嫌贫爱富'只能锦上添花，不能雪中送炭。其次，必须确立金融传统上具有在国民经济中分配、再分配的功能。最后，金融要为人们转移、降低风险，同时要对困难群体进行风险补偿。"按照这样的理念，我们进一步指出：当前值得关注的是怎样增强金融对农业的扶持？这是缩小收入分配差距实现共同富裕的当务之急。在农业现代化的进程中，既需要商业性金融，也需要政策性金融。我国农业发展银行属于政策性金融，但基于其所处的领域和服务对象，它应当同时具有扶贫性金融的性质。此外，对经济不发达地区安排特殊的金融制度，让这些地区享受特殊的金融待遇，也是缩小收入分配差距必须关注的问题。在我国，需要在金融领域扶贫的地区，一般是经济落后或欠发达的少数民族地区。

在这些地区的一定的阶段，存在经济不发达，金融环境欠佳，如金融机构的规模偏小、资产负债状况不匹配、维持的费用高、累积的亏损大、承担风险的能力弱等问题，但仍需要金融机构为居民金融服务。为居民提供金融服务就要耗费人力、物力、财力，在当地金融机构无法承受的情况下，就需要给予其特殊的政策待遇。把某些地区的金融机构的享受特殊政策待遇，视作地区扶贫性金融运作的一种模式，表明金融不只是融通资金，而且会提供"公共产品"，金融服务是居民享有金融"公共产品"的一个方面。为居民享有金融服务，提供公共产品而耗费的成本代价是应当由政府支付的。其实，金融机构产生的不良资产也是金融机构运营中所耗费的代价，而且这种成本代价的一部分也具有公共性质。如由于自然灾害的发生形成的不良资产、由

于扶贫开发失效或科技试验失败而形成的不良资产等，具有公共性质的不良资产也应当由政府予以妥善处理。

北川金融的实践向我们证明：金融在缩小收入差距实现共同富裕中是大有作为的。①近五年来，北川的收入差距呈缩小的趋势，即农村居民可支配收入与城镇居民之比，从 2012 年的 33.15% 提高到 42.9%，五年间城乡居民之间的收入差距减少了 2 757 元。②这五年，是各级党委政府脱贫攻坚任务繁重，支农助农扶农政策密集，金融机构普惠金融、扶贫信贷投入增长最快的时期。仅以农村信用社为例，从 2012 年以来，该社农户小额信用贷款余额由 0.97 亿元增加到 2017 年 9 月的 8.73 亿元，五年间增长 796.17%。③这五年，也是普惠金融发展创新力度大，金融排斥减少，老百姓金融服务所得率和满意度提高最快的时期。2016 年全县农村居民恩格尔系数达到 0.42，达到小康标准。这其中金融机构认真贯彻以习近平同志为核心的党中央精准扶贫、发展普惠金融的正确决策密切相关，也从侧面印证了金融在实现精准脱贫，缩差共富的伟大实践中是大有作为的。

习近平总书记在 2016 年 9 月 4 日 G20 杭州峰会上指出：消除贫困和饥饿，推动包容和可持续发展，不仅是国际社会的道义责任，也能释放出不可估量的有效需求。据有关统计，现在世界基尼系数已达到 0.7 左右，超过了公认的 0.6 危险线，必须引起我们的高度关注。习近平总书记狠抓精准扶贫，限期实现小康，实属英明之举。习近平总书记还指出："唯有益天下，方可惠本国，"可见缩小贫富差距是国际社会的道义责任。这表明对于贫富差距的扩大，中国是高度重视的。其解决的途径之一是着力在政策层面上推动贫困人群的脱贫致富，提高消费能力，培养他们成为推动经济增长的主要力量。

效率为什么不会自动转化为公平？简要的回答是在市场经济条件下，效率向公平转化，不是道德行为，而是市场行为。当一部分人有了效率从而富起来了后，不会"发善心"自动帮助那些缺乏效率从而仍然贫穷的人们，而且着力寻找另外的投资。投资需要有"流动性"，主要是"钱"，没有钱就不能投资，就不能缩差共富，所以，贫富差距的存在主要是一部分人即穷人的钱少了。为了使穷人有钱，有致力于投资的流动性的资产，北川县金融机构除了授信，给钱外，更重要的是帮助他们寻找能发财致富的项目。在这一方面，本文在“普惠金融的经济基础——资源配置”中已作了充分阐述，在这里不再赘述。这里要指出的是：效率与公平不是一种合作博弈，而是一种零和博弈，即在一部分人具有效率从而富起来，而另一部分人缺乏效率从而比较穷的状况下，在财富的分配上，贫富差距不是缩小而是不断扩大，即一部分人拿得更多，另一部分人拿得更少。缩小差距的途径之一，必须让贫困人变成为投资者、消费者，成为推动经济增长的主要力量。这是我们悟出的又一理性认识。

当然，贫富差距总是存在的，我们要致力于缩小差距，而不是扩大差距，更不是消除差距。问题在于差距的幅度要能使大多数人能够接受，并最终实现共同富裕。差距的存在会带来人们相互间甚至对政府的不信任，也就是说不公平与不信任存在因果关系，人们的信任是建立在对公平理解的基础上的，而影响公平或不公平的因素有主观的也有客观的，由主观因素引起的不公平，人们容易理解，也容易接受，不会产生或较少产生不信任，相反，由客观因素引起的不公平，人们不容易理解也不容易接受，会产生或较多产生不信任。实行普惠金融就是要着力弥补客观因素引起的不公平，从而实现和谐共处。

五、普惠金融的价值取向——以民为本

以人为本是儒家文化的一部分。早在 3 000 多年前春秋时期齐国名相管仲就在《管子》中提出“夫霸之所始也，以人为本。本理则国固，本乱则国危”。在这里人与民同义，应当说这从治国理政的角度，阐释以民为本的含义。此外，以民为本还有多种含义。

从资源分配的角度说，要重视人的需要，组织设计、投入产出要以人为中心。进一步说就是要把人民的利益作为一切工作的出发点和落脚点，把人民群众作为推动历史前进的主体，不断满足人们对美好生活的需要和实现人的全面发展。从企业管理的角度阐释，“以民为本”要“以客为尊，以诚为源，以质为先”。当代“以民为本”是科

学发展观的重要内容和核心。权威部门曾把这一思想贴切地形象地表述为“权为民所用，情为民所系，利为民所谋”。这是从推动经济发展和社会进步对“以民为本”的经典概括。按这样的概括，“以民为本”就不仅是理念、策略、举措、途径，而是战略，是根本。

在这里需要从普惠金融的视角审视“以民为本”是普惠金融的价值取向。

比如该联社一位姓刘的客户，丈夫在地震中去世，母子俩在地震中受伤致残，分别评为 2 级和 4 级，享受政府低保。但该户在享受低保政策的情况下，却能按期归还政府担保并给予利息补贴的住房贷款，信用社人员调查后发现，这位刘姓妇女虽然家庭收入匮乏，经济条件较差，但自立意识强，也有一定的经营能力，在原单位也曾经是一个部门的负责人员，因此在她提出需要一些贷款，与儿子开展网上农副产品销售和产品代销时，信用社当即发放了 3 万元的信用贷款，贷款授信额度直至2016 年的 10 万元，现在母子俩月均收入能达到 6 000 元左右，甩掉了贫困低保户的帽子。与此同时，手机银行进一步弥补了母子俩办理银行业务时行动上的不便，在 2017 年的 6 个月时间里，他们自助获得贷款 38 笔，8. 74 万元，还款 68 笔，转账 44 笔，金额 102. 57 万元。这充分证明了是数字普惠金融弥补了母子俩发展能力和行动能力上的不足。

（一）当代，金融资源配置的主体正在发生变化

金融资源大体说来，是金融领域中能够作用于客体的各种要素总和。在过去相当长的时期中，它的主要内容是货币资金及有价证券。此外，社会成员之间的信用以及社会成员与政府之间的信用也能够称作金融资源。我国的金融资源主要掌握在国家或政府手中，这不仅集中表现在国有股份制商业银行、国有独资商业银行以及国有政策性商业银行占领了我国金融市场的绝大部分，而且表现在股份制商业银行、地方商业银行以及其他金融机构也基本上是国家或政府控股。这种状况的存在归根到底是由我国金融制度的性质和体制设计决定的。也就是说，我国金融资源集中掌控在国家手中，具有垄断的性质。

但是，必须看见，近年来由于互联网的发展，非金融机构从事金

融活动的兴起，金融资源的配置正在起变化，已经起变化。

我国现阶段的现实是从事经营金融业务不仅是机构，同时还有自然人。其中既有依法合规准入的各种金融机构，也有非金融机构和主要由自然人组成的组织，如蚂蚁金融、京东白条、众筹、共享单车押金、委托代理、借贷宝、各种基金［风险投资基金（VC）、脱权投资基金（PE）、母基金（FOF）］等。能够说，不论是机构还是自然人，从事经营金融业务活动的形式，“五花八门”，不胜枚举。这些业务活动美其名曰：“金融创新”“金融业的新业态”，对推动经济社会的发展有正面效应，也有负面效应。对此，在这里我们存而不论。我们要指出的是：大势所趋，不可避免。

这种大势所趋，不可避免，猛烈地冲击着我国长期以来稳固的金融体系，也巨量地分流了宝贵的金融资源，并将继续影响人们的金融消费和我国的金融生态。作为中国共产党领导下的社会主义大国，党对国家社会、经济生活的影响是全方位的，所谓“党政军民学，东西南北中”。党对金融资源的控制和引领，就是要体现党的意志，实现“全面建成小康社会，一个不能少；共同富裕路上，一个不能掉队”的奋斗目标，实现“举全党全国之力，坚决完成脱贫攻坚任务”的庄严承诺，不断增强人民的获得感、幸福感、安全感，不断推进全体人民共同富裕，体现“为人民服务”的根本宗旨，以及党的十九大提出的国家强大，人民幸福，生态美好的中国梦的宏伟蓝图。这当中，凝聚金融力量发挥“金融是经济的核心”“金融稳经济稳，金融活经济活”的作用至关重要。

发展普惠金融，服务国家“乡村振兴战略”“坚决打赢脱贫攻坚战”，是党领导下的金融机构义不容辞的责任，也是金融机构实现发展的重大挑战和机遇。必须转变观念，树立新的发展理念、服务理念，以人为本，为人民服务，把人民对美好生活的向往作为奋斗目标。在践行普惠金融发展理念，提升对广大人民群众金融服务水平、服务质量的伟大实践中当先锋挑重担。

（二）当代，金融资源配置的客体正在发生变化

过去相当长的时期以来，金融资源配置的客体，金融业服务的对

象，主要是生产流通企业融通资金的需要。也因为在政府推动经济发展，经济又主要是中央或地方国有企业推动的情况下，企业融通资金主要靠各个层次的商业银行。但必须看见，金融资源配置的客体，金融业务服务的对象，已经发生变化。第一，它要推动作为第三产业即服务业的发展。第三产业通常称作服务业如物流业、旅游业、信息业甚至医疗、养老、教育等领域，也是实体经济，要推动这些领域的发展，即供给侧结构改革，有利于社会经济结构的优化，有利于提高人们的素质和生活质量，有利于促使人的全面发展。第二，它要推动环境生态的恢复和优化。所谓“绿水青山就是金山银山”，这不仅是对绿水青山价值的认同，更重要的是人们对环境的诉求和偏爱。此外，人们要享有绿色的生活资料，以保证人们的健康和长寿，它表明金融资源的配置早已不能以商业价值去衡量而必须以人文价值去衡量。第三，它要推动科技的创新发展。科技是生产力，经济发展和社会进步必须依靠科技创新。第四，它不仅要推动社会基础设施的建设，而且要推动公益性、准公益性事业的发展。也就是说金融资源的配置、金融业服务的对象不能只追求利润最大化，而要追求经济利益和社会价值的统一。这四方面的变化，集中起来说，金融要承担更多的社会功能。这样的功能要靠普惠金融去实现，去维护，去彰显，让人们能够得到获得感。

（三）当代，金融资源配置主客体双方关系正在发生变化

中华民族是一个深受传统文化影响的民族，重情义，恋旧情，知恩图报，铸就了中华民族的文化心理。当金融施行“以民为本”，当金融消费者有个性需求，而金融业对消费者又付出关怀时，金融业收获的不仅仅是新业务增长带来的利润，更与消费者之间建立了情感纽带，这种情感联系有助于树立金融机构在社会上良好的公共形象，为金融的长远发展奠定了社会基础。比如金融机构针对一些弱势群体推出“急人所难”的金融服务，其收获的就不仅仅是客户群，而更重要的是建立了银行关怀弱者的人文理念。再如对家庭贫困的学生，推出助学贷款，让学生顺利完成学业，成为自食其力的劳动者，从而改变命运。这样，受益的学生就会因为这份特殊的情感而成为这家金融机

构的忠实客户和推介者。金融机构关怀的人越多，其回报的“泉水”也就会越多，就越有利于金融的长远发展。

这样的金融资源配置其主客体双方关系的变化，需要在一定的金融领域建立、深化、弘扬，而这一领域应当是普惠金融。必须看到普惠金融的实践，正改变着金融领域的相关关系。

北川普惠金融的实践理念是：积极运用信息数字技术发展的最新成果，让数字技术为普惠金融解决服务短板，为弱势群体提供小额信用贷款，代收代付，小额支付等金融支持，充分履行正规金融机构的服务职责；发挥金融机构制度健全、风险严密、保障有力的传统优势，让数字金融帮助传统业务焕发新的生机活力，在新金融、新经济的创新发展中占据应有的地位，继续发挥县域支农和普惠金融的主体、主导作用。

北川普惠金融的实践，使我们在理性认识上有新的视角：①金融机构要履行社会职责，创建良心企业。金融支持发展，不能做经济动物，不能为企业自身的利益破坏经济和社会和谐与健康。要积极运用资金支持、利率优惠、手续简化、条件放宽、服务创新等各种手段，打通普惠金融“最后一千米”，把金融发展建立在经济社会和谐健康发展上，建立在人民期盼的绿色生态质量提升上，建立在人们长远利益和根本需求上。②金融机构要服务弱势群体，弘扬普惠情怀。人们的一切社会活动，经济活动，根本的服务对象都是人类自己。发展为了人民，成果由人民享有。这里的人民是全体的人民，普惠金融服务的人群是人民之中的弱势群体，是迫切需要发展和帮扶的这部分人民。弱势并不等于弱质，弱势更需发展。因此，在服务人群上重点关注农村，偏僻山区农民、外出务工农民、大中专学生、双创人员、信用记录良好的青年等；服务内容上以贷款、支付、结算、保险为主；贷款方式上以信用贷款和信用保证贷款为主；服务渠道上以各乡镇物理网点、自助银行和手机银行为主，努力创造服务普惠，共同发展的金融服务生态。

六、普惠金融的生命力——锐意创新

在《三论普惠金融》中，我们曾经指出：当代，在金融领域面临着重大挑战，即数字货币的挑战和科技金融的挑战。挑战也意味着机遇，从某种程度上说，数字货币和科技金融的普及极大地提升了普惠金融的深度和广度，这既表现普惠金融的发展趋势，也彰显了普惠金融的生命力。我们试图通过绵阳北川农村信用联社发展数字普惠金融实例，对普惠金融发展的生命力做进一步解析。

北川县在实践普惠金融方面取得了巨大成就，也丰富和提高了人们对普惠金融的认识。随着时代的前进，他们不故步自封满足现状，而是锐意进取，砥砺奋进：

1. **开展全覆盖授信，着力解决贷款难。**北川县金融机构从 2016 年开始到 2017 年 9 月末，全辖区共对户籍总户数 84 139 户中的 71 448 户进行了授信，授信金额 52. 19 亿元，授信面达 84. 92%。

其中作为普惠金融重点金融机构的北川农信联社，授信户数达到 57 915 户，授信金额 40. 24 亿元，分别占金融机构授信户数的 81. 06%，金额的 77. 10%。并且对授信贷款实行：一次核定，随用随贷，余额控制，周转使用，信用监测，动态调整。授信额度原则一定三年，可根据客户需求及经营变化动态调整。

2. **简化贷款手续，着力提升金融服务渗透率。**北川县各金融机构在风险可控的前提下，针对县域个人类小微贷款客户的实际状况，对信贷政策适度放宽，手续简化，降低服务门槛，减少金融排斥。注重对客户思想道德、社会诚信、个人信用的价值挖掘，弱化担保抵押品等硬条件约束，释放客户的金融需求，提升金融产品的渗透率。对依法经营者优先；尊老爱幼，邻里和睦，社会诚信者优先；勤劳致富，按期归还贷款者优先，着力培植普惠金融健康发展的社会土壤和经济环境。在信用社 10 万元以下的小额贷款授信中，信用和信用保证的占比达到 100%，破解了弱势群体贷款难的最大瓶颈。

3. **大力推广数字金融，着力提高金融服务满意度。**北川县政府和人民银行制定量化的数字普惠金融发展规划，鼓励北川银行机构拓展数字金融业务，对传统网点进行智能升级，构建线上线下一体化服务平台；积极推行手机银行云闪付、扫码支付等新型服务方式创新，充分利用移动终端载体，提升数字金融活跃度。支持农村信用社发挥普惠金融主力军作用，鼓励通过“蜀信 e · 惠生活”社区服务平台，打造“e 贷通”系列线上信贷产品，鼓励国有银行推广“征信+网络小额信贷”模式和地方银行“易捷贷”“掌柜贷”等信贷产品。

4. 深化涉农金融服务创新，提高普惠服务精准度。根据农村、农业特点和农业供给侧改革的金融需求特点，制定针对农业大户、家庭农场、农业产业化企业等新型农业经营主体的金融服务方案，推广“互联网+涉农龙头企业+上下游种养殖户+经销商”“互联网+企业+农业合作社/家庭农场/其他+农户”等产业链融资支付结算模式，实行“靶向疗法”式的精准服务。

北川农信联社在普惠金融创新中做了积极的探索：一是与农业综合化服务平台合作，探索金融精准服务涉农产业模式。“农当家”是由清华大学启迪基金为主要投资人的现代农业综合化服务平台，是国内首创的通过互联网平台提供农业整体解决方案的新型商业企业，也是行业内唯一一家为农业经理人提供农资、农机、农化、农技和农村金融服务的农业综合类创新型技术平台。该公司计划用 3 年时间，将服务覆盖川西南部地区，建立不低于 10 家高级运营子公司，培养不低于 3 000 个农业经理人。

二是瞄准金融需求，拆解金融排斥。北川农信社与政府、农业、扶贫、团委及税务、保险公司合作，针对金融服务弱势群体，利用各协作单位掌握的客户资源，开展需求和服务对接，连通金融服务通道。

5. 立足商业可持续，打造数字普惠金融北川模式。一是探索财务可持续、风险可控制，经验可复制的商业模式。即找到基于金融企业自身发展可持续的措施办法。北川农信联社认为，普惠金融的可持续，不是由政府主导推动的政府行为、政策行为；也不是建立在以理想道德追求为目的诉求的慈善行为，普惠金融的发展是建立在千百万人共同参与基础上的合力支持推动的经济行为、政策行为、慈善行为的社会经济实践，因此必须找到可持续的生存基础。只有商业可持续才具有稳健的发展基础。对此，他们的设想是：①利用方便、快捷简单的服务渠道和工具，大规模节省普惠金融服务的成本。②着力寻找控制风险、提高效率的有效办法。在广大农村，合理有效的金融需求比较普遍，金融排斥的根本症结在于担保品缺乏，贷款手续复杂，这既影响了普惠信贷的普及，也人为造成了不良贷款的虚高。通过我们调查研究，农村存在最广泛、最深厚的信用文化传统，唤醒信用价值，赋予信用在经济活动中的资本价值，以社会信用、思想道德、人生价值观作为评级授信条件，通过北川农信联社的有益尝试，已取得了显著的效果。2014 年以来，该联社累计向 48 902 户城乡居民发放信用贷款 184 400 笔，46.04 亿元，截至 2017 年 9 月，在现有 16 553 户余额 8.73 亿元中，不良贷款仅 933 万元，不良率 1.07%；其中，手机银行贷款余额 6.91 亿元中不良贷款仅 144.85 万元占 0.21%。其中，信用贷款手续简单方便；通过手机银行贷款利率优惠；以信用为基础，信用是获取优惠信贷支持的前提，这一创新关系颇有意义。因此，长期受到金融排斥的城乡个人客户对信用价值的认识普遍提高，诚实守信行为被激发了出来。这也说明，普惠金融的风险控制，担保并不是万能良药，在合理区间，在正确的引导下，完全可以释放个人信用在控制风险的潜在的巨大价值。③探索数字普惠金融的业务发展模式。普惠金融主要解决对弱势群体的金融服务不足的问题。消除金融排斥障碍，打通对弱势群体的金融服务通道，在数字化服务的今天并不是太难之事。管理、成本、渠道、风控都有比较成熟的解决方案。关键在于持续坚持下去的体制机制必须建立起来，以保证持续地学习、深化、践行普惠金融的新理论和新实践。北川农信联社的思路是把企业打造成一家专注普惠业务、专注“三农”领域、专注小微产品的具有特色化产品、特色化定价、特色化服务、特色化经营的“川农普惠银行”品牌，探索践行普惠金融的可持续发展新路径。

总之，数字普惠金融的发展模式，必须是符合社会公德、商业道德的模式，洞察客户需求，实现客户愿望的模式，需要具有高度的责任感和使命感的金融机构不忘初心，砥砺前行，积以跬步，久久为功的坚韧意志和奉献精神。北川的实践和决心难能可贵值得发扬。

应当说，他们的打算和安排是必要的、可行的，是符合新时代要求的。这使得我们的认识是：

（一）**建立和发展普惠金融的时代背景正在变化，已在变化。**当代，在金融领域面临着两大挑战，即数字货币的挑战和科技金融的挑战。数字货币建立在信用关系的基础上，数字货币实际上是信用关系的量化，信用关系包含着权利与义务的关系。数字货币流通也就是信用关系中权利与义务的产生和抵消。它的优越性是不要真实的法定货币出现就已完成了交易，既节约了成本，又提高了效率。但数字货币的出现，改变了真实的法定货币供求，强化了货币供给量和需求量的不确定性，这给货币政策调控带来了巨大挑战，也存在潜在的金融风险。不过，它拓展了金融服务的面，为普惠金融的建立和发展创造了条件。

金融科技（Fintech）的出现，推出了不少金融科技产品，如自动发卡机、自助柜员机等。这些产品颠覆了传统的金融业务，创造了机器人投顾平台，节约了金融业的人工成本，提高了金融服务的质量和效率，增强了金融机构的信用度，加强了金融机构与顾客和其他社会成员的联系，也为普惠金融的建立和发展创造了条件。

（二）**普惠金融的功能正在变化。**以往的普惠金融着力点是扶助弱小、支持脱贫。当代，扶助弱小、支持脱贫仍然是必要的。但要知道，一个地区脱贫以后，仍然需要普惠金融。这种状态下，普惠金融主要惠及低收入阶层和推动中产阶层的形成，以巩固、稳定社会和经济基础。进一步说，就是要通过普惠金融，推动经济增长，缩小收入差距，舒畅人心。习近平总书记指出："从现实的维度看，我们正处在一个挑战频发的世界，世界经济增长需要新动力，发展更需要普惠平衡，贫富差距鸿沟有待弥合。"所以，我们认为普惠金融的功能正在向着消除贫富差距、弥合鸿沟方向变化，实现发展平衡。

（三）**普惠金融的面涉及全球。**当代全球有发达国家，有发展中国家。不仅发展中国家经济需要发展，存在着贫富差距，而且发达国家的经济也需要调整、恢复，也存在着贫富差距，并有越来越严重的趋势。在这种形势下，普惠金融既要作用于发展中国家，也要作用于发达国家，所以它的作用面涉及全球。

（四）普惠金融的普惠性将逐步深化。实践表明：金融的普惠性不仅仅涉及当事者双方或三方，而且要涉及广大的社会公众；金融的普惠不仅仅惠及当前，也要惠及未来；既有现实的普惠，更有潜在的普惠。在这一方面，典型案例集中在农村：在农村，通过普惠金融，打造农村环保产业，改善农民生活条件，发展生态农业，生产绿色农产品，不仅维护了当代人的身体健康、生活延续，而且造福于子孙后代。

这种变化给金融服务提出了更高的要求，同时给我们提供了机遇。迎接机遇和挑战的着力点，要看到金融服务的不足。《国务院推进普惠金融发展规划（2016—2020）》提出的普惠金融发展的总目标是：①提高金融服务可得性，包括：传统服务人群；特殊服务人群；新业态、新模式、新主体；创业农民、创业大中专学生；保险等。②提高金融服务覆盖率，包括：乡乡有机构，村村有服务；乡有物理网点，村有助农取款服务；城镇企业、居民金融服务便利性提升；城市、社区金融服务广度深度提升等。③显著提升金融服务满意度，包括：金融工具使用效率；申贷获得率和贷款满意度；小额农户信用建档率；降低金融服务投诉等。

规划强调要提高和提升金融服务的可得性、覆盖率和满意度，简单地说就是要着力弥补金融服务的不足。

参考文献：

［1］焦瑾璞，陈生强，李东荣. 五道口金融论坛上的发言［EB/OL］. http://money.people.com.cn，2017.

［2］郭田勇，丁潇. 普惠金融的国际比较研究［J］. 国际金融研究，2015（2）.

［3］李敏. 互联网金融视角下农村普惠金融的实现机制、难点及对策［J］. 浙江金融，2015（12）.

［4］林钧跃，信用体系理论的传承脉络与创新［J］. 征信，2012（1）.

[5] 许为民，农村信用体系建设的难点问题及解决路径［J］. 征信，2015（3）.

[6] 郝云宏，崔平. 关于资源优化配置的若干思考［J］. 山西财经大学学报，2001（10）.

[7] 曾康霖，三论普惠金融［J］. 征信，2017（7）.

[8] 曾康霖，罗晶，黄萌. 以县级区域为基础，扩大农村为前沿阵地，建设和发展中国社会经济［J］. 征信，2017（2）.

[9] 曾康霖，吕家进. 大型商业银行建立和发展微型金融研究［EB/OL］. https://user.qzone.qq.com/84552464/Infoc-enter.

[10] 张晓勤. 数字普惠金融视角下的北川实践［EB/OL］. https://user.qzone.qq.com/84552464/Infoc-enter.

[11] 张晓勤. 关于数字普惠金融的学习思考和建议［EB/OL］. https://user.qzone.qq.com/84552464/Infoc-enter.

[12] 张晓勤. 关于设立数字普惠金融实验区的思考［EB/OL］. https://user.qzone.qq.com/84552464/Infoc-enter.

[13] 黄萌. 普惠金融的发展和创新［EB/OL］. https://user.qzone.qq.com/84552464/Infoc-enter.

[14] 央视财经. 中国银行业大洗牌！四大行牵手四大互联网巨头，谋一个大局［EB/OL］. http://news.ifeng.com/. 2017.

[15] 温信祥，张蓓. 科技如何改变金融［J］. 财经，2017（4）.

[16] 互联网思维是一种什么样的思维［EB/OL］. https://user.qzone.qq.com/84552464/Infoc-enter.

[17] 新浪财经. 央行决定对普惠金融定向降准 2018 年实施［EB/OL］. http://finance.sina.com.cn/. 2017.

[18] 蚂蚁金服评论. 数字化金融、社区金融、消费信贷、中国零售银行如何创新［EB/OL］. http://toutiao.manqian.cn/. 2017.

[19] 银行业金融科技转型报告. https://weibo.com/. 2017.

[20] 阙方平. 科技金融新观察［J］. 征信，2017（5）.

[21] 伦敦交易号. 金融学研究的本质是什么［EB/OL］. https://user.qzone.qq.com/84552464/Infoc-enter.，2016.

对我国金融热点问题的探讨

近年来，人们在关注国内外经济发展变化的同时特别关注金融领域中的一些不同寻常的情况：物价上涨，通货膨胀，而银行的存款利率却不相应变动；民间高利贷盛行，小微企业融资困难，而金融机构的准入门槛却不相应降低；工商企业成本增加，利润率下降，经营困难，而商业银行利润却高企等。对这些问题有的学者把它提到“维护既得利益，不愿意推进金融改革”的高度来认识。在2012年召开的“两会”上，一些代表委员针对上述问题发表了不少意见。可见金融领域中的问题已经是国家的大事，被纳入参政议政的内容之一。当前政府又鼓励民间资本进入金融领域，提出要打造“绿色金融”。

基于对社会的责任感，更基于对金融业的关注，我们针对以下问题提出意见，供实际部门和学术界探讨。

一、民间资本进入金融领域的探讨

民间，作为一个空间概念，相对“官方”而言。民间资本也就是区别于“官方”的资本。在我国，“官方”的资本是国有资本，所以民间资本又可理解为非国有资本。并非泛指鼓励非国有资本进入金融领域，而是指非国有资本中的特定部分进入金融领域。这个特定的部分主要是由私人掌握的货币资金。所以概括地说：鼓励民间资本进入金融领域也就是鼓励私人持有的货币资金进入金融领域。这样辨析绝不是概念游戏，而是政策规范，它关系着政策导向。

2005年8月，国务院就在下达的《关于鼓励支持和引导个体私营等非公有制经济发展的若干意见》（又称为 36 条）中提出：“允许非公有资本进入金融服务业”，其中包括“允许非公有资本进入区域性股份制银行和合作性金融机构。符合条件的非公有制企业可以发起设立金融中介服务机构。允许符合条件的非公有制企业参与银行、证券、保险等金融机构的改组改制”。2010 年 5 月，国务院又发布了《关于鼓励和引导民间投资健康发展的若干意见》（又称新 36 条）。

“新 36 条”再次提出要“允许民间资本兴办金融机构”，其中第 18 条还明确指出：“支持民间资本以入股方式参与现有商业银行的增资扩股，参与农村信用社、城市信用社改制，”“鼓励民间资本发起或参与设立村镇银行、借款公司、农村资金互助社等金融机构，”“支持民间资本发起设立信用担保公司，”“支持民间资本发起设立信用担保公司，”“鼓励民间资本发起设立金融中介服务机构，参与证券、保险等金融机构的改组改制。”为了实现上述政策目标，第 18 条还提到要放宽几个具体的限制，从而把几道看得见的门开得更大一点。其中包括“放宽对金融机构的股比限制”“放低出资比例的限制”“适当放宽小额贷款公司单一投资者持股比例限制”“落实中小企业贷款税前全额拨备损失准备金政策，简化中小金融机构呆账核销审核程序”。这一过程表明：让民间资本进入金融领域，是我国政府既定的政策，现在提出“鼓励”是有别于“允许”，强调由被动为主动。

（一）鼓励民间资本进入金融领域的原因

现阶段有人大致估计，民间私人持有的货币资金量约 2 万亿元左右（有人说 3 万亿元），约占货币供给量的 1/4。换句话说有 3/4 的货币资金在银行和各种金融机构中有组织地融通，有 1/4 的货币资金在银行和各种金融机构以外无组织的融通。鼓励民间资金进入金融领域的实质就是想把这 1/4 的存在于银行和各种金融机构以外的货币资金组织起来，有序地融通，让它发挥积极作用。此外，鼓励民间资本进入金融领域的初衷就是调整融资结构，解决小微企业、个体经济的融资困难。能不能实现这一初衷需要实践来检验。在这里仅就“以小对小，以私对私”是否是好的选择来进行理论探讨。

有人主张我国融资结构应当“以小对小，以私对私”，因而只有兴办民营银行才能解决小微企业特别是民营小企业的融资问题。我们认为问题并非这样简单。小微企业的融资需要有几种情况：有基本建设投资的融资需要；有经营管理中资金短缺的融资需要；有新技术、新产品开发的融资需要。不同的融资需要应当有不同的途径去解决。第一种融资需要应当选择自我积累和政策性金融的途径解决；第二种融资需要应当选择商业性金融的途径去解决；第三种融资需要应当选择风险投资的途径去解决。这表明组建民营银行"以小对小，以私对私"是不能完全解决小微企业融资问题的。但这样说并不否认在市场经济中需要小型金融机构。从哲学的角度说：事物都是由小到大，大中包含着小；从经济学的角度说，小有小的长处，也有短处。它的长处是比较灵活，"树大招风"，树小可避风；业务的覆盖面广；运作的针对性强；可适顾客之需，解顾客之急；决策层次少，能提高效率等。而它的短处是实力不强，承受风险的能力弱。实践证明，大不一定能防范风险，反之小也未必不能防范风险，关键在于体制和机制。在体制上产权明确，在机制上权利分明就能防范风险。防范风险与承受风险是"两码事"。即使能有效地防范风险不等于说它承受风险的能力就强。从金融机构的发生、发展趋势看，着力建设发展小型金融机构是否符合时代潮流，是否是发展方向？需要探讨。有人说小的缺陷是不能获得规模经济，不能"多种经营"以盈补亏，只能做零售业务，不能做批发业务；业务分散，涉及面广，包涵着更大的风险；机构小难以增强实力，提高信誉；机构小容易被个别人把持，为所欲为，这样容易发生道德风险，难以建立分权监管制度。我们认为这些意见的确需要注意。但必须指出，融资决定于经济的发展和客户的需要，金融机构是大好还是小好，不能一概而论。大有大的好处，也有难处。小有小的好处，也有难处。现在的问题是，以大对大，以小对小是否符合事物的发展规律，是否是好的选择。其实大予以"分离"能够对小，小予以"合作"能够对大。现代商业银行面对的客户不应当有大小之分，只能有优劣之分。

（二）鼓励民间资本进入金融领域的途径

应当看到我国相当一部分的民间资金已经进入贷款公司、担保公司、投资公司、租赁公司、典当行等进行融资活动，这种状况总的来说应当都是合规的，都是在阳光下的金融活动。把这部分金融活动纳入私人持有的民间资金进入金融领域的组成部分，则它可能占民间资本存在于银行和各种金融机构的资金的40%，所以要鼓励民间资本进入金融领域。必须看到已经有相当大的一部分民间资金已经进入了金融领域。鼓励民间资金进入金融领域是否必须大力发展小型金融机构呢？从管理制度规范的角度来说应当如此。如何发展这样的金融机构？历史的经验和国外实践的教训告诉人们：私人无论是法人还是自然人是不能办银行的，这是基于银行这种金融机构的特殊性。私人的货币资金要进入银行，只能通过参股或购买股票等方式进行。这不仅是因为股份制的银行具有社会性，而且它只能对负债负有限责任而不能负无限责任。所以鼓励民间资本进入金融领域，让私人办银行这个口子不能开。能够让私人持有的货币资金进入金融领域的途径只能是让私人参股入股商业银行和其他金融机构或准金融机构。在上述两个“36条”中的规定中也明确了民间资本进入金融领域的途径，但实际上是有条件的，这些条件必须在理论上确立，在实践中操作可行。

金融业是个风险行业，民间资本进入金融领域的重要条件之一是由谁来承担风险。仅就商业银行来说，由谁来承担风险不完全取决于我国现阶段金融的总体现状，而很大程度上取决于改革、发展的趋势。因为现状是要变的，而且不能说“存在总是合理的”，只有从变革的角度看问题，才符合时代潮流。进一步讲，由谁承担风险取决于以下机制：①风险控制机制。金融业是个风险行业，能不能建立民营商业银行，首先要考虑风险如何控制。在市场准入中，为什么要求有足够的资本金，为什么要求从业人员特别是管理层要有符合条件的任职资格，这无非在于风险控制。如果有足够的风险控制能力，就应当依法建立民营商业银行，建立的民营商业银行要自担风险，不能把风险转嫁给中央银行。当然，也不能够把风险转嫁给社会，对此必须建立银行保险机制。有人说要兴办民营银行必须首先建立银行存款保险公司，这是很有道理的。②资金的供求机制。金融以信用为基础，信用双方产生供给与需求，反映在银行业务中也就是信贷资金的供求。中国经济发展不平衡，信贷资金的供求也不平衡。从总体上说国有银行垄断金融的局面有它存在的基础，但从局部说国有银行垄断就不一定符合经济发展不平衡以及融资结构的现状。现阶段值得注意的情况是：经济发达地区，货币资金充裕，而且货币资金主要掌握在民营企业家手中。在这样的地区，怎么投资、融资，国有银行是无法左右局面的，而主要取决于企业家的选择。企业家的选择反映为对货币资金的供求，货币资金的供求为什么一定要集中到国家银行呢？信用关系不仅是双方的，而且是平等的，平等意味着自主权。所以从维护信用的平等权和融资的自主权出发，也应允许依法建立新兴商业银行。③市场的退出机制。在考虑让民营商业银行市场准入时就必须设计好它的退出。总结我国过去金融机构设立的经验教训，不仅没有严格规范地准入，而且没有建立退出机制。比如城市信用社，想当初讨论为什么要建立城市信用社时是何等的热闹，几乎是一片“喝彩”声。后来城市信用社运转不灵后没有去充分讨论它们的退出，只是“关并了之”，把风险几乎全部转给了央行，由央行“填窟窿”。总结过去的经验教训，归纳起来说都没有严格按市场机制运作办事。如果严格按市场机制运作办事，就没有理由不让民营商业银行建立。

总之，银行也是一种企业。这种企业供给产品，它能不能存在决定于市场对它的产品的需求，如果它的产品供大于求，对它的产品需求减少，它自然会退出市场；但如果它的产品求大于供，对它的产品需求不会减少而是增加，则自然有它施展才干的余地。从监管者的角度说，要使这种企业真正地自主经营、自担风险、自负盈亏，而不是去替它承担风险。所以要不要设立民营银行，不在于“私人资本的规模还不够”，而在于私人资本是否具有自我承担风险的能力。而具不具备自我承担风险的能力影响的因素有很多，重要的是广大社会公众的信用观念、信用秩序。在信用纪律未建立和完善起来以前，会加大金融风险，这是不以人们意志为转移的，也是私人资本无法控制的。从这个意义上说，要不要办民营银行要慎之又慎，但不能不允许试点。

（三）民间资本进入金融领域关键在人

当前，在鼓励民间资本进入金融领域的形势下，国务院决定金融改革，在浙江温州试点，其改革的12条内容中主要有两个亮点：一是让民间资本进入贷款公司；二是让符合条件的贷款公司改制为村镇银行。这两个亮点的实质是让一部分有钱的人进入金融机构，经营金融业务，让私人主持的金融机构有权面向社会公众吸收存款。这样改革的初衷是想把民间的货币资金纳入有组织的融资活动，合理地进行金融资源分配，维护金融稳定，使金融秩序有序运转。这样做要能实现它的积极效果，重要的是人，让什么样的人进入金融机构把民间资本纳入有组织的金融活动，以实现改革的初衷。近期广东发生了华鼎融资担保公司董事长陈奕标的出逃事件，事件的主要原因概括地说是华鼎公司截留所担保的企业借款用于理财，资金链断裂造成巨大损失，给银行带来风险，给社会带来灾难。与此同时，农行江苏江阴要塞支行行长孙锋携巨款举家外逃。能让陈奕标、孙锋这类人进入金融领域吗？因此当务之急必须提高金融领域从业人员，特别是高管人员的素质，关注他们的品德、行为。需要强化订立金融高管人员进入金融市场从业的“门槛”。

同时也应当看到：让民营资本进入金融领域会带来消极效果产生的副作用。这种副作用主要集中在两个方面：一是“洗钱”；二是“以钱炒钱”。现在的情况是：相当大的一部分货币资金在民间融通，追求高利。不能回避这种状况的存在，风险相当大，而且已经产生了不少民事纠纷。在这种状况下，从管理的角度说有两种思路可供选择：一是让民间资金自由融通，自担风险，自求平衡，也就是说让当事人权责自负，出了事不能找政府，政府管不了；二是让民间资金进入金融机构有组织的流通，其价格的高低、数量的多少、流动的方向、渠道的选择都能由有关单位调控。这两种思路，前者能体现市场化，而后者则意味着必须加强监管，不能放任自流。要让民间资本进入金融领域，有组织、有序的融通，重要的条件之一是——讲信用。如果缺乏诚信观念，则无法使它有组织、有序的融通。重要的条件之二是——不能“以钱洗钱”。要致力于将货币资金进入实体经济领域。如果持有资金的主体都急功近利，热衷投机，“以钱洗钱”就必然会导致行为偏差，产生不良后果。重要的条件之三是——有生意可做。而要有生意可做，就要培植资源，合理分配资源，营造实体经济的投资方向。如果有货币资金，没有资源，或者有资源而资源分配不合理，则都不可能把民间资金组织起来，有序地投向实体经济，否则照样存在“以钱洗钱”的现象。在我们看来，现在“钱不少，货币资金很多，找不到投资方向，没有更多的投资方向可供选择”。这才是问题的要害。

二、商业银行获得高额垄断利润的探讨

近年在实体经济领域由于原材料成本、融资成本、人工成本上升、利润率趋低，大多在10%以下，难以赚钱，而商业银行利润率很高，总量扩大。有人在这种情况下置疑商业银行为什么获得这么高的利润？赚的钱是从哪来的？甚至有人提出银行赚的钱要回报社会等。如何看待这些问题需要从以下角度进行理解：

（一）商业银行的利润构成及其特殊性

商业银行利润来源于银行的营业收入，商业银行的营业收入大体有三类：存贷款利差收入、投资收益、手续费及佣金收入。现阶段我国商业银行的存贷款利差收入占大头，大体占70%～75%。其次是投资收益，大体上占25%～30%，手续费及佣金收入较少在10%以内。利差收入来源于居民和企事业单位存贷款利差。投资收益，包括同业拆借、购买国债、央行票据、金融债和企业债利息收入。同业拆借利率变动因时间、数额而定，一般在5%左右，接近贷款的基准利率，国债、央行票据、金融债和企业债利率是相对固定的，一般高于存款的基准利率。基层商业银行还有一项资产，即在中央银行和上级行的存款。现阶段商业银行在中央银行的法定金存款利息率为1.62%。商业银行在中央银行的超额存款准备金存款即备付金利息率为0.72%。在整个营业收入中投资收益大体占25%～30%，特别是在一些存贷比偏大的商业银行中从同业和央行获取的利差收入更多。在营业收入中投资收益占的比重更大。

剖析商业银行的利润来源可知银行赚了哪些人的钱：商业银行的

利润能够来源于顾客，能够来源于同业，能够来源于中央银行，能够来源于财政，还能够来源于自己。来自顾客是对顾客收入的分配，来自财政是对财政收入的分配，来自同业、央行、自己也就是来源于金融系统。来自对顾客和财政收入的分配一般说来是对已供给于社会中的货币的分配，但来源于金融系统本身则就不只是对已供给于社会中的货币的分配，它还会引起货币供给的再增加。利润来自金融系统自身，则其利润不是来自商业银行对外产品的销售，从这一点上说，商业银行利润具有内生性。在这种状况下，获取营业收入从而增加利润有别于工商企业。工商企业只有通过产品销售才能获取利润。从这一点上说工商企业获取利润必须是外生性。此外，商业银行利润具有连续性，如中长期贷款的利息收入。在若干年之内银行能够连续收息，稳定赚钱。一些商业银行利润的形成还具有阶段性，如财政对银行贷款的贴息收入必须在一定的时间空间内集中清算拨付，这就使商业银行的利润形成集中增加。商业银行利润形成的这些特殊性都会使其利润在一定时期内大幅变动。

（二）我国商业银行获得高额利润的重要原因

商业银行获得高额利润首先是因为银行是个负债经营的企业，做的是“小本生意”。按巴塞尔协议的要求，银行的核心资本必须占权重风险资产的8%，通俗的理解也就是8%的本钱，可以做100%的生意。众所周知，银行融通资金的资金来源主要靠吸收存款，而且还能派生存款，创造流通工具，如果吸收存款、创造派生存款，创造流通工具的成本低于资产的价格，则稳定赚钱。我国的实际是银行的利差比较大，仅就一年期存贷款利率看，有3个百分点的利差，自然稳定赚钱。另外，近年银行利润高的重要原因是因为中央银行实行的名为“稳健”实则“宽松”的货币政策，连续多年货币供给量都呈15%以上的增长，绝对数从几千亿元到上万亿元。大量的货币供给为商业银行提供了巨额的资金来源。与此同时，资金需求总的说来短缺，要钱的人多，这是放款获取高利的“天赐”良机。再者银行有“自己创造利润”的能力，“贷款付息”就是对它的诠释。这样的分析主要是想说明：近年来银行赚大钱不是偶然的，有它的必然性。这样的分析也不否定在一些商业银行中有违规经营，乱收费的状况。但乱收费在高额利润中占比较小。

（三）垄断与高额利润相关，但没必然联系

银行赚大钱是不是我国银行业垄断的结果呢？从占领市场份额的角度说，我国银行业的垄断状况是存在的。由于我国的大银行是国有控股的大银行，而国有控股的大银行面对的顾客又是控制着国民经济命脉的国有大型企业，而这些大型企业在国民经济中发挥着主导作用，占有和分配着社会的重要资源，所以必然形成垄断。垄断与高利润相关但没有必然的联系。说它相关是因为在它控制着金融市场的绝大部分的情况下它可为所欲为。谁给它为所欲为的权利？推动它为所欲为？除了它追求自身利益的最大化外，还有超越自身利益的外部压力驱动，这个压力驱动主要来自政府，政府要保经济增长，要它给钱推动。所以应当看到我国银行近年来获高利在相当大的程度上是政府要钱推动经济增长形成的。说它没有必然的联系是因为如果在垄断条件下伴随着竞争，就难以获得高额利润。西方有的国家银行业也存在着垄断，但未获得高额利润，或者说其利润率不像我国银行那样高，其原因就是在他们那里存在着竞争。在存在着竞争的条件下不能随意扩大利差，不能不提高服务质量，不能不进行金融创新。当然在他们那里也存在着信息不透明、办事不公开、动作不公正的情况，这种情况下不是使整个银行业获得高利，而是使个别银行，少数银行获利，老百姓吃亏。

我国银行业的高利不仅存在于国有控股银行，也存在于大批的中小银行，如股份制商业银行和城市商业银行。股份制商业银行和城市商业银行带有区域性。从全国来说难以确定它们也能垄断经营，而事实上它们区域之间的竞争也较激烈。所以不加区别地说我国银行业获得高利是因为垄断是不客观的。

至于银行获得高利后怎样回报社会则是一个涉及各方利益的大问题。按上市公司章程，企业的利润分配取决于董事会的决定，而董事会的决定又要受制于相关的政策法规。所以要讨论银行获得高利后的分配问题不是简单地以“回报社会”一句话能解决的。其实银行业作为一个上市企业回报社会的途径和方式不仅是“利润分红”，还要提

高服务质量把业绩做好，提升企业的价值，让人们对股票行情有好的预期，这才是重要的最好的“回报”。

由于商业银行负债经营，负债能较快增大资金来源，能使资产迅速扩大。按照巴塞尔资本约束资产的国际协议，在资产迅速扩大的同时必须要资本相应增加，而资本的增加重要的是要银行自身积累，而利润中的相当部分必须自身积累。这是银行这种企业资本与资产负债构成与其他企业不同的地方。所以不仅要看到商业银行高利润形成的特殊环境更要看到商业银行利润分配的特殊性。

三、绿色金融与金融企业社会责任的探讨

关于绿色金融问题，早在21世纪初便提出来了，只不过那时没有明确为“绿色金融”，而是提出的“赤道原则”。即2002年10月世界银行下属的国际金融公司和荷兰银行在伦敦召开的国际知名银行会议上确立的项目融资的贷款准则。

这项准则要求金融机构在向一个项目投资时要对该项目对环境和社会可能带来的影响进行评估，强调要利用金融杠杆在保护环境和促进社会和谐发展方面发挥积极作用。也可以说“赤道原则”是项目融资的一个新标准。赤道原则原名是“格林尼治原则”，格林尼治是伦敦的郊区，由于会议在这里召开，协议在这里达成，因而以此地命名。后来有人说以此命名只适合北半球，不适合南半球，而这样的原则是适合全球的，故更名为“赤道原则”。

赤道是地球南北的分界线，取名“赤道”，就是说这个地方是“非南非北”，以此表示公正、公平。站在什么角度以示公正、公平？站在社会的角度。谁站在社会的角度讲公正、公平？金融企业。所以贯彻“赤道原则”是金融企业的社会责任。2012年8月3日在四川召开的绿色金融博览会就是检验我们金融企业的社会责任履行得怎么样。

赤道原则应当是对金融企业融资的一个约束。一般人认为是个“软约束”，因为关键在于有没有社会责任感！

当前企业的社会责任问题不只是环境保护问题还有其他问题。有

显性的，也有隐性的；有直接的，也有间接的；有长远的，也有短暂的。比如食品安全问题是个大问题，现在有不少转基因食品，用含激素的饮料催生的食品，究竟安不安全？有的研究了但封锁消息；有的用虚假信息糊弄和欺骗老百姓。这从金融投资的角度来说，企业的行为不只是保护环境而且还要保护人类的健康，保护人的生命！

金融业要发展，发展要有资源。推动金融业发展的资源是什么？是信用、诚信！实践出真知，信用出金钱。讲信用，信用秩序建立和健全的地方，金融业就一定能发展得好。从一个地区来说，推动金融业发展的资源是实体经济。金融如果没有实体经济支持就只能是虚拟经济，只能是“以钱炒钱”，只能是空中楼阁。

我们在这里提出一个不常见的概念：城市资源的可承受性。现在劳动力、人口、科技、金融资源等都往城市集中、积聚，特别是大城市。一个城市有多大的承受力，不仅是理论问题，而且是实际问题。值得思考的是，一个城市有多少金融资源？能够容纳多少金融机构？恶性竞争抬高整个社会融资成本，两败俱伤。金融机构之间除了竞争还需倡导合作。此外，城市资源还包括基础设施建设。当前大城市资源的可承受力在下降。这表现在各方面，集中表现在水的方面。现在不仅有用水、吃水问题还有排水问题。“7·21”北京的水灾表明北京这座城市的承受力有限。

金融最终是要保护投资者和消费者的利益。在这一方面应大有作为。怎样保护投资者和消费者的利益大有文章可做。这当中包括倡导什么，反对什么；支持什么，不支持什么；保护什么，扬弃什么；宣扬什么，鞭挞什么。在这些方面需要结合实际进行深入讨论。

现代商业银行已经不是简单的存贷机构，而是一个网络系统、信息系统，一家银行能不能可持续发展，要看这家银行的凝聚力和辐射力怎么样。

现在不少城市商业银行，为了做大做强，都致力于在异地去开分支行，这需要分析和评判。我们总的指导思想是要看需求。而需求要看条件。

当地有没有需求？你到异地去发展先要考察本地的企业在异地有

没有根基。如没有根基，就不扎实。

能不能以盈补亏？风险能否控制得住？

我们长期以来思考一个问题：中国需不需要地方银行？回答是肯定的，其原因如下：

第一，中国是个大国，社会经济的发展需要分层次。既需要全国性大银行，更加需要地方性的小银行。地方政府要参与、扶持、监管。要增强自身实力还要承担相应风险。地方政府不能把风险都集中转移到中央。

第二，经过改革开放几十年的发展形成了不同的利益格局，不同利益格局的载体是利益群体。不同利益群体要靠金融支持。利益格局差距要靠金融去缩小。这种利益格局难以打破、消除，需要协调维护，这样的协调维护需要地方金融机构发挥一定的作用。

第三，地方这个区域概念服从于行政管理。行政管理以政府为单位，政府也是社会成员。作为社会成员它也应有资产—负债。地方政府的经济实力取决于它是净资产还是净负债？一届政府的资产—负债状况是这届政府社会经济发展的基础，反映一个地区的承受力和人们的生活质量。通常说“执政一届，致富一方”，还应当加上执政一届，是给后人留下一笔优质资产，还是给后人增加负债，是否增加了偿债能力。政府官员离任前的审计就是要审计本届政府的资产—负债！不能造成不合理的“烂账”，不能让负债任意形成“前人借款，后人承担”的恶性循环局面。地方政府也是个法人，它要对所辖地区的社会公众负责。

第四，不能把社会主义片面的理解为“大一统”。什么都由国家包下来，大有大的好处，大也有大的难处。大可以做好事，大也能够导致失误！包下来，难以为继。财政要分灶吃饭，银行要分区设立。地方银行服务于地方经济、社会的发展。名称可以不同，服务的对象是明确的，大体是确定的。

第五，转变经济发展方式需要改革，改革需要明确划分事权、财权。明确事权、财权需要确立主体、划分范围，落实权责。

第六，应当从让老百姓享有金融服务的角度来分析我国金融业的布局：大中城市集中，小城镇和农村薄弱分散。

基于这样的认识，银行业不能过度集中，还要适当分散。我们认为相当一部分城市商业银行的定位应当是区域性的地方银行。为此必须思考以下的问题：

其一，怎样依靠地方政府打造“讲信用、重诚信”的生态环境。

其二，怎样根据地方经济的特点，着力提高金融服务质量，支持民营企业，特别是小微企业的发展。

其三，怎样依托地方的经济力量，解决城市商业银行遗留的历史问题。

其四，怎样与地方政府进行战略合作。

参考文献：

［1］林章毅. 绿色金融的创新与实践［J］. 中国金融，2012（10）.

［2］王兆星. 积极实施绿色金融战略［J］. 中国金融，2012（10）.

［3］黄隽. 银行业利润过高为哪般［J］. 金融博览，2012（7）.

漫谈网络银行

近年来，由于阿里巴巴、腾讯公司的运作，支付宝、余额宝的火爆，使得网络金融成为业界和媒体关注的话题。对这一事物的发展，褒贬不一。褒奖者认为，这是金融领域的一次革命，一次重大的改革，一项制度创新，是对传统金融的挑战，甚至讲会颠覆传统金融。持不同意见者认为，这只不过是一种商业营销方式，是一种急功近利的短期行为，甚至有的称其是依附在商业银行上的“寄生虫”。

怎样认识这一问题，必须结合实际进行理性分析。

一、银行借助于互联网发展业务，是金融业发展的必然趋势

现代金融业实际上是个信息系统，靠信息的生成、搜集、整理、传递、反馈，实现产品的买卖，资金的融通，信用的担保，提供金融服务。而这些活动都需要信息系统支持、维护、落实。在科学技术发展的今天，互联网不仅传递迅速，而且通过大数据、云计算，聚集、储存、传导信息，使金融领域需要的信息，不仅容易取得、呈现，而且覆盖的时间、空间无处不在，无时不有，真可谓“千里眼，顺风耳”。银行借助于互联网不仅能提高效率，而且能降低成本，提高对顾客的服务质量。这自然是大势所趋，必然选择，不可阻挡。借助于互联网发展金融业务，概而言之有两种形式：一种是在已有商业银行（在这里把已有商业银行称作传统银行，下同）的基础上建立起来的网上支付系统，这种形式存在的网络金融实际上是传统银行物理网点的补充，或者说是传统银行展业的一种手段，它作为传统银行的一部

分而存在。另一种与已有的商业银行分离，在组织构架上不从属于某一家传统银行，也就是独立于传统的银行，另设机构，但这种机构只是办公地址，没有分支机构，也没有营业网点。前一种形式的网络金融早在20世纪中期便存在，而后一种形式的网络金融则产生于20世纪90年代。90年代后期，在美国后一种形式的网络金融快速生长，微软总裁比尔盖茨曾据此预言“传统商业银行将成为21世纪灭绝的恐龙。”在我国，前一种形式的网络金融在21世纪初期便存在，而后一种形式的网络金融是近年来才出现的新生事物，如阿里巴巴、腾讯、苏宁电器等一些从事电子商务平台的经济组织。它们在电子商务平台的基础上从事金融活动，如阿里巴巴下设天弘基金等。在这里我们把后一种形式的网络金融称作网络银行，以与传统银行相对应。

需要认真思考和研究的是，互联网的兴起给金融业带来了哪些变化？这些变化是否颠覆了传统金融？我认为带来了4大变化：

1. 电子货币膨胀，扩大了货币的概念和范围，缩小了传统货币的活动空间

电子货币表现为互联网上的一串数据，或者说表现为“支付宝”“余额宝”上的“钱包”，或称“电子钱包”。这样的货币是谁创造的？应当是运作互联网的那些机构。这些机构运用互联网这个平台，让顾客在我这里有一笔钱。这笔钱表现为互联网上一串数据。但必须有个载体。这个载体是什么？是个账户，账户反映债权债务关系。谁是债权人？顾客；谁是债务人？运作互联网的机构。这种债权债务关系是建立在信用关系的基础上的，没有这个前提，不会产生电子货币，所以电子货币也是一种信用货币，只不过表现形式不同。这样说，电子货币的兴起改变了部分货币的形式，没有改变当代货币的实质。

2. 改变了传统的货币支付模式，但仍然离不开银行

传统的货币支付模式是通过商业银行。通过商业银行支付，发生商业银行之间的支付汇差，现在有第三方支付公司的存在，支付不直接通过商业银行，不发生商业银行之间的汇差清算。这是金融领域的巨大变化。但第三方支付仍然离不开银行。比如第三方支付公司中的“余额宝”的钱，还得作为协商存款存在银行，第三方支付公司的债权债券清算，还得通过银行。第三方支付公司的流动性，还得依托银行支撑等。所以，互联网的兴起，能够改变传统的支付模式，但改变不了传统的支付机制。支付资源集中在银行，支付机制系统存在于银行，支付规则的操作、规程制定和贯彻执行，必须由银行完成。

3. 改变了投融资平台，比如可以在网上存款，取得贷款，购买金融产品；但改变不了在投融资中，受银行利率的约束和导向

现在兴起的“支付宝”“余额宝”有没有生命力，在于它给顾客的高回报能不能持续？而能不能给顾客高回报，在于它能吃多大的利差？吃利差靠互联网金融机构管理层的投资选择。这样的选择不仅受金融形势的约束，更要受经济形势的约束。所以，互联网的兴起，能改变投资平台，改变不了投资环境。有人说互联网的兴起，改变了“金融生态”。我认为有夸大之嫌。

4. 改变了产融结合的模式

传统的产融结构的模式是产业资本和金融资本的融合，金融资本通过参股、控股，成为产业资本的组成部分，参与公司企业的治理及经营管理的决策。而在互联网发展的条件下，发生了商业资本与金融资本的融合，具体形式是在一些有相当规模的商业场地（如超市）设立金融机构，办理消费者购买商品的货币结算，也为消费者储备货币，提供信息，享受权利，提高消费质量，提供帮助。现阶段，我国部分地区的银行，如由香港华润集团控股的珠海华润银行已经展开了这样的产融结合的模式。这样的模式使金融服务渗透到了广大居民的消费环节，让广大的普通消费者得到金融服务，享有金融实惠。可谓展现了普惠金融的曙光。

至于互联网的兴起是否缩短或消除了融资双方信息的不对称，是值得研究和有待观察的课题。有人说“网络投融资平台”（平安陆金所）、“贷款搜索平台”（融 360）、“理财产品搜索平台”（91 金融超市）的出现，大大消弭了传统金融生态下的信息不对称。因为这些平台都是垂直平台，能够像电子商务垂直平台那样，有条件通过大数据技术解决融资贷款过程中的信息不对称问题。我认为，通过大数据技术反映出来的信息，总具有一般性，难以反映个体（市场主体）的特殊性，不同市场主体拥有的信息不同（千差万别），怎么通过网络就能使它们对称呢？在金融领域，大都是金融供给方处于信息的弱势方，金融需求方处于信息的优势方。通过网络，就能使信息弱势方与信息优势方所提供的信息实现对称，那就在金融领域根本不存在道德风险和逆向选择，可是，在我看来，在金融领域道德风险和逆向选择总是存在的。

二、广泛利用互联网展业，是否就等于传统银行业的萎缩，使银行不能成为金融中介

人们通常认为传统的银行业就是“存、放、汇”，就是为社会公众办理转账支付、信用担保。为了使这些业务有个载体，需人力、物力、财力支撑，特别需要一个物理场所开展业务活动。由于互联网的发展，银行需要的载体有了变化，似乎不需要物理场所就能开展上述业务活动，于是有人称做网络银行。网络银行以某种“公司”的名义诞生，似乎大有取代传统银行的趋势。其实，这是一种错觉。

首先，需要在理性上考察二者的性质和功能。从法制上讲，银行应当是有限责任公司，而不是无限责任公司。在我国，无论是国有控股商业银行，还是其他股份制商业银行，都是如此。所谓有限责任公司，就是说，只能对负债负有限责任，而不能负无限责任。负有限责任，也就是说当发生债务时，其承受能力以公司的资产为限，而不能扩大到公司资产以外。这相对无限责任公司来说，是约束，也是进步。因为无限责任，债权债务关系没有约束，就要扩大到自然人，而一旦扩大到自然人，就会造成家破人亡，引起社会不安定。西方国家不让私人办银行，从法学上说，私人既是社会人，也是自然人，私人不能负有限责任，只有法人才能负有限责任；从社会学上说，不让私人办银行，除了防范私人行为不当，把钱卷走外，主要是维护社会安定。而以电子商务平台为基础建立的第三方支付公司，并以这样的公司为支点建立的所谓的网络银行，尽管它们的建立也必须注册登记，但它们的性质究竟是有限责任公司还是无限责任公司，人们认识是模糊的。

所谓的网络银行对所负的债是负有限责任，还是负无限责任，界线是不清楚的。因为作为第三方支付，主要是货币清算，是中介性质的机构，是一种服务性的机构，它们的注册登记资本额怎样确定？资产负债怎么划分？都是需要研究的重要课题。这是银行与所谓的网络银行的重要区别。

当代银行以信用为基础，在信用的支撑下创造货币。中央银行创造基础货币，商业银行创造派生存款。商业银行创造派生存款，以自己的信用为基础，但是最终要中央银行创造的基础货币来支撑，因为中央银行创造的基础货币是法定货币。这一点所谓的网络银行不具有，尽管网络银行能够通过它的网络平台创造诸如“支付宝”“余额宝”等金融商品（严格说来，“支付宝”“余额宝”不是一种金融商品。它们只是存在于互联网上的一个平台，相当于在传统银行中开设的一个账户，在这里为了体现它们的交易性，故称作商品），但这些商品只有局部的接受性，不能有普遍的接受性，因为它们不能作为货币来发挥作用。这就是说，传统银行与所谓的网络银行在职能上有重要区别。

其次，需要在理性上考察二者的优势与劣势。所谓的网络银行，最大的优势是以电子商务平台为依托，积累了大量的客户，其营业额能够以万亿元计。其日常业务的运转不需物理网点，不需要大量的员工，总的说来运营成本比较低；同时由于使用网络技术运作，效率高。这是网络银行业务发展的广泛的群众基础。而我国股份制的商业银行在业务发展中，离不开大客户的支撑，因为“二八定律”（即需要靠20%的客户，提供80%的利润）仍起作用。但是，所谓的网络银行的最大劣势是没有分支机构或缺少分支机构，难以系统地全面地掌握客户的信息，进而难以控制风险，更不能建立起风险防范体系。而我国传统商业银行在业务发展中，有广泛的分支机构，依托人力、物力和现代科技，能比较及时地把握客户的营运状况，进而比较全面控制风险，建立起考核风险的指标体系。

再次，银行都要以自己的声誉为支撑，而良好的声誉是长期积累、广泛地扩散所产生的效应，不是在短期、局部的范围内能实现的。这一点短期内兴起的所谓的网络银行是不具有的。

最后，需要考察二者为谁提供服务，提供什么服务，怎样提供服务。

当代银行，既是融通货币资金的机构，也是提供各种金融服务的机构。经济的发展，社会的进步，人们生产、生活不仅需要融通货币资金，更需要各种金融服务。金融是经济的核心，也是社会进步的推手，人们生活质量的提高需要金融，离不开金融。可以说，当代金融渗透到经济的多个层面和人们生活的方方面面。

在这种态势下，所谓的网络银行，主要为个体、家庭、小微企业服务。它为个体、家庭、小微企业提供货币资金、理财，使财产保值增值，增大回报，而且提供服务的方式在网络上更有效率。但要看到，我国传统商业银行也在扩展这方面的业务，只不过不同的银行在服务的面上有大有小，有的效应显著，有的效应一般。

需要指出的是，近年在我国所谓的网络银行爆发，与我国利率市场化改革的程度相关。贷款利率市场化强于存款利率市场化，由于存款利率没完全放开，使得不少追求较高回报的个人、家庭把钱集中于网络银行以图多几个百分点的较高回报。个人、家庭的这种选择无可非议，但这样的选择随着利率市场化改革的深入和发展是能够改变的，而且会改变。

三、商业银行存款的急剧下降，是否主要是由网络银行的发展造成的

2014 年第一个月，商业银行的存款急剧下降，据统计，截至 1 月底，商业银行住户存款增加 1. 81 万亿元，非金融企业存款减少 2. 44 万亿元，财政性存款增加 1 543 亿元，增减互抵后，总存款下降 9 402 亿元。怎么考察这一问题？这一问题影响有多大？有人认为，商业银行存款的急剧下降，主要是由网络银行的发展造成的。他们以阿里巴巴、腾讯余额宝的暴涨为例，说在元月份，阿里余额宝资金从年初的 2 500 亿元增加到 4 000 多亿元。而腾讯自 1 月末上线 6 个工作日（11 个自然日）后，规模过百亿元，平均每天增加 10 亿元。怎样来认识这

样的迅猛增长？所谓“余额宝”是由于电子商务的兴起，由第三方支付形成的，即在第三方支付公司那里存一笔钱，购买商品以后，剩下的钱存在我这里由我处理，给你较高的利息。在过去，余额只是购买商品以后剩下的钱，而后来，余额这个概念起了变化，它不仅仅是指购买商品以后剩下的钱，而是只要有钱都可加入余额宝，与购买商品无关。这样，余额宝实际上就是通过网络集中了社会上相当一部分货币资金，以协商存款的形式存在商业银行吸取利差。这样，余额宝便成为流动性货币的一部分，形成货币市场中的货币基金。

这样的货币基金有没有生命力，能不能持续发展？重要的在于给顾客的高收益回报能不能持续维持。据隶属于阿里巴巴的天弘基金公司的高管人员透露，它所聚集的“余额宝”资金主要投资于三个方面：一是以协商存款存放于商业银行，二是购买各种债券，三是购买银行和信托公司产品。这三方面中，第一方面是大部分，其回报相对较高，因为数额较大，期限较长。但这样的投资方式与要保持较高的流动性相矛盾。为了保持流动性，天弘基金面临着资产如何配置的压力。

有人认为，类似余额宝这样的基金（天弘基金），是货币市场基金的组成部分。它的存在，是因为长期以来银行存款利率低（如活期存款才 35 个基点），而银行存款利率低，迫使有钱的人把钱交给天弘基金，由天弘基金把钱集中起来存在商业银行。利率可协议，多得几个百分点利息。所以，有人说，这部分存款脱离银行，是存款人对存款利率不放开的“叛逆”的“反抗”。

这样说，是否把存款利率放开，就能解决商业银行存款下降的问题呢？问题不这么简单。要知道，商业银行的存款，绝大部分是企业存款，而企业存款，相当大的一部分是商业银行自己创造的，贷款变存款。

要增加存款，就增加放贷，这可以说是银行从业人员的常识，但贷款要受额度控制，要消耗资本，所以，采取迂回的办法，即通过信托投资公司，不以贷款名义给企业，以买卖信托公司产品的名义把钱给企业，这样既不受额度控制，又不消耗资本。当前，银行把钱给信托投资公司，信托投资公司把钱给企业，企业把钱存在银行，是银行表外业务的主要内容。

通过深入考察，商业银行存款下降，不完全是网络金融把钱拿走了，而是监管严了，银行放贷、以贷款创造存款的机会受限。

以贷款创造存款，驱动力太大（因存款作为考核商业银行的重要指标），当机会受限时，商业银行就感到压力大，但这样的压力集中于局部的商业银行，对商业银行总体而言，体现为存款搬家。而存款搬家的效应是货币资金分布的不平衡，由此带来的效应是利率差异，利率存在差异不仅会导致货币资金移动，同时为货币投机创造条件。要说“支付宝”“余额宝”给传统银行带来的影响，那就是“货币移动——利率变迁——货币投机”，进一步说，分析商业银行存款下降，要考察结构、传导、监管、金融形势。

参考文献：

[1] 陈一稀. 美国纯网络银行的兴衰对中国的借鉴 [J]. 新金融，2014（1）：58-62.

[2] 曾康霖. 金融热点问题之我见 [J]. 征信，2013（12）：2.

对互联网金融的再认识

近年来互联网金融兴起，阿里巴巴在美国上市，在国内再次掀起了讨论互联网金融的热潮。不少人认为这是金融领域一场深刻的革命，不仅正改变着人们的支付、理财观，而且改变着人们的世界观和生活方式。

为此，笔者曾经写了一篇短文（请见《征信》2014 年第 3 期）提出了自己的看法。在这篇短文中，把互联网金融称作“网络银行”，以与传统银行相对应，并论述了“互联网的兴起给金融业带来了哪些变化”（在该文中提出了四大变化，即“①电子货币膨胀，扩大了货币的概念和范围，缩小了传统货币的活动空间；②改变了传统的支付模式，但仍然离不开银行；③改变了投融资平台，比如可以在网上存款、取得贷款，购买金融产品，但改变不了在投融资中受银行利率的约束和导向；④改变了产融结合的模式”）。该文还讨论了“广泛利用互联网展业，是否就等于传统银行业的萎缩，使银行不能成为金融中介”（在该文中提出：“要考察这个问题，需要在理性上考察二者的性质和功能；其次需要在理性上考察二者的优势与劣势；再次，需要考察二者为谁提供服务，提供什么服务，怎样提供服务”）。应当说，这篇短文主要是相对传统商业银行的现状进行的比较研究，且更多的是理论探讨。

最近，我进行了一番调研，听取了实际部门和学术界各方的意见，对互联网金融有了进一步认识，仅论述如下。

一、互联网金融：既是一种连接技术，更是一种生活方式

互联网——这个以电子为基础的连接技术，在20世纪90年代就发展起来，人们对它的认识也逐步深化。早在十多年前，作者也写了一篇随笔《怎样看待互联网》。在这篇随笔中，作者评介了当时看待互联网的三种意见，即：互联网是工具，是中介，是高速公路；互联网不等于高科技，它自身不创造财富，需要发展高科技创造财富，而发展高科技创造财富首先要靠人；互联网是现代市场经济需要的"网络生产力"。在这篇随笔中，笔者认为：怎样看待这一问题必须首先弄清：①互联网是否仅仅是个工具？②什么是财富，收益是否等于财富？③互联网在当代是一种生产力，还是一种生产关系，或者是二者的结合？

在这篇随笔中，笔者认为，考察互联网是否仅仅是个工具的问题，需要讨论它的作用，关于它的作用可概括为：①广泛地、充分地提供各种信息，为政府、企业和个人提供服务；②建立信息库和各种应用系统（包括营销系统、管理系统、决策系统等）供客户选择（租赁或买断）；③为客户提供"个性服务"；④将各种信息融合，使经济能稳定、协调发展，消除经济危机；⑤促进经济结构调整，体现在：推动着其他产业改变生产方式，改变着企业的运作方式及人们的生活方式，使企业可以直接面对大面积的客户，使小企业与大企业在市场竞争中"站在一条起跑线上"；⑥促进人们思想进一步解放，拥有更大的创造力。

基于以上认识，把互联网仅仅看作是一种工具是不妥当的或不全面的。如果仅仅看作是一种工具，则它始终处于被人利用的位置上，是被动的，但互联网的主体是电脑，电脑不只是具有代替人的手或足的作用（如缩短时间和空间），而且具有代替人脑的作用，它不是完全被动的，而同时具有主动性。再说互联网能起到改变生产方式、营销方式、生活方式的作用，这也是不符合"工具论"的定义的。

已过了十几年，过去的认知经受了历史的检验，而互联网迅速的发展状况又迫使我们再思考、再认知。当今互联网已经像水和空气一

样渗透到人类社会生活的各个方面，有人统计全球有大约一半的人口与互联网发生关系，欧洲和美国等诸多发达国家 70% 的人都是网民，而新兴的发展中国家互联网的使用率则稍低一些，如在我们中国大概为 40%。这也就是说在 13 亿多人口的中国，有 6 亿多人口与互联网发生关系，从绝对数来看，中国是全球网民最多的国家。

应当说，互联网以人为中心，复制、传播、发扬了人际关系，是当代人类生活不可分离的组成部分和最基本的行为方式，人人生活在互联网中，互联网是社会现代化的标志之一。按经典作家论述，生产力与生产关系的融合构成一种生产方式。他们考察了人类社会发展中生产方式的更替，人类生活在不同的生产方式中。如果将互联网被利用的“政治属性”存而不论，则我们能够说：互联网是一种连接技术，更是一种生活方式。讨论互联网金融的性质，不能不强调这一点。

二、互联网金融的核心领域：众筹

在谢平等所著的《互联网金融手册》中，把互联网金融体系划分为 6 种主要类型，即“①金融互联网化（包括网络银行、手机银行、网络证券公司、网络保险公司、网络金融交易平台、金融产品的网络销售）；②转移支付与第三方支付；③互联网货币；④基于大数据的征信和网络贷款；⑤ P2P 网络贷款；⑥众筹融资。”在这 6 种主要类型中，我们认为互联网金融的核心领域是“众筹”，而非其他。

“众筹”（crowdfunding）一词来自国外，有的译为“群众集资”，有的译为“群众募资”，这一互联网金融形态不在乎怎么称呼，而在于它的特征。“众筹”重要的特征是“注重创意”，它最初的兴起是艺术家们为创作筹措资金，继后才演变为其他领域的企业或个人为自己项目争取资金的渠道。所以，“众筹”首先应当是那些具有创新意识的人展示自己的创意，争取社会公众关心和支持的阵地。

“众筹”由发起人（有创造能力，但缺乏资金的人）、支持者（对筹资者的事业和回报感兴趣，有能力支持的人）和中介平台（连接发起人和支持者的互联网终端）组成。它进入的门槛低，项目具有多样性，参与的投资者众多。“众筹”可能成功，也可能不成功，如果发起人的项目“众筹”失败，则已筹集的资金必须全部退还给支持者；“众筹”一般事先承诺回报，项目成功后回报方式或者是货币，或者是实物，或者是服务，其份额以支持者的投资在众筹中所占的比例为准（比如股权“众筹”，以股份为准）。与传统的融资方式相比，“众筹”主要立足于推动创新创业，不论人的身份、地位、职业、年龄、性别，只要有想法，有创造能力都可以发起项目；它涉及的面广，覆盖社会各个领域；发起者和支持者不以商业价值作为唯一标准，只要自己对这个项目有偏好、兴趣，都能够立项，都可以支持。概括地说，“众筹”是依靠社会的力量推动创新创业。它不同于传统的融资，传统的融资一般都要承担风险，它也不同于捐赠，捐赠一般不要回报。

“众筹”之所以成为互联网金融的核心领域，首先在于它是“众筹”的一个不可缺少的融资平台，没有这个平台，广大的发起人（即融资者）和支持者（即投资者）就不能参与，就实现不了“众筹”。其次，互联网又是一个“众筹”项目的信息透明空间、信用鉴定空间和项目核实空间。这样的空间实际上是金融中介结构，是众筹过程中不可缺少的。国外利用互联网众筹为时已久，运作有效，如美国的Kickstarter公司（2009年成立）。再次，金融必须实现货币资金的融通，货币资金融通把生产要素连接起来，货币资金的融通必须以实体经济的发展为基础，当代实体经济的发展必须通过创新创业来推动。在互联网金融体系中，其他部分如转移支付与第三方支付，再如P2P网络贷款均不能或不完全能实现生产要素之间的融合。转移支付与第三方支付把“商业——支付——消费”融合起来，主要作用于消费领域；P2P网络贷款把个人之间的货币资金余缺联系起来，不具有社会公众性，更谈不上创意创新，甚至离开实体经济，“以钱炒钱”。所以，在所谓的6种类型中，第2类“转移支付与第三方支付”，第5类“P2P网络贷款”与第6类“众筹融资”，不能或难以相提并论。最后，“金融互联网化”，要表达的是已经存在的传统的金融机构运用互联网技术发展金融业务，所以这一类是不属于我们要考察的互联网金融。这里考察的互联网金融是指非金融机构利用互联网技术进入金融业务，国内学术界有人把前者称为“金融互联网”，把后者称为“互联网金融”，并指出“互联网金融”的实质是“互联网”，“金融互联网”的实质是“金融”。这样的认知合不合理，成不成立，自然需要讨论。

还需要指出的是：在这6类中的第3类“互联网货币”实际上是第2类“转移支付与第三方支付”的载体，没有货币，何来支付；而第4类“基于大数据的征信和网络贷款”，则是第5类“网络贷款”的重要条件，不具备条件，也不会有P2P的发生。它们是系统中同一类的两个侧面，不需要单独考察是否是互联网金融的核心领域。

三、互联网金融的社会基础：中产阶层的形成

“互联网金融”这个概念是中国学者提出来的，而在国外没有这样的概念。

中国学者提出这样的概念的历史背景是：①经济发展，人们货币收入增加，中产阶层的形成；②人们的生活追求差异化，消费个性的呈现；③互联网的发展，电子商务的兴起。

近年来，业界对互联网金融的出现，存在着两种理论，即“补缺论”和“普惠论”。前者认为商业性金融机构受“二八定律”的支配，在展业中主要面对“高富帅”，把相当大一部分客户排斥在金融系统之外，于是为非金融机构涉足金融创造了条件，即所谓的弥补了正规金融的缺陷。后者则基于2005年世界银行扶贫协商小组（CGAP）提出的“普惠金融”（Inclusive Financial System）的理念，认为互联网金融能够为社会各个阶层提供公平、便捷、成本低的金融服务，所以这样的金融体系应运而生。我们认为，把“补缺论”和“普惠论”作为国内互联网金融产生的历史背景，未必妥当。因为这两种理论有个共同点，即都立足于既有金融体系本身的缺陷，而不是着力于金融需求的变化。

新的供给方式往往是由需求变化决定的，讨论互联网金融兴起的历史背景必须着力于社会阶层的金融需求变化，而不应着力于金融供给本身。从社会阶层金融需求变化去考察互联网金融的兴起，应当是中产阶层的形成。

什么是中产阶层？各个国家有自己的标准，这样的标准从量的方面来说，或者以家庭年均收入，或者以家庭拥有的资产来判定。而从质的方面来说，形成的大体共识是：①拥有一定的资产；②一般受过高等教育；③从事技术性或专业性的工作；④有相似的价值观念或意识形态。这一部分人在西方主要是“白领阶层”。他们既非富豪，又不掌握很大的权势，但也并非“穷人”或弱势群体。这从事实上表明中产阶层带有一定的意识形态特征，其判别标准是多重的，不完全是经济问题。

21 世纪初，世界银行的一项研究成果表明：全球中等收入阶层家庭人均年收入的起点为 3 470 美元，最高限额为 8 000 美元，相当于中国的 20 000~48 000 元人民币。中国是发展中国家，家庭人均年收入多少才算作中等收入阶层？可以讨论，而且应当讨论。最近，媒体披露，年收入 6 万元以上、12 万元以下的家庭，可视为中等收入家庭，按这样的量化标准，现阶段中国只有 25%的家庭能算作中产阶层。一般认为，中产阶层家庭占多数的“橄榄型”社会收入结构较为稳定，中国在全面建设小康社会的过程中，着力培养“中产阶层”，使其逐渐成为社会的中坚和主体。

中产阶层的扩大要增加社会对金融的需求，这主要体现在怎样使其资产保值、增值。要使其资产保值、增值，最重要的是要有投资渠道可供选择，也就是要使他们的资产流动起来取得回报。如果正规金融机构难以满足中产阶层的这一金融需求，则他们就会在正规金融机构以外寻求新的渠道。互联网技术和互联网思想创造了互动机制，非金融机构利用这种互动机制开展金融业务，于是互联网金融体系就逐步建立起来，所以互联网金融的社会基础只能是中产阶层。

中国社科院社会发展战略研究院最近发布了《中国社会发展年度报告（2014）》。该报告指出：“社会低收入人群进入中等收入阶层后，人们的诉求可能会更多地关注自身权益保护，关注自己与周围社会群体生活质量的提高，强调社会公平正义的实现以及对公共事务参与表达出强烈的意愿”。这些诉求需要借助于互联网金融体系去维护，去实现，去提高。所以我们不能忽略“人们的生活追求差异化，消费个性的呈现”，互联网的发展，电子商务的兴起，仍是互联网金融产生的历史背景。

有媒体报道：“从数据中可以看出，中国经济最强的东部地区，在互联网时代也是一马当先，从十年来的总支付金额占全国的比重来看，广东、浙江、上海、北京和江苏稳坐前五。京、沪、粤、苏、浙率先触摸到了信息化时代的脉搏，人们大量通过支付宝等进行购物、转账、缴费、理财，正式迎来了十几年前停留在书本和想象中的‘数字化生存’。”其区域流量（即每百万人群浏览 P2P 网站产生的页面浏览总量）如图 1、图 2 所示：

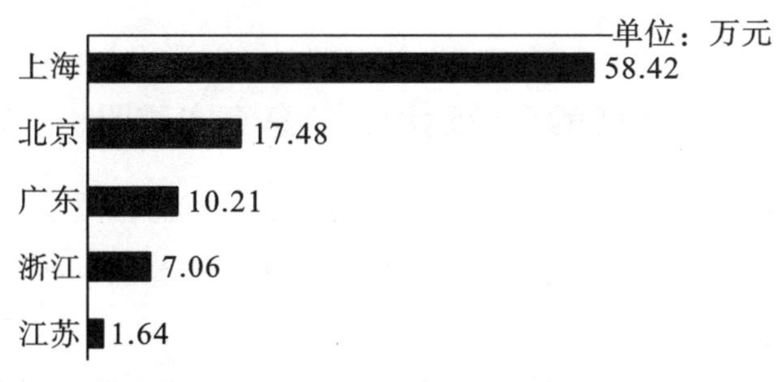

图 1　区域流量对比——省份

数据来源：GeoDataQuate。

这些地区互联网金融的区域流量领先，表明这些地区互联网金融更加活跃。仅对这五个地区最近 5 年（2009—2013 年）城镇居民家庭人均可支配收入变化情况考察，其家庭人均年收入的绝对数，都大大高于全国平均水平。这表明：人们收入的提高和中产阶层的形成是互联网金融产生的社会基础。

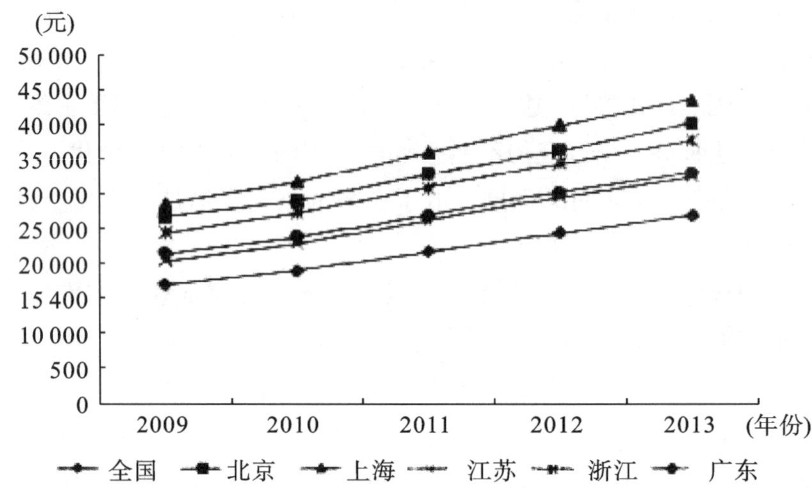

图 2　2009—2013 年城镇居民家庭人均可支配收入变化

数据来源：国家统计局。

四、互联网金融的有效运作：信息真实透明

互联网金融是借助于互联网技术而开展的金融活动。互联网技术实际上是信息交换的技术，其优点是：①能够不受空间限制；②具有时域性（更新速度快）；③具有互动性（人与人、人与信息之间可以互动交流）；④使用成本低（通过信息交换，代替实物交换）；⑤趋向于个性化发展（容易满足每个人的个性化需求）；⑥使用者众多；⑦有价值的信息能够被资源整合，信息储存量大；⑧能以多种形式存在（视频、图片、文章等）。

有人把这些优点概括为互联网精神——“平等、开放、透明、分享”，并据此认为，“互联网金融在创造机会、改善公平、消除贫困、缩小收入差距等方面发挥了传统金融体系难以替代的作用”，并认为这是金融体系的社会功能，有别于金融体系的经济功能。

我们认为这是理想化的认知，结合实际来看，**互联网金融具不具备这样的社会功能，关键在于所承载的信息是否真实、透明。**

要使互联网所承载的信息真实、透明，不仅要有相应的监管措施，比如怎样规范市场准入和市场退出等，而且运用信息的主体要有道德素养，比如要讲诚信。在这里，特别要强调的是诚信道德。从道理上说，人无信不立，市无信不兴。从这个意义上说，信用在社会公众面前人人平等。但与信息密切相关的是诚信。诚信、信誉、信用这三个概念虽有共性，但更有个性。诚信，顾名思义，即诚实守信，是自己对他人的承诺，是一种行为规范；信誉，指声望和名誉，是他人对自己的评价，是一种形象标识；而信用反映的是权利和义务的关系，是一种动态的经济过程。严格说来，这三者不能相提并论，因为它们有不同的含义。进一步说：①诚信是内生的，取决于自身的品德；信誉是外生的，取决于社会的评价；而信用是互生的，既有授信方，又有受信方。②信誉和信用的确立大都需要通过媒介体，比如通过信用评估机构、征信机构确立声誉，通过金融机构建立信用关系；而诚信不需要通过媒介体确立，应当实事求是，不夸大其词。③诚信是信用制度的思想道德基础和精神支柱，诚信必须从提高人们的精神追求和道德品位上去把握，而不应当把它作为一种交换手段，作为一种谋取功利的工具，在宣传报道中说："以诚信赢得利润，获得效益"，这是欠妥的。概括地说"诚信"不具有商业价值，而"信誉""信用"具有商业价值；在市场经济中，"信誉"是无形资产，"信用"是一种交换手段。④诚信是每一个人的义务，而不是权利，但"信誉"是某些人的权利，"信用"是权利与义务的结合。⑤不讲诚信，必须他律，即应受到惩罚，而不讲信用、失信于人在一定程度上还难以他律。⑥信用关系能形成链条，相互传递，如"三角债"，但诚信、信誉却不会形成链条。

在做了这一番理论分析后，要使互联网承载的信息真实，从社会来说，必须建立信用体系，弥补信用的缺失。在这方面，除了进行道德品质的宣传教育外，还要建立信用制衡机制、惩罚机制和激励机制，进一步说就是要建立征信和信用评估机构，推出"信用产品"，加强诚信的道德教育，提高国民素质，强化国民素质，强化法制建设和约束，增大失信者的成本等。所以，互联网金融能不能实现它的社会功能，是有条件的，不是无条件的。

进一步说，互联网作为一种信息技术，它所承载的信息如能做到真实透明，就能实现它的社会功能，否则，就只能是可能性而非现实性。

与这个问题相关的是：互联网金融体系的兴起，会不会使金融领域“去中介化”？这也是个理想化的推论。有人说互联网的发展，企业就有可能在网上挂出一个“融资工具箱”，提供投融资信息。谁愿意到我这里来投融资，在网上就达成交易，以后还本付息也在网上进行，不需要通过中介机构。而且认为，这样的企业不仅是中小企业，还包括大企业。这样的设想也是理想化的。这里既有理论问题，更有实际问题，即除了互联网上承载的信息是否真实外，投融资双方权责利怎么落实，怎么使权责利法制化。再从理论上说，金融中介这个概念是发展变化的。代表性的金融中介理论是“交易成本说”和“信息对称说”。“交易成本说”认为，金融中介机构之所以存在，就在于它能降低交易成本，如果交易成本等于零，金融中介机构就没有存在的必要。“信息对称说”认为，金融中介机构之所以存在，就在于它能够缓解资金融出者与融入者双方的信息不对称，如果二者的信息是对称的或容易把握的，金融中介机构也没有存在的必要。这两种学说密切相关：金融中介机构的存在能降低交易成本，就在于它掌握信息的系统性、广泛性和专业性、可信性和分享性。也就是说，它在融资中能够系统地、较大范围地掌握融资双方的信息，而这些信息经过专业化的分析、加工，提高它们的可信度，使得每个投资者都可以分享，因而能大大降低每个投资者参与金融交易的成本。

除“交易成本说”和“信息对称说”外，用来解释金融机构存在和发展的金融中介理论，还有“规模经济说”“防范风险说”和“增强资产流动性说”。“规模经济说”认为，金融中介机构是“贷者的集中和借者的集中”“积少成多，续短为长”，所以能实现规模经济。“防范风险说”认为，金融中介机构能转移风险、分散风险和稳定风险。转移风险是指通过它的操作能使风险在时间、空间上变动；分散风险是指它通过对资产负债的“打包分拆”，使风险降低到可接受的程度；稳定风险是指它能够协调社会上风险偏好者与风险厌恶者之间的关系，从而使整个社会的金融风险稳定在一定承受力的水平上。“增强资产流动性说”认为，金融中介机构能够提供多种多样的金融商品，从而使资产的替代品多元化、连续化，能够提高资产的变现能力，从而增强其流动性。

现代西方的金融理论把金融中介组织分为三类，一是吸存金融中介组织，简称吸存机构；二是基金型的金融中介组织，简称投资基金；三是经纪人型的金融中介组织，简称经纪人。除经纪人以外，它们认为吸存机构相对投资基金来说有三大特点：一是投资人（基金盈余者）把资金投资于吸存机构，其价值不受吸存机构资产组合的影响；如果投资人把资金投资于投资基金，其价值要受投资基金资产组合的影响。为什么前者不受影响，而后者要受影响？因为二者的投资交易合约不同。二是投资人把资金投资于吸存机构，回报是相对固定的，而把资金投资于投资基金，回报是相对不固定的。三是吸存机构的资产的相当部分是“不可转让的证券”，对此，不需要借款人提供必要的信息，这样的融资能适应那些出于保密不愿意提供信息的借款人的要求。它们强调经纪人不是真正意义上的中介组织，因为真正意义上的中介组织要把资金盈余者的投资纳入自己的资产组合中，无论是吸存机构，还是投资基金都是这样的。它们强调这一点是为了使资金盈余者的投资与自己的资产结合起来，以便“风险共担、利益同享”，有利于“保证投资回报”。仅从保证投资回报这一点上说，即使在互联网金融体系广泛发展的条件下，也不能没有金融中介，所以“去中介化”除了理想化外，还有“乌托邦”之嫌。

五、互联网金融不等于普惠金融

现阶段，在中国互联网金融体系中，P2P 占的比重较大，加上新兴的互联网金融机构阿里巴巴又以“蚂蚁小贷”促进网络卖家成长，使得不少人认为互联网金融就等于是“数据时代”的普惠金融。他们认为“互联网金融为中国实践普惠金融提供了全新的选择，互联网金融是最值得关注的普惠金融实践，是改变金融抑制现状的最佳创新”。

我们认为，这样的立论自然能够褒奖互联网金融的地位，让普惠金融在网络技术下得到推进和发展。但必须认知，互联网金融不等于普惠金融。这不仅因为在中国学界、业界，对什么是普惠金融，怎样实现普惠金融有不同的认知，而且互联网金融在实现普惠金融方面也有局限性。

普惠金融（又称普惠制金融或普惠性金融）是从英文“inclusive-financialsystem”翻译过来的。为了表达服务对象的广泛性和包容性，所以用了“普惠”这个概念，也就是要所有的人平等享受金融服务。这一概念产生的历史背景可追溯到20世纪80年代。当时，发展中国家传统的农村金融政策普遍遇到了挫折，即没有取得预期的成效。后来在2005年，世界银行扶贫协商小组（CAGP）举办了一个小额信贷宣传年，宣传小额信贷能有效地、全方位地为社会所有阶层和群体提供金融服务体系。这表明普惠金融以小额信贷为主体，并主要作用于广大的农村经济。让小额信贷作用于广大的农村经济，始于诺贝尔和平奖获得者孟加拉经济学家尤努斯。他在《穷人的银行家》中，提出：“贷款的权利应被视为一种人权，贷款能够在全球摆脱饥饿方面起到一种极具战略性的作用。”意思是每个人都有获得信贷的权利，只要获得这种权利，就能摆脱饥饿。这可以说是普惠金融产生的理论基础。但问题并非如此简单，怎样在农村让每个人都有获得贷款的权利，获得了这种权利又怎样使农村摆脱饥饿等，涉及不少理论和实际问题。比如：①在农村，什么样的金融中介机构是最佳的？②农业的经济活动怎样影响农村金融市场？③政府实行哪种政策对贷款者的行为最有效？这些问题在国际上引起了学界的讨论，在国内也产生了广泛的影响，推动了中国对普惠金融的研究。

中国对普惠金融的研究，也始于2005年。当年，联合国开发计划署与商务部国际技术交流中心和中国人民银行、国家开发银行、哈尔滨银行、包商银行合作，开展了“建设中国普惠金融体系”项目研究。这一项目由时任中国人民银行研究局副局长的焦瑾璞主要负责（该研究项目主任），同时翻译出版了联合国《普惠金融体系蓝皮书》。项目研究的成果，形成了著述《小额信贷和农村金融》（中国金融出版社，2006年出版）。该著作从三方面界定了普惠金融的含义：一是服务对象的特定性。普惠金融体系以价格相对合理的产品为中小企业、微型企业、农户等低收入群体对象提供服务。二是金融服务产品和功能的全面性。普惠金融不仅为客户提供贷款服务，还为其提供存款和保险、汇款、养老金等全方位的金融服务。三是金融机构的多样性、体系的多层次性和保持适度竞争。

上述分析侧重普惠金融与放松金融监管的关系，允许社会各种性质的资本在贫困地区设立为中低收入经济群体服务的多种类型的金融机构，使普惠金融体系包括从专门的小额信贷机构到银行金融机构等各类金融机构。由此出发，从事普惠金融操作的机构坚持商业性经营原则，以促进整个体系具有可持续发展的制度基础。

继该项目研究之后，在国内政策界提出普惠金融概念的是杜晓山的文章《小额信贷的发展与普惠性金融体系框架》，他从“普惠性金融覆盖所有人”的原始定义出发，提出了普惠性金融体系框架——只有将包括以穷人和低收入阶层为对象的金融服务有机地融于微观（金融机构）、中观（金融基础设施）和宏观（法律和政策框架）三个层面的金融体系，才能使过去被排斥于金融服务之外的大规模客户群体获益。这种包容性的金融体系能够对发展中国家的绝大多数人，包括过去难以到达的更贫困和更偏远的客户开放金融市场。此外，他指出：普惠性金融的表现形式一般体现为小额贷款。

近年来，国内对普惠金融体系的建设，立足于金融增量改革。《农村金融研究》2010年第11期发表了陆磊、王频的文章《以社区型金融机构为载体构建中国普惠制金融框架：从微观到宏观》。该文章指出：“普惠制金融并非面向‘所有人’的金融服务体系，而是面向具有盈利前景而被正规金融组织排除在外的经济主体，或者说是覆盖所有对金融资源有供给的存款人。”该文指出：“小额信贷只是普惠制金融的一种形式，而非全部。”文章强调普惠制金融体系的建立应以社区金融体系建设为依托，而社区金融体系又以金融市场为依托，开发金融产品（如投资基金类产品）实现“融资的可得性”。只有这样，才可能在根本上实现金融资源取之于某一群体并运用于同一群体的根本目标。

详述这段历史是要表明：普惠金融从它产生的历史背景、理论基础、表现形式、运作机制、效应评价等，都有别于互联网金融，互联网金融不等于普惠金融是明显的。

让普惠金融在网络技术的推动下发展，这自然是应当肯定的。问题是不能让互联网金融局限于小额信贷。①互联网金融服务的领域不能只是农村，服务的对象不能只是“穷人”和弱势群体。事实上，近年来互联网金融服务的领域主要是城镇（包括大中小城镇），服务的对象主要是20~35岁左右的年轻人。②互联网金融服务的宗旨也不主要是“扶贫”，而主要是满足年轻人的个性消费，帮助他们创业、展业。③互联网金融展业的形式也不仅是小额贷款，还必须将商业——消费——信贷融合起来，将商业——创业——信贷结合起来。近年来互联网金融设定的业务有支付、融资、投资、风险管理和其他，大大超过了小额贷款的范围。④从发展的趋势看，互联网金融展业的着力点是投融资，其服务的对象主要应当是“中产阶层”，其服务的领域主要应当是其他互联网企业和传统金融机构。这样，互联网金融要“普惠”的不只是“穷人”和弱势群体，而应当是整个社会。所以，如果把互联网金融等同于普惠金融，就会束缚我们的认知，不利于发展互联网金融，深化金融制度建设。

参考文献：

［1］曾康霖. 曾康霖著作集续集［M］. 北京：中国经济出版社，2009：626.

［2］谢平，邹传伟，刘海二. 互联网金融手册［M］. 北京：人民大学出版社，2014：10-11.

［3］苏海南. 我国中等收入群体调查［N］. 北京日报，2013-04-15（11）.

［4］丁静. 社会发展进入中等收入需求［N］. 新华每日电讯，2014-12-31（04）.

[5] 杨婧如. 支付宝晒十年账单反映经济变迁 [N]. 深圳特区报，2014-12-09 (A19).

[6] 张晓林，朱太辉. 互联网金融推动理论创新 [J]. 新世纪周刊，2014 (43)：38-40.

[7] 杜晓山. 小额信贷的发展与普惠性金融体系框架 [J]. 中国农村经济，2006 (8)：70-74.

互联网的生存环境、功能定位和科学价值

——三论互联网金融

2014 年央视的大型专题片《互联时代》，激起了人们对“互联网+”的认知。2015 年我国的政府工作报告把“互联网+”作为“大众创业，万众创新”的抓手，推动着人们去思考这个“抓手”的功能、运转和效应。我们曾经在《征信》杂志上撰文，提出了对互联网金融的认识和再认识，指出了“互联网的兴起给金融业带来了哪些变化”，还讨论了“广泛利用互联网展业，是否就等于传统银行业的萎缩，使银行不能成为金融中介”。在这个基础上，我们讨论了“互联网金融，既是一种信息技术，更是一种生活方式；互联网金融的核心领域：众筹；互联网金融的社会基础：中产阶层的形成；互联网金融的有效运作：信息真实透明”。在本文中，我们进一步从以下几个方面展开对“互联网”的再认知，核心内容是“互联网的生存环境和功能定位”，进而认知它的科学价值。从“互联网”的存在和发展去认识互联网金融。

一、中美互联网及互联网经济发展比较

1993 年美国大学生马克·安德里森等开发出第一款浏览器“Mosaic”，其商业推广版本为著名的 NetscapeNavigator 软件，此后美国的普通百姓开始使用互联网。两年后，1995 年，被称为“中国信息行业开拓者”的张树新创建了瀛海威，这是中国内地第一家互联网服务供应商，此后互联网在中国内地开始普及。

从互联网普及起始时间来看，美国是 1993 年，中国是 1995 年。

到2015年，两国的互联网普及已有20多年的历史。近年来，两国互联网发展的比较，不可忽略（见表1）。

表1　　中美互联网发展比较

项目（截至2014年年底）	中国	美国
网民数（亿人）	6.49	2.77
普及率（%）	47.7	87.0
网民增幅（2000—2014年）（%）	2 850	191
连接速度（Mbps）	23.22	22.33

数据来源：internetworldstats.

（一）中美互联网普及状况比较

从网民规模考察，中国网民几乎为美国网民的2.3倍，但普及率仅为美国的一半左右。从发展速度看，中美互联网普及起始时间点差不多，据此将互联网普及的22年（1993—2014年）分为两个发展阶段：

1993—2000年和2001—2014年。

在1993—2000年这个阶段，中美两国都是从零开始发展，美国是互联网高速发展时期，期末美国网民发展到1.45亿，占当时人口（2.8亿）的51.80%。中国是互联网萌芽阶段，期末网民发展到2 277万，普及率仅为1.77%。美国无论是网民总人数或是互联网普及率方面都占有绝对优势。

但在2001—2014年这个阶段，中国迎来互联网高速发展时期，美国网民数量仅增加了91%，而中国增加了28倍。

由此，我们可以看出，美国互联网普及的黄金时期早于中国。总的来说，目前互联网在美国的普及程度几乎是在中国的两倍，而且最近的22年（1993—2014年），互联网在美国的普及速度更快，每年增加4%的网民，而中国每年增加网民2%。但由于中国总人口是美国人口的4.3倍，所以中国网民人数增速是美国的2.3倍，在网民增速上，中国占绝对优势。

（二）中美互联网经济发展比较

美国互联网的高速发展期早于中国，这个结论同样适合于互联网经济。美国互联网经济萌芽虽早于中国，然而中国的互联网经济似乎正弯道超车，大有后来居上的发展态势。

我们认为，考察一个行业发育程度需从微观单位——企业入手，因为企业是生产者，为消费者提供产品或服务，是应市场需求而生，可谓之有什么样的市场需求就有什么样的企业。可以说，一国某行业著名企业的创立时间，便可反映该行业的发展状况。互联网行业细分类别不少，如搜索、新闻、支付及网购、音乐、视频、社交、旅游、学习等。本文选择了搜索、支付与网购这两个类别对比分析中美互联网市场的发展。

1. 搜索

行业特点：在一国互联网发展初期，网上信息较少，可浏览的网页寥寥无几，主要包括一些如雅虎、搜狐之类的大型门户网站。这时人们是被动地接受信息，而当网上资源增多，门户网站做得越来越复杂，以尽可能满足更广泛的信息需求时，这种信息获得方式很低效，于是搜索引擎应运而生，人们开始利用搜索引擎在浩瀚的互联网信息中主动获取感兴趣的那些内容。中美两国主要以提供搜索引擎服务的大型门户网站，如表 2 所示。

表 2　　中美著名搜索企业创立时间

中国		美国	
百度	2000 年	雅虎	1994 年
搜狗	2004 年	谷歌	1998 年
好搜	2012 年	必应	2009 年

这些企业中最具代表性的是美国的谷歌和中国的百度。百度虽然与谷歌创立时间相差两年，但谷歌可谓全球之企业，百度虽在中国处于市场垄断地位，但无论是商业影响还是科技创新力等，目前都难以与谷歌相提并论。

2. 支付与网购

行业特点：支付是网购的基础设施，没有便利的网上支付，网购就难以普及开来。网上购物是一种商业行为，也是互联网经济的一种。

支付与网购是时下在中国很热的互联网商业形态，美国在这两个领域的著名企业于20世纪90年代中期就创立，待到21世纪初期中国在此领域的著名企业形成时，美国无论是消费习惯或是技术支持早已成熟。可见，美国的互联网经济比中国发展得更早，即更早出现相关领域的著名企业。美国在互联网发展的第一阶段（1993—2000年）就出现了支付与网购的公司，而中国则是在互联网发展的第二阶段（2000年后）才陆续出现淘宝与京东。参考前面关于中美互联网发展对比分析，这与在美国互联网更早得到普及不无关系。中美两国主要以提供支付与网购服务的大型门户网站如表3、表4所示。

表3　　中美著名支付企业创立时间

中国		美国	
招行网银	1997年	花旗银行	1991年
支付宝	2004年	PayPal	1999年

表4　　中美著名网购企业创立时间

中国		美国	
淘宝	2003年	eBay	1995年
京东	2004年	Amazon	1995年

总而言之，较之中国，美国互联网普及程度更高，速度更快，互联网经济出现时间也较中国早8年左右，但据2014年7月麦肯锡全球研究院的研究报告称，中国互联网经济占GDP的比重已升至4.4%，首次超过美国的4.3%，已经达到全球领先国家的水平。中国的互联网经济已成后起之秀，大有超越美国的趋势。这与互联网经济存在和发展的社会基础和技术条件相关。

二、互联网经济存在和发挥作用的社会基础和技术条件

互联网经济包括一切以互联网为基础的经济活动，现阶段互联网

经济的主要形态有五类：电子商务、搜索、网游、即时通讯和互联网金融。在互联网经济时代，无论是经济中的个人、企业还是政府职能部门，都越发依赖网络来获得大量信息，并据此进行预测和决策。

（一）互联网经济的社会基础

在笔者《对互联网金融的再认识》一文中，提出“互联网金融的社会基础：中产阶层的形成”，本文试图从中国互联网经济反超美国的社会原因入手，进一步考察互联网经济的社会基础。

近年来互联网经济在中国如火如荼地发展，已培育起一个巨大市场，引起了国外权威机构的关注：据 2014 年 7 月麦肯锡全球研究院发布的报告——《中国的数字化转型：互联网对生产力与增长的影响》可知：2010—2013 年，中国的 IGDP 指数（互联网经济占 GDP 的比重）从 3. 3%迅速升至 4. 4%，从互联网经济中等国家发展成为互联网经济领先的国家。

中国互联网经济成功崛起，并反超美国的原因主要包括以下两点：

1. 由消费市场驱动

中国国家邮政局发展与研究中心与德勤会计师事务所 2014 年发布的联合报告《中国快递行业发展报告 2014》中称，2013 年中国网络零售额已超过美国成为世界第一网络零售大国，达 1. 84 万亿元人民币。

实际上，早在 2012 年 11 月 11 日（这天，国内称之为“光棍节”）由天猫和淘宝平台所创造的网络购物节这一天，在这个中国最大的电商平台上产生的 30. 6 亿美元的交易额，已经远远超过美国的“黑色星期五”[①] 和“网络星期一”[②] 交易额的总和。在消费能力明显放缓的中国，消费者这一天的网络购物消费能力却远远超过更为富裕

① 美国的圣诞节大采购一般是从感恩节之后开始的。感恩节是每年 11 月的第四个星期四。因此它的第二天，也就是 11 月的第四个星期五也就是美国人大采购的第一天。在这一天，美国的商场都会推出大量的打折和优惠活动，以在年底进行最后一次大规模的促销。因为美国的商场一般以红笔记录赤字，以黑笔记录盈利，而感恩节后的这个星期五人们疯狂的抢购使得商场利润大增，因此被商家们称作黑色星期五。

② 美国“网络星期一”是每年感恩节后的第一个星期一。大约从 2000 年开始，美国亚马逊、eBay 等电商企业会在这一天推出大规模促销活动，成为“黑色星期五”的电商版本。

的美国人，这让许多西方国家大为惊讶。

关于中国网络购物体量超过美国的原因，主要有以下几种观点：

（1）网购人数众多，中产阶级不断壮大。FrankLavin，前美国商务部副部长（目前经营着 ExportNow，帮助美国公司将商品出口到中国并在天猫平台上销售）认为："这个现象很好解释，中国拥有更多的消费者。拥有 13 亿人口的中国，随着中产阶级数量的增长，近年来的消费额也增长迅速。而美国（人口数 3. 15 亿）的消费力依然在遭受 2007—2008 年的金融危机后缓慢复苏。"

（2）中国消费者对网购认可度更高。中国消费者对网购商城的接受速度比美国消费者更快。一个典型的例子就是，美国的在线零售在 2012 年"网络星期一"的成交额比上一年增长 17%。而中国的 2012 年 11 月 11 日网络购物节成交额同上一年相比增长了 267%。

据美国麦肯真相研究所（Mc Cann Truth Central）对于全球消费者购物态度和行为研究发现，中国消费者更看重网上购物带来的收益，而常忽视隐私数据共享的风险。中国一半左右的民众在言及购物时，多是指网购，而全球仅两成的人会如此，中国在购物文化上引领着科技时尚。

而中国网民更热衷网购的主观原因是消费习惯。线下的大型商店超市在美国是成熟的零售模式，过去的几十年人们都习惯了在那里消费，这个习惯延续至今，人们只是偶尔将网购作为补充。网络购物对于美国人来说只是"饭后甜点"，但在中国，"网购是主菜"。

数据也证实了中国消费者比美国消费者更偏好网上购物。2013 年美国商品零售总额是 5. 11 万亿美元，中国的则是 3. 7 万亿美元，前者是后者的 1. 3 倍。据中国电子商务研究中心研究，2013 年美国的网上零售额是 2 630 亿美元，占该国商品零售总额的 5. 14%，而中国的则是 2 899. 3 亿美元，占该国商品零售总额的 7. 8%。

在中国消费者偏好网上购物的背后，我们会发现客观原因是中国传统零售基础设施建设在相当一部分地区没有跟上。尤其是小城市以及内陆经济欠发达区域。由于缺少线下的大型购物商场，中国三四线城市的消费者转而在线上购买他们在线下无法买到的、物美价廉的商品。传统零售行业的发展需要对传统零售基础设施建设投入大量资金和时间去完善，为满足消费者的旺盛需求，方便、性价比高、更“先进”的网上购物便成为一个现成的解决方案，这似乎是中国继手机替代电话的又一例“跨代发展”的例子（在中国广大农村铺设电话网络需要巨量资金投入，而无线通信的手机解决了农村地区通信的需求，中国还未等固定通讯——电话完全普及，便直接进入全民移动通信——手机的时代）。

2. 国内互联网偏重与传统经济融合

与美国互联网偏重技术路线不同的是，中国国内互联网更偏重与传统经济的融合。美国的科技巨头如谷歌、亚马逊、FACEBOOK，在创立之初都是“互联网+”的产物，但近年来已经在布局围绕硬件的新产业。这些硬件是以软件技术、互联网和大数据技术为基础，而过去从未听闻的新生事物，如谷歌的智能眼镜、无人驾驶汽车，亚马逊的无人快递飞行器，每样新生事物都能产生百亿美元级的市场。相比较，我国的“互联网+”是一个很热的词汇，举国上下、各行各业都在研究如何将互联网融合到自身的产业。

中国互联网更偏重与传统经济融合的原因在于国内对转型传统产业和加速市场经济的客观需求。①互联网与传统企业合作是从服务业开始的。这些业务有着悠久的历史、成熟的商业模式，但在供需之间存在一个巨大的脱节，而互联网正是通过提供一个直接、人对人、实时、按需的通信方式，很大程度上解决了“脱节”带来的种种弊端。从目前来看，最早融入互联网元素的产业已经发生了积极的改变，现在几乎所有行业都已经加入这股潮流，想通过互联网和技术实现转型。②就本质而言，互联网是支持信息自由流动和独立行动的。因此，互联网正在成为帮助中国加速市场化经济发展的有效工具。改革开放以来，中国就存在东部西部、城乡二元结构等区域发展不平衡的难题，并且还呈现出扩大的趋势。互联网尤其是移动互联网的出现，帮助这些地区摆脱了传统经济模式下的资源短板困局，同时因为没有历史产业包袱，更容易变劣势为优势。比如依托电子商务，中国一些贫困地区农村已经彻底改变了面貌（如浙江、广东、福建、河北等省淘宝村的出现，村里的农民几乎家家都在淘宝上开店)。随着城镇化以及互联网企业进军三四线城市的推进，中国经济的潜力将会彻底被激发。

总的来说，中国互联网经济超过美国的社会原因在于：①庞大的消费者群体，即中国网民人数是美国的 2.3 倍，网购人数更是超过了美国总人口，另外中国中产阶级不断壮大；②中国相对落后的零售基础设施使得国民转向性价比更高的网络购物；③中国传统行业转型需求强劲；④中国市场经济加速发展的需要。

(二) 互联网经济的技术条件

作为新一代互联网技术革命的产物，云计算、物联网与大数据技术不断趋于成熟，进入应用阶段，与零售、制造、金融等相当一部分应用环境较好的传统行业融合，形成“互联网+”经济形态。这些互联网经济发展的主要技术条件是：

1. 网络基础设施建设

近些年国内网络基础设施的迅速建设（移动互联网、电信带宽的迅速提升）是让更多中国人上网和更多行业可以采用互联网技术的关键所在。云计算和大数据应用尤其需要足够的带宽。

2. 云计算

依照美国国家标准与技术研究院（NIST）的定义：“云计算的服务供应商提供给使用者一种便捷、按需的网络访问权限，使用者访问成功后可获得网络、存储、超级计算等资源。整个过程中，使用者和服务供应商发生较少的交互，访问结束后，供应商按使用量收取费用。”

云计算不仅能使企业集中计算资源，实现规模化效应，而且集中管理，便于提高管理效率和规避系统风险。

具体的案例是：从 2012 年开始，锦江集团（中国规模最大的综合性旅游企业）重新构筑了 IT 技术架构，在这个基础架构上搭建一个云化的中央管理系统，建立起中国酒店业第一个私有云平台。在未来 3~5 年内，锦江酒店集团会把所有成员酒店的机房全部取消，实行总部集中控制，把分散的 IT 投资变成集中化的投资。这一方面减少了业主的成本，另一方面，在云化的中央系统平台上更利于推广锦江酒店集团的管理标准，提高了自身的核心竞争力。

3. 物联网

物联网必须以各种传感器正常工作时产生的信息为基础，实现物与人或物与物之间的连接和互动，以方便个人或企业进行最优决策。物联网更像是一个单位（一个家庭、一个工厂、一个学校、一个城市等）内部的网络，而互联网则是连接全球所有这样单位的外部网络。物联网与互联网结合形成了一个巨大的网络，极大地改造了工业生产，主要体现在以下三点：

一是工厂的智能化。智能工厂是物联网最典型的应用，即在生产设备中广泛部署传感器，实现智能化的监测与操作，提升制造效率，合理配置资源。

二是产品的智能化。传感器与智能芯片在汽车、家电等传统产品中的嵌入打开了新的竞争前沿。

智能化的产品不仅能够实现更为全面、灵活、人性化的功能，而且还可以为生产者反馈有用的用户数据，反哺产品设计与研发。

三是产业链的智能化。产业链的智能化将实现从研发设计、到原材料订购、生产、物流、销售直至消费者各个环节的实时监控、分析与全流程参与。例如，零售商将其库存信息实时提供给供应商能够有效地降低库存率；另外，来自于消费者、销售端以及工厂的数据共享也将在很大程度上辅助产品的研发与设计。

4. 大数据

美国知名 IT 研究与顾问咨询公司 Gartner 认为，大数据（BigData）具有海量、高增长和数据结构多样化的特性，需要分布式架构的“云计算”这种新处理模式才能完成存储和处理，开发出应用价值。

人们日常在互联网上的活动如浏览网页、网络购物等会留下一些操作记录。互联网企业会搜集并保存这些记录，而它们广泛应用的大数据技术旨在从这些海量的数据中分析出人们消费习惯和生活模式等私人信息，以便广告和产品定向推送等商业活动的开展。根据国际数据公司 IDC 和相关机构的研究结果，大数据能够在细分顾客群体、发掘新需求、创新商业模式等方面具有重要的商业价值。大数据通过对海量数据的发掘，能分析得到以往难以获得的商业信息。

三、互联网的学科本质

蒸汽机的理论依据是物理学中的热力学，空气受热，气压升高，产生推力。电力发明是源于物理学中的电磁学，切割磁场的导体产生电。

在科学学科设置中，互联网是应用科学——计算机科学的一个学科，而且在高校专业设置和院系安排中，互联网相关专业多设置在计算机学院，如电子商务等专业则会设置在商学院。可见互联网在学科学里应当是信息技术，或者说是当代信息技术的重要组成部分。

动力学是物理学中的分支学科，主要研究物体所受力与物体运动的关系，研究对象是速度远小于光速的宏观物体。而信息技术是用于管理和处理信息所采用的各种技术的总称，主要应用计算机科学和通信技术来设计、开发、安装和实施信息系统及应用软件。

可见互联网并非动力学。人们之所以将互联网与蒸汽机及电力的发明相提并论，主要是看重其对人类生产、生活的影响程度，因为这三大发明是人类文明三次工业革命的标志。技术发展史通常的说法是：

第一次工业革命开创了“蒸汽时代”（1760—1840 年），以蒸汽机的发明和应用为标志，推动农耕文明向工业文明过渡。

第二次工业革命进入了“电气时代”（1840—1950 年），使得电力、钢铁、铁路、化工、汽车等重工业兴起，石油成为新能源，并促使交通迅速发展，世界各国的交流更为频繁，逐渐形成一个全球化的国际政治、经济体系。

两次世界大战之后开始的第三次工业革命，开创了“信息时代”（1950 年至今），全球范围内信息和资源交流的速度更迅捷，全球化运动影响了绝大部分国家和地区的发展进程。

四、互联网的功能定位

互联网与传统生产行业的融合方式及所起到的作用，可以用时下实业界较热门的“互联网+”来概括。2012年11月14日国内知名互联网资讯提供商易观国际举办的第五届移动互联网博览会上，易观国际董事长兼首席执行官于扬首次提出“互联网+”理念。他认为：“在未来，‘互联网+’公式应该是我们所在的行业目前的产品和服务，在与我们未来看到的多屏全网跨平台用户场景结合之后产生的这样一种化学公式。我们可以按照这样一个思路找到若干这样的想法。而怎么找到你所在行业的‘互联网+’是企业需要思考的问题。”

2015年3月5日上午十二届全国人大三次会议上，李克强总理在政府工作报告中首次从国家层面提出“互联网+”行动计划。李克强总理所提的“互联网+”在早先人们提出的“互联网改造传统行业”的基础上有了进一步的深入和发展。如今全社会已进入“知识时代”，社会进步的推动力包括无处不在的网络、计算、数据和知识。知识社会中每个人都学习、创造着新的知识，这是一种大众创新、协同创新的创新2.0。

按经典经济学理论，生产要素包括劳动力、土地、资本、企业家四种，随着科技的发展和知识产权制度的确立，技术、信息也作为相对独立的要素投入生产。生产要素都有市场价格，信息也不例外。在我们看来，互联网本质是一种信息传递，这种传递能极大地降低信息这种生产要素的成本。没有互联网时，信息只能通过人们口口相传，无论是信息传递的范围还是准确性都差强人意。这个阶段，有些人甚至会故意限制一些公共信息的传播以获取私利。例如，20世纪90年代某市有一批二手公交车需要招标销售，招标信息需要公开，但利益中人又不愿有众多竞标人，于是就在本地发行量有限的报纸上的毫不起眼的角落刊登了这条信息。如果是在互联网上发布这条信息，这批二手公交车一定会得到更合理的价格。

信息对于生产的作用是间接作用，其不直接参与生产，但对生产最优决策至关重要。关于劳动力、土地、资金及技术等信息的充分获知有利于降低生产成本，而关于消费需求的信息则可以指导生产，调整产量。信息的充分获得使生产者和消费者做出最优选择，从而达到利润最大化或者效用最大化。西方经济学中生产者和消费者最优化决策的条件是信息完全，而现实生活中信息是有成本的，互联网的使用可降低信息价格，使生产者和消费者的决策接近最优。

互联网作为信息的传递技术，是不参与具体生产，不能直接净化生产要素，但能帮助生产者获知更环保的生产要素，起到间接净化作用。而互联网的绿色排污作用，我们认为也是间接作用于工业生产的效果，体现在对工业企业排污情况的实时监管、绿色技术的应用等方面。

五、互联网产业的优胜劣汰

（一）互联网是一个产业

可以把互联网产业定义为这样的集合体：它以现代新兴的互联网技术为基础，专门从事网络资源搜集和互联网信息技术的研究、开发、利用、生产、贮存、传递和营销信息商品。这样的集合体可为经济发展提供有效服务的综合性生产活动，是现阶段国民经济结构的基本组成部分。据中国互联网网络信息中心（CNNIC）的研究表明：在2014年，互联网经济占GDP的比重已达7%；同年，房地产业占GDP的比重略少，为6%；一般将互联网产业细分为搜索、新闻、支付及网购、音乐、视频、社交、旅游、学习等。

（二）互联网企业相互竞争，优胜劣汰，竞争程度甚至比传统行业更为激烈

中国互联网企业根据市值及影响力，可以划分为三个梯队：百度、阿里、腾讯（BAT）；京东、搜狐、奇虎360、小米科技；新浪、唯品会等其他互联网企业。每个梯队及不同梯队之间的企业竞争非常激烈，百度、阿里、腾讯各自以搜索、电子商务、即时通讯为基础，在建立闭合业务生态圈时，已经在支付、地图、电子商务、打车等领域展开激烈竞争，如2014年初，腾讯和阿里在一个月之内耗掉数亿资金以抢占打车软件市场，又比如2010年腾讯和奇虎360著名的“3Q大战”。这类事件屡见不鲜。

如果说上述事件还仅是线上的争斗，而2015年来，中国国内的互

联网公司不断出现的则是线下的“血拼”。2015 年 6 月，在江苏和湖北地区的三座城市，美团职工和大众点评员发生三起不同规模的肢体冲突。这样的争斗在整个互联网行业越发频繁。比如小米和乐视最近轮流召开发布会指责和攻击对方，争斗手段甚至蔓延到资本市场，乐视指责小米恶意“做空”其股价。这种状况表明了竞争程度的激烈。

深究竞争程度“白热化”有两点原因：①市场饱和，2015 年中国移动互联网用户总数已高达 9 亿，网民总数基本稳定，互联网市场容量也逐渐固化。相对固定的国内市场，竞争者却不断增加，手段也不得不变得更激烈。②资本驱动。这几年，中国国内实体经济不景气，“互联网+”为人们所追捧，大量的资本涌入互联网市场。更多的资本意味着更多的市场垄断渴望和更激进的竞争手段。“滴滴”与“快的”这两款打车软件的早期竞争十分激烈，不计成本地烧钱让消费者目瞪口呆，但最近两家进行了合并，这在企业史上并不多见。

在互联网产业的行业集中度特别高的条件下，优胜劣汰的规律便起了作用，业内有句谚语，叫做“数一数二，不三不四”，即细分市场只有第一名和第二名有存在的价值，第三和第四难以存活。这一点，我们能够从互联网公司上市比例、股票价格及存活率去考察。

1. 上市比例低

截至 2014 年年末，在中国一共有 364. 7 万个注册网站，互联网公司上市的比例仅为 2‰，这个概率基本上跟中彩票的概率差不多。

2. 上市企业股票表现较差

截至 2014 年年末，上市的 90 家中国互联网企业中近一半都跌破发行价。上市仅是互联网企业发展的一个阶段性成果，并不代表这些企业从此就走上发展的高速公路。

3. 淘汰率高、企业寿命短

在 2010—2014 年这五年里，在中国注册的互联网网站数量下降到此前的近六成，虽然整个行业在发展，市场在不断扩大，但互联网公司在不断减少。据估算，中国互联网企业的平均存活周期仅为 3 ~ 5 年。若扣除每年新创业的互联网公司，过去 5 年，互联网行业淘汰的公司会更多，由此可见，这个行业的竞争非常激烈。

参考文献：

［1］曾康霖，罗晶．对互联网金融的再认识［J］．征信，2015（4）：1-7.

［2］华强森，等．中国的数字化转型：互联网对生产力与增长的影响［R］．纽约：麦肯锡全球研究院，2014.

［3］国家邮政局发展研究中心，德勤．中国快递行业研究发展报告（2014）［R］．北京：国家邮政局，2014.

［4］环球网科技．外媒：为啥中国网购消费超越美国［EB/OL］．http://tech.huanqiu.com/internet/2012-11/3330270.html,2012-11-30.

［5］麦肯真相研究所．关于购物的真相［R］．纽约：麦肯世界集团，2014.

［6］中国电子政务网．美国联邦政府云计算战略［EB/OL］．http://www.e-gov.org.cn/news/news004/2013-04-07/140014.html,2013-04-07.

［7］DavidReinsel，JohnGantz. TheDigitalUniversein 2020：BigData，BiggerDigitalShadows，andBiggestGrowthintheFarEast［EB/OL］．http://www.emc.com/leadership/digit-al-universe/2012iview/big-data-2020.htm，2012-12-05.

［8］武汉光谷信息技术股份有限公司．武汉光谷信息技术股份有限公司2014年年度报告［R］．武汉：武汉光谷信息技术股份有限公司，2014.

给中央财经领导小组办公室主任刘鹤主任的信

刘鹤主任：

送上这份材料，是建议中央高度重视我国县域社会经济的建设和发展。在这里所谓的“县域”包括广大农村，所以我们提出“中国社会经济的发展应着力以县级区域为基础，以广大农村作为前沿基地”。

这个问题我思考多年，也写过文章，在有的场合下发表过个人意见，但没有向中央呈报过，总觉得人微言轻。最近学习了习近平总书记《在哲学社会科学工作座谈会上的讲话》，受到了教育和鼓舞。特别是他强调理论源于实践，哲学社会科学要与社会经济发展紧密联系，要求学者真正把做人、做事、做学问统一起来，要有“板凳要坐十年冷，文章不写一句空”的执着坚持精神。在此推动下，我率领我的研究生到四川、云南、贵州、湖南一些区县（四川绵阳市游仙区、云南大理市太邑乡、贵州江口县、湖南双峰县），深入基层，调查研究。时经一年多，并将调研所得资料梳理汇集，又以座谈会的形式，征求有关人士的意见，并做修改。应当说材料中的意见，是大家智慧的结晶，反映了知识界和基层工作者的心声。尽管其中难以避免片面性，但都是真话、实话，现呈上供顶层设计和决策参考，并请您指正！

西南财经大学

中国金融研究中心

退休教师　**曾康霖**（教授、博导）

时年八十有余

2016 年 9 月

以县级区域为基础，以广大农村为前沿阵地建设和发展中国社会经济[①]

（内容摘要）

中国经济快速发展，应当说成绩辉煌，令人瞩目，值得重视的是中国经济的发展给中国社会带来了哪些变化：

（一）人们收入增加，生活水平提高。与此同时，贫富差距不断拉大。

（二）随着数以万计的农民工进城，城市人口不断扩大，与此同时，空巢老人，留守儿童遍及农村。

（三）经济发展了，收入增加了，但中国人的素质提高滞后，处于低下的状态。

我们认为中国现阶段，既要狠抓经济发展，更要着力推动社会进步！中国社会经济发展，长期以来，以大中城市为中心，疏于县级区域。这样的状况必须得到高度重视。

为什么说必须得到高度重视?

（一）大中城市生活成本居高不下，疏于尊老爱幼，会导致家庭矛盾产生，丧失伦理道德。

（二）会导致新生代的农民工“大城市进不去，农村老家也回不来”。

① 本文是在调研的基础上形成的。经过一年多时间，我们深入四川、云南、贵州、湖南一些区县（四川绵阳市游仙区、云南大理市太邑乡、贵州江口县、湖南双峰县）进行调查研究，并将调研所得资料梳理汇集，以座谈会的形式，征求有关人士的意见，又做修改。应当说，文章中的意见是大家智慧的结晶，反映了知识界和基层工作者的心声。尽管其中难以避免片面，但都是真话、实话。

（三）在广大农村，土地资源被浪费的情况相当严重。据调查，主要表现在两个方面：①相当多的土地被政府卖给开发商，而开发商无从开发。②大量的可耕地粗放耕种，被荒芜。

（四）现在的农村，农民修的新房不少。现在的状况是：①户均宅基地普遍超标。②宅基地布局凌乱，相当大的一部分未拿到产权证，但农民认为宅基地为我所有。不仅城市房屋过剩，必须去库存，而且农村房屋也过剩，需要去库存。

（五）针对现实生产经营中出现的问题，用“三权分立”“两个适度”，一份“负面清单”立下“新规”。可是现在的情况是“三权难以分离”，“两个适度”和一份“负面清单”难以严格落实，且缺乏监管。这种情况使当代农村土地难以按现代化的目标要求流转。

（六）城市，特别是大中城市的承受力有限。重要的是在医疗、养老、教育方面优质资源有限，而且相对集中。这种状况难以改变，难以合理分配，不利于人们平等享有优质资源。

基于以上认识，我们认为，中国社会经济的发展，应着力以县级区域为基础，以广大农村作为前沿基地。这当中，不可忽视的因素有：

（一）中国13亿多人口，绝大部分常年生活在县级区域。

（二）人们生活水平的提高，生活质量的提升，总要反映到“吃、穿、住、行、乐”中。这五个要素中，都要依托广大土地，优化土地配置。要知道，当代人们对生活目标的追求，不都是，也不一定“高、大、上”，而且追求绿色，富于健康，有利于长寿。

（三）一个国家的经济可区分为下游经济、上游经济、高端经济。下游经济主要是解决人们“吃、穿、住、行、乐”的经济，换句话说，也就是为人们提供最终消费的生活消费品。适应绝大多数人的生活需要其经济就应当集中在县级区域。

（四）必须确定广大农村与县级及以下城镇的关系：不能忽视在这一区域为这么多人生活和人的素质提高创造必需的条件。当代的城镇，是扩大消费的媒介体、信息传播的媒介体、接受教育的媒介体、文化传承的媒介体、维护健康的媒介体。这些媒介体的功能是大中城市不全具有，或难以取代的。

（五）社会经济发展的初衷，必须使拥有劳动力而又愿意劳动的人口充分就业。

怎样建立健全以县级区域为基础，推动中国社会经济发展？

（一）首先要有科学的规划，确立不同的生态区。

（二）着力进行基础设施建设。

（三）创造条件大力引进资金、人才。

（四）要有具体的目标要求。

（五）在财政金融上给予支持。

总之，中国社会经济发展的当务之急：缩小收入差距，提高人的素质。如果中国社会经济的发展，仍然是以大中城市为中心，则各阶层拥有的财富差距将继续扩大。

这是我们经过一番调查后的思考，敬请指正！

调查组

2016 年 8 月

一、中国经济的发展给中国社会带来的变化

从 1993 年算起，到 2016 年，应当说改革开放实践已经过去了 23 年。在这 23 年中，中国经济快速发展（23 年中，有 10 年 GDP 的增长速度达到每年两位数，其中最高的达 14.16%，最低的达 10.01%，平均 10.41%），一跃成为世界第二大经济体。应当说成绩辉煌、令人瞩目，但值得重视的是中国经济的发展给中国社会带来的变化。

（一）人民收入增加，贫富差距拉大

人民收入增加，生活水平提高，与此同时，贫富差距不断拉大。而且这种态势，还没有扭转的趋势。财富分配的失衡会比一般收入分配差距带来的危害更大，因为它不仅进一步扩大了不同收入阶层在财富创造和财富积累上的差距，即所谓的“马太效应”，而且这种财富积累会一棒接一棒地传递下去，将通过代与代之间的财富转移，进一步恶化代与代之间的分配不公。这种状况还表明：简单地以不同时期基尼系数的差距表明贫富差距，也不完全准确了。因基尼系数只表明

国民收入的差距，而不表明财富拥有的差距。财富的拥有主要从掌握的资产表现出来，而资产受市场价格的波动影响很大。

（二）城市人口扩大，农村劳力匮乏

随着数以万计的农民工进城，城市人口不断扩大。与此同时，空巢老人、留守儿童遍及农村，所带来的后果是：农村劳动力缺乏，老人和儿童生活自理的负担加重，更谈不上老人安度晚年，也不利于儿童的健康成长。

（三）发展速度提高，国民素质低下

经济发展了，收入增加了，但中国人的素质提高相对滞后，处于低下的状态。据联合国公布的《全球国民素质道德水平调查报告》排名，中国国民素质连续多年排名靠后，可谓让人堪忧。国民素质是个综合性指标，按照联合国的标准，衡量一国国民素质的指标有 118 个，包括思想、修养、礼仪、文化、政治、体能、道德和教育等。联合国的考察，会产生偏见和信息不准。但总的说来，中国人素质需要提高，是不能不正视的。

基于以上的观察，我们认为，中国现阶段既要狠抓经济发展，更要着力于推动社会进步！经济发展与社会进步相关相连、互为因果，但二者仍有明显差别：经济发展的价值体现主要是收入增加，人们生活水平提高；社会进步的价值体现主要是人的素质提高，传承文明。把二者结合起来，才能称为“中国社会经济发展”。

二、经济发展以大中城市为中心，疏于县级区域的状况必须得到高度重视

中国社会经济发展，长期以来，以大中城市为中心，疏于县级区域（县级区域指县级及县级以下城镇和广大农村地区）。这样的状况必须得到高度重视，甚至说必须纠正。这是中国社会经济发展必须弥补的短板。

（一）大中城市生活成本居高不下

在那里，弱势群体难以生活。更重要的是不利于把自己的后代放在大中城市成长，接受良好教育。此外，生活成本高，难以成家，自顾不暇，疏于尊老爱幼，谈不上增进亲情关系。进言之，会导致家庭矛盾，丧失伦理道德。

（二）新生代的农民工“大城市进不去，农村老家也回不来”

因为在他们当中相当大一部分人不仅没有返乡的意愿，即使返乡了也无事可做，不懂得怎样种庄稼，在大中城市就业也很困难。21 世纪以来，在珠江、长江三角洲地区，就存在“三无农民”，即“无土地、无工作、无社保”，他们主要靠土地征用费或靠房地产出租收租金过日子。现在这种状况仍然存在。这样的一大批人无所事事、迷恋城市生活、看不到前进的方向，成为新的弱势群体，轻言之，是人力资源的浪费，重言之则是毁了一代人，加重了社会的负担。如果再广泛发生新生代的农民工“进不去，回不来”的现象，则其后果不堪设想。

（三）广大农村地区土地资源被浪费的情况相当严重

据调查，农村地区土地资源被浪费的现象主要表现在两个方面：①相当多的土地被政府卖给开发商，开发商并没有真正去开发。除修建了几栋楼房表示土地已经被人占有外，几十亩、几百亩的地被圈围着，所圈之地要做什么，无人所知，政府也不过问。这种状况在大中城市郊区，在平原地区尤为严重，可谓星罗棋布，一片接着一片，抬头可见。现在的状况是美其名曰“经济技术开发区”；多少年了，谁也不管；而且当地政府也管不了。由于开发商是外地的，甚至是外国的，且已出钱购买，所有权已转移，转移后政府无权过问。②大量的可耕地粗放耕种、被荒芜。我国农村可耕地可区分为山区、丘陵和平原。靠近大中城市的平原地区的可耕地基本上没闲着，而是被转让、被租赁、被占有，但其作物绝大多数不是粮食、油料，而是树木、花卉和草坪等。离大中城市较远的平原、丘陵可耕地种粮食、油料、蔬菜的较多。但相当大的部分是粗放经营，究其原因：一是缺乏劳动力；

二是难请人，请不起人；三是经营的成本很高，赚不到钱；四是政府有补贴，撒几颗种子，也能拿钱；五是农民各自为政，耕种的作物五花八门，没有形成规模经营，难以形成规模经营。

（四）农村空心化现象严重

现在的农村，农民修的新房不少，截至2015年年底，全国村镇人均住房建筑面积33.37平方米。外表形象美观，而多数内装简陋。更重要的是，绝大部分农民新修的房屋，没有人住或很少人住。除节假日在城市打工的人回来住几天外，几乎都关门闭户。目前关于全国闲置宅基地的统计并没有官方数据，基本上都是学者在自己调研的基础上形成的地方性判断。现在的状况是：①户均宅基地普遍超标。所查的三个样本区宅基地总面积为35万平方米，户均宅基地面积为433平方米，超出政府规定标准。②宅基地布局凌乱，相当大的一部分未拿到产权证，但农民认为宅基地为我所有。所调查的湖南省三个样本区中，农民所建房屋大多属于20世纪90年代，农民自己选址，自筹自建自维护。近年大都修建围墙，将所建房屋和宅基地围上，视为自己所有。但1/3的农户未拿到集体土地使用证和房屋产权证。其原因有：超标、户籍变动、人口增减、已经转出等。大量学者在调查中发现许多村庄闲置和荒废的宅基地占村庄宅基地总量的20%左右。据对四川省仁寿、安岳、武胜等县农村空心化情况的调查，由于农村劳动力大量转移，农村人口大量外流，常住人口大量减少，造成了农村房屋使用效率不高，土地资源浪费较为严重等问题。不少村庄，小洋房随处可见，非春节时，80%以上门户紧闭无人居住，住房及耕地资源严重浪费，空心村、空心院落随处可见。根据对10个村调查结果统计（见表1），村庄宅基地总数4 263宗，其中空置宅基地总数907宗，低效使用宅基地总数1 730宗，高效使用宅基地总数1 626宗，宅基地空置、低效使用率达到61.86%。村容村貌不整，一些村庄从临近公路附近看新房林立，但进入村庄则坑洼泥泞路、毁损废弃渠堰、破旧倒斜危房随处可见。包括村庄空闲地、打谷场、坑塘在内的村庄低效使用土地达到171万平方米，占村庄总面积近10%。

对此，我们只能说，不仅城市房屋过剩，必须去库存，而且农村房屋也过剩，需要去库存。而怎样去库存则大有学问。

表 1　　仁寿、安岳、武胜 10 个村宅基地使用状况　　单位：宗

村庄	宅基地总数	空置宅基地数	低效使用宅基地数	高效使用宅基地数
大堰村	435	132	180	123
金银坎村	514	51	163	300
凉井村	345	56	135	154
寒保村	354	120	200	34
七仓村	396	122	72	202
胜前村	510	111	143	256
利群村	618	118	336	164
茅坝村	242	15	132	95
箩篼岩村	490	130	197	163
叶家庵村	359	52	172	135
合计	4 263	907	1 730	1 626

注：空置宅基地是指地上建筑物损毁、失去居住功能或具有居住功能但长期无人居住的宅基地；低效使用宅基地是指年居住时间少于 3 个月或居住人数长期少于 3 人的宅基地；高效使用宅基地是指常年有人居住，且居住人口大于或等于 3 人

（五）所有权、承包权和经营权的“三权分立”不仅起不到正面效应，反而容易产生负面效应

2014 年 11 月中共中央办公厅、国务院办公厅印发了《关于引导农村土地经营权有序流转，发展农业适度规模经营的意见》，针对现实生产经营中出现的问题，用“三权分立”“两个适度”，一份“负面清单”立下“新规”。从理论上说，所有权的意义在于处置权，承包权的意义在于回报权，经营权的意义在于使用权；将“三权分立”，也就是有权处置土地归谁所有的人，与有权将土地承包给别人取得回报的人，与有权取得土地使用权从事生产经营的人，是三个独立的主体，可以不是同一个人。这样分离的意义何在呢？按文件的初衷，也就是实现“两个适度”，一份“负面清单”。问题是这样的“新规”，能引导农村土地经营有序流转、适度规模经营吗？要知道，三个独立的主体，都有各自的“权、责、利”，而且他们之间还有交叉制约，

如果独立的主体是不确定的和不明确的，则他们之间就难以形成相互制约的关系，没有制约关系，为所欲为，“新规”虚设，初衷落空。换句话说，在一定条件下，人可以分开，“权、责、利”分不开。

现在的情况是：土地的处置权实际上取决于政府，土地的承包权、经营权主要取决于个人，政府对土地的处置有积极性，但有法规的约束，个人对土地的承包权、经营权，虽有法规的约束且较宽，但没有多高的积极性。主要原因是：广大农民对土地集体所有权利观念淡薄；个别农民承包经营土地缺少回报，承担风险。进一步分析，农村土地集体所有以村为单位，而村作为区域，其人口是变动的，于是便产生了“有土地的农民”和“无土地的农民”。这样，农村土地集体所有，实际上是一个抽象的概念，具体不到每一个人。再说，谁是集体所有的法定代表人，也是不确定的，且当事人常有变动；照理，土地的使用权属于承包人，承包人应当直接生产经营；但承包以后，由于转包等因素存在，生产经营权最终落实到谁不确定。由于生产经营权不确定，这不仅使承包人的权、责、利缺乏法律保障和不对称，而且使“两个适度”和一份“负面清单”难以严格落实，且缺乏监管。这种情况使当代农村土地难以按现代化的目标流转。

据调查，当代农村土地流转，平原地区、交通便利的地区和城市郊区流转面积较大，大约占50%以上。而丘陵地区次之，山区则难以流转。流转的形式有农户之间、专业合作社、家庭农场、种植大户等的出租转让，但以农户之间出租转让为主。这种状况表明：农村的土地流转，绝大部分是小规模、细碎化的（规模偏小、地块偏多），主要靠人力的承包经营；而没有实现土地流转的初衷，未能实现规模经营，与现代化的农业相距甚远。此外，在承包经营中还会产生“竭泽而渔”、掠夺资源和破坏环境的问题，在这种情况下，“三权分立”不仅起不到正面效应，反而产生负面效应。农业是个风险产业，要实现规模经营，向现代化农业迈进，还必须有相应的配套措施。

（六）大中城市承受能力有限，导致“产城分离”“职住失衡”

城市，特别是大中城市的承受力有限。大中城市的承受力有限，直接的、具体的感受是城市越大，堵车越严重，停车位越难找。其实，重要的是在医疗、养老、教育方面优质资源有限，而且相对集中。这种状况难以改变，且在市场经济条件下，在权贵势力左右下，在“人际关系”影响下，优质资源难以合理分配，不利于人们平等享有优质资源。进一步说，弱势群体根本享受不到优质资源。在这种状况下，虽然在大中城市能多挣钱，有利于挣钱，但不利人的成长，从总体上说，不利于人的素质提高。

2015 年 9 月，中国社科院城市发展与环境研究所发布了《城市蓝皮书：中国城市发展报告 NO. 8》（以下简称《蓝皮书》）。《蓝皮书》指出，中国 90%以上的城市处于“亚健康”的状况，其中地市级以上的城市就有 280 个。《蓝皮书》指出了“亚健康”的 10 种表现，主要是“资源紧缺、环境污染、供给不足、交通拥堵”等。在我们看来，与本文主旨相关并值得关注、令人深思的有两点：一是“产城分离”，二是职住失衡。

“产城分离”与“产城融合”相对应。“产城融合”不是一个新的概念，早在我国编制“十二五”规划中，有关部门就用了这一概念，而且学界对这一概念已进行了广泛讨论，“产城融合”作为一个重要的发展方向被提出。它强调产业是城市发展的基础，城市是产业发展的载体，二者相伴而生，共同发展。

可是，近年来我国地市级以上城市的发展以什么产业为基础，存在着很大的不确定性。这不仅因为在一些城市资源短缺，而且因为加工企业时进时出，使不少城市的产出、就业发生了巨大变动。所以，在我们提出“产城分离”，主要是指出城市的发展，缺乏产业的发展为基础。

“职住失衡”与“职住平衡”相对应。它们都表明就业与居住的一种状态，对这组概念，早在 20 世纪西方学术界便进行了研究（孟晓晨等）。对“职住平衡”的研究最早可以追溯到 19 世纪末英国经济学家霍华德（Howard）提出“田园城市”之时，这一概念的提出是基于他的就业和居住相互临近、平衡发展的思想。这一概念是针对当时英国最大城市——伦敦人口拥挤不堪、贫民窟泛滥、城市交通混乱等问题提出来的。他认为城市发展都有一个最优规模，当超过最优规模后，就应在附近新建城市，而非将原城市扩建；他认为，新建城市的教育、医疗、卫生等基础设施应配备齐全，就业与居住的机会分布均匀，最理想的状态是使居民可以步行上班（E. Howard，1902）。这一思想在20世纪美国的城市规划实践中得到了应用与发展。20世纪80年代美国城市的中上阶层移居市区郊外，通勤高峰期间城市交通拥堵和空气污染问题日益严重，针对这种状况，“就业—居住平衡”的思想被政府纳入城市发展政策中，以试图解决当时城市交通拥堵的问题。当这一思想从规划理念转变为政府政策时，引发了欧美学者们的热烈讨论。美国学者芒福德（L. Mumford）对霍华德的思想作了进一步的阐述和明晰化，提出了“平衡”的概念。他提出要实现两个层面的平衡：一是城乡应在范围更大的生物环境中取得平衡，二是城市内部的不同功能之间应取得平衡。为实现这两个平衡，他主张采取限制城市面积、人口数量和居住密度等相关措施（L. Mumford，1968）。

按照我们的理解：“就业—居住平衡”的基本内涵是指在某一给定的地域范围内，大部分居民可以就近工作；通勤交通主要采用步行、自行车或其他非机动车方式；即便使用机动车，出行距离和时间也比较短，控制在合理的范围。实现“就业—居住平衡”可有利于减少机动车的使用，从而减少交通拥堵和空气污染。需要讨论的问题是：在什么度的范围内算平衡，超过了什么度就是失衡？对此，在国外有两个维度的指标测量“职住平衡”：一是测量职住数量上的平衡，一般被称为平衡度测量；二是测量质量上的平衡，一般被称为自足性测量。前者是指给定区域内就业岗位的数量和居住单元的数量是否相等，常用就业—居住比率测量（给定地域范围内的就业岗位与家庭数量之比）；后者是指给定区域内居住并工作的劳动者数量所占比重，常用托马斯提出的“独立指数”测量，即在给定区域内居住并工作的人数与到外部去工作的人数的比值，这个数值越高，该区域自足性越好（孟晓晨等，2009）。

在西方，有的学者认为距离工作地9.7km~12.9km是合理的（Levingston，1989），也有学者认为应该是4.8km~16.1km（Deakin，1989），还有学者认为应该把平均的或者中等程度的通勤距离作为合理的通勤距离，因为这个通勤距离反映了市场作用下就业和居住区位的形成情况（ZhongrenPeng，1997）。

在中国，北京师范大学2014年发布的《中国劳动力市场发展报告》说上海、深圳、广州的通勤时间接近或超过90分钟，这不是说90分钟就是合理与不合理的界限，只是强调这几个城市的通勤时间超过了一个半小时。通勤时间过长使相当大的一部分劳动力资源在相当长的通勤时间中，处于非职业状态。怎么看待这种状态？是可以讨论的，也是必须讨论的，但这里存而不论。在此，仅指出地市以上城市的“亚健康”弊端，特别是其中“产城分离”和“职住失衡”的状态，再一次从理论上说明：我国社会经济的发展需要以县级区域为基础，以广大农村为前沿阵地。

采用“就业—居住比率”，即在给定的地域范围内的就业岗位数量与家庭数量比值处于0.8~1.2之间，就认为该地域是平衡的，超出了这一比值时就是失衡（Cerverro，1989，1991）。

三、中国社会经济的发展不可忽视的因素

基于以上认识，我们认为中国社会经济的发展，应着力以县级区域为基础，以广大农村作为前沿基地。这当中，不可忽视的因素有：

（一）中国人大多常年生活在县级区域

中国13亿多人口，绝大部分常年生活在县级区域。除少数有条件的人跨区域旅游外，多数人一辈子都生活在县级区域中，我们之所以强调提出“中国社会经济的发展要着力以县级区域为基础，以广大农村为前沿基地”，这完全是从适应绝大多数人的需求，维系绝大多数人的根本利益出发的。可谓“以人为本”，面向基层。习总书记说：“小康不小康，关键看老乡”。这样的老乡就是常年生活在县级区域范围内的居民，中国社会经济的发展着力以县级区域为基础，以广大农村作为前沿基地，归根结底就要让这部分人早点富起来，过上全面小康生活。

（二）生活在县级区域有利于健康和长寿

人们生活水平的提高，生活质量的提升，总要反映到“吃穿住行乐”中。民以食为天，这放之四海而皆准的基本原理未变，而且始终不会改变。据有关权威人士透露，中国的粮食自给率大约为80%，中国食用油80%的原料依赖进口。现在中国市场上让人们购买的食品其中相当大的部分不是自然生长品，而是激素催生品，而且许多农村田土里的很多小生命都灭绝了。我们生活在这样的家园，不能不使人叹息！

而“吃穿住行乐”这五个方面，都要以土地为依托，实现土地资源优化配置。农村是土地的源泉，实践证明：人们生活在县级区域，其“含金量”是大中城市不可比的。要知道，当代人们对生活目标的追求，不都是“高、大、上”，而是追求绿色，利于健康，有利长寿。

（三）县级区域的下游经济为人们提供最终的生活消费品

一个国家的经济可区分为下游经济、上游经济、高端经济。下游经济主要是解决人们“吃穿住行乐”的经济，换句话说，也就是为人们提供最终消费的生活消费品；上游经济主要是提供生产资料的经济，应当是先有生产资料，后有生活资料，所以它处于较高的层次；高端经济应当是提供科技产品的经济。如果说上游经济和高端经济需要集中在大中城市，从而有利于发展，那么，适应绝大多数人的生活需要经济就应当集中在县级区域。我们主张，中国社会经济的发展，应着力以县级区域为基础，以广大农村为前沿基地，主要是就下游经济而言，这并不排斥有条件的县级区域发展上游经济和高端经济。

（四）发挥县级区域中城镇的多种功能，提升国民素质

除县级城区外，截至2015年年底，我国有20 515个建制镇，其中10万人口以上的特大镇有238个，生活在县级（包括镇、乡、村）区域的人口为9.57亿人。我们主张中国社会经济的发展应着力以县级区域为基础，以广大农村为前沿基地，还必须确定广大农村与县级及以下城镇的关系：不能忽视在这一区域为这么多人的生活需要和素质提高创造应有的条件。农村以土地为依托，城镇是农村的集散地和媒

介体。所谓媒介体，是促进农村产品和农业生产资料交换的平台，当代的城镇是扩大消费的媒介体、信息传播的媒介体、接受教育的媒介体、文化传承的媒介体、维护健康的媒介体。这些媒介体的功能是大中城市不全具有的或难以取代的。所以，我们这样主张，就是要发挥县级区域中城镇扩大消费的功能、接受教育的功能、信息传播的功能、文化传承的功能、维护健康的功能。这不仅有利于提高人们的生活水平，而且有利于提高人们的素质。

（五）农村成为社会经济发展前沿阵地有利于扩大就业

社会经济发展的初衷，必须使拥有劳动力而又愿意劳动的人口充分就业。就业问题始终是社会经济发展的中心问题。现阶段的就业状况是：数以百万计的大中专院校毕业生，就业的选择都集中在大中城市，很少愿意回县级以下城镇和农村。这种状况亟须改变，必须改变。为什么难以改变？重要的原因是中国社会经济发展没有着力以县域经济为基础。广大农村应成为社会经济发展的前沿基地，必须明确和确立这样的思路。

四、以县级区域为基础，以广大农村为前沿重地，推动中国社会经济发展的思路与对策

（一）科学规划布局

要有科学的规划，确立不同的生态区域。中国有 2 000 多个县，分布在 960 多万平方千米的土地上，每一个县级区域都有各自的特点，但在共同目标的驱动下，能够按照《全国主体功能区规划》确定的原则，进行科学规划和合理布局。从一个县级区域来说，主要从推动基础经济发展为人们提供最终消费的生活消费品出发，侧重规划自然保护区、农村产品主产区和旅游开发区。为此，政府要制定相应配套政策和保障措施。

（二）建设基础设施

着力进行基础设施建设。在这一方面，其合理的顺序是路、电、

水、医疗、教育、网络。“要想富先修路”，这一朴素的真理揭示：在以县级区域为基础，以广大农村为前沿阵地的社会经济发展进程中，首先要加大基础设施建设，应当是“村村通公路，县县有高速”。电是人们生活的基本动力，应当家家保有、全县覆盖。水是人生存的命脉，农村各种设施的建设和条件的改善，必须有水，无水不成事。

目前，我国农村不少地区的水资源被严重污染，不仅不能为人们所利用，而且破坏生态平衡，给人们的健康带来危害。所以既需要打造水利资源，更需要保护水利资源。医疗建设保障人的健康成长，只有健康的人接受教育才有效率，而在互联网时代，效率要靠网络平台支持。

（三）引进资金、人才

要创造条件大力引进资金、人才。基础设施建设需要投资，投资的资金来源和政府财政预算的及时、合理安排自然是必要的，但不可忽视的是大力引进民间资本。为此，政府也要制定配套政策和保障措施。需要强调的是以县级区域为基础推动社会经济的发展，需要引进人才。这样的人才是鼓励农民工回乡创业不能替代的。已有的事实都表明：这样的人才必须是自己有相当的货币资本积累；必须有一定的经营管理经验；必须懂得与从事事业相应的科学技术；必须有社会活动的资源，其中包括人际关系资源；重要的必须有一颗创新立业、勇往直前、热爱社会、回报社会的爱心。这样的人，仅仅靠农民工返乡、高校毕业生创业是有局限性的。要动员全社会各行业、各单位有志者“下海”投入。其中包括已有成就的企业家、科技人员和有经历的管理者（包括公务员）。中国人多，人才辈出，只要环境宽松，政府措施合理适当，不愁引进不到人才。

（四）明确目标要求

要有具体的目标要求。这些目标要求包括：在一个县级区域范围内，至少要有一个高质量的完全中学；一个甲级医院；一个藏书在10万册以上的图书馆；一个传承各地民间艺术和戏剧的艺术馆或文化馆；一个能容纳成千人共同锻炼的体育馆等。2012年国务院扶贫开发领导小组办公室确定了655个“国家扶贫开发工作重点县”。我们设定这些县难以达到上述标准，据保守估计，在中国的2 800多个县中，未达标的县占1/4。

（五）制定政策措施

在财政金融上给予支持。在财政上应实行省管县的政策措施，这样能在较大范围运筹调控财政资金。前些年，一些地区在实行省管县试点，应当继续建立和完善这样的体制和运作机制。在金融上，应当按普惠金融的要求，实行扶贫的政策措施。在这方面，证监会已经开了先河。2016年9月9日，中国证监会发布了《关于发挥资本市场作用服务国家脱贫攻坚战略的意见》（下文简称《意见》）。《意见》要求贯彻精准扶贫基本方略，发挥资本市场行业优势，集聚资本市场合力，支持贫困地区企业利用多层次资本市场融资，支持上市公司和证券经营机构发挥扶贫作用。《意见》规定符合条件的企业，IPO免除排队，通过绿色通道，应当说是个新思维和新动力。其效果如何？应当积极推进和观察。

总之，中国社会经济发展的当务之急是缩小收入差距，提高人的素质。在这里我们能做出这样的预期：如果中国社会经济的发展，仍然是以大中城市为中心，则各阶层拥有的财富差距将继续扩大。

多年来大中城市的房地产价格持续上涨，就发人深省。要知道，当今的中国房地产业成了创造财富和分配财富的重要力量，而这种力量由少数特殊的利益群体控制。我们还能做出如下预期：不重视这个问题，不改变这样的局面，将会产生意想不到的社会矛盾，特别不利于安定团结，影响稳定。习近平总书记在2016年9月4日G20杭州峰会上指出：消除贫困和饥饿，推动包容和可持续发展，不仅是国际社会的道义责任，也能释放出不可估量的有效需求。据有关统计，现在世界基尼系数已达到0.7左右，超过了公认的0.6危险线，必须引起我们的高度关注。习近平总书记狠抓精准扶贫，限期实现小康，自然是英明之举。我们提出社会经济的发展要以县级区域为中心，是符合习总书记讲话精神的。

参考文献：

［1］ E. Howard. Garden Cities of Tomorrow ［M］. Charleston：Nabu Press. 2010：88.

［2］ L. Mumford. The Urban Prospect. Harcourt. Brace， and World ［M］. New York：Peter Smith Publisher， 1984：50.

［3］ Livingston， B L. Using Jobs Housing Balance Indicators for Air Pollution Controls ［J］. Working Paper Institute of Trans-portation， 1989， 1237：77-86.

［4］ Deakin， E. Land Use and Transportation Planningin Response to Congestion Problems：a Review and Critique ［J］. Transportation Research， 1989， 10-12.

［5］ Peng Z R. The Jobs-Housing Balance and Urban Commuting ［J］. Urban Studies， 1997， 34 （8）：1215-1235.

论精准扶贫的六个关系

——以四川省绵阳市为例

一、引言与文献回顾

改革开放30多年来，国内经济迅速发展，城市和农村居民的人均收入水平稳步提升，扶贫工作成效显著。按世界银行2005年的贫困标准（1天1.25美元生活费）及同年的购买力平价估计，1981—2011年，中国的贫困人口从8.38亿减少到8 417万，贫困人口减少了7.53亿，贫困人口缩减了近90%。但是，当前我国扶贫工作进入到了攻坚阶段，贫困问题的总体特征也发生了重大变化。①贫困原因多元化，因病、因灾、因学等致贫因素广泛存在于贫困户中；②贫困人口多集中在深石山区、灾害频发区和生态脆弱区等边缘地区，当地基础设施薄弱，产业难以开展，贫困呈代际传递；③贫困治理的边际效益递减。过去通过为贫困地区修建基础设施，招商引资等措施扶贫的收效很大，但如今囿于贫困人口多分布在边缘地区，修路、开发的成本较大，而贫困地区中的贫困户由于个人能力较差难以从扶贫开发中获得更多的收益，这就使得以往“大水漫灌”似的扶贫开发投入成效比越来越大。

为解决新时期的贫困问题，全面建成小康社会，我国适时地提出“精准扶贫，集中力量使真贫困户脱贫”。2016年2月，中共中央办公厅、国务院办公厅出台了《省级党委和政府扶贫开发工作成效考核办法》，提出了减贫成效、精准识别、精准帮扶和扶贫资金四个方面的考核内容，并细化到七个考核指标，[①] 为各省级党委和政府的扶贫开发工作确定了评价体系。

目前关于精准扶贫的研究多关注精准扶贫政策的实践困境，如雷望红结合2016年赣南宋村实地调研经历，指出精准扶贫政策在执行中存在着识别不精准、帮扶不精准和管理不精准三类问题，而问题的原因在于基层组织面临国家和农民的双重压力和监督下，缺乏治理的灵活性，政策执行的有效性被削弱。王雨磊结合丘县地区（化名）实地调研经历，指出贫困名单在落实时难以完全按照经济收入来确定，其背后的原因在于精准扶贫执行的三类基层主体——县扶贫办、村干部和驻村干部均有各自的关注点，三重对焦下精准扶贫出现“瞄不准”的问题。任超和袁明宝结合湖北秭归县的调研经历，同样指出精准扶贫政策在落实到基层组织后，存在贫困户的非精准定位等问题。

除了各省级党委和政府，主要的扶贫主体还有国内的金融系统。金融扶贫是我国金融系统按照党中央、国务院的重大部署，改善低收入群体的生活质量、实现社会和谐发展的政策工具，更是“十三五”期间助推我国7 000万贫困人群脱贫致富的重要措施。2016年3月人民银行等7部委印发了《关于金融助推脱贫攻坚的实施意见》，对我国金融系统开展扶贫工作做了导向性安排。

金融扶贫也是精准扶贫研究的一个热点问题，传统金融扶贫将“金融”理解为“借贷”，金融扶贫就成了扶贫贷款，各地在实践中，也多是着力扩大金融机构对贫困地区的信贷规模。部分学者对此提出了质疑。王鸾风等通过研究湖北省农村金融对扶贫的影响，发现农村金融机构信贷投放量及覆盖率持续增加，农村金融创新也在增强，然而农村金融存在严重排斥现象，部分农村地区仅有10%的当地存款转化为当地的贷款。林万龙等通过对四川省仪陇县贫困村互助资金相关数据进行计量分析后发现，有劳动力的贫困户若缺乏贷款有效需求，即便金融机构信贷供给充足，贫困户也难以利用扶贫贷款。吴义能等

① 通过建档立卡贫困人口减少、贫困线退出情况和贫困地区农村居民收入增长率等指标考核减贫成效；通过对贫困人口识别和退出的准确率考核精准识别；通过群众满意度考核精准帮扶；通过对扶贫绩效考评结果考核扶贫资金使用情况。

认为传统的信贷扶贫对于扶贫对象的界定过于狭窄，难以做到精准扶贫，应通过综合扶贫金融工程来缓解传统金融扶贫的困境。

已有文献结合实地调研和实证研究较好地探讨了精准扶贫政策在落实中存在的各种问题，但精准扶贫研究在扶贫实践和理论上仍有六个关系亟待厘清：①贫与富是一个相对概念，如何辩证地看待地缘因素所引致的贫富差距？②这些年贫困标准在农村和城市是如何变化的？③地方政府在落实精准扶贫的一般与特殊措施有哪些？④精准扶贫事业中有贫困户与贫困地区两个扶贫对象，脱贫的要求有何不同？⑤金融扶贫是我国精准扶贫的重要措施，其长处与短处分别是什么？⑥随着国内居民生活条件不断改善，国家贫困线标准也会相应提高，新的“贫困户”又会出现，也就是说扶贫工作是一项长期事业，那么开展扶贫事业的短期目标与长期目标分别是什么？

绵阳市位于四川盆地西北部，根据四川省统计局数据，全市 GDP 在 2016 年排四川省第二名，整体经济实力较强，但市辖的北川、平武二县属于全国连片特困地区中的秦巴山区，与市辖其他 7 个县、市、区的经济发展差距较大，扶贫难度较大，但该市近年精准扶贫成效显著[①]，扶贫工作具有代表性。因此，本文以四川省绵阳市的扶贫工作为例，辩证地分析精准扶贫中的贫与富、精准扶贫中的农村贫困标准与城镇贫困标准、精准扶贫中的一般与特殊、精准扶贫中的贫困户与贫困区、精准扶贫中的长与短、精准扶贫的短期与长期目标六个关系。

二、精准扶贫中的贫与富

贫与富是相对的。绵阳市位于四川盆地西北部，地势为西北部高、东南部低，市辖 9 个县、市、区，其中北川、平武为山区，占全市面积的 61%，梓潼、三台、盐亭为丘陵区，占全市面积的 20.4%，涪城、游仙、安州、江油为平原区，占全市面积的 18.6%。本文从绵阳各区、县的 GDP 以及农村居民可支配收入来辩证分析地缘因素所引致

① 绵阳市扶贫移民统计数据显示，2014 年绵阳市贫困人口 16.88 万人，2015 年贫困人口缩减到 11.90 万人，使该市近 30%的贫困户脱贫。

的贫富差距。

（一）绵阳各区、市、县 GDP 占比

从图 1 可知，2015 年全市实现地区生产总值为 1 700.33 亿元。山区的 GDP 为 75.47 亿元，约占绵阳市 GDP 的 4.44%，丘陵区的 GDP 为 376.7 亿元，约占绵阳 GDP 的 22.15%，平原区的 GDP 为 1 221.26 亿元，占绵阳 GDP 的 71.82%。平原区、丘陵区和山区的 GDP 水平依次递减，平原区的 GDP 比丘陵区高 844.56 亿元，前者 GDP 为后者的 3.25 倍，而丘陵地区的 GDP 又比山区高 301.23 亿元，前者 GDP 为后者的近 5 倍。

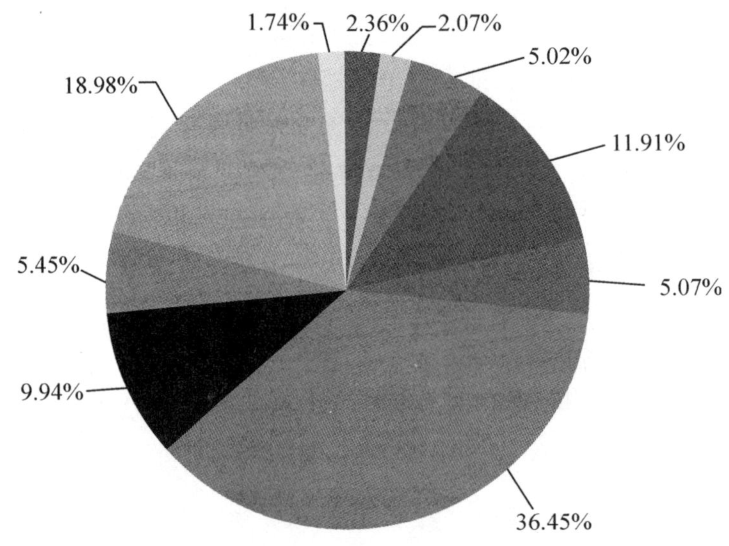

图 1　2015 年绵阳市各区、市、县 GDP 占比

数据来源：根据《2015 年绵阳各区县经济和社会发展统计公报》整理所得。

（二）绵阳各区、市、县农村居民可支配收入对比

与 GDP 密切相关的是农村居民可支配收入。具体情况如图 2 所示。2015 年绵阳市农村居民人均可支配收入为 12 349 元，其中山区农村居民平均可支配收入为 9 430 元，丘陵区农村居民平均可支配收入

为 11 617 元，平原区农村居民平均可支配收入为 13 611 元，平原地区农村居民平均可支配收入远远超过丘陵地和山区。

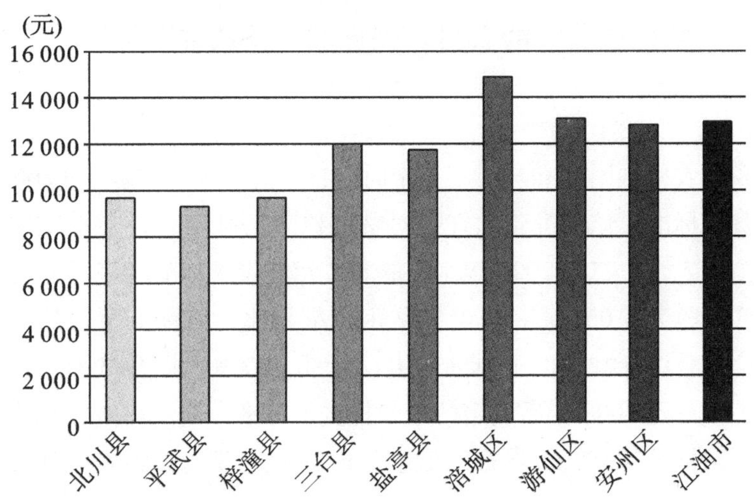

图 2　2012 年绵阳各区、市、县农村居民可支配收入

数据来源：根据 2015 年绵阳各区、市、县经济和社会发展统计公报整理所得。

图 1 和图 2 表明：无论是从地区生产总值还是从农村居民人均可支配收入而言，平原、丘陵和山区的收入水平依次递减，这说明了地缘条件一定程度上影响了地区经济状况。

（三）精准扶贫应重视地缘因素

根据我们对四川省绵阳市农村经济情况的调查分析，得出造成农村贫富差距的主要因素有以下几点：①所处的环境不同。自然环境差、自然灾害频发是影响贫困人口致富最大的因素。②所处的区位不同。靠近城市的农村具有很好的发展机会，可以享用政府的政策扶持，也可以享有城市所带来的增收机会。③所享有的教育水平不同，一般而言，劳动者受到的教育越多，就越容易获得较高收入。地势偏远地区教育条件较差，其劳动者文化素质和专业特长并不占有优势。④从业结构差异。我国目前农业整体生产效率不高，简单农业生产带来的回报低，而农业加工及第二、三产业的回报相对较高，囿于自身文化水平、地理环境等不利因素，边远山区的农民大多从事着最简单的农业生产，收入较低。

三、精准扶贫中的农村贫困标准与城镇贫困标准

（一）农村贫困标准

我国农村贫困标准经历了三个时期：一是1985年制定的206元的绝对贫困标准。该标准建立在绝对贫困概念的基础上，① 到2007年时调整为785元。二是2000年制定的865元低收入标准。该标准到2007年年底调整为1 067元。与绝对贫困标准相比，该标准覆盖的贫困人口更广，救济标准超出了单纯的生存标准，考虑了提升贫困人口的生存能力。三是2008年后制定的新农村贫困标准。新农村贫困标准比前两个贫困标准都高，也将贫困概念的内涵从生存式贫困扩展到发展式贫困（见表1）。

表1　1985—2015年中国贫困标准及其占农民人均纯收入比重表

年份	农村贫困标准(元/年)	农民人均纯收入(元/年)	标准占收入比重(%)
1985	206	397.6	51.8
1990	300	686.31	43.7
1995	530	1 577.7	33.6
2000	625	2 253.4	27.7
2005	683	3 254.9	20.98
2006	693	3 587	19.32
2007	785	4 140.4	18.96
2008	1 067	4 760.6	22.41
2009	1 196	5 153.2	23.21
2010	1 274	5 919	21.52
2011	2 300	6 977	32.97
2015	2 800	10 772	25.99

数据来源：《新中国六十年》和《中国统计年鉴1999—2015》。

---

① 以每日2 100大卡热量的最低营养需求为基准，再根据最低收入人群的消费结构来进行测定，后根据物价变动进行调整。

中国农村贫困标准在不同时期有不同的标准，其变化的原因如下：①贫困标准与农村经济发展同步。1985年农村贫困标准为206元。当年农民人均纯收入为398元，该标准约为当年农民人均收入的50%。2000年农村贫困标准调整到625元，当年农民人均纯收入为2 210.3元，该标准为当年人均收入的28.3%。2010年农村贫困标准为1 274元，而在2011年政府又将这一标准提高到2 300元，提高幅度达到80%。2011年以后中国农村贫困标准占农村居民人均纯收入的比重稳定在25%左右，表示农村贫困标准基本上与农村经济发展同步。②贫困标准内涵有所扩展。20世纪80年代国家农村贫困线是从人们最低生存开支核算得来的，而现在的贫困标准除了贫困群体最低生活费用外，还覆盖了基本教育、医疗等公共服务开支。

（二）城镇贫困标准

在20世纪90年代前，中国的贫困人口主要分布在农村。但自1995年以来，城市一部分人呈现出贫困化，引起社会的广泛关注。

1996年政府建立了城镇居民最低生活保障制度。城镇贫困人口包括：一是经济结构调整过程中出现的失业人员、下岗职工以及较早退休的人员；二是在城市化迅速推进中，失去土地进入城市生活但受制于自身文化水平、难以找到固定工作的农民；三是长期靠打短工、摆摊养家糊口的人以及部分残疾人和孤寡老人。1999年城镇最低生活标准为1 788元，到2015年城镇最低生活标准提高到5 413.2元（见表2）。

表2　1999—2015年城镇居民最低生活标准表

年份	城镇最低生活标准（元/年）	城镇居民人均可支配收入（元/年）	标准占收入比重（%）
1999	1 788	5 425.1	32.96
2001	1 764	6 859.6	25.72
2003	1 788	8 472.2	21.1
2005	1 872	10 493	17.84
2007	2 188.8	13 786	15.88
2009	2 733.6	17 175	15.92
2010	3 014.4	19 109	15.77

表2(续)

年份	城镇最低生活标准 (元/年)	城镇居民人均可支配收入 (元/年)	标准占收入比重 (%)
2011	3 451. 2	23 979	14. 39
2012	3 961. 2	24 565	16. 13
2013	4 476	26 955	16. 61
2014	4 932	28 844	17. 1
2015	5 413. 2	31 195	17. 35

数据来源：《中国民政统计年鉴 1999—2015》和《国家统计年鉴 1999—2015》。

（三）精准扶贫的标准在不断提高

贫困标准不但在同一时期的农村与城市不同，而且随着时间推移也在不断变化。这表明：贫与富是个演变的过程；随着人们平均生活水平的提高，贫与富的标准也在变化。已经脱贫的地区贫富差距依然存在。同时这也向我们表明：扶贫事业会继续有新的更高的要求。

四、精准扶贫政策中的一般与特殊

绵阳市在扶贫工作上已取得了显著的成效，主要采取的扶贫措施分为一般性政策措施和特殊政策两类。

（一）一般性政策措施

①着力产业扶持。绵阳市近些年通过产业协会为贫困村、贫困户统一提供种苗、技术指导、销售渠道、品牌经营等，解决贫困户产业发展资金、技术和市场方面的困难。如 2016 年绵阳市在北川县、安州区大力发展中药材、茶叶、猕猴桃、核桃等特色种植，种植规模达 1 000 公顷，通过对林下土鸡、梅花鹿、白山羊、生猪养殖等农产项目的扶持，不断培育壮大农业龙头企业和专业合作组织。②着力实施教育扶贫工程。绵阳市将提高贫困人口素质和就业创业能力作为扶贫帮困的重要措施。近些年绵阳市在教育阶段通过落实“三免一补”政策，为学生们改善条件、解决困难。③加大医疗救助。2016 年绵阳市取消了贫困人口报销起付线，将在市、县、镇级医疗机构就诊的贫困

户报销比例分别提高到65%、85%、95%。同年成立都市1 520万元医药爱心扶贫基金，对贫困人口在县级以下住院费用经新农合、大病保险和民政解决后的给予全额报销。④加快贫困地区基础设施建设。2015—2016年绵阳市新改建县乡道750千米、村道787千米、通组道路2 437千米；建设高标准农田10 672公顷、示范区7个；通过“五小”水利工程，完成120个贫困村水利基础设施建设；全面实施农村电网改造升级，解决现存农村“低电压”问题。⑤加大科技扶贫力度。2016年绵阳市投入资金4亿元，畅通贫困村农村信息网络，推进贫困村信息化建设。实施“市、县、乡、村”四级千名扶贫干部培训计划和科技特派员创业行动。以农业科研院所、高校为技术依托，开展院地合作、校企联合、重点扶持生态循环农业新品种、新技术、新模式、新产品的研发推广。

（二）特殊性政策措施

扶贫特殊性政策措施集中体现在移民搬迁。导致绵阳市山区的贫困原因主要有生存环境恶劣、基础设施建设滞后、自然灾害频发、产业结构单一、缺少文化知识、因病和供子女就学致贫和其他等多方面的原因。而移民搬迁，不仅可以减轻国家对边远农村基础设施的投入负担，减少人为活动对生态环境的破坏，还可以促进边远山区群众向城镇集中，享受城市完善的公共服务。但是在易地扶贫搬迁过程中也遇到以下问题：①搬迁资金缺口大。如北川县部分地区的水、电、路、通信等基础设施滞后，需要移民搬迁。但该县财力有限，提供的移民搬迁补助标准低，导致群众不愿搬迁。②搬迁对象的思想障碍。搬迁对象担忧后续保障；担忧配套措施，关心搬迁后的就医、就学问题；担忧搬迁后其田土、山林的产权归属。所以，易地扶贫搬迁过程要确保贫困人口有业可就、有书可读、有病可医，实现稳定脱贫。

五、精准扶贫中的贫困户与贫困区

（一）贫困地区标准

是否属于贫困地区，我国主要以当地的人均年收入来测定的。按

2012年11月中国扶贫开发领导小组公布的标准，一个县人均年收入少于2 300元，则这个县属于国家级贫困县。现在的问题是对贫困户的考核，不同地区有不同的要求，这种差别的产生是各地政府对怎样才算脱贫有不同的标准。以四川省为例：2016年四川省制定了一个脱贫的标准，一个地区是否脱贫，在验收时必须达到“两不愁，三保障，三有”的标准。所谓“两不愁”即不愁吃、不愁穿；所谓“三保障”即义务教育有保障，基本医疗有保障，住房安全有保障；所谓“三有”即有安全饮用水，有生活用电，有广播电视。对于这些标准有具体的要求，如对“有安全用水”的具体要求是：①用水量：甘孜藏族自治州、阿坝藏族羌族自治州、凉山彝族自治州每人每天可获得用水量不低于40升，其余地区的贫困人口每人每天可获得用水量不低于60升。②水质：符合国家相关水质标准。③方便程度：正常成人取水的人力取水往返时间不超过10分钟（人力取水往返时间10分钟，大体相当于水平距离400米或垂直高差40米的情况）。甘孜藏族自治州、阿坝藏族羌族自治州、凉山彝族自治州人力取水往返时间不超过20分钟（人力取水往返时间20分钟，大体相当于水平距离800米或垂直高差80米的情况）。④保证率：供水保证率不低于95%。

（二）贫困户脱贫与贫困地区脱贫的区别

贫困户是否脱贫与地区是否脱贫存在着差别。根据调查，一个地区比如一个村是否脱贫，差别的关键在于这个村每个人从集体经济那里是否获得收入，获得多少收入。四川省的具体要求是：内地贫困县（市、区）贫困村脱贫，在一年之中每个人必须从集体经济那里累计获得的收入为人均6元人民币；民族地区（含享受少数民族地区待遇）贫困县（市、区）贫困村脱贫，在一年之中每个人必须从集体经济那里累计获得的收入为人均3元人民币。此外，还要求这个村“有硬化路”“有卫生室”等，如对“有卫生室”的要求是：①卫生室业务用房建筑面积60平方米、山地、丘陵地区50平方米、民族地区（含享受少数民族地区待遇县）不低于30平方米。②当年退出村至少有1名合格乡村医生/执业（助理）医师。

贫困县与贫困村是否脱贫也是有差别的。其差别关键在于一个县是否“有标准的中心校”，是否“有达标的卫生院”。对“有标准的中心校”的要求从生均教学及辅助用房面积、电脑配置、图书配置、师生比、教师学历五个方面做出明确规定，如在电脑配置方面，小学每100个学生6台、初中每100个学生8台。对“有达标的卫生院”的要求从每千服务人口床位数、无床位的乡镇卫生院建筑面积、中心卫生院占地面积三个方面做出明确规定，如每千服务人口设0.6~1.2张床位。

六、精准扶贫中的长与短

习近平总书记强调，要解决好“怎么扶”的问题，按照贫困地区和贫困人口的具体情况，实施“五个一批”工程，即发展生产脱贫一批、易地搬迁脱贫一批、生态补偿脱贫一批、发展教育脱贫一批、社会保障兜底一批。习近平总书记强调这五个方面实际上是现阶段必须攻坚的，也是扶贫事业的短板。

根据我们的调查和掌握的资料，本文侧重从金融扶贫的角度，认知“长与短”。2015年12月，中共中央、国务院全文公布了《关于打赢脱贫攻坚战的决定》，该文件鼓励各类金融机构加大对扶贫事业的金融支持。在2016年3月，人民银行等7部委印发的《关于金融助推脱贫攻坚的实施意见》中进一步明确了国内各金融机构精准对接脱贫攻坚多元化融资需求、推动贫困地区普惠金融发展等导向性内容。金融扶贫作为现阶段扶贫的重要措施，在满足贫困户融资需求、推动贫困地区产业发展、完善支付环境、信用体系建设方面均大有作为。然而政府通过财政资金担保、利息补贴等措施激励各金融机构对贫困地区的贫困户倾斜金融资源，仅是实现充分的金融供给，这些资源是否能被有效、合理地利用，还需要贫困户有切实的金融需求。在扶贫事业进入到攻坚阶段中，金融供给不足的问题得到逐步改善，而金融需求低迷的问题则一直存在。下文以绵阳市各金融机构扶贫实践为例，分析金融扶贫的长处与短板。

（一）金融扶贫的长处

金融扶贫按照作用对象可分为直接金融扶贫和间接金融扶贫两种模式。前者是指金融机构直接向贫困人口和贫困地区提供金融服务，通过发展金融改善当地经济条件和市场运行环境来促其脱贫；后者是指金融机构向贫困地区的企业提供金融服务，通过企业的发展带动当地贫困群众就业，间接促进其脱贫。绵阳市在金融扶贫上致力于以下途径：

第一，发展扶贫项目直接融资，采取“新型农业经营主体+贫困户”“公司+合作社+农户”“公司+家庭农场+大中型合作社”等产业链金融服务模式，扩大农业产业辐射范围与走产业化道路。如绵阳市信用合作联社与专业的农业开发公司在游仙区通过土地流转，建成了面移达到204公顷的现代林果示范基地。该基地使当地农户获得三类收入：土地“租金”；积极培养当地农户成为新型职业农业产业工人，农户务工挣取“薪金”；公司实行反租倒包，农户得到收益分红。现该基地每年为农民发放土地“租金”“薪金”和收益分红300余万元，园区农民人均年收入增加1.8万元以上。

第二，引入上市集团公司开展扶贫开发融资。如绵阳市引入了正大集团、铁骑力士集团、希望集团等上市公司开展扶贫开发融资，带动当地经济发展，为贫困人口增加更多的就业岗位。

第三，金融机构还为来自建档立卡贫困家庭的学生提供贷款，解决学生入学困难，为大学生创业提供担保借款解决资金问题，部分金融机构根据贫困学生实际需求甚至提供了最长14年的助学信用借款，有效地解决了建档立卡贫困家庭学生的读书难问题。

第四，金融机构不断提升贫困地区的金融服务水平，还支持农村基础设施建设，改善贫困地区生活件，有力地推动了当地城镇化建设。现阶段，绵阳市各大金融机构主要通过完善贫困户小额信贷信息档案、创新运用微贷技术及提供多种支付手段等措施改善了贫困地区的金融服务。

（二）金融扶贫的短板

金融扶贫能很好地解决贫困地区及贫困户金融服务供给不足的问

题，然而对贫困户金融需求低迷的问题却束手无策。人的金融行为一定程度上由价值观决定，价值观不同，相同的扶贫办法难以奏效。在对绵阳市部分金融机构的扶贫实践调研后，我们发现并非所有贫困户都是趋利的，即便趋利，但采取的致富手段可能并不光彩甚至“违法”，在扶贫实践中对于贫困地区人民特别的价值观若不辩证地尊重或引导，他们的金融需求会始终低迷，金融扶贫难以奏效。以下两个扶贫案例，给人启迪。

1. 四川省甘孜藏族自治州色达县是以藏民族为主的民族聚居，辖内有全世界最大的佛教学院——五明佛学院，当地居民多信仰藏传佛教。色达县经济发展落后，人民生活水平低，是国家级贫困县。2015年，绵阳农商银行（筹）与色达县人民政府签订了《金融精准扶贫开发合作协议》。在签订此协议之前，绵阳农商银行（筹）通过与色达当地老百姓反复交流，发现当地藏民会把大部分精力投入到每天的礼拜和修行中，注重精神生活，而对物质富裕的愿望并不强烈。绵阳农商银行（筹）认为需要对色达县的精准扶贫提出新思路，即不应从GDP和人均收入去评判扶贫工作，而是应该从公共设施健全、医疗水平等公共设施方面去衡量，因此绵阳农商银行（筹）在同色达县签订的扶贫开发协议中，将改善交通、电力等基础设施建设而不是发展产业当成扶贫工作的重中之重。

2. 四川凉山彝族自治州，有个别地方由于文化差异和长期形成的一些不良风俗，使得某些彝族聚居的偏远村将贩毒作为“第一产业”。对于这样的地区，在加大金融产业扶持的基础上，还应将支持教育发展放在重要位置。只有通过教育才能改善当地居民长期以来形成的不良思想文化意识，加强教育引导才能让其走上合法致富的道路，从根本上让他们摆脱贫困。

（三）金融扶贫应尊重市场规律

金融扶贫是扶贫的重要措施，但并非万能，有长处也有短板，单纯依赖金融手段脱贫成效并不大，更需要着重激励贫困户自力更生。在我们实地调查中还发现，某些地方政府未认识到金融扶贫的局限性，甚至不注重经济规律，给金融机构下达所谓的硬性“扶贫贷款指标任务”，指示商业银行无条件给某些贫困村每户数万元的信用额度。这违背了商业银行“放得出，收得回，有效益”的贷款市场原则。这种带有强烈行政色彩的命令让金融机构变成了“民政局”，贷款也变成了救济金，不符合市场规律。

七、精准扶贫的短期与长期目标

目前社会各界在讨论精准扶贫事业时多关注扶贫的短期目标，即如何使更多人的收入水平超过当下的贫困标准。社会各界对短期目标的集中关注固然有益于推进扶贫事业发展，但过于关注扶贫的任务性质，容易出现急功近利的“运动式扶贫”，这显然不利于我国扶贫事业的有序进行。贫与富是一个相对概念，随着经济发展，贫困的标准会不断提高，会出现新的“穷人”。因此，本文认为精准扶贫是一项长期事业，而非短期任务，我们需要从人与社会两个层面来认知精准扶贫的长期目标。

（一）精准扶贫需“以人为本”

扶贫中，人是最根本的。扶贫，先“扶志”。在精准扶贫中，要充分发挥贫困户、贫困村的主观能动性，激发内心动力。扶贫若只是简单的给钱给物，靠政策帮扶，只能解决一时的苦难，不能达到长效脱贫。脱贫只有在贫困户自身强烈的愿望下才能实现并维持。把传统的救济式转向开发式扶贫，变“要我脱贫”为“我要脱贫”。

党的十八届五中全会提出2020年中国要全面实现小康社会。脱贫致富主要靠发展经济，发展经济靠资源，资源需要人去发现、保护、分配，而提高人的素质就需要传承中华民族的优秀文化，就必须要发展教育。授之以鱼不如授之以渔，特别要发展职业教育和技术推广，培养有职业技能、科技素养和经营意识的知识型农民。

（二）精准扶贫需立足培养中产阶层

社会经济的发展，最终是要追求人们生活水平和人的素质的提高。这种提高集中体现在社会形成了一个中等收入阶层。社会中等收入阶层的形成，有利于进一步推动社会的文明建设和繁荣稳定。在一个社会中，对中产阶层的衡量包括收入和财产、职业、声望以及自我认同。中产阶层是经济社会发展最有活力的阶层，是整个社会结构中承上启下的阶层。

党的十八届三中全会进一步提出，要“扩大中等收入者比重，努力缩小城乡、区域、行业收入分配差距，逐步形成橄榄型分配格局”。要形成橄榄型分配格局，关键在于扩大中等收入者的比重。必须通过逐步增加低收入者和中低收入者的收入，使得更多的低收入者和中低收入者向上流动。缩小贫富差距，促进社会收入分配格局从“金字塔形”转向“橄榄形”，有利于人民生活水平提高，实现经济可持续发展和社会安定。

因此，扶贫事业的长期目标在于发展为以中产阶层为主的社会。唯有如此，才能拔掉“穷根”，大大减少返贫现象。

主要参考文献：

［1］黄承伟. 中国扶贫开发道路研究：评述与展望［J］. 中国农业大学学报（社会科学版），2016（5）：5-17.

［2］刘彦随，周扬，刘继来. 中国农村贫困化地域分异特征及其精准扶贫策略［J］. 中国科学院院刊，2016（3）：269-278.

［3］王介勇，陈玉福，严茂超. 我国精准扶贫政策及其创新路径研究［J］. 中国科学院院刊，2016（3）：289-295.

［4］雷望红. 论精准扶贫政策的不精准执行［J］. 西北农林科技大学学报（社会科学版），2017（1）：1-8.

［5］王雨磊. 精准扶贫何以“瞄不准”？——扶贫政策落地的三重对焦［J］. 国家行政学院学报，2017（1）：88-93，128.

［6］任超，袁明宝. 分类治理：精准扶贫政策的实践困境与重点方向——以湖北秭归县为例［J］. 北京社会科学，2017（1）：100-108.

［7］陆磊. 金融扶贫的发展理念、政策措施及展望［J］. 武汉金

融，2016（7）：4-6.

［8］王鸾凤，朱小梅，吴秋实. 农村金融扶贫的困境与对策——以湖北省为例［J］国家行政学院学报，2012（6）：99-103.

［9］林万龙，杨丛丛. 贫困农户能有效利用扶贫型小额信贷服务吗？——对四川省仪陇县贫困村互助资金试点的案例分析［J］. 中国农村经济，2012（2）：35-45.

［10］吴义能，叶永刚，吴凤. 我国金融扶贫的困境与对策［J］. 统计与决策，2016（9）：176-178.

［11］顾仲阳. 脱贫摘帽，警惕大呼隆（话说新农村）［N］. 人民日报，2016-07-31（9）.

［12］曾康霖. 全面小康必须正视差距，缩小差距［J］. 财经科学，2015（12）：1-2.

金融扶贫的新生事物

——记富滇—格莱珉扶贫贷款项目设立与实施

2006年，孟加拉国银行家穆罕默德·尤努斯（Muhammad Yunus）获得诺贝尔和平奖。他获奖的原因是因为他创办了孟加拉乡村银行即格莱珉银行，为广大穷人提供小额贷款，使数以百万计的人脱贫致富。诺贝尔和平奖委员会在颁奖文告中指出，“持久的和平只有在大量的人口找到摆脱贫困的方法才会成为可能。小额贷款就是这样的一种方法，从社会的低层发展也有利于提高民主和民权”，充分肯定了他获奖的意义。

十年过去了，尤努斯的主张还有没有普遍意义，格莱珉银行发放小额贷款“脱贫致富”的做法，还有没有推广的价值，最近又引起了人们的思考。

在这一方面，值得关注的是我国云南富滇银行与孟加拉格莱珉银行共同设立的“富滇—格莱珉扶贫贷款项目”。该项目于今年5月25日由富滇银行董事长夏蜀先生、行长杨敏先生与格莱珉银行联合创始人及信托董事总经理拉提非先生、信托总经理海康先生共同发起设立并签署联合协议，该协议以云南省大理市太邑乡为项目地，协议明确在项目地设立“一个标准的格莱珉模式支行”，为项目地及周边农村居民提供小额贷款和培训支援，帮助贫困人口特别是贫困妇女，使她们及她们的家庭摆脱贫困。

太邑支行从5月份运作以来共有64人加入富滇—格莱珉项目，其中61位女性3位男性。已分批发放贷款38人，总计54.7万元，人均1.44万元。支持她（他）们刺绣、养殖、运输、贩卖等脱贫致富活动，这相对于这个乡的贫困人口来说，虽然是少数，但是个良好的开端，其意义正在扩大和呈现：①激发了贫困家庭自力更生，发奋图强、团结互助的精神。调查中，我们问及她们（他）为什么要参加该项目时，她们自豪地说："这是我们妇女第一次当家做主，有机会做自己想做的事，出去打工不是长久之计。"她们说我们深深地被项目经理人的精神所打动（项目经理人是为了实施该项目从社会上招聘的应届大学毕业生），经理人不怕路程遥远，跋山涉水，走村串户访贫问苦，为我们排忧解难启发我们从事"小生意"，传递金融、经济知识。②发掘了当地创业致富的资源。太邑乡是云南大理市的民族乡，相当大的一部分地处山区，地理位置处于滇南，近似亚热带气候。这个地区能产核桃、中草药、野生菌。项目推出后，激发了不少家庭致富的激情。她们说"靠山吃山，靠水吃水"。我们过去没有条件上，现在机会来了。特别要说明的是激发了当地彝族同胞的传统工艺——刺绣。调查中，彝族妇女说她们三代从事刺绣——纺织各种彝族服饰，完成一件约三个月，但价值不菲，从几百上千元不等。她们说，机会来了，项目贷款，让我们的刺绣工艺，发扬光大后继有人。③值得肯定的是，富滇—格莱珉扶贫贷款：无须找人担保和联保；无须登门求助，而是上门服务；分组抱团，定期会议，分享经验和智慧，排忧解难；有需要能够续贷和升级。这些是项目的特点也是优点。

金融扶贫是我国精准扶贫预期脱贫工作中的重要组成部分，在金融扶贫中，城市商业银行怎么发挥主体作用，云南富滇银行学习、借鉴尤努斯的思想和格莱珉银行的做法是一个创新，也是一种尝试，从城市商业银行本身的定位和功能出发，富滇银行采取了两个措施：①强化机制措施落实到位。为保障项目的顺利实施，富滇银行充分发挥金融机构在脱贫工作中的主体作用，按照上级部门对做好金融扶贫工作提出工作要求，成立工作机构专职负责项目的实施推进等具体事宜，在充分切实防控风险的前提下，创新开发了扶贫小额信贷产品"富滇—格莱珉扶贫贷款"，将格来珉银行模式与国内商业银行信贷管理流程充分结合，从流程改造、资源配置、风险考核、资金调度、授信审批等方面加大对项目的支持，提升服务效率，确保项目紧扣金融扶贫工作部署，符合云南省脱贫攻坚实际。②设立基金完善管理闭环。

为保证富滇—格莱珉项目能够顺利落地，富滇银行在项目实施中认真研究格莱珉银行模式，结合金融扶贫工作要求，创新设立了太邑乡富滇—格莱珉扶贫专项基金，既保持和尊重了格莱珉模式，又切实减轻了建档立卡户贷款利息负担，形成项目贷款利息收入和补贴支出管理闭环，实现信贷产品业务流程和风险控制管理闭环，形成基金运用范围的管理闭环，使基金在金融助推脱贫攻坚中发挥更有效的作用。

曾康霖教授的进言

一、要善于分析金融经济形势和特点

1. 近几年，我国经济增长仍然没有摆脱靠增加货币供给，推动增长的局面。货币供给过多，相当一部分货币在空转，以钱炒钱的现象普遍存在，整个社会的融资成本增加。

2. 相当一部分货币资金没有作用于实体经济。实体经济需要的货币资金是有限的。实体经济的发展受到资源配置的限制，受到了消费的限制，出口下降，内需不旺。能够说货币资金作用于实体经济难。相当一部分小企业，缺的不仅是货币资金，而是资源、技术、信心。

3. 今年互联网金融的兴起，金融创新的涌现，货币替代品大量增加，增加了融资的中间环节，增大了社会信用媒介的流动性。人们的信用素质、社会的法制建设未跟上，滞后，金融秩序比较混乱，需要梳理整顿。

4. 金融事故常常发生，银行的不良资产增加，经济不景气与金融不安全并存。

5. 有人提出中国货币市场的状况是“存量增加，流量减少”，原因是供给的货币沉淀下来，而货币沉淀下来的原因是投资于房地产、基建、“僵尸企业”，投资于这些领域，短期内没有现金流，没有回报，大量的货币投放下去难以收回，货币就此沉淀下来。因而主张放松融资活动，提升货币流量。其实，这是不正确的！投放于这些领域的货币银行难以收回是事实，但不能说这些货币不再流通。需要注意的是，要考察投放于这些领域的钱到哪里去了。

二、作为一级金融组织，在经营管理中，要定好位，把握住前沿

1. 作为一级金融组织，它是企业，但又有政府的背景。在经营管理中，首先要处理好：政府与企业的关系。为此，首先要清理落实债权债务关系。按最近《国务院关于加强地方政府性债务管理的意见》，地方政府性债务绝大部分是通过融资平台公司举的债，要求清理落实。这些债，哪些是一般债务？哪些是专项债务？从意见的要求看，一般债务要由财政收入偿还，专项债务要由项目运营的收入偿还。那些没有运营收入的问题项目和那些已经损失的项目怎么办？特别强调要“剥离融资平台公司政府融资职能”，融资平台公司不得新增政府债务。

2. 要稳健经营，要赚钱，但不能以赚钱为唯一目的。

3. 要着力降低融资成本，支撑实体经济的健康发展。而不要着力以钱炒钱。

4. 要成为推动金融改革的典范，推进金融创新、促进金融业发展的旗手。特别是在涉外金融方面。

改革完善金融监管体制的建议

党的十八届五中全会公报中提出：要“改革并完善适应现代金融市场发展的金融监管框架”，这表明：我国的金融监管体制要变革，要完善，要创新。怎样变革，完善和创新？我们总的指导思想是：提升金融监管地位，充实金融监管力量，实行分层次金融监管。

一、要看到当代市场经济国家金融监管制度安排和理念

1. 金融危机后，外国对金融监管制度的安排，出现了值得关注的几个变化：

（1）维护消费者或投资者的权益；

（2）不能任意用纳税者的钱去挽救金融机构的危机；

（3）推行“反周期对冲”，即在经济景气时期多提准备，对冲经济萧条时期带来的损失，可谓抽肥补瘦，以盈补亏；

（4）监管的范围扩大了，如对信用评估公司也要监管；监管的层次提高了，如对美国联邦储备银行也要接受监管；监管的深度加大了；如对高管人员薪酬也要监管；监管的手段细化了；如重新制定会计核算办法，对资产负债状况以公允价值去评价；监管的切入点发生变化——切入到衍生金融产品，非一般的资产业务。

2. 金融监管的实际变化，反映了管理层监管理念的变化：

（1）在鼓吹金融自由化的时代，是着力放松监管，现在是强调加强监管；

（2）过去是看重多元监管的优势，现在是看重集中监管的优势；

（3）过去把监管寄希望于金融机构内部，现在把监管寄希望于金融机构外部；

（4）过去任意拿纳税人的钱救助，现在不敢乱花纳税人的钱。

二、反思我国金融监管制度的安排

1. 金融监管的目的

金融监管的目的能够概括为三方面，一是防范风险：二是增强信誉：三是保护消费者：四是维护金融秩序的正常运行。在操作上要慎重，在舆论上要内紧外松。怎样保护消费者的权益？主要是信息要真实、透明，不能欺骗消费者。比如推出一种金融产品向消费者销售，利弊得失都应该向购买者讲清楚。

2. 金融监管体制的安排

大体来说，国外的金融监管体制，有两种类型，一是多元监管，比如美国金融监管的机构有关联储、货币监理署、存款保险公司，最近还成立了维护消费者利益的机构和金融稳定监管委员会。另一种类型是一元化监管，比如说英国，金融监管有一个统一的金融服务局。我国实际上是一元化。从上到下的监管，方方面面的金融活动都由银监会、证监会、保监会包揽，机构虽然是按行业设置，但监管的活动是从上到下，这样好不好，值得研究。高度集中监管的好处是中央力量、政策统一和令行禁止，但缺陷是力量不一定能够达得到。应当分层监管，也就是要充分发挥各级政府金融办的作用。因为中国是个大国，监管集中不仅力量达不到，而且权责不对称。如某些贷款上面给钱，下面承担责任。再如机构设立上面批准，下面增加工作量。

3. 监管的对象

总体来说，监管的对象，不仅是监管活动，还要监管人。市场准入的资格审查，实际上是在监管人，但不能说这个人的资格符合市场准入监管的条件就完了，还应该继续观察这个人的所作所为。具体来说，监管的对象，除了资产的风险以外，还应当监管资本金怎么使用，信托业务怎么操作，中间业务怎么收费。我国现在一些金融机构既从事商业性业务，也从事政策性业务，这些业务的制度安排，政策规定，行为规范，利益交叉，都应当属于金融监管对象的内容。我国银监局主要监管银行类金融机构，非银行类金融机构，由保监会或证监会监管。除此之外，还有些非金融机构或准金融机构，如信用评级公司、会计师事务所、贷款公司等由谁监管？金融风险和金融危机的产生，主要原因之一是信用评级公司、会计师事务所作弊造成的，在这里，提出对这些机构监管的重要性。

三、提升金融监管地位和充实力量

成立国家金融监管服务局。这样的单位不是简单地把现行的“三会”（银监会、证监会和保监会）合并起来，而是在“三会”的基础上，提升质量，扩充数量，健全体制、机制，确立地位，明确职责范围。在这一方面，可借鉴、学习英国金融服务局的做法和精神。

1. FSA（金融服务局）一个非政府机构，这一机构属于什么性质？是事业单位，还是企业？其组织结构采取董事会的形式，而董事一部分来自财政部的派遣。为什么要采取这样的组织形式？以一种非营利性的、自律性的、非政府机构来实行金融监管，其法典意义在于，即监管者自身也接受董事会的监管：经济意义在于，在金融交易活动日益复杂的条件下，出于效率要求的一种监管模式选择。这种监管模式被普遍认为是面向未来的安排。

2. FSA 的经费来源于对监管对象的收费，收费的高低按被监管对象的信用级别而定。信用级别高的收费标准低，信用级别低的，收费标准高。这当中包含着一种理念，信用级别低的，必须付出更多的监管成本。

3. FSA 监管的目标中值得注意的是：维护金融市场上投资者的信心和保护中小投资者的利益。而不是减少个别金融机构的不良资产和经济损失。个别金融机构的不良资产和经济损失应由该金融机构的经理层负责。这当中包含着这样的理念：金融市场的风险应由市场参与者自己承担。

4. FSA 自身要受到来自外部的监管、来自内部的监管和来自公众的监管。来自外部的监督是财政部和议会，财政部有权指定或撤销董事会成员及主席人选，有权对 FSA 的行为调查，有权要 FSA 遵守国际义务，FSA 每年向财政部提交年度报告；来自内部的监督是接受非执行董事组成的委员会的监督和接受 FSA 举行的年度公开会的审议；公众的监督是 FSA 必须关注金融市场参与者和金融产品消费者的意见。

5. 怎样评价英国金融监管体制的改革。

对这种监管，有人概括为多元监管转变为一元化的监管。这样概括还不能完全反映其转变的内容和实质。能不能说这样的转变，从“授权监管”到非授权监管。1986 年英国的金融监管设计了一种“授权模式”，即由财政部将监管权力授予一个“指定代理机构”，即证券与投资委员会（SIB），但财政部要对其监管行为负首要责任。新法案完全摒弃这一“授权模式”，而将前面的监管权利都直接赋予 FSA。这样政府就与日常金融活动脱离，不承担监管失误的责任，也降低了政治风险。

此外，这种转变还包含着对机构的监管到对功能监管的转变，对机构的监管侧重于对整个机构的商业运作的监管，对功能的监管侧重于对某个项目的投资行为的监管。

英国金融监管体制的转变提高了金融监管机构的地位，FSA 直接对国会负责，强化了英格兰银行独立行使货币政策的职能。

四、建立分层次金融监管体制

我国金融业发展很快，截至 2014 年年末，银行业总网点数有 21.71 万家，还有：企业集团财务公司、信托公司、金融租赁公司、汽车金融公司、货币经纪公司、消费金融公司、资产管理公司等。

金融监管的覆盖面广、工作量大，如果都集中在中央，则力量达不到。监管的质量难以提高。目前，我国“银监会”机构有三层（全国、省局、地区），职工一直保持在 2.5 万人左右，而面对的监管对象是数以万计的银行金融机构和非银行的金融机构。我国“证监会”和

"保监会"的机构基本上只有两层（全国、省局），职工保持在5 000人左右，面对的监管对象，仅上市公司就有3 500家，还有数以亿计的证券、期货交易。总的说来，监管的工作量不断增加，而监管力量必须加强。所以，合理布局机构，充实监管人员数量，提高监管人员质量是当务之急。

金融创新发展很快，金融产品数以万计。审批、监管不仅工作量大，而且要有专业知识，为此要配备足够的人力、物力、财力。要划分权、责、利，要分别承担风险，不能都绑架政府，特别是中央政府。

鼓励民间资本进入金融领域，小额贷款公司如雨后春笋。截至2012年9月底全国已经有5 629家，贷款余额5 330亿元。现在归各级政府金融办审批，审批得多，监管得少，问题不断出现。当务之急要加强领导，充实人员，建立健全法规，推动小额贷款公司健康发展，让民间资本进入金融领域有序地进行。

扶持"三农"，始终是金融事业的重要组成部分，金融服务支持"城镇化"，又是当前工作重点之一。

对广大农村不仅要融通资金，提供金融服务，而且要提高人们的金融意识、法制观念。为此，要有机构安排、组织和运作。可以考虑在省和市一级建立"金融服务监管局"。

金融热点问题之我见

当前，金融改革又成为金融领域的热门话题。怎样推动金融改革？除了顶层设计已经推出和将要推动的利率和汇率市场化，发展多层次的资本市场，逐步实现人民币自由兑换和资本自由流动外，人们关注的是怎么扩大民间资本进入金融产业，怎么防范金融风险，怎么理顺金融监管思路。以下仅就这三大问题，发表个人之浅见。

一、民营企业怎么办银行

让民间资本进入金融领域是政府多年来的导向，而且这一导向逐步升级：允许→引导→鼓励→扩大。也就是说政策是逐步放开的，力度是逐步加强的。但值得注意的是，在前几年让民间资本进入金融领域主要是让民间资本参与各类银行，以入股的方式纳入各类银行的资本。据媒体报道，截至 2011 年年底在股份制商业银行中民间资本占 42%，城市商业银行中民间资本占 54%，农村中小金融机构中民间资本占 92%，村镇银行中民间资本占 82%[①]。这种状况表明：在前几年让民间资本进入金融领域是为了改变商业银行的股权结构。

近年，让民间资本进入金融领域有了变化，主要是允许设立小贷公司，让小贷公司扶持小微企业解决融资难的问题。

在 2013 年国务院办公厅颁发的《关于金融支持经济结构调整和

---

① 周萃．创造公平良好环境 支持实体经济发展——解读银监会《关于鼓励和引导民间资本进入银行业的实施意见》［N］．金融时报，2012-05-28.

转型升级的指导意见》（国办发〔2013〕67 号）中，提出要“扩大民间资本进入金融业”，对此，除了要“鼓励民间资本投资入股金融机构和参与金融机构重组改造”外，还提出“尝试由民间资本发起设立自担风险的民营银行、金融租赁公司和金融消费金融公司等金融机构”。为什么要这样导向？除了扶持小微企业解决融资难外，主要是为民间资本找出路，引导民间资本进入实体经济领域。应当说初衷是好的，但在执行中必须从理论和实践上解决好以下问题：

（一）为什么要“尝试”？

尝试意味着“摸着石头过河”，意味着需要取得经验。要知道银行业负债经营是常态，杠杆作用不可少。负债经营直接关系着债权人和债务人的利益；杠杆作用能够支持银行业务，随意扩大。而这两点都关系着怎样保护金融消费者的利益。

从法制上讲，银行应当是有限责任公司，而不是无限责任公司。所谓有限责任公司，就是说，只能对负债负有限责任，而不能负无限责任。负有限责任，也就是说当发生债务时，其承受能力以公司的资产为限，而不能扩大到公司资产以外。这相对无限责任公司来说，是约束，也是进步。因为无限责任，债权债务关系没有约束，就要扩大到自然人，而一旦扩大到自然人，就会造成家破人亡，引起社会不安定。

（二）怎样理解“自担风险”？

通常人们把“自担风险”理解为自有资金的承受力，认为自有资金的实力强便能“自担风险”。严格说来，这是不准确的，并且是片面的。银行作为一个“公司法人”在展业运作中要承担哪些风险？什么样的风险？简单地说，银行的风险能够发生在信贷领域，也能发生在非信贷领域。由于负债经营是银行的常态，杠杆作用不可少，银行的风险能够潜伏、扩大、迂回，在这种情况下，如果发生风险就不是自有资金能够承受的。所以“自担风险”，不只是能弥补部分投资者的损失问题，而且关系着弥补社会公众的损失问题。为什么要成立存款保险公司？成立存款保险公司，不仅是为了弥补部分存款人的损失，而更重要的是维护金融秩序的稳定，维护社会信用不致丧失。

（三）怎样理解“民间资本”？

在过去，曾经有人把民间资本理解为老百姓的家庭储蓄，而现在比较规范性的说法是，民间资本主要是民营企业资本。按照这样的立论，扩大民间资本进入金融业，就必须在理论和实践上确立民营企业怎么办银行。对此，有关部门（如银监会）正在制定相关法规，作为学术研究，这里仅提出以下意见：

第一，怎样选择资质良好的民营企业办银行？资质良好的民营企业概括地说应当具备以下条件：①公司治理结构完善；②社会声誉、诚信记录和纳税记录良好；③经营管理能力和资金实力强，财务状况、资产状况良好；④入股资金来源真实、合法。相反，资质不良的民营企业，可以概括为：①公司治理结构存在明显的缺陷；②关联关系复杂；③关联交易频繁且异常；④核心主业不突出；⑤现金流量受经济景气影响较大；⑥资产负债率、财务杠杆率高。

结合实际，值得关注的是相当一部分民营企业，不是规范的股份制企业，有的企业资本虽然按股份构成，但没有按股份制的章程运作。有相当一部分民营企业是独资企业、家族企业、合伙或合资企业。在这种状况下，无所谓公司治理结构，怎样考察公司治理结构完善、不完善呢？公司治理结构是一种相互制约的机制，而且这种相互制约机制具有公开性、公正性和社会性。在那些独资、合伙或合资企业要考察治理结构的公开性、公正性和社会性是困难的。

第二，如果说民间资本主要指的是民营企业的资本，那么什么是民营企业？是否非公有制企业都是民营企业？是否民营企业就是私有制企业？现在有的民营企业正在股份化，在股份中不完全是私人股份，还有集体股，怎么看？一些原来是公务员，离职后和离退休后办起来的企业怎么看？有的企业资金不是艰苦创业、长期积累发展起来的，而是靠关系创业、短期暴发、发展起来的，怎么看？现在还有“官方、非官方”支撑的民营企业。所以，把民间资本定义为民营企业资本，而且让它进入银行类金融机构里面，要研究的问题很多，学问还大呢！

第三，民间资本主要是指民营企业的资本，在民营企业的资本中有多少资本能够进入金融领域，参与发起设立银行，参与商业银行的增资扩股？需要研究。在这里强调进入银行类金融机构的资本必须是真实的、合法的。我想这个真实和合法，应当是民营企业利润转化为资本中的货币资本，而不是借来的资本和非货币资本，也就是要“真金白银”，不能负债投资，不能实物投资。

二、靠人际关系和利益相关防范金融风险是短视的

现阶段，名目繁多的微型金融兴起，如小贷公司、担保公司、投资咨询公司、理财公司、私募基金等如雨后春笋般在大中城市涌现。它们的生存靠什么？总的说来，它们靠我国当前存在的金融环境，依托于当前金融制度的安排。这种状况，不是简单地用“缺钱”二字能解释的。有人说小贷公司的存在，是因为银行与工商企业之间，在资金供求上“断了桥”，小贷公司就在“搭桥中”生存。这种说法有一定道理，但值得关注的是它的操作程序。它的具体的操作是：企业需要货币资金，必须得到银行授信。银行按权威文件（央行文件）规定授信时间，最长不得超过一年，取得了授信额度后，企业才有资格向银行借款。企业按授信额度取得银行借款后，必须在一年内偿还。偿还以后，如果缺资金，还必须先取得银行授信，再取得银行借款。由于得到的授信时间有限，这样一家企业的资金运转就在“取得授信—借款—还款—再取得授信—再借款—再还款”之间循环。这样的循环有时间间隔，特别是先要还清上期的借款后，才能获得下期借款，这就给小贷公司融资留下了一个空间。这个空间简单地说就是企业先要向小贷公司借款，以此偿还银行贷款后，才能重新获得贷款。

据说小贷公司的借款是按天计算利息的，利率每天2‰，今天办手续，明天打钱，就算两天。利息按天计，每天2‰，10天2%，30天6%，100天20%，一年360天72%。利息有多高已很清楚。有人说，我国金融制度的安排，为高利贷创造了条件！为什么对某家企业、某个行业一定要是先还款后借款呢？为什么授信的时期只限一年呢？

另外，还需要深思银行存款时段的考核也助涨了高利贷。现在，不少银行为了完成存款任务，表示业绩，也采取了借高利贷的办法。甚至要员工出钱“完成任务”。银行也借高利贷①，这也许是中国银行业运作的特点。

对小额公司来说，利息这么高，怎么控制风险？经过调查，有两种情况：一是“拉借款方关系密切的自然人入股”，若借 1 000 万元给企业，你也出 100 万元，我出 900 万元，利息均沾。另一个办法是控制借款人银行账户印鉴，没还清借款前，银行账户印鉴由我保管，甚至派人上班操作，也就是你每用一笔钱，都要经过我。

综述以上情况，能够说微型金融防范金融风险的途径，多采取人际关系和利益相关的做法。这种做法在某一时期一定范围内是有效的，对保证信贷资金的安全是起作用的。但如果超出了一定的时间范围，很难说能保险。因为防范局部的金融风险，却难以抵制系统性金融风险。系统性金融风险的特点之一是在相当大的范围内资金链的断裂，如相当大范围的资金链都断裂了，靠人际关系和利益相关防范金融风险，便无济于事。

三、金融监管的思路值得研究且需要修正

近年，在顶层设计上，对金融监管提出了两句话八个字的思路，即“放松管制，加强监管”。对这两句话如何理解，值得讨论。笔者认为，“放松管制”，主要是就市场准入和业务创新而言；“加强监管”，主要是就职能部门的工作、职责而言。有关文件对“放松管制”做了进一步的诠释，从法规上讲，条文有多有少，但总的精神是放松对市场准入的管制，把市场准入由“核准制”转变为“注册制”，比如近年对第三方货币支付清算公司的市场准入，对证券公司分支机构的市场准入，就放得比较松。再如，近年对金融产品的创新也是层出

① 据媒体报道，银行借“高利贷”的情况时有发生，如《东方今报》2011 年 7 月 6 日刊文“银行差钱　行长自己贴息拉存款”；《重庆日报》2013 年 6 月 25 日刊文“银行间市场借高利贷金融‘空手道’还能玩多久”。

不穷，至于不同产品的收益性、流动性和安全性则缺乏严格的论证和试行运营。

有关文件对“加强监管”也做了进一步的诠释，在法规上条文也有多有少，但总的精神是注重事中和事后的监管，过程的监管，比如，加强现场检查，加强非现场检查（在网上进行信息统计分析）等。特别要指出的是在“加强监管”中纳入了“严惩违法违规行为”，认为这样，就能以儆效尤，切实保障投资者的权益。这样的监管思路是基于建立和完善市场经济体制，是基于形成开放、包容和多元的金融体系，是基于培育理性的金融文化，因而从初衷上说是值得肯定的。但是在我看来，结合现阶段中国的国情，这样的监管思路值得研究，需要修正。

第一，市场经济是法制经济，我国提出建立社会主义市场经济体制以后，虽然建立了法规，但不少法规仍然有计划经济的痕迹，即使建立起了符合市场经济体制的法规，也有一个是否认真贯彻执行的问题。不可否认，现阶段，不仅必须认真贯彻执行已经出台的符合市场经济体制的法规，而且必须建立完善应当出台的符合市场经济体制的法规。

第二，在现阶段，必须培育人们的法制观念。不可否认，在相当多的人中，法制观念淡薄，懂法、识法、守法的观念不强。

第三，在金融领域中，专业知识有待普及、提高，金融意识有待培育，不少人没有树立理性的投资选择，投机性太强。

第四，特别是现阶段，国内人们的贫富差距继续扩大，拥有千万元、亿万元资产的富人虽然占少数，但他们的思想和行为影响很大，对金融业发展的影响力不可低估。因为不同人群的金融意识不同，对风险的承受力不同，对金融资产的选择不同。由于不同人群的这些不同，就会带来有形的和无形的违规操作，就会带来对市场的冲击，就会扰乱金融秩序，就会危及社会公众的利益。所以，我认为“放松管制，加强监管”值得研究，需要修正。

怎么修正？我认为应当“合规放松管制，合力加强监管”。所谓“合规放松管制”，不仅是指要建立健全法规，严格按法规条件市场准入，而且要深入研究在市场经济条件下，金融业发展和金融产品运行的规律，比如银行资产证券化与资本市场层次的关系和关联，本币的自由兑换与货币资本自由流动的关系和关联等。只有合规准入和把握好关系和关联，才能建立有序竞争的金融市场，也才能防范系统性金融风险。所谓“合力加强监管”，就是要调动上下左右各方的积极性，共同维护金融秩序，防范风险，维护投资者的利益。在这方面，特别要发挥行业协会的作用。行业协会既是一个协同发展的组织，也是一个自律管理的机构，“自律”是很重要的，自律是自知、自觉、自重的反映，是内向型的监管。有了“自律”不仅能提高监管的效率，而且能降低监管的成本。至于“严惩违法违规行为”则是必要的，但不是最优的。严惩，在一定条件下能以儆效尤，但毕竟是在造成了巨大损失的情况下进行的。严惩不能挽救已经造成的损失，而损失总会给当事人及广大公众带来伤害。

总之，在这里提出修正金融领域金融监管的思路，把它确立为“合规放松管制，合力加强监管”，是为了减少事件发生的概率，防患于未然，而不是扩大事件发生的概率，更不是让事件发生后再去“收摊子”。

依法治国，需要建立和完善企业破产制度

党的十八届五中全会指出，要“增强国家意识、法治意识、社会责任意识”，要“坚持深化改革，坚持依法治国”。基于这样的精神，在社会主义市场经济条件下，需要建立和完善企业破产制度。

一、建立破产制度的理论基础

为什么要建立破产制度，要颁布破产法？从伦理学、社会学、经济学去解释，那就是追求正义、追求公平、追求效益。

有人说法律的全部价值在于正义。在债权债务关系中，债权人有权向债务人讨回欠债。但讨回欠债，只能以债务人现有的财产为限，不能有其他的苛求，比如不能以债务人的妻子、孩子抵债。这叫维护正义，正义体现人类生活的文明进步。

破产法赋予债务人有破产免责的权利，同时赋予债权人有公平实现受偿的权利。破产是破债务人有限的财产，表明人类的承受力是有限的。承受力有限，人人平等。所以，破产对债务人来说，体现了平等原则。破产，所有的债权人均可参加破产程序，公平实现受偿，所以破产对债权人来说也体现了平等原则。

经济学中（福利经济学）有个概念叫帕累托效率，简单地说它的含义是：在资源配置中，如果不减少一些人的福利，就不能增加另一些人的福利。按这样的理念，资源配置就是最优的，简称“帕累托最优”。按这样的理念，在社会经济生活中，安排某一种制度时，在采取某一种行为时，就会使一部分人受损，另一部分人受益。只要受益

大于受损，便是可取的，否则是不可取的。

破产这种制度安排，使债权人受损，使债务人受益。一般说来，债务集中（即集中于面临破产的法人或自然人），而债权分散的状况下（即有众多的债权人），破产就使得债务集中的法人或自然人的得益大于众多债权人的损失。所以这种制度安排是可取的。总之，破产可解除债务人的包袱，可使债权人公平受偿，可避免连锁反应造成系统性风险。

二、产权归属与破产选择

近年，国家纪委巡视组巡视了部分国有企业，发现的问题较多，但主要的问题大都雷同，如以权谋私，不顾国家利益等。究其原因，我认为主要不是外部监管不力，也不是“内部控制”不严，而是管理层特别是“第一把手”出于某种目的，无视法纪，违背经济规律，置国家利益于不顾，为所欲为。要进一步探寻产生问题的根源，则不完全是个人品质所致，必须从制度、环境、约束机制上去找原因。通俗地说，这要审视国有企业的老板是玩国家的钱，还是玩自己的钱；是玩自己多年经营，冒着风险积累起来的钱，还是玩自己借来，甚至骗来的钱；玩不同的钱，有不同的心态、不同的机制和不同的扩散效应。需要用心理学、社会学、经济学去分析。仅从投资选择角度讲，可谓投资选择的“成本论”“回报论”“承受力论”。国家的钱，自己靠关系借来的钱，成本低，无须回报，承受力强，可为所欲为；自己辛苦积聚起来的钱，成本高，必须回报，承受力弱，总得小心从事。有人感叹说，一些企业“问题的本质，没有真正像关心自家的财产一样关心国有公司资产”，其实，这不是关心不关心的问题，而是成本、回报与承受力的问题。玩国家的钱，不讲成本，不讲回报，敢冒风险，这才是问题的实质所在。从这个角度说，国企老板不可能成为经济的“理性人”。所以，要有力地杜绝类似事件，仅仅致力于出资人到位，加强监管是不行的。在我国，讨论产权更多的是着眼于权利的结合。似乎出资人到位了，就有人关心国家的资产了，权利便结合紧密了。

其实，这只是问题的一面，而且是不确定的一面。问题的另一面，是“责与本”，也就是说拥有这样的产权花了多少成本，维护这样的产权要承担多大的责任。解决“责与本”的问题，光出资人到位是解决不了的。因为“出资人”是个难以具体到个人的抽象概念。再说出资人也不了解拥有这样的产权花了多大成本。要解决“责与本”的问题一是当事人必须有承受力，二是当事人必须讲回报。

当代市场经济，不仅是交换经济，而且存在着投机经济，在市场中，风险始终存在，“胜败乃兵家常事”，问题是要有承受力，要掌握一个度。承受力是自己的资产负债状况。如果把资产负债都看成是国家的，赚了钱是我的业绩；亏了钱虽有责任但于我无损，则就可为所欲为。当代市场经济不是所有者的经济，而是经理层的经济，市场风云瞬息万变，要靠经理人运筹帷幄，果断决策，在这种状况下，个人的智慧起着决定作用，集体的意见往往滞后。当代市场经济是“理性人”的经济，不是慈善家的经济，“理性人”就是要在法制允许的范围内在市场上赚钱，要在不损害他人利益、国家利益的情况下谋发展。也就是说，在当代市场经济的条件下，要承认、允许“理性人”的追求。换句话，在市场经济中，我们要通过法制树立经济“理性人”的道德，而不是通过教育树立“自然人”的道德。“自然人的道德”能够通过教育形成，“经济理性人的道德”只有通过法制。

必须指出，国有企业与政府是利益共同体，企业亏损，政府埋单。如果是私人企业，资不抵债，理该破产。现阶段，一些国有或国有控股企业处于破产边缘，一些企业实际上已经破产，所谓“僵尸企业”，怎么面对这种状况，往往采取债务重组方案。方案一是打算拉民营企业注资（谈判条件可能苛刻）；二是把股东的债权转为股权。无论是拉民营企业注资还是债转股，都需要中国政府的批准。以政府干预代替市场机制，以债务重组代替企业破产，这是否有利于资源配置，违背市场原则，值得深思。

这里还需要思考的问题是：破产是为了什么，意义何在？不破产又是为了什么，意义何在？从法律上说，破产既是维护债权人的利益，又是维护债务人的利益。当然，主要是维护债权人的利益。进一步说是维护债权的公平清偿，减轻债务人的沉重负担。不破产还可能使债权人的利益继续受损，从这一点上说，没有维护债权人的利益，也难以减轻债务人的沉重负担。但在我国，破产或不破产，更多地不是从维护债权人的利益去考虑问题，而是从维护国有资产不流失，维护社会稳定去考虑问题。这样考虑问题，不破产的成本实际上是由社会去承担，也就是由纳税人承担。从风险的角度讲，破产清盘，损失透明，风险告一段落；不破产，进行资产负债重组，把问题包容下来，实际上是风险转嫁。综合各种因素，从经济学说的角度讲，也就是要比较破产的成本与收益和不破产的成本与收益。

三、寻求破产保护

破产保护（bankruptcy protection）一般是指通过一定法律程序，主要是法律允许在破产保护期内的企业在一定时间内不受债权的影响，可以正常进行经营活动，以重整旗鼓，是对遇到困难的企业进行保护的一种方法。其实质就是公司向法院申请破产，寻求保护，以解脱困境。其实，破产保护一词并非法律术语。

破产和破产保护在法律上是完全不同的两个概念，主要的区别是是否能够继续运营。宣布破产的公司，其全部业务必须立即停止，进入破产清算程序，而申请破产保护的公司可以继续运营自己的业务，以争取重组或盈利以避免破产。进一步说，保护什么？保护债务人不受债权人的侵扰；允许他继续营业；保护公司财产不作为破产清算财产来看待；允许管理层继续负债公司业务。

以美国的《破产法》为例，破产和破产保护都有不同的法律条文进行了具体的规定，当一个公司面临破产时，可以援引《破产法》第十一章来申请破产保护，争取再度盈利，面临破产的公司也就是债务人，仍可照常运营，公司管理层继续负责公司的日常业务，其股票和债券也在市场继续交易，但公司所有重大经营决策必须得到一个破产法庭的批准，公司还必须向证券交易委员会提交报告，申请破产保护的公司可以在 120 天的保护期内不受债权人追讨债务的侵扰，如果能重组成功或重新盈利，就可以避免破产。如果直接破产，可以依据《破产法》第七章进入破产清算程序。公司全部业务必须立即全部停止，由破产财产托管人来清理拍卖公司资产，所得资金用来偿还债务，包括对债权人和投资人的债务。

美国破产法第十一章曾指出：破产法的立法宗旨在于企业重组和重整，而非破产清算。据了解，美国国会制定破产法时，倾向于鼓励负债企业重组和重整，而非强制负债企业清算还债，这主要是基于以下认识：① 企业的清算价值通常低于企业继续存活时的价值，因此，从长远看，如果允许负债企业重组，则债权人可获得更多的清偿。如让负债企业继续经营其价值会更高的话，则没有必要对其进行破产清算。② 对负债企业进行重组，可以避免雇员失去工作，而在破产清偿的情况下，雇员将无例外地失去工作。③ 许多企业都会遇到难关，且有时企业经营状况不佳并非企业经理层的过错。如允许此等企业重组，则其大有复兴的可能。《中华人民共和国企业破产法》（2006 年 8 月 27 日第十届全国人民代表大会常务委员会第二十三次会议通过），第八章也规定了重整制度，类似于美国的破产保护，但实践效果不佳。

重整与破产清算的重要区别是：如果法院受理破产，被申请破产清算的企业的财产、业务要移交给法院指定的代理人，并停止经营；如果法院同意债务人“重整”，则企业的财产、业务不归管理人，也不停止经营，但重整是有条件的，比如债务人或债务人的大股东重新注资等。

破产清算不同于普通清算，破产清算适用于破产还债程序，破产还债带有法律的强制性。破产清算组必须在人民法院的指导和监督下工作。破产清算的过程，是人民法院审理破产案件的过程，从破产清算组的成立、破产财产的清查、确认、变现、处置和分配，到破产债权的确认、清偿、清算组的撤销，必须严格按照法定程序进行。而普通清算适用于清产还债程序，清算组是在上级主管部门领导和监督下开展工作的。清产还债面对的是每一个债权人，而破产还债面对的是债权人会议。在多数情况下，普通清算都会有剩余财产，在清算程序上，也就都会有剩余财产的分配程序。

在这里结合国外的实际，值得思考的是：当年美国 CIT 集团（CIT Group）申请破产保护，但美国不救，这是为什么？

2009 年 11 月 1 日，美国支持中小企业的最大商业银行 CIT 集团向纽约南区，美国联邦破产法院递交了破产保护申请书，申请破产保护的主要原因是债务到期，没有还款能力。据统计，截至 2009 年 3 月底，CIT 共负债 680 亿美元，其中 27 亿美元债务将于 2009 年底到期，而 2010 年第一季度还有 74 亿美元债务到期，这就是说有 101 亿美元临近到期，而没有能力偿还。

CIT 的债务能力与它的资产负债结构相关。申请破产前它的总资产为 710 亿美元，其结构主要是批发企业和零售企业，其中向中小企业贷款 600 亿美元和学生贷款。它的负债为 680 亿美元，其结构主要是支行债券和商业本票，当发行债券和商业本票到期了，而发放的贷款收不回来，没有能力偿债，所以面临破产。这表明 CIT 面临破产并不是资不抵债，而是流动性不足。

CIT 的流动性不足，本来想再次申请发债以缓解偿债压力，但发债要担保，它申请加入暂时流动性担保计划，但未获 FIDC（存款保险公司）批准。FDIC 认为 CIT 集团的资产正在恶化，若继续为其所发行的公司债务提供担保，将会使纳税人的资金面临风险。

面临破产，美国政府为什么又不救呢？在美国政府眼里 CIT 还算不上“大到不能倒”的地步。这就是说在美国政府眼里，有些大企业是不能倒的，要保；有的大企业是可以倒的，可以不保。但 CIT 在美国老百姓的心目中地位很高，此次申请破产，被誉为“悲剧英雄倒下”。CIT 在美国老百姓心目中，为什么地位很高？这与它的历史、业绩和服务对象相关。

CIT，1908 年创业，到 2009 年止已有 101 年的历史，创始人 Henty Tttleson 是个法律系的学生，开始他做纺织品零售商（经营了 37 年）后来当经纪人（不动产经纪人和股票经济人）。他经历了美国经济两次主要衰退期，在经历中他悟出了一条重要的真理：信贷是经济活力之源，信贷永远有需求。在这样的理念支配下，CIT 业务拓展的主要对象是广大的消费者，在批发商与零售商之间着力融通资金，比如向汽车购买者、家用电器购买者融资（他们可以首付 1 /3，其余的在 8 个月之内支付）。应当说 CIT 的业务与人们的消费息息相关。

此外，CIT 的展业与政府的导向，与社会的变革也紧紧相随。第二次世界大战后，美国政府着力进行战后重建，CIT 为国家经济的空前扩张，提供资金支持；20 世纪 60 年代开始，CIT 业务的拓展与社会经济生活的变革结合起来，不仅是融资，还开展保理业务、租赁业务，向个人、家庭发放股权贷款等。在这一时期 CIT 不仅蓬勃发展，而且业绩辉煌。进入新经济时代（1986—2008 年）后，CIT 业务扩展到外国，其客户不仅来自美国，而且来自欧洲、亚洲、加拿大，CIT 的保理服务向数千家小型制造商提供资金，而这些制造商又将其产品售给那些依赖 CIT 获得物流金融的大小型零售商。

总之，CIT 集团擅长的业务是：公司理财、贸易融资、运输金融和供应商金融。特别是运输金融部分很突出：CIT 是美国第三大有轨列车的出租商，拥有 11. 6 万多辆有轨列车；同时又是全球 3 大飞机公司的融资商，拥有 100 多家航空公司客户。但金融危机到来，也避免不了面临破产。

CIT 的兴衰给我们的启示是：

1. 金融业不仅仅是资金的融通。它是关乎就业、教育等家庭生活的重要组成部分。

2. 金融业的展业，与经济的兴衰结合在一起，要紧随社会经济生活的变革。金融业属于流通领域，流通领域的顺畅，取决于生产和消费。

3. 投入与产出要保持科学的比例。CIT 秉承“少投入，多产出”的理念。它的资本不是“砖头 + 水泥”的传统型，而是“才干 + 观念”的现代型。结果流动性短缺，丧失偿债能力，面临破产边缘。这表明“流动性”的增强，是金融机构的生命线。而流动性取决于相当的投入（包括自有资本）。CIT 主要以负债取得资金来源，不是好的选择，更不能是唯一的选择。

4. 大不一定都好。大有大的风险，覆盖面广，多种经营，不完全能抽肥补瘦，调剂余缺。有人提出“大而不倒”，照我的理解“大而不倒”有三重意思：金融展业的摊子铺得大，管理能力达不到；存在风险的可能性大，监管能力达不到；风险带来的损失太大，救助能力达不到。此外，有人还提出：“大而不倒”容易产生道德风险。“大而不倒”是对金融展业的挑战，是对金融制度安排的挑战，是对金融监管的挑战。现在有的提出：要不要分拆一些大银行。在英国已经打破了大银行垄断金融的局面。在英国有汇丰银行、苏格兰皇家银行和莱斯银行，21 世纪初，苏格兰皇家银行和莱斯银行把它的分支机构交给政府由政府卖了，以偿还对政府的债务。

与这个问题相关的问题是：是否大银行的风险就越大，小银行的风险就越小？在 2008 年的金融危机中，美国的摩根大通银行和富国银行受损相对较小，其主要原因是资产结构不同，但从总量上说，它们也比较小。

5. 什么状况下政府救助？什么状况下政府不救助？在这场危机中，美国政府救助了 AIG、花旗、美国和高盛，对雷曼没有救助。为什么？媒体报道说，对前三者实施救助，是因为它们的影响大，而对后者不救助，是它的影响较小。以影响大小作为尺度该不该救助，科不科学、合不合理，值得研究。在我看来救不救助？取决于维护什么人的利益。

四、金融机构破产的特殊性

通常说，金融是货币资金的融通，其实在当代，金融这一范畴大大超出了“货币资金融通”的含义。从法理上能够说，金融是以货币和有价证券为载体的权利与义务关系体系。金融领域权利与义务的关系，更多的是债权与债务的关系，在这一领域加强法治，就是要使债权与债务关系能够在法律的框架下建设、运行，并得到保护。对此，结合我国现阶段的实际，需要建立破产制度，完善《破产法》和《破产保护法》。所以，总的说来，在金融领域，法治就要使这种权利与义务关系体系能够在法律的框架下建设、运行并得到保护。

金融机构如果资不抵债，明显缺乏清偿力，也可申请破产清算。但与一般企业不同的是：金融机构出现重大金融风险时，可先采取接管、托管措施，然后不得已才进行重整或破产清算。

另外金融机构的破产申请，不由债权人或债务人提出，而由监管机构提出。为什么这样规定？一是为保证风险处置措施的顺利实施；二是为避免债权人通过向法院申请，抢先取得这些金融机构的财产。对于金融机构的破产立法应关注以下几点：

1. 什么是金融机构，哪些机构属于金融机构？

结合我国实际，值得研究的是：四大金融资产公司、汇金公司、信用合作社、期货公司（有金融期货、实务期货）、担保公司等。

2. 金融机构是企业单位还是事业单位？

企业单位和事业单位，在市场准入、管理方式、税收待遇和破产条件等方面都是有差别的。

部分金融机构（如商业银行、保险公司、证券公司）的破产必须由监管部门提出申请，这是指对国有金融机构而言，如果是非国有的金融机构呢？它必须经监管部门批准。如果金融机构自身和金融机构的债权人提出申请破产，都需要批准吗？在法律上如何认定。为什么要批准？主要是维护债权人利益。

3. 什么是金融债权？

债权有物权、股权、借贷权、租赁权之分。还可以区分为机构债权和个人债权。金融债券是以某一种金融资产和金融产品为依托的给付权。由于债权债务关系的差别，对金融债券的给付也会存在差别。比如商业银行的机构债权与个人债权，在给付时就存在差别（个人保证给付，机构不保证或不完全保证给付）。再如个人债权中在商业银行的存款，不完全保证给付（西方存款保险公司“有限偿付”），而个人购买商业银行的债券就能完全给付。还有个人委托金融机构运营的财产、个人在金融机构存放的运营资金（如存在证券公司的客户保证金）等。当金融机构破产时如何对待？都很值得研究。

4. 破产管理人的特殊性

一般企业的破产，管理人由政府有关部门、律师事务所、会计师事务所等机构与具有从业资格和相关知识的人员组成。管理人的职责是接受破产人的财产清理和处理破产人的债权债务。但由于金融机构的特殊性，在选择管理人时，必须有专业优势。从这个意义上说，对于金融机构破产管理人的选择、任命，必须有资格认定。

5. 当代各国对资不抵债、面临破产的金融机构，一般都不采用破产的办法，而采取“重整”的办法有：政府注资、政府接管、提供政府信用担保、让实力强的金融机构托管、由央行再贷款等。

6. 金融机构财产变现的特殊性

有形资产变现，一般按市场价格，但证券类资产变现，如持仓量大，高度控盘，在二级市场抛售，使行市大跌，就会影响其他投资人的利益。

无形资产变现（特许权和商誉），要经过价值评估，招标，拍卖。

7. 金融机构破产，财产分配方案的特殊性

一是支付清算费用、职工工资、劳动保护费用。

二是个人存款本息的优先权，但不一定全额保付（债权打折）。

要建立金融机构破产保护基金，这种保护基金有：存款保险基金、证券投资保护基金、投资者保护基金。2005 年 6 月 30 日，我国证监会、央行颁布了《证券投资保护基金管理办法》。

金融机构破产的特殊性，在于它负债的特点。经营货币资金的金融机构特别是商业银行也是企业，银行作为企业也是负债经营，而且负债率也很高，银行负债经营的特点是：

1. 负债经营载体的普遍接受性

银行经营的是货币资金，货币资金是银行负债经营的载体。这种载体被社会成员普遍接受，因为它有一般的购买力和支付能力。这种性质使银行在经营中，“进货”有广泛的渠道，“销货”不愁没人要，能够在较大的空间和较长的时期中进行，而且各种不同的载体（即各种货币）可按一定的程序和比例关系相互转换。这种转换可调整银行的负债结构和资产风险。

2. 债权的分散性

银行的债权人是众多的存款顾客，顾客来自四面八方，相当分散。这种分散性给银行的经营管理带来的好处是能够“续短为长，增强偿债能力”“此存彼取，分散偿债时间”。当然众多的债权人也给银行的经营管理带来压力，那就是“挤兑”。

3. 债务的可续性

不仅从整体上说债务可“续短为长”，而且从局部说，存款也可转期。债务的可续性尽管没有减少银行的债务，但可减轻银行现实的债务负担，而且使银行这种企业的债务“后移”，转化为“前人借债，后人承担”。

4. 偿债工具的可取代性

银行作为企业，它的偿债工具是中央银行创造的信用流通工具，包括在中央银行的存款和库存现金，即通常所说的“准备金”。准备金是银行的资产，银行用这样的资产来清偿它的债务。在经营管理中“准备金”的多少可来自中央银行借款，也可来自同业，还可来自顾客。从这一点上说，偿债工具不可替代。但经营货币资金的银行能够用自己创造的信用流通工具（如开出汇票）取代中央银行创造的信用流通工具去清偿债务，其条件是清算汇差。当某家银行准备金不足而汇差暂时无法清偿时，便占用另一家银行的汇差，占用汇差实际是要汇入行以自己的准备金代汇出行清偿债务。这样的取代有一个过程，有广泛的空间，因而能够说，银行经营货币资金对债务的清偿，可以在较长的时期内不同的空间中取代。

银行负债经营的这些特点决定了它在运作中既存在着较大的风险性，又有着避免风险的可能性。负债经营载体的普遍接受性和债权的分散性蕴藏着较大的风险，但债务的可续性和偿债工具的可取代性又为避免风险提供了可能。银行家应把握住负债经营的这些特点，趋利避害。

五、有了法律，并不等于法治

按传统理论，法律是统治阶级意志的集中反映。照理，中国共产党成为执政党后，代表广大人民群众的意志颁布法律，依法治国顺理成章。应当说，早在几十年前国家领导人就提出并强调“依法治国”了，可是几十年过去了，党为什么还要专门召开中央委员会，制定文件，统一认识，强调执行呢？可见“依法治国”不是一件容易的事。其中缘由可多角度、多层次分析。但结合金融领域实际，我认为思想认识是重要的。《破产法》颁布了近二十年，但我国没有几家企业“破产”，什么原因？我看“维稳”思想是其中之一。此外，在我国，以国有经济为主导和主体的情况下，企业的债权债务关系终归是一个“老板”，企业破产终归是破国家的产，由政府来兜底，是重要的因素。

但这种思想观念在市场经济条件下是扭曲的，不可取的。市场经济是法治经济，其中避免不了市场竞争、优胜劣汰。不实行优胜劣汰，就遏制了进步和创新，就违背了市场经济原则，就是历史的倒退。

党的十八届四中全会将“依法治国”概括为“科学立法、严格执法、公正司法”，立法、执法、司法都需人去执行，所以，有了法律，能不能实现法治，关键在于人怎么执行。

在我国，多少年来，权威部门都在强调经济结构调整，有进展，但成效不能高估，主要原因，我认为是缺乏利益补偿机制。市场经济优胜劣汰，经济结构调整必然带来损失。损失由谁承担？在损失没有人承担，且不愿承担的状况下，多少年来的经济结构调整，大都是增量调整，而不是存量调整。增量调整可推动发展，存量难以调整始终是一个“包袱”，不能减轻负担。从局部利益说，存量不调整，不仅不是负担，还能带来收益。比如能够增加地方财政收入。但这样的局面能够维持多久？让人担忧，一旦产能过剩，产品过剩；负债累累，危机爆发，日子难过。这从道理上说，不难理解：经济结构调整→企业关停并转→必然产生损失→谁来承担损失→缺乏补偿机制，只好增量调整。

企业的生存和发展，缺乏补偿机制，是违背经济规律的，企业的生命有周期，在生命的一定阶段，不致力于开拓创新，不注重稳健经营，不注重自我积累主要靠负债“做大做强”，不能不陷入困境。

怎样建立补偿的有效机制？这从宏观的角度说，管理层需要导向、约束、完善机制，比如要强调自我积累，开拓创新，建立起补偿基金制度等。从微观的角度说，企业作为一级组织，在经营管理中，要定好位，把握住重心。以金融机构为例，我仅指出几点：

1. 作为一级金融组织，它是企业，但又有政府的背景。在经营管理中，首先要处理好政府与企业的关系。为此，首先要清理落实债权债务关系。按最近《国务院关于加强地方政府性债务管理的意见》，地方政府性债务绝大部分是通过融资平台公司举的债，要求清理落实。这些债，哪些是一般债务？哪些是专项债务？从该意见的要求来看，一般债务要由财政收入偿还，专项债务要由项目运营的收入偿还。那些没有运营收入的问题项目和那些已经损失的项目怎么办？特别强调要“剥离融资平台公司政府融资职能”。融资平台公司不得新增政府债务。

2. 要稳健经营，要赚钱，但不能以赚钱为唯一目的。

3. 要着力降低融资成本，支撑实体经济的健康发展。而不要着力以钱炒钱。

4. 要成为推动金融改革的典范，推进金融创新、促进金融业发展的旗手。特别是在涉外金融方面。

学术演讲与深入调研

金融危机与货币供给循环

——在金融审计研讨会上的演讲

为什么要选择讲这个问题？从金融领域来说，审计主要是防范金融风险。防范金融风险与金融危机、金融安全相关。但这三者又不完全是一回事。所以在理论上应当弄清楚三者的关系。

一、金融风险、金融危机与金融安全

（一）什么是金融风险

金融风险通常是指金融活动中的不确定性。既可能带来收益，也可能带来损失。从心理学的角度说，风险是人们期望值的不确定性，这种不确定性是在市场竞争中发生的。正是因为收益或损失的不确定，为了赢得收益避免损失，在金融活动中才要防范风险。风险是可能性，应当防范，能够防范。损失是现实性，不是防范的问题，而是弥补的问题。

此外，盗窃、诈骗，由于政策因素、体制因素带来的损失也不属于风险防范的问题。因为盗窃、诈骗是非理性行为，不仅不合理，而且不合法；政府政策因素导致的损失是政府因素，不是经营带来的；体制因素是具有历史的、社会的制约因素，不是经营管理者的意志、行为能左右的，因此带来的损失，也不属于风险范围。当然，也可以从损失带来的不良后果的角度说，把已经造成的损失看成是风险，但这是另一种意义上的可能性。

审计要有个责任分析，分析主观、客观，失职、滥用职权，个人行为、集体行为，直接因素，间接因素。

1. 对于金融风险的考察，要注重它的特性

金融风险的一般特性是：①可避免性，关键在于掌握信息；②可测定性，有多大的风险，关键在于预测。西方经济学家认为风险是一种“概率”，概率是人们认知的结果，认知程度决定对概率高低、大小的判断。人们可以根据过去认知未来，但过去没有出现过的事情不能认知吗？有的说行，有的说不行。不确定性包含着人类认知的不足。比如地震是不能认知的，又具有偶然性，这样的风险不可测。经济领域的风险则是可测的，有概率的；③可弥补性，一方面损失了，采取另一方面的措施弥补，关键在于有准备，“东方不亮西方亮”“抽肥补瘦”；④可转嫁性，转嫁给别人、后人，转嫁给众人，转嫁给外人；我国目前的状况是在一个地区，前人摆摊子，后人不敢担，前人借款，后人承担，后人争气，就不怕负债；⑤可分散性，在时间上分散，将其“续短为长”慢慢消化，在空间上分散，在其他个人、机构消化。

在我国特定时期金融风险还呈现出以下特征：①风险的潜伏期长。我国银行的资产绝大部分是国有企业的负债，成为国有企业的经常性资金来源。如果国有企业的自有资本不足，必然会长期占用银行信贷资金。在这种情况下，信贷资金收益的不确定性增加。潜伏期长与制度、体制相关，如国家开发银行不良资产低，几乎没有因贷款期长导致不良，是典型的第二财政。**②风险的警觉度不高。**一方面是金融机构以政府为依托，认为政府不会让金融机构破产，另一方面人们不注意掌握分析信息以避免风险。长期以来，人们的“公有制”观念未削减，吃“大锅饭”思想仍然存在。在部分人眼里，金融机构都是“政府办的”，政府为人民，把钱存在政府办的金融机构“保险”，警觉度不高。以政府为依托，不让金融机构破产，出了问题，政府拿钱补，或者不了了之。再有就是公有制淡化自身效益，看重社会效益，没有股东压力。亏了是国家的，赚了对自己虽有一点好处，但也是公家的，利润分配有政策限制。**③金融机构承受风险的能力不平衡。**这主要是经济发展不平衡，各地金融机构的资产、负债有很大差距，质量也有显著差别。再加上各地金融机构的资本金有多少，与资产及业务量不成比例，使得承受风险的能力有强有弱。**④金融机构承受风险的临界点不明确**。作为一级法人的金融机构，其资本金的多少是明确的，但下属分支机构没有资本金，不存在资本约束，却站在风险前沿。此外，银行的盈利怎样分配，弹性较大，所有者权益界限模糊。**⑤金融机构特别是国有金融机构分散风险的力度比较强**。我国国有控股商业银行实际上是政府的银行，政府既是国有控股商业银行的主要出资者又是主要的风险承担者，政府承担风险的方式有多种选择：能够利用央行多发货币，能够以外汇储备偿付，能够转嫁，能够推移，还能采取剥离的方式。如20世纪90年代成立四家金融资产管理公司，先剥离1.3万亿元，后来追加0.9万亿元，实际剥离了多少不良资产不清楚，怎么处理不透明，可能有些还在挂账，要不要审计。上述措施是我国公有制的社会制度确定的，可以增强分散风险的力度。

2. 金融危机不同于金融风险

金融危机通常是指金融机构的“头寸”短缺，运作难以为继，面临破产倒闭的危险。概括地说，金融风险与金融危机的不同点是：**金融风险是可能性，金融危机是现实性；金融风险一般是局部的，金融危机是全局的；也可以说金融危机是金融风险的转化。**

金融风险有不同类型，金融危机也有不同类型，如信用危机、货币危机、银行危机、货币信用制度危机等。危机之间的关系，一般是先有货币危机，后有银行危机，但也会存在没有货币危机的银行危机。一般是先有信用危机，后有货币危机，但也会存在货币危机的信用危机。

金融风险会不会转化为金融危机取决于以下因素：①风险的支撑度。支撑实际上就是保障，是中央政府给予保障，还是地方政府给予保障，一般说来政府出面给予保障，金融风险就不会转化为金融危机。**②机构的信用度**。信用度高，即使存在金融风险，也不会转化为金融危机。相反就会。**③风险的扩散度**。风险的存在能够扩散，如果发生不立刻制止，扩散开来不好收拾。**④风险的承受度**。承受能力强，可以避免发生金融危机。**⑤风险的消减度**。如果有条件消化，便不会发生金融危机。

风险有两种：一种是与收益成反比的风险，风险越大，收益越小，损失越大。如错误操作，违章操作，不可抵御的灾害造成的风险，就只有绝对的损失；另一种是与收益成正比的风险，风险越大收益越大，高风险等于高收益，无风险等于无收益。对于前一种风险，我们要防范。对于后一种风险，我们要“胆大心细”，也就是说敢于冒一定的风险。如果“胆小怕事”，有一定风险就不敢发展，就会丢失很多机会，就不能敢为人先。

（二）金融危机与金融安全

1. 金融安全具有丰富的内涵

我们假定金融风险转化为金融危机，金融危机的发生自然威胁着国家的金融安全，但国家的金融安全不仅仅是不发生金融危机。金融安全有丰富的内涵和更深刻的含义，包括防范金融风险、金融危机；防范金融领域的盗窃、诈骗、贪污、挪用；杜绝金融工作岗位上的失职行为；反逃汇和非法套汇等。这表明，即使没有发生金融危机，也存在金融安全问题。

一个区域乃至一个国家金融是否安全以什么衡量呢？应以下列标准衡量：①人们持有的金融资产的价值（包括货币）不遭受损失；②社会金融秩序能得到维护；③金融机构能正常运转；④国家政权不受到金融威胁。

2. 金融危机影响金融安全的首要因素是经济周期

引进战略投资者会不会影响金融安全，我曾发表过意见（详见《财经科学》2006 年第 1 期）。在这里，重申我的看法。如上所述，金融安全是个有多重意义的复合性概念。影响金融安全的首要因素是经济周期，而不是金融机构的运作。在对外开放、经济全球化、金融一体化的条件下，金融安全很大程度上取决于外因，而不主要是内因。因此，讨论引进战略投资者会不会影响金融安全，必须关注世界经济的格局、经济周期的变动和我国的开放度。

有的文章中提出“根据外资金融机构常用的策略，可以模拟出它们在中国本土攻城策略的基本路线图”，即所谓的八个步骤，即三个阶段、一个核心、两个切入点。我认为这是有条件的，首要的条件是货币的国际化程度和资本市场的开放程度。所以，这样的基本路线图只具有可能性，没有必然性。进一步说，引进战略投资者是否影响金融安全，要研究外资金融机构对宏观经济、信贷供给、就业创造、金融服务水平、市场竞争与垄断程度的影响，等等。从匈牙利、新西兰、卢森堡、韩国、新加坡等国家和中国香港地区的经验来看，相关影响差异很大。外资银行渗透程度高，与本土经济一体化的程度高，反而有动力维护该国经济稳定。事实上，在20世纪末的亚洲金融危机中，大量撤资的不是外资银行，而是其他机构和个人掌握的“热钱”。从另外一个方面来看，外资进入金融业，信息被别人掌握、业务被别人左右、财富被别人拿走，会给金融安全带来隐患。

2007年3月28日，麦克尔·克雷思在西南财经大学的演讲中提出：“下一次金融危机什么时候到来，从哪里开始？很可能是美国”。他指出：“美国经济占全球1/3，美国人的消费状况对全球经济有较大影响，如果美国人降低消费，就要降低其他国家的出口，从而给这些国家带来经济下滑，经济决定金融，就会带来金融危机。”麦克尔·克雷思预言后不久，美国次贷危机显现。它不仅影响金融领域，也影响美国人的消费，这样的双重影响有多大，需要拭目以待，但它又揭示了金融危机决定于经济周期这一历史上已被证明的真理。

二、货币供给循环、贷款五级分类、如何看待不良资产

（一）货币供给循环

货币供给是一个循环，央行是货币供给的起点，商业银行和其他金融机构是货币供给的中介，政府、企业、家庭发生对货币的需求，满足了需求，最终货币回流银行。这种循环如图1所示：

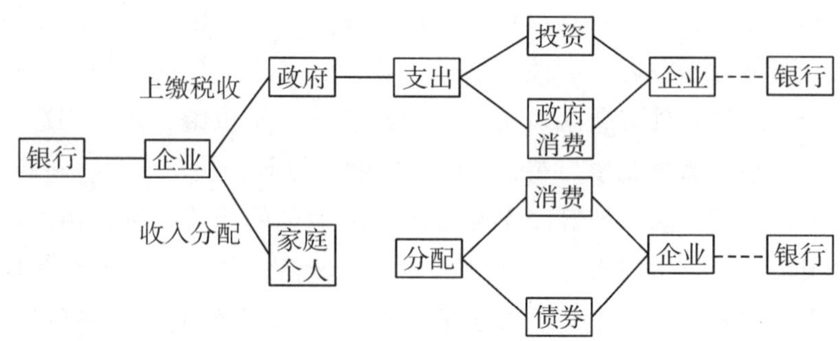

图 1　货币供给循环图

这表明企业是货币资金运用的中心环节，如果分配给家庭个人的收入过分用于储蓄，也不利于货币资金的良性循环。

这种循环，从信用关系说，银行供给货币，在形成对社会公众资产的同时，产生对社会公众的负债。通俗地说，银行供给的货币收回的三种方式，一是收回贷款方式、二是征税方式、三是通货膨胀。通货膨胀实际上是货币贬值，强制让一部分货币作废，因此又称通胀税。部分货币作废了，银行与货币持有者的债权债务关系就了结了。但银行供给的货币不可能全部收回，也没有必要全部收回，社会经济运转要靠货币支撑。形成不良债权表明不能消除对社会公众的债务。这部分债务由于不能以信用方式去消除，它形成对银行的永久或长期负债，只要银行信用关系能继续维持，银行对社会公众的长期负债就可以持续下去。

这种循环，从货币流通的角度来说，银行供给货币是对社会再生产过程的货币的垫支，如果形成不良债权，则垫支的货币不能回流，从而国民经济中的货币过多，导致货币购买力下降，即通货膨胀。这部分过多的货币最终靠贬值去抵消，即意味着由广大社会公众承担损失。

从信用关系和货币流通的角度去看待银行不良债权的问题，可参考马克思揭示的两大部类交换的货币流通公式（参见《资本论》第三卷，第 29 章至第 33 章，曾康霖在《金融理论问题探索》第 8 章中也有论述。还可参考周升业、曾康霖主编的《货币银行学》第 1 章第 3 节）。货币回流与货币流回应当是两个不同的概念。货币回流指供给的货币的减少，如收回贷款——减少存款；货币流回指货币形式的替换，如存款变现金与现金变存款。银行不良资产的形成指银行供给的货币不能回流。

（二）贷款五级分类

为了向国际惯例靠拢，我们决定按五级分类法去取代“一逾两呆”。五级分类法的五级即正常、关注、次级、可疑、损失。正常表示可以全额、及时还款；关注表示有不利因素影响，但仍有还款能力；次级表示借款人还款能力受到怀疑；可疑是表示借款人不能还款，比较肯定本人不能还，但有担保，只收得回小部分；损失表示贷款本息无法收回。

五级实际上是三类：第一、二类，都能正常还本付息。关注类本息偿还仍然正常，只是要关注影响贷款偿还的不利因素。第三、四类，都是不能正常还本付息的。第四类比第三类严重，即使有抵押品也可能造成损失。第五类，根本无力偿还。无论采取什么措施也还不了，注定损失了。通常讲不良贷款应当是第三、四类，不包括第五类。但通常都包括在其中，已经损失了，不是风险问题。

五类贷款分类法的基本精神：关注过程的发展变化。

五类贷款分类法的实质：考察借贷清偿本息的能力。

（三）如何看待不良资产

1. 什么是银行的不良资产。

我国的做法是按照国际准则五级分类，但要指出：能收回来的贷款不等于非不良贷款，因为可以采取以贷还贷的方式收回；到期收不回来的贷款也不等于不良资产，因为效果如何要延长期限才能看出。

五级分类法考察不良资产是基于信用风险。巴塞尔协议把银行风险分作四类，即信用、市场、流动性、操作。考察一家银行的信用风险不能只看既成事实，还要分析可能性。既成事实是不良贷款率，分析可能性看三大指标：拨备覆盖率、最大贷款占比和十大贷款占比。拨备覆盖率是已提取的准备金与后三类贷款的比例。是不是拨备率越高，提取准备金越多，风险的可能性越小呢？恰恰相反。因为准备金是按风险大小的不同程度提取的，此项比率越低越好，比率高，风险大。

2. 怎么看待银行的不良资产。

要辩证看待银行的不良资产。

在发展中国家，在经济货币化程度逐步加深的情况下，金融资产经过分配、转化，银行的不良资产可能成为家庭、企业的优良资产。

实物资产能通过兼并重组成为优良资产，金融资产也有可能通过兼并重组形成优良资产。

要用发展的眼光看不良资产，开发银行支持成都修三环路。

3. 不良资产是否降低了。

对于不良资产是否降低的问题有两种看法：一种认为降低了，绝对额没减少，相对数下降，即不良资产占总资产的比例下降，理由一是银行资金运用多元化，不良资产主要是对国有企业贷款，私人、个人贷款不敢不还；二是银行自主管理加强，审贷分离，人情贷款减少；三是企业的资产负债比例有所改善，原来国有企业缺乏资本金，银行贷款填补资本金，收不回来成为不良资产。现在实行股份制上市充实了资本金，加上债转股（债转股是有条件的）：①产品适销对路；②工艺设备先进；③投入资本金不足；④负债率过高；⑤财务负担过重，亏损。债转股是对那些原始投入不足的国有企业补充资本金。债转股推荐601家，批准580家，实施304家，从而负债率下降了。但有人认为，没有降低，理由一是信用观念、信用制度还未建立起来；二是制度干预还未排除；三是岗位轮换、短期行为还未消除，前人摆摊子，后人难负责；四是银行贷款配套，实际上是财政拨款的补充。

4. 债转股是不是好的选择，要让商业银行自主消化不良资产，这是方向，是现代企业制度的要求。

5. 逃废债严重，应加强法制建设。

6. 值得注意的问题：

（1）金融资产管理公司处理的不良资产严格说来不全是银行的不良资产，其中债转股是正常资产，补充财政的不足；

（2）最终损失由财政报销，但实际上由纳税人承担；

（3）存不存在前人借款，后人承担？如果存在又该怎么看？

资产管理公司的性质是非银行金融机构，其职责是收购并处理国有银行不良资产。处理方式有追偿债务；租赁、转让、重组；债转股，对企业进行阶段性持股；资产管理公司还可以为拥有不良资产的企业推荐上市，如为他们承销债券、股票等；发行金融债券，向金融机构借款；财务及法律咨询、资产及项目评估；经批准的其他业务。

值得思考的是，这种处理是短期行为还是长期行为；建设为投资银行，还是建成国有独资商业银行的配套机构；国有独资政策性银行的不良资产要不要管。

（4）现实状况，资产管理公司对应的机构不是四家国有商业银行，而是五家。除四家国有独资商业银行外，还有国家开发银行。所剥离的不良资产包括五部分，共 13 939 亿元，包括：1995 年底以前国有独资商业银行发放的到 1998 年年底形成的逾期、呆滞贷款；1999 年 9 月底国有独资商业银行的全部账面呆账；国家开发银行的不良贷款；国有独资商业银行。1995 年后发放的经国务院批转需要进行债转股的贷款；上列贷款已计入损益的应收未收利息。

四家资产管理公司收购不良资产的资金来源主要是划转的再贷款和发行金融债券。

三、商业银行亲周期理论和亲政府倾向

（一）亲周期理论

在西方，有人提出商业银行亲周期理论。简单地说，该理论认为：当商业银行认为经济处于繁荣时期，信用风险小，违约率低，大力扩张信用；相反，当商业银行认为经济处于萧条时期，信用风险大，违约率高，着力收紧信用。这一理论，从经济决定金融的角度来说，或从单个银行说，即从微观的角度说，无可非议，顺理成章，理所当然。但如果从宏观的角度说，从银行业的角度说，就会有问题。因为各家商业银行都这样认为，都这样选择，大家争着放款，势必造成信用膨胀。这样的结果，一方面推动经济的发展，推动周期的形成，另一方

面也会加快周期的波动。

（二）亲政府倾向

在我国，商业银行的行为有没有受到“亲周期理论”的影响值得研究。我认为，在我国商业银行存在着“亲政府倾向”。这是我多年观察后得出的结论。“亲政府倾向”的含义，简单地说，抓存款首选财政，放贷款瞄准政府项目，或者有政府背景的项目。财政存款、财政性存款，成本低，稳定增长；政府项目，有政府背景的项目，数额大、风险小，即使出了问题也好交代。银行跟着政府转，不仅贷款面向政府，收款也要靠政府支撑。

产生“亲政府倾向”的原因，一是党政不分，政企不分。在我国，共产党一元化领导，没有讲党政分开，也不可能分开。政企分开是经济改革的，但难以分开，主要原因是政府掌握资源，企业家也要依靠政府取得资源。我国社会主义市场经济是以公有制经济为主体，公有制主要是国有制，国有制就是政府所有制。二是商业银行的机制雷同。在我国，商业银行不仅垄断而且雷同：

组织机构雷同——都是股份制商业银行；

经营对象雷同——都是选择大体相同的客户；

经营模式雷同——拉存款、放贷款、避风险、改名做大；

考核业绩雷同——考核指标大体相同；

监管模式雷同——都是看中几个约束指标。

雷同就抹杀了特色，加大了运作成本。

（三）值得思考的问题

不同的金融机构，有没有分工的问题；相同的金融机构，有没有办出特色的问题。

在经济运行实际中，亲政府行为广泛存在，各家金融机构向各级政府授信，对政府项目争着放款。今年上半年增加货币供给 7.37 万亿元资金，有多少与政府相关，值得研究。

为了提高级别，扩大影响，争取上市，我国城市商业银行，纷纷改名，跨区经营。对于城商行应不应该跨区经营，要不要跨区经营，有鼓吹者，有不赞成者，有区别论者。鼓吹者认为，城商行立足于一个城市，范围太小，业务狭窄，不便于为客户提供全方位的优质服务，汇路不通，结算不便，必须跨区经营。还有人提出城市商业银行的发展，要“市场化——股权多元化——区域化——资本化——国际化”，即分五个步骤。这样有利于竞争，竞争能提高效率。不赞成者认为，城商行就应当为地方经济服务，办出特色，不要追求盲目扩展，“大而全”，要为中小企业服务，要为老百姓服务。区别论者认为，实力强的可跨区，比如北京、上海等地的城市商业银行（据说北京银行已在五个省设了跨区分行）。

我倾向于区别对待。着力点是怎么为工商企业、民营企业融资服务。市场经济的发展，一些省的企业在别的地区做生意，聚集了大量人力、物力、财力，需要金融媒介搞活、用活资金。如浙江省有20万人在成都做生意，在其他区域做生意也不在少数，后成立浙商银行。

四、怎样分析上半年巨量供给的资金

对今年上半年7.37万亿元的资金供给要做分析。这些资金究竟哪些单位在落实，如何落实。不同金融机构的市场定位、展业趋向、主要客户构成、历史轨迹各不相同。现在的奇怪现象是，新增贷款不知去向。银行说新增了这么多贷款，客户说没贷这么多，存在贷款增长与实体经济低迷的矛盾。7月初，浙江省属国有企业座谈会上，金融机构表示上半年增加了6 000亿元贷款，省金融办调查，分别统计新开工项目贷款，工业类贷款，建筑类贷款等贷款去向，结果资金缺口达1 000多亿元。

（一）要注重总量分析和结构分析

1. 总量分析

（1）大量投放的作用

为什么要这么大的投放，主要为了增强信心，改善预期，带动民企。温总理说，信心比黄金还贵。当然，也与“保8”（GDP增长率8%）相关。“保8”的原因是低于8%失业人口就要增加，也就是说

"保8"就是为了就业，就业与经济增长速度相关，实际上就业与产业结构相关。

（2）不同产业与就业

就业容量大的是服务业，是第三产业。重庆有个"富侨足疗"，现在有400多家分店，开一家分店需投资几百万元，每2万元投资可以创造一个就业机会，据了解已4万多人提供了就业机会。而建奥运场馆，有人说大约投资了4 000亿人民币，创造的就业机会约2 000个，即大约2亿元创造1个就业机会，而前者是2万元创造1个就业机会。可见重工业、基础设施，带来的新增就业是有限的。我国偏重于重化工业、基础设施建设，为什么？这与政府主导型经济相关，与国有经济为主体相关。

（3）货币供给量的合理性

有人认为这不是适度宽松，而是过度宽松，如何界定是否过度，有人认为跟历年比，跟GDP比，跟外国比，跟原来定的目标比，有人担心货币投放不合理是否影响就业，有人担心会不会导致收入占比恶化。有人说不要说多不多，关键看效应，算投入产出。今年上半年GDP中，4个百分点靠投资，3个百分点靠消费。我看货币供给合理性，要看给社会金融秩序带来混乱没有，给人民群众带来损失没有，在政府主导型的经济体制下，能不能顺利收回，是靠收回贷款、征收赋税、发行国债，还是出售黄金和外汇。

（4）货币供给宽松的效果

货币多，增加了一部分人对金融资产的持有，问题是怎么让金融资产保值增值。货币多，使原来没有钱的人有钱，原来有钱的人更有钱。在我国现有条件下，货币多，资产价格上浮，会使收入差距拉大，但不能过分恶化。

（5）从学理上分析

第一，银行供给的货币，是对社会的负债。人们长期持有货币，银行欠社会的债可以不还。

第二，银行供给的货币有货币与准货币之分，准货币是不能发挥现实货币支付手段职能的，仅作为金融资产而存在。

第三，从银行贷款形成企业资金，再形成生产要素有个过程，贷款形成企业资金是需要条件的，重要条件是投资方向。企业资金形成生产要素也是需要条件的，重要的条件是市场。

第四，大部分金融机构存款多于贷款，要关注存差的流向。存差一般集中于总行，流向国企、流向政策性金融（如国开行金融债券）、流向政府、流向国外（人民币购买美元，美元购买国债）。

第五，在实体经济发展受限的条件，游资自然流向虚拟经济，玩“钱生钱的游戏”，股市的涨跌，不完全，不主要是散户心理恐慌，而是机构的作用。

2. 结构分析

从供给主体分析，在管理能力、追求目标、投放领域、带来损失的可能性、带来收益的可能性等方面；从融资对象上分析，多少钱拿给政府，多少钱拿给非政府；多少钱拿给大企业，多少钱拿给小企业；从融资方式上分析，多少钱是以贷款方式出去的，多少钱是以票据融资方式出去的；从融资性质上说，信用放款占多大比重，担保放款占多大比重；从融资领域上说，投向第一、第二、第三产业的占比，投向哪些行业去了，分别是多少；从融资的地区上，多少钱集中在大城市，多少钱投放中小城市，多少钱投向农村。

（1）从融资方式看

上半年增加的 7.37 万亿元资金供给并非都是贷款，其中相当大一部分是票据贴现。比如 1 月份增加了 1.62 万亿元（其中京、津、沪、广占了 6 000 亿元，占比 37.5%），其中 6 000 亿元是票据贴现，占比 37%。假设 10%是票据贴现，则新增贷款只有 6.6 万亿元。

以贷款方式供给资金与以贴现方式供给资金是不同的：以贷款方式供给资金，在相当长的期限内成为借款者的资金存量；以贴现方式供给资金，在较短的时期内成为贴现者的资金流量。笼统地说上半年增加了 7.37 万亿元贷款，是不准确的，会误导人们。

（2）从供给主体看

中、农、工、建行各近万亿元，国开行 5 000 亿元，其余是其他金融机构。中国银行则墙外损失墙内补。

（3）从融资领域看

6.6万亿元新增贷款，主要贷给由政府背景的项目和大企业，上市公司只占4%，主要用来基础设施建设。究竟有多少，需要调查。国家统计局总经济师姚景源说上半年增长7.1%，86%靠政府投资。四川上半年新增贷款3 500亿元，其中3 000亿元与政府相关。从一些情况能够旁证，比如中小企业融资依然困难，第三产业没有获得发展机会，民营经济融资仍然受限，就业问题仍然突出。这些情况证明，它们没有成为关注的对象，或者说银行拿了那么多钱出来，没在这些方面发挥多少作用。

3. 实际作用

从货币供给的程序上说，先有贷款后有存款，先有活期存款，后有现金和定期存款。教科书上讲派生存款，因为只有活期存款才能发挥支付手段的作用。从活期存款提取现金是货币形态的变化，把活期存款转为定期存款，是货币性质的变化，从货币变为准货币。

上半年贷款、贴现大量增长，但银行活期存款增长幅度小，定期存款增长幅度大。2008年11~12月，增加4.9万亿元货币供给，加上2009年1~7月7.73万亿元，共增加12.63万亿元。M1为34.2万亿元，M2为57.3万亿元，其中，定期存款（准货币）37.7万亿元，活期存款16.23万亿元，现金3.37万亿元。社会上存在的货币中，准货币是货币的1.92倍，只有1/3在流通，发挥支付手段的作用。M2相当于2008年GDP的1.9倍，而美国2009年7月底广义货币83 478亿元，相当于GDP的59%。

这表明相当多的钱没有成为企业的资金，成为支付手段，而是放在银行吃利差（据报道，浙江有票据包装公司，专门包装票据贴现，吃利差）。这么多钱大部分流入股市、楼市了，上海交通银行有个调研报告，说20%流入股市，10%流入楼市，所以今年上半年股市涨了80%，楼市涨了50%。怎么算的不清楚，流入股市、楼市是肯定的。因为在金融危机下，实体经济找不到出路，有钱只好去炒股。不仅贷款进入了股市，一些中小企业自有资金也进入了股市，现在有些地区，银行放不出去贷款，企业也不需要借款，原因就是资金找不到出路的问题。

4. 对商业银行的影响

（1）基本情况

今年上半年工商银行增加贷款 8 600 亿元，利息收入 157 亿元，较年初下降 11.9%，建设银行增加贷款 7 314 亿元，利息收入 86.12 亿元，较年初下降 7.75%。下降的原因是贷款对象主要是有政府背景的项目，利率只能下降，不能上调。

现在有一个情况值得注意，把应收利息变为中间收入，叫财务咨询费。企业向银行借款照理要付利息，比如 10%的利率，现在银行要 8%的利息、2%的财务咨询费。这样做的好处，可以避税、可以增加职工收入、可以改变盈利结构，即中间业务收入占比提高。这种状况的合理性值得进一步研究。

（2）面临的压力

从近期看，极度宽松的货币政策会给商业银行带来资本重组压力和资产重组压力。

资本重组压力，因为银行要靠资本支撑，资产快速扩张，资本够不够。现在商业银行股份制改造和引进外资后充实了资本，一般资本增长幅度都在 10%以上。但资产膨胀速度快于资本增长速度，所以面临压力。资本又分为核心资本和附属资本，核心资本是相对固定的，附属资本是有弹性的。要充实资本，更多地在附属资本上做文章，要么发债，要么自我积累。存在自我积累和分配利润的问题。

资产重组压力，商业银行的资产通常分作三类，贷款、证券、在央行及同业存款，其中贷款占绝大部分，贷款中中长期贷款占绝大部分。中长期贷款期限长、流动性弱，而且中长期贷款一般用于大项目，建设周期长，短期内只有投入，没有产出，没有效益，还要继续追加资金才能完成。这样银行不仅收不回来贷款，还要追加贷款。有人说今年银行的资金供给不会少于 10 万亿元，明年也不会少于 8 万亿元。原因就是已有贷款倒逼银行追加贷款。这样的倒逼机制是过度宽松造成的。

这样的两重压力，有人说在明后年就要显现。

（3）信贷非良性循环

适度宽松的货币政策还会推动信贷的非良性循环，即泡沫——贷款，贷款——泡沫。怎么回事呢？货币增加，资产泡沫增加，在泡沫没有破之前，资产价值也增加。增加了价值的资产用于贷款抵押，抵押品更值钱，贷款似乎又有保障，因此贷款又增加。

这次金融危机中，美国次级住房贷款就有这种状况：放低条件贷款给客户买房，客户的房子价格上涨，银行追加贷款，这就是典型的经济泡沫推动银行贷款，推动金融资源分配。

（4）宽松的货币政策填补积极的财政政策

积极的财政政策应当是减轻赋税，直补收入，即减轻人们的负担，增加人们的收入。可我国积极的财政政策，主要是增大投资，而且投资规模庞大。据说宁夏年财政收入 80 亿元，而计划投资 1 200 亿元，是年财政收入的 15 倍，这种状况根本不是靠财政收入保障投资，而是靠银行保障投资。货币政策对经济衰退、经济下滑成效甚微，即对通缩作用不大，相反对通胀很有作用。

（二）热钱与股市

另外在我国还有一种舆论，即认为股市是外来资金“热钱”炒起来的。“热钱”简单说就是“游资”，在金融市场上带有投机性的货币资金。这样的资金有多少，有人以外汇储备增减作为参考值。外汇储备增加值中，减去贸易顺差和外商直接投资，剩下的便认为是“热钱”。截至上半年，外汇储备净增长 1 778 亿美元，其中贸易顺差 348 亿美元，外商直接投资（FDI）183 亿美元，其余 1 247 亿美元，便认为是“热钱”。这么多钱进入股市，股市便暴涨，撤出股市，股市便暴跌。

这样的分析，有没有依据，有没有道理，可以进一步研究。在我看来“热钱”是存在的，但此方法测算未必科学。作为外币的“热钱”，要炒 A 股，必须换成人民币，但未必转化为外汇储备。再说外贸顺差和外商直接投资未必是现金，特别是未必是当期的现金。因为外贸交易有预付、延期支付，外商直接投资还会有实物。所以，上述算法是不准确的，但没有其他方法可以测算，只好以此为测算依据。

在此，我提出另外一个方法供参考。按我国多年的经验，银行储蓄存款与证券公司开户的保证金，有此消彼长的关系：股市看涨时，储蓄存款下降，保证金增加，这表明人们投资的选择。按这样的逻辑，如果保证金增加大于储蓄存款的下降，其差额我们可以视为“热钱”，而且是实实在在进入股市的“热钱”。

五、关注我国财政风险向金融风险转嫁

美籍奥地利经济学家熊彼特（Schumpeter，1918 年）在研究财政体制与现代国家制度的关系中指出，“财政上的变化是一切变化的重要原因之一”，“所有的变化都会在财政上有所反映”。美国著名经济学家麦金农（Mckinnon）在《经济自由化的秩序——向市场经济过渡时期的金融控制》一书中分析经济自由化的秩序时也指出，“财政先于金融，财政控制应当优于金融自由化”。在中国，金融体系以国有银行为主体，政府的财政能力与银行体系的稳定息息相关。如果说防范金融风险是当务之急，则不能不研究财政收支变化对金融风险的影响，同时要关注财政风险的存在及其向金融风险的转嫁。

（一）财政风险的含义

一般说来，风险是指产生负面效应的可能性，这种可能性既可产生于企业、个人，又可产生于政府。政府作为社会成员看待。如果拥有的经济实力难以支撑其生存和发展，就会发生财政风险，乃至财政危机。有人说，财政风险是指“国家财政出现资不抵债（insolvency）和无力支付（default）的风险”（张春霖，2000）；或者“政府拥有的公共资源不足以履行其应承担的支出责任和义务，以至于经济、社会的稳定与发展受到损害的一种可能性”（刘尚希，2003）。我们认为，这样概括其含义比较笼统，不容易把握。一般说来，财政风险不是全国性的，而是局部的，它通常产生于一定的时空中，表现在特定的领域，如地方政府财政拮据，难以为继；再如在一定区域，不能向社会公众提供公共产品进行公共服务，致使民心骚动、社会不安等。除了风险、贪污、挪用等，还要注意浪费的存在。

衡量一个国家的财政风险不能只看赤字，因为赤字是可以遮掩和顺延的。重要的是要看，政府债务的积聚程度和社会公众的忍耐程度。当政府的债务积聚到不堪重负，不能遮掩、拖延、民心相背时，财政风险就要从可能性变为现实。财政风险的现实性，可称为财政危机，集中表现为社会公众对政府丧失信心，政府机制运转失灵，群众难以安居乐业，社会风气颓废，不安定因素增加等。财政风险能够转嫁给金融，加大金融风险。但财政危机不可转嫁，它只能由政府增强信用，取信于民，否则将导致政府破产。顺便讲一下，国家破产、政府破产，冰岛要破产，美国一些州政府要破产，意义何在。政府破产，意味着政府信用丧失，不能取信于民，被人民抛弃。

相对金融风险来说，财政风险具有局部性（发生在特定领域），潜在性（逐步积累）和社会性（不主要变现为现实的财政收支，而主要表现为政府对公众的欠债），关乎执政之基和社会安定。

（二）财政风险向金融风险转嫁的一般分析

财政风险能够通过政府债务融资、政府借款担保和中央银行当最后支付人等途径向金融风险转嫁，由此我们可以说，这种转嫁是财政风险以金融风险的形式存在。

1. 政府债务融资

当代，债务融资已经成为政府预算活动中一种普遍而经常的现象。如果政府债务管理不善，操作不当，将是财政风险积聚的来源。政府债务融资积聚财政风险，最明显的一个例子就是财政赤字引发通货膨胀。因为过度发债容易导致支出扩张，加大赤字规模，赤字导致债务逐渐积累，而越滚越多的债务利息支出又进一步加大了赤字缺口。在“债务—赤字陷阱”中，政府债务规模逐渐膨胀，一旦陷入债务危机，面对还债和应付支出的双重压力，最终政府只得对债务实施货币化，即使债务贬值。这是财政风险向金融风险转嫁的一般途径。

2. 政府借款担保

政府借款担保，尤其是隐性担保，是一种财政风险向金融风险转嫁的较为隐蔽的渠道。导致这种状况的主要原因是，政府为了避免预算约束而采取的财政机会主义行为。这样的效应是产生财政收入或者支出的跨期替代，通过利用预算外活动来实现预算目标，还会导致政府或有风险的无序扩张。比较而言，政府担保聚财敛财，不仅不会增加政府的即期财政支出，而且在理论上可以无限使用，实施方式上也具有更大的灵活性。实际情况是，一些国家，由政府对金融部门提供各种显性或隐性的担保，金融体系积聚了政府的显性负债、隐性负债和或有负债，金融系统成了政府财政机会主义行为的最大活动空间。

3. 中央银行充当最后支付人

理论上讲，经济社会要持续运转，必须具备3个条件：偿付能力（solvency）、流动性（liquidity）和信心（confidence），对这三个条件来说，它们不是替代关系而是互动关系。其中，偿付能力是最基础的要素，一个经济体若失去偿付能力，就会难以为继，流动性可以做到的只不过是缓解矛盾、延缓过程，而信心是事业的保证。在信用货币流通的条件下，中央银行是信用货币的原始供给者，中央银行的信用靠政府信用支撑。如果金融系统出了问题，危及社会经济的正常运转时，都必须由中央银行出面，采取多种途径"收烂摊子"，因为只有靠中央银行提供货币去维系偿付能力、流动性和信心。从这个意义上说，财政风险向金融风险转嫁最终集中在中央银行。

（三）关注我国财政风险向金融风险的转嫁

现阶段，我国金融改革正处于攻坚时期，在推进金融改革进程中，必须关注财政风险向金融风险的转嫁。这种转嫁的正面效应是金融资源被政府运用，但负面效应是金融机构承担了财政利用金融资源带来的损失。概括地说，转嫁就是财政风险由金融承担，这主要反映在以下几个方面：

1. 金融机构承担政策性贷款的风险

为适应市场经济和政府宏观调控的需要，我国金融制度安排了政策性金融与商业性金融。照理政策性金融就由专门的机构去组织，可现实情况是，政策性金融机构从事商业性金融业务，商业性金融机构也摆脱不了政策性业务。

这种状况的存在也许是我国的特色，也许是事物发展过程中的交叉，我们不做过多评论。这里需要指出的是，这种交叉形成的风险由谁承担。财政没有钱怎么办？被财政挪用怎么办？

（1）金融机构政策性贷款

现实生活中，金融机构有的贷款是具有明显的政策性的，如汶川大地震，四川省工行贷款38.43亿元，供农村修房，这个钱收不回来，但又是必要的，平均每户20万元左右，8年期（5年期，宽限3年），利息4%以上，覆盖都江堰、崇州、彭州、大邑等四个地区，由财政收入归还，经人大常委会授权，由土地储备中心付息；工信部部长李毅中讲，下半年主要是经济结构调整，以信息化带动工业化，财政每年拿70亿元做贴息，连续三年，搞技术改造、开拓新产品、开拓市场、引导消费，技术改造的资金来源，主要靠自有资金，现在要银行拿钱，每年70亿元贴息，按9%的利率匡算，可以支撑8 000亿元贷款；助学贷款拖欠严重，部分申请人不需要过多证明就能贷款。

部分贷款的政策性不明显，而实际上具有政策性，如果有企业缺乏自有资本和运营资金，其资金需要绝大部分依靠银行。政策性贷款具有补偿性、救济性、长期占用性，会顺理成章的形成呆账，符合理性地收不回来，对此我国称作政策性贷款风险。从政府组织管理社会经济生活的角度来说，无论是显性的政策性贷款，还是隐性的政策性贷款，都应当纳入政府财力范围。

（2）我国财政的困难

我国财政收入非常困难。一是我国财政负担很重，2003年吃财政饭的人4 572万人，平均26位平民养一个政府公务员，改革开放初期比例为67∶1，1993年是40∶1，行政管理经费从1978—2003年增长了87倍。二是财政收入下降，有人主张加大税收力度，包括开征新税种，改进征税办法。如我国资源税征收办法，是从量定额征收，而不是从价征收。资源的价格翻了多少倍，但资源税翻了多少倍。三是国有企业赚了钱，上缴财政较少。有资料说2008年前全国国有企业实现利润11 843.5亿元，其中中央直属企业实现利润6 384.3亿元，包括中石化、中石油、中移动、工商银行，利润都在千亿元以上。但中石化和中石油仅向政府上缴200亿元。央企1993年以前是要向政府交利润的，比例达50%。1993年分税制改革，规定只缴税，不交利。原因是资本金不足、好多企业都亏损。2007 年 9 月国务院发布了一个文件《关于试行国有资本经营预算的意见》，这个意见的精神是，国有企业不上交红利。最近说，我国 500 强（其中 330 家国有和国家控股）比美国 500 强净利润高出 700 多亿美元（合人民币 4 500 亿元）。有人说这是靠行业红利、资源红利、政策红利，不是管理红利。我说资产资本化，赚了钱不交财政，这些行业待遇都很高。有资料说 2008 年石油、电力、电信、烟草的员工人数，不到全国职工人数的 8%，但收入相当于全国工资总额的 60%。有人说不是 500 强，而是“500 大”。

可是我国政府的财力有限，或另有安排，要金融机构去承担。所以，金融机构承担政策性贷款风险是不可避免的。

（3）深层次原因

形成这种状况的主要原因是“财政银行不分家”。在 20 世纪五六十年代，有人把计划经济时期财政与银行的关系称作“一条裤子，两条腿”，这样的概括在市场经济条件下自然是“过时”了。但不可否认的事实是，无论是财政还是银行都是在党的“一元化”领导下的两个职能部门，可谓“一个脑袋，两个臂膀”。在我国，国有经济为国民经济的主体，国家银行是国有经济资金的主要供给者，而国家财政收支更大程度上影响着国家银行的资产负债，“三足鼎立”，相互支撑，是现阶段我国的实际。在我国，中央银行缺乏独立性，也不可能具有独立性，货币政策实际上是国务院制定的。再说财政政策需要货币政策支撑，货币政策需要财政政策配合。与其说是“积极的财政政策”和“适度宽松的货币政策”，不如说是扩张的财政货币政策。

2. 金融机构承担持有国债的风险

金融机构持有大量低利率国债所隐含的风险主要有两种，一是利率风险，二是流动性风险。如果中央银行上调存贷款利率，商业银行持有低息中长期债券的风险将凸显，可能出现另一种“利差损”。相反，如果中央银行降息，则保险公司会因为当初的高息保单而受损。雪上加霜的是，重利率风险迫使金融机构急于兑现手中“无利可图”的低息债券，而国债市场的投资主体集中，且持有国债的品种期限结构都趋同，因此变现可能会遇到困难，即遇到流动性风险。

3. 金融机构承担社会保障基金不足的风险

社会保障基金，是国家依法筹集并用于保障国民基本生活和增进国民福利的专项资金，是社会保障制度的基础和条件。我国社保实行社会统筹与个人账户相结合的制度。1997 年按照职工工资 3%提取，1998 年以后按照职工工资 11%提取。按数额核算，社保基金的个人账户，每年要增加 900 多亿元。

（1）社保基金不足

根据官方消息，目前全国社保基金的规模只有 5 000 亿元左右，个人账户有账无钱的空账规模已经很大。原因一是不少单位没有能力缴、及时缴，总的说来，缺乏积累。二是我国目前每年筹集的三四千亿元养老保险基金，基本都用于保证现在 3 600 万退休人员的养老金发放。这表明我国社保基金严重不足，甚至连现收现付都不能维持。

（2）对金融的影响

社保基金严重不足对金融带来的影响主要是：财政实力不济，银行会被迫充当“第二财政”，拿钱既救穷又救急。劳动和社会保障部 2005 年 1 月在出台《2005 年失业保险工作要点》中明确提出，在失业保险资金筹措与调度上，可以从银行贷款上加以解决。银行信贷维持社会保障体制的运转，这种新形势下的信贷资金“财政化”，必然重新导致资金配置效率低下，这不仅不利于银行不良资产的化解，还会加大不良资产规模。

（3）传导机制

在我国要研究企业—财政—金融之间的风险转嫁机制，比较典型的机制传导过程是：企业无积累—财政缺资金—银行填窟窿。在我国，企业特别是国有企业负担沉重，一个企业，半个社会，运营成本高，税负重，盈利率低。在这种情况下，经济发展主要靠银行，向银行的借款要么续短为长，要么拆东墙补西墙，要么占用别人的资金，负债率居高不下。这是金融风险加大的集中表现。不可讳言，我国财政的负担也很沉重，政府投资靠财政，社会保障靠财政，各种补贴靠财政，如果投资失误，社会保障支出不足，补贴不到位，往往要银行出面“兜底”。特别是关系社会稳定的事，都要中央银行出面解决。这表明金融与财政“一荣俱荣，一损俱损”。

所以，仅仅防范和化解金融风险是不够的，要在金融改革的同时对财政进行改革，加强财政建设，增强财政收支的坚实性，防止财政风险向金融风险转化，努力将财政风险控制在自行运行的层面上。此外，在政策制定中，也要完善货币政策与财政政策的配合关系，同时强化货币政策的独立性。

六、关注跨市场、跨系统的金融风险

这一部分主要与大家探讨，在现阶段，在当前金融危机的背景下，从我国现实出发，要关注什么风险？可以是体制性、可以是政策性、可以是金融创新的风险。我从业内人的角度，从专业的角度，提出跨市场、跨行业的风险。

（一）跨市场的金融风险

最具有代表性的一是房地产市场与信贷市场的风险。因为房地产开发主要是银行贷款支持的，一旦房地产市场价格下跌，资产价格萎缩，开发商便不能还本付息，银行贷款便收不回来。美国的次贷危机也是这样。在我国，绝大多数金融机构都存在贷款小于存款，大额存差或者上存上级行，或者同业拆借出去，拆借通过货币市场。如果拆借出去，拆入者出了问题（比如炒股、炒房地产），带来损失的是拆出者。强调关注跨市场的金融风险，是想表明这样的风险，问题不是出在资金融出者身上，而是资金融入者身上，难以及时发现，及时控制，而且这样的风险有时与经营管理无关，与宏观调控有关。我国有关部门对于房地产市场，既不让它跌，也不让它猛涨，为什么？这与地方政府、银行、开发商、消费者的利益相关，其中包括降低金融风险。

（二）跨系统的金融风险

所谓跨系统是指不同的金融系统。在不同的金融系统发生业务往来，也会发生风险。我国金融业通常区别为银行、证券、保险、信托四大系统。不同的系统业务有交叉，同一个系统有的也从事各种业务，特别是金融控股公司。比较具有代表性的是，银行既贷款，又从事信托业务，把信托资金转化为股金，转化为自有资本，然后在此基础上又贷款。这样的操作对路了，“时来运转”了，就没有风险，但如果不对路，受其他因素干扰，就有风险。再一个比较有代表性的是商业银行委托基金公司运作，购开放式基金，或封闭式基金。基金由基金经理运作，运作得好赚钱，运作得不好亏本。据我所知，中、农、工、建行都有这种业务（实际上是拿钱让别人炒股票），而且数额不少，数以亿计，有亏的有赚的。强调关注跨系统金融风险，也就是想表明，有的损失是别的系统，别人的操作导致的，自身无力控制。

（三）不同地区的风险度不同

经济发达地区金融风险严重些，还是经济欠发达地区金融风险严重些，这是一个值得思考的问题。从理论上说，应当是经济欠发达地区金融风险严重些，因为这样的地区商品经济、交易市场欠发达，资源不容易转化为资本，资产的变现能力弱，再说这些地区，政府、企业、家庭的积累不多，存在较大的资金缺口，需要银行更多的资金支持。一旦发生事故，受损的是金融系统。这个问题我没有找到一个好的例子来证明。现在我想到的是农村，应当承认相对城市说来，农村经济欠发达。由于以上原因，农村的不良金融资产较多，农业银行不良资产比例高与此有关。农业银行进行股份制改革时，剥离不良资产8 000多亿元交给财政部，财政部又把这些不良资产交给农行处理，农行专门设立不良资产处理部，财政部给3%的管理费。

经济发达地区为什么金融风险相对较轻，主要是因为有较发达的金融市场。有市场就能把资源转化为资本，把资产转化为货币。这样资金就能良性循环，企业、家庭的负债能力就强，形成不良资产的概率就小。

从理论上这样认定，但有时又难以解释现实中的问题。比如我国广东、珠江三角洲，金融出的问题多，在20世纪90年代，广东财政担保向央行借了几十亿元解决不良资产问题。再如广发银行几百亿元的不良资产，怎么解释。我认为，这是改革开放过程中的难题，发生这些问题的不仅有市场因素，还有体制因素、人为干预因素。这样的状况是否过去了，不得而知。

总之，金融业的发展（包括避免金融风险）既决定于经济基础，又决定于上层建筑。经济基础是人们的货币收入—流动资产，上层建筑是人们的金融意识—信用观念。

怎样研究金融风险，一是研究方法。对其研究要恰如其分，不要夸大或缩小；要做一般分析，更要侧重特殊考察；要重视其影响，不要广为传递和宣扬；要科学分类，按照成因、业务类型、市场领域分类研究。二是着手点。从理论结合实际去研究，可从风险与融资形式、地方利益、改革配套、管理能力、人员素质、行为协调的关系去着手。三是典型问题。明知“肉包子打狗”的项目也要贷，算什么风险；明知山有虎，也不得不向虎山行，算什么风险；由于体制不顺，要银行填空补缺，算什么风险；由于政策界限不清，使银行少收本息，算什么风险；由于经办人失职，造成损失，算什么风险。

论企业融资选择

——在四川省经济管理干部学院 MBA 班上的演讲

(1999 年)

企业从事商品生产经营需要融通资金，资金的融通可区分为内部融资和外部融资，而外部融资又可区分为银行信用融资、债券信用融资、商业信用融资和股票信用融资等。各种不同的融资方式如何选择，需要考察融资的成本、融资的效率、融资的效益和融资的受约束程度。

一、融资的成本

融资成本是指融资过程中直接和间接付出的代价，这种代价可以是观念的也可以是实在的，可以是现时的也可以是预期的，可以是有形的，也可以是无形的。

（一）**内部融资成本**。内部融资是企业将自己的利润转化为积累，用马克思的话说即“剩余价值资本化”。这种方式融资表面上不需要付出代价，不会产生成本，但进一步说也有成本的问题：①机会成本。企业的利润在它没有转化为资本以前，能够作为资本进入市场求得增值，如购买各种有价证券获取利息等，但如果要作为内部积累将这部分利润转化为资本，则失去了获取利息的机会。这样，就不能把它作为货币资本进入市场去获取利息，换句话说，也就是放弃了让它进入资本市场去赢得收益的机会。由这种放弃而付出的代价相当于资本市场的一般的利息率，它应当是内部融资产生的第一种成本，虽然这种成本是观念的，但是可计量的。②税收成本。在某些西方国家，公司出售资本资产所得到的收益要缴纳资本利得税，如果将利润转化为资本涉及资本资产的出售及收益的增加，则要增加这种税赋。此外在某些国家的地方政府还开征了资本或资本净值税，如果将利润转化为资本涉及资本净值的变动，则也要增加这种税赋。我国现阶段没有开征资本利得税，也没有开征资本或资本净值税，从这点上说，将利润转化为资本不存在税收成本。但我国开征了固定资产投资方向调节税，如果将利润转化为资本进行固定资产投资，且涉及这一税种的纳税范围，则仍然存在税收成本。③声誉成本。企业将利润转化为资本，要减少对投资者的利润分配，如果是股份制企业则要减少对股东的派息分红，这样要直接减少投资者（如股东）的收益，当然也许会间接给投资者带来好处，因为相对将利润派息分红来说将利润转化为资本会增大企业的净收益从而增大每股的内在价值，进而影响股价，但这只是市场效应，它未必对企业的每个投资者都发生作用。对企业每个投资者发生作用的是直接减少的派息分红，在信息不对称或不充分（比如股东对派息分红的减少不理解）的条件下，就会带来对企业的消极评价，就会降低企业声誉。所以内部融资还要观察和测定它的声誉成本。

（二）**借贷融资成本**。这里把银行信用融资和债券信用融资统称为借贷融资。借贷融资的成本，最一般的也是容易被人们了解的是利息，利息是借贷资本融资的：①基础成本。基础成本的高低由资本市场利率决定，资本市场利率由资本供求关系决定。但在我国，资本市场利率不完全受资本供求决定，借贷融资利率的高低主要取决于占主导地位的国家银行的存贷款利率，企业借贷融资的基础成本随着国家银行的存贷款利率变动而变动。②违约成本。借贷融资以信用为条件，信用是建立在借贷双方都能接受的基础上的，因而一般说来都会按协定履约不存在违约，但在市场经济的竞争机制中，“天有不测之风云，人有旦夕之祸福”，一旦失算也会导致企业的财务状况恶化。如果企业的财务状况恶化，则会产生借贷融资的违约成本。违约成本的直接表现是到期难以偿还本息，给贷出者带来损失，这是有形成本。此外违约还会产生无形成本，它包括：第一，使企业的信誉降低，难以再获得借款；第二，使企业的形象损伤，难以维持与客户的关系，甚至使客户丧失；第三，使企业的有形资产和无形资产贬值。借贷融资的违约成本往往被人忽视，特别是在我国不少企业家对违约也习以为常，所谓“银行的钱是国家的钱，不用白不用”，所谓“敢借，敢用，敢不还”，便是对这种状况的具体描述。但这是与建立社会主义市场经济体制相悖的，市场经济是信用经济，不讲信用在市场经济无立足之地，它最终将被市场经济淘汰。③流动性成本。借贷融资要增加企业的债务，企业债务的增加要提高负债资产比率和负债资本比率，负债资产比率和负债资本比率的提高不仅会增大违约的可能性，而且会缩小再投资的可能性，因为一般说来银行和其他金融机构对企业融资，都要求这两个比率必须保持在合理的限度内，如果超过了这个限度就不能再融资。再说，借贷融资总有一定的期限，到期应还本付息。在再融资受到限制和债务到期还本付息的状况下，企业要保持资金的流动性就会产生融资的流动性成本。换句话说，为了保持资金的流动性，不得不“出高价”，另外寻求新的融资渠道，满足急需，流动性成本就是为了要满足急需而额外付出的代价。这样，借贷融资的边际成本便上升，平均成本也要增大。

（三）**商业信用融资成本**。商业信用的一般形式是赊购赊销商品。赊购方是资金融入方，赊销方是资金融出方。从融入方说其付出的代价是：①价格成本，因为在通常的状况下，赊购的商品其价格高于以现金交易商品的价格。这高出的这部分价格，恩格斯认为是商业信用的利息，但马克思认为不一定高，因为商业信用是相互的。我国现实的情况是商业信用大都发生在买方市场，在这种情况下赊购与现金交易的价格一般不存在差距。②存货成本。把商品赊购进来销不出去势必增大存货，存货是要付出代价的，一是存货的损耗，二是存货的费用，三是存货的风险，如果存货失去了使用价值则会带来巨大损失。从融出方说其付出的代价是：①流动性成本。把商品赊销给别人，未收回款，资金被别人占用，影响资金的流动性。要增强资金的流动性，只好额外付出代价另寻资金来源。②管理成本。应收账款除日常管理外，还要花费人力、物力进行催收，管理成本便是在这方面花的费用。③法律成本。如果催收账款必须诉诸法律，则债权债务双方都要承担一定的费用。④坏账成本。应收账款总有一部分难以收回，成为坏账。

我国企业以商业信用方式融通资金广泛存在，相互拖欠贷款形成“三角债”已阻碍着国民经济的顺利进行。差不多每个企业既有赊购也有赊销，这样在考察以这种融通资金的成本时，就要看是赊购>赊销，还是相反。一般说来赊购>赊销的付出的代价小，赊购<赊销的付出的代价大，因为前者占用别人的货款，承担的风险小，而后者的货款被别人占用，承担的风险大。

（四）股票融资成本。以股份信用融资是现代企业（特别是股份公司）常选择的方式之一，这不仅体现在股份公司筹建过程中向社会招股募股方面，而且体现在股份公司营运过程中向社会送股配股及发行新股方面。股票融资的直接成本是：①基础成本。基础成本是分配给股东的红利，红利的多少取决于股份公司的利润状况和股利政策，在股份公司的利润为既定的条件下，采取什么样的股利政策决定着股票融资的成本。在实践中，股利政策可区分为三类：一类是剩余股利政策，这种政策的内容简要地说即在利润分配时首先满足为扩大生产经营所需要的内部积累，然后在有剩余的情况下才能发放股利；另一类是固定股利及稳定增长股利政策，这种政策的内容简要地说即相对固定每股每年的股利，在这个基础上根据每年公司的盈利状况进行调整，一般的做法是确定一个稳定增长率，逐年按一定比例增加；第三类是固定低股利加额外分红政策，这种政策简要地说即将每年发放的股利固定在低水平上，然后根据公司的盈利状况选择在年末是否追加一笔额外分红。这三类政策如果仅就分配给股东的红利视为股票融资的代价说，第一类政策产生的成本小于第二类政策产生的成本，第二类政策产生的成本一般小于第三类政策产生的成本。②交易成本。股份公司发行股票或送股配股需要委托中介机构（如证券公司）办理，中介机构不仅要收取与股票交易量成正比的变动性费用，而且还要收取固定性费用，这自然会产生交易成本。③声誉成本。企业组建时，以发行股票的方式筹集的资金成为企业自有资金的组成部分，能增加企业的经济实力，提高自己的声誉，因而一般来说是正效应。但企业运营以后以发行新股票的方式融通资金则要结合社会评价分析：第一，按通常的惯例，企业只有当通过内部融资和借贷融资都不能满足资金需要时，才通过发行新股票的方式融通资金。这样，可能给社会公众的信息是，这个企业没有条件通过内部和借贷融通资金了，反过来说，没有人愿意借款给它了。第二，一般说来，效益好的企业不倾向于增发股票，效益差的企业才倾向于增发股票。这样，可能给社会公众的信息是，这个企业的效益差。如果增发股票带来的是这样的效应则是负效应，它有损企业的声誉。

现在有些股份制企业觉得吃亏。

据报道，在一次股份公司规范工作会议上，有些股份公司觉得有点“吃亏”，还有的想退出股份制试点。为什么觉得“吃亏”?

算笔经济账：①改制前，无偿占有、使用国有资产；改制后，要向政府缴纳国有资产占用费。②改制前，绝大部分留利归企业自己支配；改制后，绝大部分利润要分配给股东，包括国有股取走的红利。有的企业测算了一下，税费利加在一起，改制后比改制前多20%~30%。③改制后，“婆婆”未减少，反而有增加。

由于觉得“吃亏”，原先想“进城”的，又想“出城”。这种状况，需要分析我国股份制企业是怎么搞起来的，搞起来以后，转变机制了没有。

我国股份制企业是按计划经济体制的思维模式搞起来的。①什么样的企业搞股份制，由政府安排，一般选择的是效益好的大中型国有企业；②股份结构按比例安排，国有股占50%以上，国有股加法人股占75%以上，个人股只能占25%以下；③股东的构成是“拉郎配”；④企业的领导成员是政府任命；⑤搞股份制的初衷主要是为了积累资本，但入股资金的相当大一部分又不是货币资金，而是实物，甚至是“无形资产”。

这样，就带来了几个问题：①股份制企业的社会性体现得不充分；②股份制企业人才选择机制未建立；③股份制企业的监督机制不完善；④股份制企业借入资金的需求未减少（照样向银行贷款）；⑤股份制企业的风险未分散（人们持有股票就一定要分红，而且要高回报分红）。归纳起来说，机制未转换，而且难以转换。有人搞调查，在问到实行股份制后有什么变化时，回答是只有一个变化，即牌子换了，名称改了，负担加重了，其余一切照旧：党委会变成了董事会，书记变为董事长，厂长变成经理，职代会变为监事会等。

这样的现实，给人们提出了一些问题：①在什么经济环境下，才能搞股份制；②国有独资企业改为股份制要经历什么过程；③按计划经济的思维模式加行政干预能转变经营机制吗？④搞股份制付出了多大的代价。

现代企业制度有一个核心内容，即建立“权力制衡机制”。有了这样的机制才能“自主经营，自负盈亏，自我约束，自求发展”，如果建立不起来这样的机制，尽管名称上称作“股份有限公司”，实际上还不是现代企业制度。

二、融资的效率

简单地说，从微观上考察效率是单位时间空间的投入或产出，融资效率的高低是指在一定的空间时间界线内融资投入或产出的评价，这种评价主要有：融资关系的可接受程度；融资机制的规范程度；融资主体的自主程度；融资方式的可选择程度；资产的流动性程度；资金的清偿力高低。

（一）**内部融资效率**。按颁布的企业财务会计通则，在会计核算上取消各种专用基金，实行资金统筹安排、统一调度，避免资金的闲置，从这一点来说，内部融资的效率高。但资金的统筹安排、统一调度不等于已经将利润转化为法定资本，要把利润转化为法定资本必须按企业的组织章程召开高层管理人员会议，通过利润分配方案来决定。而这一程序通常是在年终决算以后的下一年度中进行。从这一点上说，利润转化为资本的过程滞后，内部融资的效率低。再说利润在企业的资产负债表上是企业的负债，与它相对应的是各种资产，如与利润相对应的资产不是现金而是实物，则只有将实物转化为现金才能为利润转化为资本创造条件，因为只有现金才有现实的清偿力，而实物一般不具有清偿力。所以，如果与之相对应的资产的流动性低，内部融资的效率也不会高。

（二）**借贷融资效率**。银行借贷融资的效率取决借贷双方。从贷出方说，影响效率的因素有：借入方的已有业绩；借入方生产经营状况；贷款的申报程序；贷款审批权限的划分及审批过程等。如果这些因素是确定的、合理的、双方能接受的，则有利于提高效率，相反，不利于提高效率。从借入方说，影响效率的因素有：中介机构对借入方的信用评级；借款合同要求的条件；融入资金的运用计划；还本付息的安排等。如果这些因素都是确定的、合理的、双方都能接受的，则有利于提高效率，相反，不利于提高效率。此外，我国银行借贷融资的效率还受信贷资金管理体制和银企关系的影响，颁布的《贷款通则》规定，借款人"可以向多个贷款人申请贷款并依条件取得贷款，并按合同规定提取和使用贷款"，而实际上是"银行不能选顾客，顾客不能选银行"，通则规定，借款人"有权拒绝借款合同以外的附加条件"，而实际上在有些地区存在着附加条件，如贷款必须与存款挂钩等。这在一定程度上不利于提高银行借贷融资效率。

债券借贷融资效率，从贷出方来说主要是对投资者的选择，从借入方来说，主要是在社会公众中的信誉程度。债券借贷融资，投资者用现金投资形成速动资产，从这一点说效率高，但债券借贷融资涉及的面广，融出融入双方难以全面准确把握对方信息，造成信息不对称，会给融资带来障碍，从这一点说效率低。但在有吸引力的舆论支撑和存在"搭便车"的情况下，又能提高效率。

（三）**商业信用融资效率**。在市场经济条件下，商业信用是一种比较普遍的融资形式，据资料介绍，美国商业信用的规模几乎与银行贷款、公司债务一样大。以商业信用方式融通资金，可能是：①没有条件或不容易获得银行贷款；②利用商业信用推销商品；③利用商业信用分散风险。由于这种融资方式产生在企业家之间由他们自主选择，因而，一般说来融资的效率是比较高的。但在我国，现阶段存在着非正常的商业信用，主要表现是拖欠货款和一些企业进行借贷活动。产生这种状况的原因，与国家紧缩银根、资金供给不足有关；与企业铺摊子、拉别人的资金来填窟窿有关；与物价上涨货币资金贬值有关等。把它们产生的原因存而不论，仅就融资的效率来说，由于这种信用关系不是建立在双方自愿的基础上的，不符合金融制度规范的要求，不利于商品经济的发展，不利于市场经济制度的建立，因而总的来说，融资效率是低下的，它反映着：经济过热→结构失调→效率低下→市场滞销→拖欠严重的经济运转的不良过程。

（四）股票融资效率。影响股票融资效率的因素大致说来有：股份公司的股权结构；股本的存在形式；股票的发行价格；股金的到位情况。按我国现行的股份公司章程规定，我国股份有限公司的股权结构可以有国家股、法人股、个人股、外资股，而且规定可以用货币出资，也可以用实物、工业产权、非专利技术、土地使用权作价出资，这样不同性质的股份，不同形式的出资，对股票融资的效率影响就不同。一般说来，法人股和个人股用货币出资，能直接形成股份公司的营运资金，融资的效率较高，国家股以实物及无形资产出资，不能直接形成股份公司的营运资金，融资的效率较低。在我国，股票能够溢价发行，如溢价的程度合理，容易被社会公众接受，则股票易被人购买，股金的到位率高，相反，则低。当前的问题是由于不少企业资金短缺，成为股份公司的法人股东，认股以后股金到位率都不高，这要影响资金效率。

三、 融资的效益

融资的效益是指融资方式本身带来的收益和减少的支出及它的附加值，而不是指融资主体融资以后资金的应用可能带来的收益或损失。

（一）内部融资效益。内部融资将利润转化为资本相对借贷融资、股票融资来说它的直接效益是减少利息支出和股息支出。它的间接效益是降低负债资本的比率，增强借贷融资的能力。此外，它能够扩大企业的所有者权益，增大股票内在价值，有利于提高企业的资本市场价值。

（二）借贷融资效益。借贷融资无论是向银行借款还是发行债券，支付的利息都可以进入成本，不影响利润分配，而且所分配的利润能够全部由管理者支配，可以说是这种融资方式带来的直接效益。而它的间接效益则要看条件。如果存在通货膨胀、货币贬值则有利于债务人。但是否真正有利，则要进一步分析物价上涨的程度和利率的高低程度。一般说来物价上涨程度>利率上涨程度→有利于债务人；相反，物价上涨程度<利率上涨程度→有利于债权人。通货膨胀是一个过程，就企业来说，一般的涨价顺序是：原材料价格上涨，成本上升在先，产成品价格上涨在后，如果产成品价格上涨低于成本上升，或产成品价格不动成本上升，则以借贷方式筹资越多损失越大。只有在产品价格上涨高于成本上升的条件下，借贷融资才是有利的。

（三）**商业信用融资效益**。在商业信用的赊购赊销中，由于先交货后付款，一般来说，卖方承担的风险大于买方，从这点上说以这种方式融资，会给融入方带来收益，会给融出方带来损失。但是赊销可以刺激买方的需求量，卖方又可享受风险带来的收益。在赊销的价格高于现金交易的价格的条件下，似乎有利于卖方，但买方可以把额外付出的代价视为占用别人资金要支付的利息，也无所谓损失。因此评价商业信用融资的效益不在于价格差价的大小、利息的高低，而在于建立了一种营销机制，开创了商品流通的渠道。这种机制既能减少销售的风险又能缩小购买的风险；这种机制可减轻市场竞争的压力；这种机制能获得比其他融资方式更多的信息。当一家企业以这种融资方式向另一家企业融资从而获得这家企业的发展前景时，也能推动自身的发展。

（四）**股票融资效益**。股票融资在一般的情况下要派息分红，而股息和红利又不能进成本，它是对利润的分配，从这一点说股票融资的直接的负效益是股息红利的分配。一些企业不愿改制为股份公司，一些股份公司的管理层不愿扩大股份、不愿增加派息分红，可以说，是这种负效应的反映。但派息分红不是股份公司的法律承诺，或者说股份公司不能保证一定要向股票投资者派息分红，从这一点说这种融资方式又能带来正效益。此外股票融资的正效益还在于股票可溢价发行从而获得资本公积金。在存在着股份公司与股票投资者的信息不对称的条件下，这种公积金还会增加。

四、融资的受约束程度

融资的受约束程度是指融资方式的选择受到的限制状况或融资的自由度。

（一）**内部融资约束**。内部融资将利润转化为资本，首先要受到能不能赚钱，有没有利润的约束。在有利润的情况下，要受到政府的税收政策和利润分配方案的约束。我国对企业的利润要征收所得税，而且税率较高，利润转化为资本的支撑力相对较弱。在股份有限公司，利润转化为资本直接受派息分红约束。如果股票投资者对派息分红期望值高，则受这种约束的程度更大。一些股份公司为适应股票投资者高回报的期望，扩大派息分红比例，是很值得研究的。这里涉及是“低红利高积累”对股票投资者有利还是“高红利低积累”对股票投资者有利的问题。在“低红利高积累”的条件下，有利于增大股票的内在价值，有利于促使股票行市上升，有利于股票投资者获得股价收益，而在“高红利低积累”的情况下，刚好相反。因而进一步说这里涉及股票投资者是追求股价收益还是追求红利收益的问题，是追求长远利益还是追求眼前利益的问题。西方国家的股份公司有的是选择“低红利高积累”的政策，有的是选择“高红利低积累”的政策，各有利弊，但都要影响内部融资的约束程度。

（二）**借贷融资约束**。借贷融资首先要受货币管理当局的货币政策和商业银行信贷规模的约束。其次要受借款者自身条件和管理者行为的约束，如贷款者发现借款者有违约或不利于收回贷款的行为则有可能提前收回贷款，最后要受到期还本付息的约束。这三项约束中有的是不以企业的意志为转移的，如银行的紧缩、信贷规模的减少及到期还本付息；有的是企业通过主观努力能够缓解或消除的，如自身的条件和管理者的行为。但在我国现阶段，借贷融资还存在着其他多种约束，如资金的管理体制存在缺陷、金融市场不够发展、金融法规不够健全、银行资金存量呆滞不活、企业融资承受力不强等。这些约束是客观存在的因而也可以说是不以企业的意志为转移的，但是能够通过主观努力，如通过改革消除的。因此对待这种融资方式即要纳入它的约束，又要创造备件摆脱它的约束。

（三）商业信用融资约束。商业信用融资的约束主要取决于提供商业信用的企业所采取的信用政策。赊销商品也是一种投资，企业应根据投资环境、投资收益与投资风险权衡的理论，作出是否提供商业信用的决策。一般说来，当宏观经济环境宽松，经济景气，市场需求旺盛时，企业应采取宽松的信用政策；相反，在宏观经济环境紧缩，经济回落，市场平淡时，企业应采取紧缩的信用政策。在我国，企业的信用政策与银行的信用政策应保持一致，当银行紧缩银根时，企业应提高商业信用的标准，限制赊销量，不要让商业信用去填补银行信用的窟窿，因为在这种状况下，商业信用与银行信用不是互补，而是最终要银行信用“收摊子”。

（四）股票融资约束。总的说来，股票融资受股份制章程和证券管理权威机构的约束，如是否符合股票的发行条件、上市规定等。在我国，股票的发行量是受计划控制的；已发行的股票要上市也要有一个过程；股份公司的送股、配股也有一定的限制，因而以这种方式融资受约束的因素多。但如果站在股份公司的角度，相对借贷融资来说，受约束的因素又少。因为借贷融资很大程度上要受债权人的限制，受时间的约束，而股票融资可以说不受股票投资者的限制，不受时间的约束。股份公司作为独立的企业法人，有独立地行使经营管理的权利，投资者不得直接干预经营管理者的活动，而且广大的公众投资者不容易和不能及时了解企业的真实状况，在这种情况下谈不上对企业的约束，而这一点与借贷融资有很大的不同。

五、几种方式融资的比较

以上从四个方面考察了四种融资方式。从融资的成本说，由于我国企业的利润作为资本进入市场受到局限，由于利率还未市场化、缺乏基础利率，由于股票投资者要求回报的期望值高，因而一般说来是：**内部融资成本<借贷融资成本<股票融资成本。至于商业信用融资成本受影响的因素较多，是不确定的，难以比较。**

从融资的效率说，由于商业信用是企业家之间直接发生的信用，融资主体的自主性和可选择性较高、双方可接受的程度也大，因而就这一点说，比其他几种融资方式效率高。但如果就资产的流动性和资金的偿债力说，借贷融资又比其他几种融资方式高。因此一般说来是：

商业信用融资效率 > 借贷融资效率；

内部融资效率 > 股票融资效率。

从融资的效益说，由于融资效益与融资成本呈负相关，因而一般说来是：内部融资效益>借贷融资效益>股票融资效益。商业信用融资的效益也是不确定的。

从融资受约束的程度来说，由于借贷融资受金融政策约束的程度大，由于股票融资受现代企业制度改革的制约，因而一般说来是：

借贷融资受约束的程度 > 股票融资受约束的程度；

内部融资受约束的程度 > 商业信用融资受约束的程度。

在作了四种融资几个方面的比较后，总的说来，企业融资的选择应结合自身的条件和现阶段所处的经济环境来比较。我国企业特别是国有企业缺乏自有资本、负债资产率高，在这种情况下要着力内部融资，为此要提高自身效益。在提高效益的基础上才有条件去选择其他几种融资方式扩大生产经营。

六、捞到了钱是否等于积累了资金，优化了资源分配

捞到了钱不等于实现了积累资金，问题在于是否真正转变为生产要素，实现生产要素的优化组合。怎样算实现了生产要素的优化组合？要考察以下几点：①以参股、持股的方式推动联合，扬长避短，发挥人、财、物的优势；②以组建股份制企业的方式让人们投资，形成新的生产格局；③让股份制与科技结合，形成新的产业和企业；④打破地区、部门的界限，实现生产要素的重新组合；⑤以发行 B 种股票的方式吸引外资，引进先进技术和管理方式。总之，股份制为推动企业横向联合、兼并或分立创造了条件，也为优化资源分配创造了条件。创造了条件只是可能性，应当把可能性变为现实。

但我国股份制改革的实践是否都做到了优化资源配置，值得思考。①赶房地产热、股票热的浪头，把捞来的钱炒股票、炒房产，未必实现了资源分配；②与外商合资，外资“不到位”，使一些项目停工待料，“晒地皮”未必使资源优化配置；③不适当地以股份制的方式发展高消费产业，只注意为少数人的吃、喝、玩、乐服务，还可能浪费资源；④占用一项资源以牺牲另一项资源为代价，未必是优化资源组合。

现在，资金分布不平衡，一些地区资金多，一些地区资金少，不少企业资金缺乏，但游资又很多，这次“五粮液”上网发行，一下打入了资金1 600亿元，可见钱还是不少，游资很多。存在的原因值得分析：一些人急功近利，以钱炒钱，追求高利；不少人觉得生意不好做，有钱不知道投向哪里。这种状态说明：游资多，反映了人们的金融意识变化，反映了社会经济周期及消费结构的变化。这表明：推行股份制，捞到了钱，要把钱真正转化为资金不容易。四川有的股份制企业，集中了一大笔钱，不知道怎么用，把我们找去咨询，我们问他们，事前你们是怎么考虑的呢？这表明，捞钱要有规划，用钱也要有规划。现在有的情况不符合规范，不正常，即企业捞钱、政府用。

要着力从动态的视角观察金融监管

——在金融学会年会上的演讲

（2010 年）

一、金融危机后，发达国家金融监管制度安排和理念的变化

1. 金融危机后，外国对金融监管制度的安排，出现了值得关注的几个变化：

（1）维护消费者或投资者的权益。

（2）不能任意用纳税者的钱去挽救金融机构的危机。

（3）推行“反周期对冲”，即在经济景气时期多提准备，对冲经济萧条时期带来的损失，可谓“抽肥补瘦，以盈补亏”。

（4）监管的范围扩大了。如对信用评估公司也要监管，监管的层次提高了，如对美国联邦储备银行也要监管；监管的深度加大了，如对高管人员薪酬也要监管；监管的手段细化了，如重新制定会计核算办法，对资产负债状况以公允价值去评价；监管的切入点发生变化，如侧重对金融创新的监管——衍生金融产品非一般的资产业务。

2. 金融监管的实际变化，反映了管理层监管理念的变化：

（1）在鼓吹金融自由化的时代，是着力放松监管，现在是强调加强监管；

（2）过去是看重多元监管的优势，现在是看重集中监管的优势；

（3）过去把监管寄希望于金融机构内部，现在把监管寄希望于金融机构外部；

（4）过去任意拿纳税人的钱救助，现在不敢乱花纳税人的钱。

二、我国金融监管制度安排的反思

1. 金融监管的目的

金融监管的目的能够概括为四方面：一是防范风险；二是增强信誉；三是保护消费者；四是维护金融秩序的正常运行。在操作上要慎重，在舆论上要内紧外松。怎样保护消费者的权益？主要是信息要真实、透明，不能欺骗消费者。比如推出一种金融产品向消费者销售，利弊得失都应该向购买者讲清楚。

2. 金融监管体制的安排

大体来说，国外的金融监管体制有两种类型，一是多元化监管，比如美国金融监管的机构有美联储、货币监理署、存款保险公司，最近还成立了维护消费者利益的机构和金融稳定监管委员会。另一种类型是一元化监管，比如说英国，金融监管有一个统一的金融服务局。我国实际上是一元化。从上到下的监管，方方面面的金融活动都由银监会、证监会、保监会包揽，机构虽然是按行业设置，但监管的活动是从上到下，这样好不好，值得研究。高度集中监管的好处是中央力量、政策统一和令行禁止，但缺陷是力量不一定能够达得到。应当分层监管，也就是要充分发挥各级政府金融办的作用。因为中国是个大国，监管集中不仅力量达不到，而且权责不对称。如某些贷款上面给钱，下面承担责任。再如机构设立上面批准，下面增加工作量。

3. 监管的对象

总体来说，监管的对象，不仅是活动，还要监管人。市场准入的资格审查，实际上是在监管人，但不能说这个人的资格符合市场准入，监管的任务就完成了，还应该继续观察这个人的所作所为。具体来说，监管的对象，除了资产的风险以外，还应当监管资本金怎么使用，信托业务怎么操作，中间业务怎么收费。我国现在一些金融机构既从事商业性业务，也从事政策性业务，这些业务的制度安排、政策规定、行为规范、利益交叉，都应当属于金融监管对象的内容。我国银监局主要监管银行类金融机构，非银行类金融机构由保监会或证监会监管。除此之外，还有些非金融机构或准金融机构，如信用评级公司、会计师事务所、贷款公司等由谁监管？金融风险和金融危机的产生，主要原因之一是信用评级公司、会计师事务所作弊造成的，在这里，提出对这些机构监管的重要性。

三、要关注不同领域的金融风险

要关注不同领域的风险，如不同地区，经济发展不平衡，市场化程度有高低，会产生：风险的程度不同；产生的原因不同；暴露的方式不同；转移的途径不同。

怎样考察金融风险存在的领域？金融风险的存在有显性的，有潜在的。显性的金融风险会给人直观的感觉，人们容易发现；潜在的金融风险不容易让人们发现。考察它的严重程度不容易。当前，值得关注的金融风险有：

（1）票据融资，主要是虚假票据，没有以真实的交易为基础；

（2）地方政府融资平台的融资；

（3）修路，如修高速公路和地铁；

（4）经济结构调整中，将淘汰一些产业和产能过剩的产业，如钢铁，现在达2亿多吨，粗钢价格太便宜。

（5）各种融资公司带来的风险。现在典当公司、担保公司、贷款公司、投资公司如雨后春笋，湖南怀化市有个溆浦县，有一个“投资公司一条街”，据说有36家，除了挂牌明目实价兜售，还派个经纪人坐在门口招揽生意。

这些公司实际上已经没有从事它本来的业务：典当的没有典当；担保的没有担保，而是吸收存款，放贷款，或变相的吸存款，放贷款。

这些公司的生命力何在？

①回报高；②钱来得快，适应了商家临时周转的资金需求；③有当权者的支持（银监局人的关注，当地领导亲自出面打招呼：悠着点）。

向这些公司存钱的人是哪些？打工者的钱、向银行贷款的钱、信用社的钱。

这些公司是谁批准成立的？金融办。县政府金融办就有权批。有人向我说，内蒙古一个县金融办，就批了153家。

这些公司怎么结算？①以现金为主；②开私人账户，通过私人账户转账。

（6）考察显性的金融风险，看资金链、现金流；考察潜在的金融风险，看资产负债比，还债能力。

四、监管要借助外部力量

（1）监管要借助外部力量，提供信息也是监管，反映情况也是监管。监管手段：事前，比例控制；事中，现场检查；事后，信用评估，重要的是要关注流程。

（2）现在特别要关注道德风险，提供虚假信息，特别是账外账、两套账、表外账。有人对我说，农村信用社以及一些银行都有两套账。明一套，暗一套。明的一套不真实，有夸大，有缩小。如不良贷款、实收资本、非贷款资产等往往均不真实。

有的农村信用社表面说有多少资本，实际上，没有那么多。资本被抽走了。所谓“运营资本”，资本变存款，一会抽走，一会补上。设两套账，提供虚假信息，算什么？道德风险，也算操作风险。

五、怎样考察地方政府的还债能力

1. 从存量方面考察和从流量方面考察

对一个地方政府的债务承受力，要从存量和流量两个方面去考察。从存量方面考察，主要立足一个地方政府的：资产—负债。

地方政府作为一个政治经济体，与企事业单位一样，仍然有资产—负债。

（1）地方政府的资产应当包括：地方政府所有的地方国有企事业单位的资产、地方政府投资形成的资产、地方政府财政收入的结余等。

资产有两种性质，即固定性资产和流动性资产；资产有五种形态，即房屋设备、原材料、各种存货、应收账款、银行存款和库存现金。

（2）地方政府的负债应当包括显性负债、隐性负债和或有负债。显性负债：主体、数额都是确定的，如地方政府发债，拖欠教师工资、工程款项等；隐性负债：主体确定，数额不确定，如应付未付社保基金等；或有负债：主体、数额都是不确定的，如地方政府出面担保商业银行贷款等。地方政府的负债属于公共负债，即最终要靠纳税人的钱偿还。

（3）从债务承受力的角度考察，要关注资产—负债比率，即负债占资产的多大比例（通常以年末数相比）。如果地方政府主要提供"公共品"，维护社会秩序和地方的平安，则一般说来，地方政府的负债只占地方政府资产的百分之几（如美国只占 8%，新西兰只占 10%）。但如果地方政府不只是提供"公共品"，还从事或主要从事其他投资经济业务，则地方政府的负债占地方政府资产的比例就大，甚至负债超过资产。

企业负债超过资产，进入破产边沿。

如果政府负债超过资产也会进入破产边沿（在美国就有地方政府破产的）。

在我国地方政府究竟有多少资产、多少负债没有清算过，可以说是一笔糊涂账。没有清算，不等于不存在。从考察清偿力的角度来说就应当清算。

从流量方面考察，要立足于地方政府的收支。

地方政府的收入主要有：

财政税收收入——如地方税收；

政府投资收入——如投资分红；

资产变现收入——如地方国有企业资产变现；

土地变卖收入——征收农民土地拍卖。

地方政府的支出主要是，维持地方经济发展和社会正常运行的投入。

2. 国际公认的警戒线怎样评价

从债务承受力的角度考察，在于在当年的收入中能够拿多少钱来还债！衡量承受力的有三个指标，在国际上有个公认的警戒线。三个指标是：

$$负债率=\frac{年末政府债务余额}{当年地方\ GDP}<10\%$$

$$债务率=\frac{年末政府债务余额}{当年财政收入}<100\%$$

$$偿债率=\frac{当年债务还本付息额}{当年财政收入}<15\%$$

这三个指标中重要的是偿债率，也就是说当年财政收入中拿来还债的不得超过15%，如果大于15%，地方政府就无法生存。

3. 分析地方政府还债能力的三个因素

分析地方政府的还债能力重要的有三个因素：归地方政府支配的各种收入；当事人的素质；市场的发展程度。收入是基础；当事人是核心；市场发展程度是保障。没有钱不能还债；有了钱，当事人不讲信用也还不了债；市场不发展、资产流动不起来，变不了现，想还债，也还不了。所以这三个条件是重要的。三个条件中，人是重中之重。如果当事人有“吃大锅饭”的思想，欠账留在中央、让后人去处理，“虱多不痒，账多不愁”，则积重难返。

还有一个问题需要思考的是：以什么态度来对待清理地方融资平台？也许这是一个莫须有的问题，但实际存在。有人说清理地方政府融资平台，要唱喜剧，不要唱悲剧，更不要唱闹剧。我的理解：唱喜剧是要让大家高兴；唱悲剧是要让大家都不高兴；唱闹剧，无所谓高不高兴，有头无尾，有始无终，不了了之。

我觉得对待这个问题，要看站在什么立场来说，站在中央政府的立场？站在地方政府的立场？站在老百姓的立场？站在中央政府的立场——主要是监管。不能使国家财产造成损失。站在地方政府的立场——主要是维护公允，觉得在事权与财权不对称的情况下，要让地方政府办事不得不占用银行资金。但我觉得要站老百姓的角度来看问题，站在这一角度看问题，就是要让老百姓“安居乐业”，生活得更好。这样讲很抽象，具体来讲，清理地方政府融资平台，就是要让这个问题进入良性循环，清理是为了开辟良性循环通道。因为在我国的体制下，地方政府融资平台，是少不了的；过去有，现在有，将来还会有。问题是怎么让这个平台规范运作。

六、防范风险为了谁的利益

防范金融风险，无非是维护三个方面的利益，即国家利益、集体利益和普通老百姓的利益。从金融的视角说，维护国家利益，主要维护国家信用等级；维护集体利益，主要是维护它的市场份额；维护普通老百姓的利益，主要是维护他们的资产、货币不贬值。

现在我们在这一方面存在的问题是："重视中间，忽略两头。"也就是说更注重金融风险给企业带来的影响。要知道国家是存在信用等级的，评价国家信用等级也有一系列指标。国家信用等级主要靠政府维护，也要靠企业、老百姓维护。比如认为清算系统是否安全、有效、讲信用，主要是企业、老百姓的事。

金融风险危及老百姓的利益，面广，程度高，值得注意。比如，2007 年 2 月 27 日，所谓的中国股市"黑色星期二"，沪深两市 830 只股票跌停，近千只股票跌幅超过 9%，一天之中，市值缩水 10 434 亿元。这种状况使数以千万计的人的资产受损。这是一个史无前例的事情，值得深思。

金融风险给国家带来的损失，能够由财政弥补；金融风险给企业带来的损失，能够以盈补亏，甚至可以冲销；而金融风险给老百姓带来的损失，只能由老百姓自己承担。所以，在我国当代，怎样让老百姓在金融活动中避免风险，少受损失，是建设和谐社会的题中应有之义。政府、金融机构要为老百姓创造条件（如进行投资者教育，提供各种信息，维护公开、公正、公平等），分散风险，分摊风险。进一步说，有些风险要靠政府、机构承担，有些损失要由政府、机构弥补（如天灾、人祸带来的贷款损失等）。当然，要让老百姓在金融活动中避免风险，少遭损失，主要的、直接的和现实的，还要在于稳定物价，维护资产价格稳定。

群体金融　行业金融　区域金融

——在贵阳研讨会上的演讲

(2011 年 5 月)

各位领导、专家、校友，上午好！

受金融学院冯书记的邀请，来贵阳与各位探讨问题。

我准备了一个题目，即群体金融、行业金融和区域金融。多年来经过思考，我发现现在大家关注金融，要么是宏观金融，要么是微观金融。讨论宏观金融是说讨论问题要着力从全国来看，讨论微观金融着力则从一个企业、一个单位来看。我今天讲这三个问题，可以说不是宏观金融，也不是微观金融，而是中观金融。中国的金融问题，需要从不同角度去思考。

从宏观角度去思考问题是必要的，但各位都在基层工作，在一个省范围内工作，有时候对宏观金融看不清楚。而具体到一个单位、一个企业去看问题，有时候又有一定的局限性。今天讲的群体金融、行业金融和区域金融，就是除宏观和微观之外，讨论中国金融的另一个视角。选这个题目，另一个原因是要从发展的眼光看待我国金融业发展，用发展的眼光就要善于发现新问题、研究新问题、解决新问题。

一、群体金融

“群体”是个很普通的概念，人们生活在社会中，会形成很多群体。在金融领域，从事金融行业工作，必须关注这些群体的思想、行为和交往，这关系到金融业的稳定持续发展，关系到满足不同群体的金融需求。

（一）随着经济发展，收入差距扩大

我国经过多年发展，人们收入增加，生活水平提高。比如我国近期确定了旅游日，说明更多的人热衷旅游，说明经济发展、社会进步了。但伴随着经济发展，我国出现了一个问题，即收入差距拉大。胡润研究院 2011 年财富报告显示，到 2010 年年底，除港澳台外，我国 31 个省（市、区）中，有 96 万千万富翁，较 2009 年增长了 10%，亿万富翁 6 万人。地域分布上，北京千万富翁 17 万人、亿万富翁 1 万人，排第一；广东千万富翁 15.7 万人，亿万富翁 0.9 万人，排第二；上海千万富翁 13.2 万人，亿万富翁 0.78 万人，排第三。已经产生了如此多的千万富翁和亿万富翁，以前经常提到的百万富翁已经不是最富有的象征。随着收入的增加，产生了不同阶层。报告中指出亿万富翁财富的来源，主要是通过房地产和股市这两大途径形成。

胡润财富报告里对收入差距不断拉大也有提及，文中将最富有的 10%人群的平均收入与最贫困的 10%人群平均收入对比，对比结果，1988 年差距是 7.3 倍，现在是 23 倍，表明差距在不断扩大、增长惊人。这个差距扩大值得关注，差距对社会安定的影响是不能忽略的，这一点党中央是高度重视的。目前正在讨论的“十二五”发展规划中，特别强调了四个“更加关注”，即更加关注以人为本、更加关注全面协调发展、更加关注统筹兼顾、更加关注民生。“四个更加关注”集中起来，就是要促进社会的公平正义。如果差距不断扩大，社会的公平正义问题处理得不好，就会影响社会稳定。

（二）金融行业在维护社会公平正义中的作用

金融行业在维护社会公平正义中，应当有何作为？具体地说，就是在贯彻“十二五”发展规划中，如何体现“四个更加关注”。

我在发表于《人民日报》的文章《金融业在缩小收入差距当中有所作为》中，进一步提出金融业怎么以人为本，怎样改善民生，这些都是值得探讨的问题。我国发展到今天，存不存在两极分化，需要深入研究。如果说两极分化是个政治概念，其含义特殊，立论要慎重。我们应当面对现实，看到现阶段已经出现了收入的两极分离，我们要

承认现阶段我国消费已分出了两大群体，即高消费群体和低消费群体。高消费群体消费高档商品、高档住宅、高档娱乐场所、高档交通工具、高档学校。高档商店如西南财经大学旁边的仁和春天，售卖的商品价格高昂，专为富人服务。高档住宅如呼和浩特旁边的“名人别墅”“名人豪宅”。表明要来此居住，必须是有钱人，开发商如此宣传，说明其面向特定的目标客户。高档娱乐场所，在北、上、广等城市有一些场所是会员制的，必须成为会员才能消费，比如名人俱乐部。高档交通工具，如香港《文汇报》载文章《让部分人先快起来》，相对邓小平说的“让部分人先富起来”。高铁的问题讨论很多，正面负面都有。高档学校大家都有体会，一些私立学校，幼儿园、小学、中学、大学，都有贵族学校，学费高昂，管理先进。我国的两个消费群体逐渐形成，我们要承认并予以关注。

（三）群体形成对金融业的影响

1. 不同群体形成不同利益集团，影响方针政策

首要关注的问题，就是不同群体会形成不同的利益集团，对我们的方针政策、制度、措施产生了影响力。进一步说，我国人大常委会在4月份曾讨论我国的个人收入所得税起征点（个人收入所得税起征点一开始是800元，后来1 500元，现在3 500元）。这个讨论从4月25日到5月15日，收到意见两万多条，有人认为现在我国个人收入所得税征收办法有三大不公，第一个不公是向薪酬收税、不向资产收税，第二个不公是征收时未考虑家庭人口负担，第三个不公是只考虑个人薪酬，未分地区。

你们想一想，只征收个人收入所得税能不能缩小贫富差距，能不能改善收入分配。有人说向富人征税不利于经济发展，你们想一想有没有道理。只有提高起征点，没有退税机制，不公平、不合理。在美国这样的国家，平时缴税，年终计算税多了，会退税，大约45%的人可以享受退税待遇。

起征点调得越高，越有利于收入多的人，越不利于收入少的人。如调到5 000元，收入5 000元以下是免税的。到底调到什么点每个月什么人就可以少交多少税，这个问题是利益之争。不同的群体有不同

的利益，发言的人、提意见的人，都是站在不同的角度考虑问题的。由政府来定，政府是不是一定站在全体公民的角度考虑问题呢？政府是为老百姓的，但也要承认，部分部门、部分地方，考虑问题也不完全是为老百姓的，有时候是站在自身角度、有时候站在部门利益或地方利益的角度。

所以要承认，政策会影响已经形成的不同利益集团。“集团”这个概念有弹性：有紧密的集团、松散的集团、有形的集团、无形的集团，其倾向有可能影响金融方面的政策，我们称之为“利益集团”。

2. 不利于金融发展

假定一个社会形成两极分化，收入差距很大，有钱人很多，穷人也很多，这种状况不利于金融业发展。金融业发展最好的条件是中产阶层的形成，形成中产阶层有利于金融业的稳定和发展。两极分化、收入差距拉大，总的说来不利于金融业的发展。

3. 对业务发展有影响

我们这几年经济发展，大家收入增加，相当一部分人想移居海外，在国外发展，或者去国外生活。有媒体报道，亿万富翁的27%都完成了投资移民，有将近一半正在办手续或已经有移民的打算，加起来将近80%的富翁想往国外跑。他们的资产是在国内赚取的，现在想将资产转移国外。有一个特供信息做了一篇长篇报道，分析其原因主要有二：一是国内不安全，特别是财产不安全；二是为了子女。认为国内不安全的原因，是对现行政策并非充分信任，他们认为有一天会变。为了子女能够理解，因为现在教育资源分配不公，就业竞争激烈，出国是为子女寻求更好的学习条件。在国外学习并非不爱国，移民海外也不能说不爱国，但必须认知，这对我们的金融是会带来影响的。

其影响：一是投资移民要投资，国外的投资是要外汇的，至少对我们金融专业资金流进流出、外汇买卖、汇价波动都要产生影响。二是对人才有潜在影响。金融业需要人才，特别是高端人才。我们培养的人留不住，对金融业发展是有影响的。中央有关部门发表的《中国人力资源状况白皮书》，提出1978—2009年，出国留学的人有162万人，回来的49万多，占比1/3都不到，这对我国的发展不利。

4. 导致阶层形成，进而影响金融

(1) 中产阶层

前两年党的文件提出“要创造条件让更多的人获得财产性收入”。这是为了让更多的人有条件成为中产阶层的组成部分。中产阶层在不同国家标准不一，问题是按什么划分，按年收入还是按持有资产，按职业还是按消费状况来划分，都值得研究，划分标准不一致，得出的结论不一样。媒体报道，我国中产阶层正在逐步形成，有的地区多，有的地区少，更多的人倾向于按收入分配和持有资产来划分。

但是必须明确，中产阶层不是经济指标，而是政治指标，这些人的形成和壮大有利于社会的稳定和发展。因为这一部分人有一定的经济基础，对社会的发展比较理智，对事业的追求、人际关系的处理，都有较合理科学的认识。所以这一部分人的形成是我们追求的目标。党的文件正式提出，一个社会的稳定，必须使这个社会形成“橄榄形”的社会结构，而不是“宝塔形”的社会结构。“橄榄形”是两头小，中间大，从收入来讲，就是高收入人群是少数，低收入人群也是少数，更多的是中间收入人群；如果宝塔形就是高收入人群是少数，低收入人群是多数。这是社会学家需要考虑的社会怎么发展的问题。应当说大家都认同社会的发展和进步必须使社会更多的人成为中产阶层。

(2) 金融意识

现在结合金融来考察，中产阶层形成或者没有形成，对金融有什么影响？不同的人群经济基础不同，金融意识不同，价值取向不同，承受风险的能力不同，持有的货币资金成本不同。不同的人有不同的金融意识。金融意识，就是对金融变量的一种反映或一种感受、一种行为，如何衡量一个人群或一个地区的金融意识呢？

前两年我就此问题前往广州、温州、重庆等地调研，有几点发现：一是金融意识表现为对利率的敏感程度。如果对利率的调整非常敏感，说明该地区居民金融意识很强。在温州企业家座谈会上，我提出人民银行在调整利率，你们有什么看法。结果有两种回答：一部分企业家对利率调整很关注，哪怕调整0.5%，对收入、资金成本的影响都会精

打细算。另一部分企业家说，调整0.5%也好，1%也好，无所谓，我们的目的是拿到钱，利率高低无所谓。对利率的敏感程度，取决于一个地区的经济发展程度、人们对资金活动的成本关心程度。二是金融意识表现为居民是不是进入金融市场。现在讲金融市场一般指是不是炒股、买债券，不同的人对进入金融市场的态度不同。一般来说很有钱的人不炒股票，很穷的人也不炒股票，但买彩票。这里的金融市场是广义的，不但包含股票、债券，还包含存款，简单地说就是看理不理财。一个地区的人如果注重理财，金融意识就强。三是人们对作为资产的资金怎么安排。大家知道资产有“三性”，盈利性、流动性、安全性。注重自己资产安排的“三性”，金融意识就强。

结合到群体金融，我认为不同群体的金融意识不同。一是不同群体的价值取向不同，追求不同。调研中，我发现有钱人追求成名，比如陈光标，以慈善家的身份出现；中产阶层求稳；低收入阶层求富。二是对风险的认知也不同，很有钱的人一般来说是风险偏好者，不怕风险，因为有经济基础；中产阶层的人一般是风险的厌恶者，这是金融学的一般规律。三是资金成本不同，收入财产都有成本，除非天上掉馅饼。中产阶层认为挣钱不容易，很注重收入的成本；很有钱的人钱来得容易，成本就很低，人们收入财产成本的问题，金融学界研究得不够。人们的收入成本，关系到消费，钱来得容易就花得容易，这也是经济生活中常见的现象。有人提出货币是有边际成本的，就是钱越多，花钱越容易，这种现象已经存在。

（3）扶贫金融

我多年前就提出了扶贫金融，曾为扶贫金融连续发表了三篇文章，对扶贫金融的理论框架、操作模式进行了探讨。目前这个观点被更多的人接受。过去讲金融是嫌贫爱富的，认为金融只能锦上添花，不能雪中送炭，我对此观点提出了异议。最近国外提出了两个概念，普惠金融和微型金融。

普惠金融。是国外翻译的，字面意思是金融让广大老百姓都得到好处，但国外的普惠金融不是这个意思，指创造和供给金融资源的人，都有权享有和利用金融资源，这个“惠”字不等于扶贫，与我说的扶贫金融还有差别。我指导博士生，要他们先把国外在什么背景下提出这个概念，其内涵是什么，运作机制是什么，然后结合我国的实际情况，研讨能不能学，学多少，哪方面值得学，哪方面学不到。

微型金融。微型就是小，通常把微型金融理解为小额贷款，有的人说不只是小额贷款，除了小额贷款外，还有一个更小的，贷款对象是穷人。如果微型的含义是“两小”，小的贷款对象、小的贷款金额，那我们的大银行也能做吗？我这里讲的微型，讲金融资源的分配，如果金融资源的分配需要小，那么在组织形式上也要小。比如我们到农村去建村镇银行就小。但是如果这样来理解小，与我们现行金融制度安排有矛盾。村镇银行是小，但行长都希望做大，做大了占领市场，做大了扩大影响，做大了可以上市，这就是矛盾。

扶贫金融的内涵：这些问题既是理论问题，也是实际问题。我较早倡导的扶贫金融理念，现在越来越被更多的人接受。从理论上说，就涉及金融资源是广大人民群众创造的，应该让大家都有权分享金融资源。为什么强调这一点，因为现在金融资源分配存在两极分化的倾向。各位在工作中，先关注大客户，而大客户是有背景的，这个现象是对金融资源分配的不公。有背景的人，大企业的人向银行贷款能贷到，真正需要扶持的人贷不到，是要影响社会安定的。所以我强调“扶贫金融”还不是真正扶“穷”的意思。这个“贫”字是弱势群体，就是金融要注意扶持弱势群体。弱势群体包括现在的大学生、下岗工人、退休职工、农村的农民。我认为金融本身不只是赚钱，赚钱是金融业的一部分，但是不能说所有的金融业都是为了赚钱，有的金融业就是分配、就是扶持。我在一定场合讲过，金融业的风险、损失要靠政府或靠其他方面来弥补，要为广大老百姓分摊风险、减少损失。

二、行业金融

（一）行业金融的实质

为什么要讲行业金融，行业是由企业组成的，关注行业实际上是关注资金链，银行工作特别要关注企业的资金链。一个行业的资金链很重要，资金链是行业的血脉，资金链断了就没有生命力，就会造成不良资产。我们知道不同行业有不同的金融状况、不同的金融需求、不同的资金链。有的行业也会有特殊的金融组织，比如物流行业现在有物流公司，物流公司既是融资的主体，又是融资的客体；有的行业有特殊的金融需求。比如物流公司，要存货就有仓储金融，有些行业就没有。对银行来讲，不同行业有不同的贷款载体，就是说银行发放贷款主要依据企业的商品价值，还是依据企业的信用基础。

（二）行业金融的影响因素

刚才说研究行业金融主要关注资金链，资金链受什么影响？其影响因素很多，但其中最大的是现金流。影响因素有：

1. 产品销售

昨天有校友说在从事矿泉水生产，还有的从事保健行业如洗脚，这样的行业不缺现金流，每天都有现金流入。现金流的多少关系企业的偿债能力、发债能力、盈利能力，一个企业有没有价值、价值高低如何衡量？学术界讨论更多的是现金流。懂会计的人都知道，考察一个企业现金流有三个方面：营业活动产生的现金流、投资活动产生的现金流、筹资活动产生的现金流。会计上对这三种现金流的发生都有规范。营业活动的现金流就是销售多少能把钱收回来；投资活动的现金流就是买股票和债券得到的分红和利息；筹资活动的现金流就是向银行贷款。考察一个企业的现金流，更多的是前两者，因为前两者是自身努力的结果，后者筹资活动是向别人借钱。我们从事金融行业，在防范风险的时候要关注不同行业的现金流的不同。

2. 资产负债结构

不同行业的资产负债结构不同。资产等于负债加所有者权益，所有者权益又等于本金和利润的转化。从行业讲，主要是关注变化。资产的变化、负债和所有者权益的变化。这两个变化受哪些因素影响是很值得关注的。

银行吸收的存款是负债，贷款是资产，现在是存款多，贷款少。银行的资本金比较少，银行的资本金一般要求是8%或者10%，银监会说有的达11.5%。总的说来，资本金占少数，大家应思考为什么能够负债经营，为什么较少的资本可以支撑大量资产，这在货币银行学中讲得很清楚，靠信用。银行金融机构完全靠信用支撑来吃饭，如果信用削弱了，甚至丧失信用，金融机构就无法生存。我国金融机构靠什么信用，很大的因素是政府支撑。不同行业有不同的金融状况，也要靠信用支撑。

（三）研究行业金融的意义

简单地说，就是哪些行业我们要重点支持，哪些行业要暂缓支持，哪些行业不支持。除了支持不支持的问题外，还有支持力度的问题。前两年我看到工商银行总行定期给分支机构发参考资料，站在全国的角度分析，哪些行业需重点支持，哪些行业不支持。这个做法很值得倡导。当前我们要重点支持的热点行业是什么呢，比如说高铁、汽车、房地产、IT 行业，这些行业该不该支持，怎么支持。各位作为探索者、研究者、专家，应该分析考虑。

1. 高铁行业

有关人士说，我国这几年高铁发展很快，但每条高铁都是亏损的，最早的高铁是北京到天津，半小时到达，高铁花了 132 亿元，第一年运营下来亏了 7 亿元。原因一是成本很高，基础设施建设、运行成本、维修保养成本都很高；二是上座率低，据了解郑州到西安高铁上座率仅 70%。

铁路、公路等交通基础设施属于公共产品，应该为广大群众所享有，香港的《让一部分人先快起来》颇有调侃的意思。如果说高铁是公共产品，应当由政府投资，让大家享有，但我国的高铁都是贷款修的，贷款修路、收费还款在情理之中。所以把票价定高，但要注重成本。但在大多数人收入不高的情况下，怎么考虑人们的承受力。这个矛盾怎么解决好，存在的问题在哪里？问题在于修高铁的钱绝大部分是银行贷款，不是财政拨款，不是铁道部自身积累，银行贷款修高铁，风险怎么看待。现在修高铁的钱，主要来源是国家开发银行和建设银行，存在的问题但大家都不说，理由一是时间长，高铁贷款期限十年、二十年，甚至几十年，那时候我已经不是行长了，谁还这个钱，谁收这个款，跟我没有关系；二是我是基层的，这个事是总行的事，总行去找铁道部沟通；三是放开有好处，维护大客户，可增加收入；四是与地方和有关部门的关系，不能不维持、不能不搞好、得罪不起。

在这里我讲行业金融，支持什么行业，首先说高铁，因为高铁可缩短交通时间，但我们没有考虑投资什么时候收回来，如果收不回来，就会导致通货膨胀。学金融的很清楚，通货膨胀的一个原因就是部分投资收不回来。

2. 汽车行业

昨天从机场到会场，车程一小时，在这里我深深感到汽车的发展既有正面的，也有负面的。国际上，人们都认为美国是一个汽车轮子上的国家，美国人出门离不开汽车。奥巴马上台以后，曾经说过我们要学中国，发展高铁，但国会有不同意见。要知道美国让现在的汽车不断改进，特别是能源。日本人照理说汽车很多，但上班出行时，很多人不开车，因为找停车场很难，成本很高，都坐公共交通。我国目前大力发展汽车业，成都的报纸上宣传德国的各种汽车在成都组装，每年生产 1 300 万台，目前北京买车要先摇号，才能取得机动车号牌。

如果从宏观角度考虑，发展汽车业一是土地问题，每台汽车需要数百平方米的土地提供服务，要停车场、要公路；二是能源问题；三是环保问题。这三大问题解决不好，大力发展汽车业可能就是问题，但我们有人想不到那么远，所以有人写文章说《小心汽车把中国压垮》。对于子孙后代，会不会面临这样的问题，刚才我说很多人出国不想回来，他们觉得中国人口多，不轻松，生活成本高，房地产的情况在这里我就不说了。

三、区域金融

我调研时，有人提出一个问题，问我有没有考虑过宏观金融政策的调控，其影响对不同地区是不同的。比如收紧银根，对哪些地区影响大，对哪些地区影响小，对哪些行业影响大，对哪些行业影响小。在博士生论文答辩时，有的博士生提出，风险大小、强弱是分地区的，有的地区风险大，有的地区风险小，有的强，有的弱，他是从地区来考虑金融风险的。另外还有人提出，我国宏观调控只调控商业银行，社会资金怎么宏观调控，社会资金流进流出怎么调控。这些问题引起了我的思考，所以要研究区域金融。

（一）政策影响

宏观金融政策调控，对全国都有影响，但的确影响程度是分地区的，对有的地区影响大，对有的地区影响小。我认为，经济发达的地区，市场化程度高的地区，宏观金融政策调控的影响就强，相反就小。前几年关于宏观金融政策的调控，有时候紧缩，有时候宽松，如货币政策收缩，其作用强的是什么企业呢？民营经济。所以每次紧缩银根，有些人有办法对付，对调控不调控影响不大，大型国有企业、有权有势的人掌握的企业就会这样。一般小企业和民营企业受影响较大，这个问题请深入思考。

（二）资金流动

资金流动是一个长期存在也是比较难解决的问题。比如四川和贵州接壤，资金是四川往贵州流，还是贵州往四川流值得研究，人民银行的工作人员，就要考虑怎么调控。广东与香港之间的资金流动，个案很容易判断，但资金量的判断很难。

1. 资金流动量

（1）外管局算法

从一个国家来说，多少资金流入、多少资金流出，社科院有一个公式，就是分析热钱流入。外汇储备增长有三个渠道，一是贸易顺差，二是外商直接投资，三是热钱流入。公式是外汇储备增长扣除贸易顺差，扣除直接投资，剩下的增长数额就是热钱流入。国家外汇管理局发布消息说，2010 年我国热钱流入 3 万亿元。

上述公式只能参考，不能完全说明问题，也谈不上精确。其理由：一是用进出口顺差表示外汇储备增长，但出口时有预收、预付，怎么算；二是直接投资，有的外商直接投资不是拿钱，而是设备，怎么算；三是热钱流入怎么算，老百姓之间相互汇兑算不算热钱，通过私募基金渠道把外汇变成人民币怎么算。社科院的公式，不是说不科学，有一定道理，但不精确。如果没有其他算法，只好这样算。

（2）香港算法

去年奥巴马曾经施行了一个“量化宽松”的货币政策，发行了60亿美元，有人说其中10亿美元通过香港进入中国，因此房地产、股市都炒起来了。香港报纸认为，10亿美元没有进入香港，也没有流入大陆。分析思路，一是看汇率价格的变动，如果汇价下跌，资金就流入。所谓汇价就是美元的汇价，美元汇价下跌，就是美元供大于求，资金流入，如果汇价上涨，就是美元价格上涨，资金流出；二是看香港金融体系存款余额的变动，如果流入香港，必然使金融系统的存款大量增加，文章统计了香港整个金融系统存款增没增加；三是看金融管理局的行为，买盘还是卖盘。香港没有中央银行，有金融管理局，为了调节港币和美元的汇价，有时买进，有时卖出。如果汇价上涨就买进，如果汇价下跌就卖出。

香港的分析思路在内地学不到，因为香港是自由市场经济，内地还谈不上，人民币也没有自由兑换。一个地区的资金流入流出都值得关注，在央行的要关注，在商业银行的也要关注。

2. 影响因素

首先是经济发展程度，其次是资金回报率，再次是财政。从贵州讲，资金流入流出，财政的转移支付要起相当大的作用。现在有一个情况值得关注，就是国内外资金相互转化，这个问题从外汇储备的增长引起。短短的一年时间，我国外汇储备由2万亿美元增长到今年3月份的3万亿美元，而且这两年是金融危机时期。照理说，外贸应该减少，出口减少，进口增加，就是说外汇贸易顺差减少，而这两年外商直接投资不可能有多大增长，因为其本身遇到了金融危机。甚至可能把国内的钱抽走，去应对国内的金融危机。假定排除这两个因素，只说这1万亿美元凭什么增长。我看到有人认为是热钱流入。但问题又来了，近一年多时间，热钱就流入这么多进来？对此，国家外汇管理局一个人写文章计算，说热钱流入只有3 000多亿美元，没有1万亿美元。有的企业在国外中资机构贷款美元，拿回来换人民币，文章把国外贷款拿回来换人民币称作热钱流入。

这两年来，我国实行稳健的货币政策，实际上是收紧银根。有的企业要不到钱，国内要不到就向国外要，这个问题最近更引人关注。有两种情况：一是国内出口搞基本建设的企业，就是所谓的技术援助，比如国外修水电站、铁路，国内承包国外的，这些企业有权向国外中资机构贷款；二是出口企业在国外中资机构贷款，以出口信贷的名义拿来换人民币，出口信贷有买方信贷和卖方信贷。这样做的好处是美元利率低，还有下降趋势，人民币利率高，还有升值趋势，可以吃汇差。

外汇储备的增长，有一个改革的问题，我们多少年来实行结售汇政策，就是央行拿钱买外汇，外汇储备就增长了，为什么非要买进来，不买行不行？让外汇藏富于民，藏富于企业行不行？外汇储备达到3万多亿美元，现在的问题是如何保值增值，不要产生损失，连续不断增长，不是好事。外汇储备意味着我们的资源不断往国外流，这些新情况是研究区域金融要关注的。

谢谢大家。

知金融现实 悟发展趋势

——在北京研究生班上的演讲

（2011 年 5 月）

近年来，商业银行存在着脱媒状况，相当多的人不向银行存款也不向银行贷款，甚至货币结算也不通过银行。这是金融领域的变化，这样的变化持续下去，将会带来什么问题，值得研究和深思。

一、怎样认识脱媒现象

银行是金融中介，金融中介的含义是吸收存款，发放贷款，办理结算，银行从中起着媒介作用。脱媒，简单地说就是融通资金的方式：投资者不再选择向银行存款；融入资金者不再选择向银行借款；结算交易双方不通过银行办理结算。

据统计，在我国现阶段（近年），在整个社会新增融资规模中，银行贷款已减少 50% 左右，也就是说近 50% 的融资不通过向银行借款。

为什么会产生这种现象？一般人有两种解释：一是银行存款利息低，人们追求高回报，不乐意向银行存款：二是中央银行宏观调控采取信贷规模控制，商业银行为了逃避规模控制所采取的应对措施。这样的解释不是没有道理，但只停留在“上有政策，下有对策”层面上，而没有认识到它（指脱媒）是商业银行的金融创新，是当代金融业发展的趋势。

脱媒是当代商业银行的金融创新，是当代金融业发展的趋势。创新在什么地方？创新的聚焦点就是：根据不同人群或客户群的风险承受力来组织融通货币资金，而不是一般的吸收存款，发放贷款。这样的创新体现在对投资人和融资人的考核和选择上。对投资人来说要考核他们的风险承受力，商业银行把投资人分为三类：风险喜好者、风险中立者、风险厌恶者。商业银行在推出金融产品的过程中，要考核投资者属于哪一类。优先选择风险喜好者，因为风险喜好者的风险承受力强。其次选择风险中立者。一般不选择风险厌恶者，因为这一类人对风险的承受力弱。换句话说，商业银行的理财产品要优先卖给高端客户，不宜卖给低端客户。关于这一点有的银行还做了规定，比如工商银行规定，理财产品一般不卖给65岁以上的老人和月收入只有几千块钱的人。主要是因为他们的风险承受力弱，金融意识淡薄。据我所知，商业银行与投资者都要签订详细的合同，合同中有明确的风险提示，有投资者风险承受力的考查与评判等。由于我国未大面积允许银行存量信贷资产证券化，在资本约束强化和实体经济资金需求旺盛的背景下，商业银行主动通过表外融资包括发行理财产品、租赁融资、信托融资、银证融资等手段去满足融资者的资金需求。因此，在一定程度上可以说严格控制的银行存量信贷证券化，促使了脱媒现象的发展。

对融资人的考核更复杂一点，除了其自身风险承受力外还有它（融入资金的人）的业务规模、发展前景、资产价值、现金流，一般情况下，商业银行卖理财产品筹集的资金都供给那些规模大、发展前景好、资产质量高，有较好的现金流的大客户，而不宜供给那些中小客户，更不宜供给微型客户。中、小、微型客户的资金需求，由商业银行的传统业务供给。

根据不同客户群的风险承受力来组织融通货币资金，是商业银行的金融创新。这种创新是经济发展、时代进步的需求，或者说是与经济发展、时代进步相适应的。经济的发展，不仅一部分人首先富起来了，有钱了，而且逐步形成了一个中产阶层。时代的进步，科技发展了，信息透明了，人们的权利与义务的观念增强了，金融意识提高了（有人考察“80后”的人，其金融意识就比较强），所以，这样的金融创新是当代金融业发展的趋势。

这样的金融创新也推动着金融理论的更新和发展：

（1）传统观念认为商业银行只能是间接融资，创新意味着商业银行也能够直接融资。发展直接融资，提高直接融资的比重，也要靠商业银行的金融创新。

（2）经济决定金融，是分层次的，是分人群的，从而是分区域的，中产阶层的形成，对金融业的发展有较大的影响。

（3）人们的收入水平、思想意识、法制建设、法制观念，对金融业的运行和发展起着决定性的作用。而这些都支配着人们的金融行为，属于行为金融学的组成部分，要研究行为金融学。

（4）商业银行的一部分资产要证券化，对此要建立、完善、发展证券市场。学术界曾说过全球的金融体系区分为两类：银行主导型金融体系与市场主导型金融体系。世界银行曾委托美国经济学家施莱弗进行研究，试图证明：哪种制度安排更有利于经济增长；哪种制度安排更有利于防范通货膨胀；哪种制度安排更有利于提高储蓄率；哪种制度安排更有利于金融资源有效配置；哪种制度安排更有利于防范风险。现在看来，都必须重新考察，再认识。

（5）怎样认识和防范金融风险？商业银行根据投资人、融资人的风险承受力组织融资，是否分散、减轻了商业银行的风险，都必须结合实际认识。

（6）金融业不只是服务业，它是一个产业，它能创造金融产品来满足人们的金融消费，要研究金融消费，要研究金融产品和行为的公共性和公开性（在西方一个人如果没有信用档案，寸步难行。信用档案也就是公共产品）。

此外，脱媒现象不仅表现在商业银行的存贷款方面，还表现在支付结算方面。现在债权人与债务人之间的支付结算，相当大的一部分由第三方支付公司承担。

这又给我们提出了一些理论和实际问题，比如怎样考察货币替代品，怎样测算货币流通速度和融资规模。

二、怎样认识影子银行

我认为必须从四个方面着手：

（1）概念与范围；

（2）利与弊；

（3）怎样监管；

（4）发展趋势。

关于第 1 点：概念与范围有宽与窄之分（见另一材料）。我倾向于窄，不能把脱媒现象都认为是影子银行。影子银行是 2007 年美国人提出来的，提出这一概念是想表明在美国金融危机中它发挥着重要作用。近年，国内业界引进了这一概念，引进这一概念不知道想表明什么问题，想表明是否容易导致系统性金融风险？想表明混业经营是否是发展趋势？还想表明什么？对它有褒有贬，其褒贬有各自的立场和取向。学者，要从金融业的发展去看问题。影子银行要阳光化，在阳光下就没有影子了。要倡导金融行为的信息透明。

关于第 2 点：利与弊。总的说来，利大于弊，可适应人们的融资需求，使风险不完全集中在银行，其弊端主要是可能增大了金融风险。过去对银行的风险，更多的是把信用风险看得重，在影子银行兴起的情况下，要注重操作风险、市场风险。操作风险集中在一些人利用自己的地位、权力和关系，推销金融产品，图谋不轨。市场风险主要体现在资产价格波动带来损失的可能性。

关于第 4 点，怎样监管？要扩大监管的范围和力度。监管要适应金融业的创新和发展，而不是相反，让监管去约束金融业的创新和发展。这当中，重要的是划分经营权、责、利。如什么样的金融机构才有权卖理财产品，理财产品的规模、价格，如何确定等。影子银行不能堵，只能疏。

关于第 4 点，发展趋势。要看一看，要比较、借鉴，不要照搬。

三、怎样看待金融风险

（1）最高层怎么看？风险是严重的，但风险是可控的。

（2）风险的集中度？

是否集中在政府融资平台？有人认为随着“土地财政”的削弱和

消失，地方政府的还债能力弱，因此，银行贷款风险集中在地方融资平台。但有人不这样认为。其认识就是：地方政府融资平台，总的说来是“生产型的”（不同于欧洲的主权债务，欧洲的主权债务是消费型的）。生产型的，就是说拿钱去搞建设，建设形成资产。资产会保值、增值，有条件卖资产或资产收益还钱。此外，还能够借钱还债。允许地方政府发债，就能够借钱还债。

是否集中在银行（特别是国有控股商业银行）？有人认为我国商业银行贷款量大、面广，由于经济的不景气（出口减少，内需难扩大，产能过剩）必然使商业银行不良贷款增加，风险加大。但也有人认为，贷款风险不集中在商业银行，理由是不良贷款≠损失贷款，不良贷款包括三部分（次级、可疑、损失），一般而言，不良贷款可收回40%。此外，商业银行提取了大量的备付金（现在提取的拨备占不良资产的300%），完全有能力弥补损失。

据我的了解，当前金融领域集中的风险，大都被认为集中在三个领域：一是小额贷款公司；二是村镇银行；三是民间借贷。认为这三个领域金融运作不规范，监管不严，甚至根本没有监管，人际关系复杂，法制观念淡薄，财务制度不健全。此外，高管人员不惜成本，追求高利。所以，风险集中在这里。除了这三个领域外，农村商业银行也必须关注。当前，农信社改制为农村商业银行，历史呆账、烂账采取挂账分离的办法，也就是把这一部分呆账、烂账甩给政府，由政府“买单”。这部分有多大，需要正视。

我个人认为，还值得关注的是：国际金融风险的转移和传递，通过政治的、经济的手段，给我们施加压力带来的金融风险。比如多国实行量化宽松的货币政策，大量供给货币，通货膨胀，把通货膨胀转嫁给我们。最近召开的G20峰会上称要避免竞争性货币贬值，美元贬值给各国外汇储备都带来损失。这样，就会形成系统性金融风险。我们要着力研究通过哪些渠道传递、转嫁。

现阶段防范金融风险，必须对金融机构管理层、从业人员和广大老百姓进行金融知识、法制观念方面的教育。管理层要关注投资者和融资者对金融风险的物质承受力和精神承受力。对从业人员既要看能力，更要看人品。对广大老百姓要他们不能只追求高利，还要有风险判断能力。

在制度建设上，要尽快出台金融机构包括银行破产法和存款保险制度。使老百姓深知银行是个独立的企业，也是会破产的，各自金融行为的选择要承担风险。风险与收益是相关的。

从金融机构之间的关系说，为了防范金融风险，要建立“防火墙”。比如严格控制银信合作、银证合作、银保合作。混业经营是发展趋势，但必须有“防火墙”。

有人说，金融风险归根结底集中在银行，因为大量的资金是从银行拿出去的，同时大量的理财产品买卖的操作是银行。在推销产品时，只讲好处，不讲风险，投资者只认银行。在这种情况下，一旦有问题，不安定因素出现，银行首当其冲，成了矛盾的焦点（四川泸州的事例和上海的事例：泸县农行替保险公司推销产品，出了问题要农行退保，银监局出面解决。上海部分公众打着标语“某某银行还钱来”，原因是某某银行个别员工代理推销理财产品）。

现在有的商业银行（市场化程度高的商业银行）的高管薪酬激励制度也与风险相关。高业绩—高薪酬—高风险。比如有的实行利润挂钩激励。还有对中层干部实行定期轮换的考核机制，使不少人追求短期利益，急功近利。

四、利率市场化问题

学界不少人主张利率市场化，认为利率市场化能降低社会融资成本，能有效配置金融资源，能抑制高利贷。

为什么能降低社会融资成本？认为现在货币资金很多，供大于求，只要放开，利率就会下来。

为什么能有效配置金融资源？认为利息是利润的一部分，赚不到高的利润，就不会出高息。

为什么能抑制高利贷？因为有利于竞争。

其实并不是这样简单，逻辑推论似乎没有问题，实际情况却又是另一回事。

我国金融机构和金融市场上的利率（货币资金的价格）实际上是偏高的。贷款综合利率偏高，净利差有的达到3~4个百分点，比有些国家高。为什么偏高：有政策因素，有市场因素。政策因素主要是央行政策。央行政策从三方面影响利率：一是基准利率。央行基准利率作用于商业银行存贷利率，比如只能上下浮动多少，加上央行不时又采取发行票据的办法回购基础货币，这些措施都要影响商业银行利差。商业银行为了保利差，不能不有相应的对策。二是窗口指导。窗口指导说白了就是只让你的钱放给谁，不放给谁。换句话说，对你的资金投向有约束，这样对一些信誉好的企业就贷不了款，拿不了钱，为了满足它们的资金需求，商业银行不得不采取灵活措施。三是贷款规模控制。规模控制限制了供给，限制不了需求，如果需求膨胀，资金短缺，利率必然上升。

市场因素主要取决于融资者的承受力，而承受力取决于对市场的预期，如融资者预期未来市场价格上涨，原材料、产品、资产的价格要上升，再高的利率也不怕。此外，决定于急需，如行政干预，要求工程必须限期完成，在资金短缺情况下，就不惜成本，借入资金。由于有诸多因素影响，利率市场化，很难说社会融资成本能降下来。在发展中国家，在一定时期内，需求刚性始终存在。如果在10年以内经济增长速度降下来了，局面变化了，资金利率就可能发生变化。

五、如何看待货币的大量供给

到2012年底M_2达97万亿元，2013年如果+13%，超过100万亿元，超过GDP 1倍，怎么看待这一问题？怎么求解这一问题？

（1）要制定一个时期界限（改革开放后，国际金融危机以后，1978年、1992年、1998年）。

（2）要选择一组变量，是M_1，还是M_2，要考察哪一个层次的货币供给量与GDP的相关度密切。

（3）要比较发达国家和发展中国家。

（4）要有理论指导，作为媒介的货币，作为资产的货币。

（5）要空间界限，流向海外货币有多少。

金融业发展与金融风险管理

——在重庆两江新区金融干部会上的演讲

(2012 年 9 月)

一、决定一个地区金融业发展的主要因素是什么?

一个地区金融业的发展主要取决于两个要素：一是资产的流动性；二是人们的金融意识。地区金融业如何发展，地区金融机构怎样展业，也要密切关注这两个要素，培育这两个要素，激活这两个要素也就是说要充实和发展该地区居民的资产，特别是流动性资产；要输入和提高该地区居民的金融意识，特别是讲信用、谋发展的意识。地区居民的资产特别是流动性资产活了，地区居民的金融意识增强了，地区金融业的发展就有了经济基础和思想基础。

最近（9 月 10 日）《东方今报》报道了汇丰银行《2012 年中国家庭理财状况的调查报告》。说中国家庭持有最多的是 5 类金融产品。说城市人口中 66% 的家庭投资股票，58% 的家庭购买了保险产品。说 23%的家庭炒股亏了。说人均家庭流动资产均值 38. 6 万元。这样的调查，报道真不真实，可不可信？自然要考证。

从金融展业的角度说，注重这方面的考察是应当的，正确的。什么是家庭的流动资产，也就是能够变现的资产，或者说能够用作偿债的资产，能流通的资产。由于资产的变现、偿债、流通、要以货币单位计量，以货币为载体，所以，它是金融展业的经济基础。

这样的分析告诉我们：经济发展了，收入增加了，如果不能形成资产，特别是不能形成流动性资产，则不能成为金融业发展的因素。

社会成员的金融意识强不强？用什么去衡量？对利率变动的敏感度强不强！一般说来，强，表明金融意识高。相反，金融意识弱。但有特例，温州有的企业，对利率调高调低，无所谓。因为它们有承受力，它们可“拆东墙补西墙”。这只能说是局部的、个别的，不具有普遍性。

此外，居民金融意识强不强还要考察有多少社会成员买卖金融商品。因为买卖金融商品，就是为了求得资产的保值增值。有这方面的意识表明金融意识强。

从社会成员整体来说，一个地区金融业发展，还要考察这个地区社会成员有多大的金融活动空间：政府的金融活动空间，决定于财政收支在多大程度上采用信用形式；企业的金融活动空间，决定于在多大程度上采用负债经营；居民家庭的金融活动空间决定于收入水平和储蓄，收入越多，储蓄越多，理财的需求越强。这可谓“经济主体收支决定论”。

用什么指标来衡量一国或一个地区的金融发展水平？经济学家通常用资本市场的市值与 GDP 的比例；金融学家通常用向私人部门提供的信贷占 GDP 的比例；每百万人口上市公司数量；当地公司发行股票占总的固定资本形成的比例等。

金融发展将提高当地居民创业的可能性，为新企业的进入创造条件。可将金融发达地区与不发达地区相比，考察金融对经济的作用，在这一方面可选择的指标有：每年新企业设立的数量占当地人口的比例；当地居民创业的平均年龄；已有企业的数量占当地人口的比例；人均 GDP 增长率。

经济学家认为：当融资更加容易后，财富的创造主要靠新技术、新的思维和勤奋，而不是已有的财富。

是什么因素进一步导致金融体系本身的发展，不同国家和地区金融发展差异的内在原因何在？经济学家有两种代表性的观点：一是法律对债权人和投资人利益的保护；二是既得利益集团为了维护既得利益阻挠金融发展。此外，文化、宗教对金融业的发展也有影响，这主要反映在企业和人们的行为中。

集团的既得利益对金融发展有影响，典型的事例是美国各州的银行法都是从保护自己既得利益出发。

文化（包括宗教）对金融业发展的影响，主要是三个方面：一是通过作用于价值观的形成对金融业的发展产生影响。不同的文化背景和宗教信仰，就有不同的价值观。比如：关于债权人的权利，在天主教和新教那里就有不同的价值标准：天主教认为企业家不应只想赚钱而要增进人类福祉；新教则强调对私人产权的维护和尊重自由。二是通过作用于制度的形成和发展对金融业产生影响。大陆法系基于天主教教义，对个人行为做出准则，要每个人遵守；普通法系基于新教教义，不主张对个人行为做出准则要每个人遵守，它认为不应当给予个人以更多的权利，以避免腐败，而应当赋予个人更多的责任。比如判案，要由案例来裁决，而不是条文。三是通过作用于资源配置，对金融发展产生影响，不同的文化背景对资源配置的导向不同。

阿拉伯世界（3亿多人口，22个阿拉伯国家）不注重引进外资，所吸引的外资只有全球的1%，为什么？有政治、经济、思想观念上的原因。政治上独裁，经济上垄断，思想观念上保守。为什么要推翻埃及穆巴拉克，推翻伊拉克的萨达姆？独裁，垄断。这些国家不提倡改革、开放。它拥有全世界2/3的石油资源，就是不让外资参与开发。前年在迪拜召开了《世界投资论坛》大会，各国政要、经济学家都去了，主张创造良好的投资环境，推动地区经济发展。还成立了许多组织（如阿拉伯货币基金），可是成效不大。这不能不说与那个地区的宗教信仰无关。

现在不少股份制商业银行和城市商业银行热衷于在外地设分支机构，指导思想是做大。这种思想可不可取，值得研究。有人与我讨论，我们总的指导思想是：要看需求，需求要看条件。

（1）当地有没有需求？你到异地去发展，先要考察本地的企业在异地有没有根基？如没有根基？就不扎实。

（2）能不能以盈补亏？

（3）风险能否控制？

我在这里提出一个不常见的概念：城市资源的可承受性。现在劳动力、人口、科技、金融资源等都往城市集中、积聚，特别是大城市。一个城市有多大的承受力，不仅是理论问题，而且是实际问题。值得思考的是一个城市，有多少金融资源，能够容纳多少金融机构。恶性竞争，会抬高整个社会的融资成本，两败俱伤，不可取！金融机构之间除了竞争，还需倡导合作。此外，城市资源还包括基础设施建设。当前的情况是：大城市资源的可承受力在下降。这表现在各方面，集中表现在水的方面。现在不仅有用水，吃水问题，还有排水问题。“7·21”北京的水灾，表明北京这座城市的承受力有限。

金融业要发展，发展要有资源。推动金融业发展的资源是什么？信用、诚信！实践出真知，信用出金钱。讲信用，信用秩序建立和健全的地方，金融业就一定能发展得好。从一个地区来说，推动金融业发展的资源是什么？实体经济。金融没有实体经济支持，只能是虚拟经济，只能是“以钱炒钱”，只能是空中楼阁！这样讲是想表明：一个地区金融业的发展也有个承受力的问题。

二、当代金融业发展的趋势

当代金融业发展的趋势，我概括为三句话：货币资本化；资产证券化；服务社会化。

1. 货币资本化

我说的货币资本化是想说明相当大的一部分货币成为社会成员手中的一笔资产，成为保值增值的手段。这与《资本论》中，马克思所谓的产业资本的三种形态中的货币资本不同。在《资本论》中，马克思把产业资本区分为货币资本、生产资本、商品资本，它那里所谓的货币资本是产业资本的一种形态，处于社会再生产过程，处于流通领域，既是资本也是货币，即具有双重身份。

我这里所谓的货币资本化后的资本，不具有双重身份它就只有资本的身份，即保值增值的手段（以钱生钱）。

现在社会上的货币够多的了。2012 年 8 月底，我国的 M2（即存款加现金）达 92 万亿元，其中现金 5 万亿元占 5.6%，存款 87 万亿元占 94.4%。在存款中活期存款 19 万亿元占 20%，定期存款 68 万亿元占 74.7%。这就是说 2/3 以上的存在于社会上的货币，没有参加服务于商品劳务交换的商品流通，而是在那里作为资产，或者作为价值保存，或者作为增值的手段。这种状况我把它叫作货币资本化。

2. 资产证券化

资产证券化是当代金融业发展的趋势之一。从道理上讲，资产只要能生息，都可证券化。都可证券化只表明它的可能性，至于它的必要性、现实性还需要条件。主要条件之一，在于在交易中能不能被人们接受。

资产为什么会证券化？总的说来是为了增强它的流动性，为了避免、转移风险，为了便于规范交易，因为证券大都由权威机构评级、论证，具有法律效力。同时证券还有派生能力，即一种证券派生为另一种证券，这样，有利于搞活金融。

资产呈现为证券化的趋势，使得金融交易也呈现为脱离实体经济的趋势，也就是说在交易的量、交易的价格、交易的主体双方，都独立于实体经济实际。这样，人们就称之为虚拟经济。

如何看待虚拟经济？这既是理论问题，又是实际问题。对此，我讲几点看法。

认识这个问题，首先要明白虚拟经济这个概念。虚拟不等同于虚设、虚假。虚拟是指事物的现实状态与它习惯的名义状态相分离。现在有电子商务（如网上买东西）、电子银行（如 ATM 机）、电子大学（如网络授课），人们都称为“虚拟商店”“虚拟银行”“虚拟大学”。这些事物的现实状态是网上买东西、ATM 机存取款、在网上授课，不是虚拟的，而是真实的，只不过现实状态与它们习惯的名义状态不同。习惯上，商店、银行、学校给人们的感觉是一个区域，有楼房、柜台、办公桌等，可以说，虚拟是对传统的变革。虚拟经济就是对传统经济的变革，一般相对实体经济而言。人类的经济活动发展到今天出现了虚拟经济应当是前进，而不是后退。信用是虚拟经济产生的思想基础；产权明晰是产生虚拟经济的制度条件；科学技术的发展是产生虚拟经济的物质前提。

总的说来，虚拟经济的出现是社会的进步，而不是退步。虚拟是对现实的超越。金融危机发生后，不少人提出，推动社会经济的发展，不要着力发展虚拟经济，而要着力发展实体经济，虚拟经济离不开实体经济，虚拟经济的发展不能离实体经济太远。过度发展虚拟经济要形成泡沫，泡沫会破裂。总的说来有道理，但需要进一步分析：

（1）从金融领域说，虚拟经济活动主要是有价证券（包括金融衍生商品）的买卖，有价证券买卖是金融市场的主要内容，不要着力发展虚拟经济，是不是就不要着力发展金融市场？如果是这样，则怎样搞活金融？怎样投资、融资？怎样使资产保值、增值？所以，不要着力发展，不能认为不谈发展。问题是怎么规范发展，有序发展，健康发展。西方发达国家存在虚拟经济发展过度的问题，我国是发展中国家，不能说虚拟经济已经过度。

（2）说虚拟经济的发展不能离实体经济太远，是个“度”的问题，怎么把握这个度？一般说来，虚拟经济依托于实体经济，比如表现为有价证券的虚拟资本就是在真实资本的基础上产生的。但是要知道，有的有价证券可以不依托于实体经济，比如衍生金融商品，它是在债券、股票、债权债务合约的基础上产生的。这表明有价证券能够层层派生。这从道理上说，资产能够证券化。任何资产只要有现金流都能够证券化。基于这样的认识，**把握虚拟经济发展的度，就在于把握资产证券化的度**。能不能把这个“度”确定为：**只有实体资产才能证券化，而虚拟资产不能证券化**。也就是限制一种证券派生另一种证券。如果这样认定可行，则这个度比较容易把握。但它能不能满足各方面的需求，适不适应市场变化，却值得进一步研究。

（3）虚拟经济是不是离不开实体经济？现实中是能够离开的，比如股票的价格不完全取决于股票的价值，某一家上市公司不盈利、不分红，但股票价格还能上涨。再如，股市行情背离经济发展态势，经济形势很好，股市一直低迷。从这种道理上说，**虚拟经济有它特殊的运动规律，虚拟经济能够独立于实体经济运动**。比如股票买卖不是买卖它的现在，而是买卖它的未来，它的价值判断是预期。

（4）虚拟经济是否一定成为泡沫经济？应当说虚拟经济不同于泡沫经济。泡沫经济是呈现在人们面前的转瞬即逝的一种经济现象。这种经济现象一般通过市场价格的急剧上升又急剧下跌表现出来。产生这种现象的原因有人为的操纵、有人们预期的失误等。这种现象的存在有别于经济周期正常的波动。经济周期正常波动受客观因素制约，时间较长，呈现着阶段性；泡沫经济的波动是非正常的、受主观因素制约、时间较短、不呈现阶段性。泡沫经济除了反映在市场价格的波动中外，还会反映在其他领域，如虚报产值、虚报 GDP 等。前者可称为价格泡沫，后者可称为产值泡沫或 GDP 泡沫。可见，泡沫经济有多种表现形式，所以虚拟经济不等于泡沫经济，而且泡沫经济不等于价格泡沫。这就是说泡沫经济不一定反映为价格过度上涨，泡沫经济不同于经济泡沫。经济泡沫是指经济增长的状况中存在着泡沫，如价格泡沫、产值泡沫等。在经济增长中存在一定泡沫是不可避免的，从一定意义上说是正常的，经济泡沫进一步发展，可能成为泡沫经济。可以说从经济泡沫到泡沫经济是一个从量变到质变的过程，但泡沫经济是不正常的、畸形的经济。

3. 服务社会化

当代，金融已经不只是融通资金，而很大部分的功能是为社会服务。社会需要金融清算债权债务；社会需要金融提供信用担保；社会需要金融使人力资本变现；社会需要金融实现资产最佳组合；社会需要金融实现资源分配；社会需要金融实现政策效应；社会需要金融保护消费者权益；等等。

当代，社会经济的发展，人们收入增加，生活环境改变，生活质量提高，更需要金融提供服务。如人们要旅游，就必须要信用卡；人们要使自己资产保值、增值就要求金融机构提供各种金融商品。

为什么“一行三会”要设“消费者权益保护局或司”？从中可领会金融已经不仅仅是融通货币资金。所以，各种金融机构展业，不能只想到“做买卖，赚钱”，而要树立为“社会服务”的观念。

三、中国需不需要地方银行？

我长期以来思考一个问题：中国需不需要地方银行？

（1）中国是个大国，社会经济的发展，需要分层次。既需要全国性大银行，更加需要地方性的小银行。地方政府要参与、扶持、监管！要增强实力！要承担风险！

（2）我国经过改革开放几十年的发展，形成了不同的利益格局，不同利益格局的载体是利益群体。不同利益群体要靠金融支持。利益格局差距，要靠金融去缩小。这种利益格局难以打破、消除，需要协调维护，这样的协调、维护需要地方金融机构发挥一定的作用。

（3）地方这个区域概念，服从于行政管理。行政管理以政府为单位，政府也是社会成员。作为社会成员，它也应有资产—负债。地方政府的经济实力，取决于它是净资产，还是净负债？一届政府的资产—负债状况是这届政府社会经济发展的基础，反映一个地区的承受力和人们的生活质量。政府官员离任为什么要审计。审计什么？就是要审计本届政府的资产—负债！不能造成不合理的“烂账”，不能让负债任意形成“前人借款，后人承担”的局面。地方银行的资产—负债状况，是地方政府的资产—负债状况的重要组成部分。这表明地方政府也是个法人，它要对所辖地区的社会公众负责。

（4）不能把社会主义片面的理解为“大一统”！什么都由国家包下来，大有大的好处，大也有大的难处！大可以做好事，大也能够导致失误！包下来，难以为继。财政要分灶吃饭，银行要分区设立。地方银行服务于地方经济、社会的发展。名称可以不同，服务的对象是明确的，大体是确定的。

（5）转变经济发展方式需要改革，改革需要明确划分事权、财权。明确事权、财权需要确立主体、划分范围，落实权责。

（6）可以从让老百姓享有金融服务的角度来分析我国金融业的布局：大中城市集中、小城镇和农村薄弱。

基于这样的认识：银行业不能过度集中，还是要适当分散。我认为相当一部分城市商业银行的定位应当是区域性的地方银行。为此，必须思考以下的问题：

（1）怎样依靠地方政府打造“讲信用、重诚信”的生态环境。

（2）怎样根据地方经济的特点，着力提高金融服务质量，支持民营企业，特别是小微企业的发展。

（3）怎样依托地方的经济力量，解决城市商业银行遗留的历史问题。

（4）怎样与地方政府进行战略合作。

四、金融富韧性与金融风险管理

1. 金融富韧性的理论脉络

金融脆弱性提出后，人们关注和评价它的机理并用它来解释实际，并强调它的严重性和不可避免性。其实，**金融体系不仅有脆弱性，而且有富韧性**(financial toughness)，只不过在这一方面没有引起人们的高度关注，更没有进行机理分析。但只要结合实际就不难理解。在现实的金融活动中，人们会感觉到：社会经济对货币供给的容量有较大的弹性；企业对金融负债的转换有较强的灵活性（如可续短为长等）；家庭对币值变动的承受力有较多的弹性（如货币贬值能够由增加名义货币收入抵消）；此外，金融商品的增多，而且能够转换，各种货币在一定条件下能够替换，为人们的金融资产选择营造了较大的空间。**这种状况的存在，其机理就在于当代的货币和金融资产是一种价值符号，价值符号的运动表明财富的创造、分配、交换和保存，财富以价值符号为尺度，以价值符号为载体，以价值运动为依托，在时空上具有较大的弹性。人们能够在具有较大弹性的时空中去认识金融活动，把握金融运行，建立金融与经济的关系，所以金融体系具有富韧性。**

2. 金融富韧性下的风险控制

金融体系的富韧性源于金融运动具有较大弹性的时空，因而强化金融风险管理就要充分利用时空的作用。**充分利用时空强化金融风险管理**，要正确地认识风险与损失。风险是带来损失的可能性，丧失权利的可能性。既能带来经济利益的损失，也能带来某种权利的损失。从金融领域来说：贷款收不回来是一种损失——经济损失，存款不能兑付也是一种损失——信誉损失。无论是前者还是后者都是当事人的资产，所以总的说来是带来资产的损失。资产是自然人和法人拥有的具有价值的财产和权利。财产是有形的，权利是无形的。可以这样说，风险是带来有形资产和无形资产损失的可能性。可能性是不确定的、可预期的。由此能够说风险是人们期望值的不确定性，这种不确定性是在市场竞争中，由于信息掌握不对称而发生的。已经造成的损失不是风险。因为它已经是确定的、现实的。已经造成的损失是怎样弥补、报销的问题，不是防范、化解的问题。所谓防范，主要是指在事前和事中，对可能带来的损失予以分析、预测、避免；所谓化解主要指事后大事化小，小事化无。防范有预防的意思。化解是指带来损失是无疑的了，只是要想办法减少损失。但化解不同于已成定局，化解是指引发的事件仍处于过程中，还有选择的机会，如果过程已经结束了，形成了既定的结局，就谈不上化解。

充分利用时空强化金融风险管理，概括地说，就是要在能够利用的时间、空间中，创造新的契约关系以重新调整人们的债权债务关系，重新构建人们的权利与义务。货币与有价证券的相互替代，为消除和化解金融风险带来了可能性和现实性，也就是设计出一种金融商品，创造出新的契约关系，调整人们的债权债务。在市场经济条件下，充分利用时间、空间把人们的债权债务关系调整好，使之处于相对均衡的状态，就能消除和化解金融风险。

设计和供给出某一种金融商品，实际上是创造一种新的契约关系，让当事者双方对契约关系做出承诺，以此避免风险。契约关系包含着一方享有权利而另一方要履行义务。因此，风险的避免在实际生活中表现为权利的享有与义务的履行。这样的权利享有与义务的履行用现代经济学去解释，则是“共相交易”，也就是说为了特定的目的或实现既定的目标，双方或各方达成一种协议，相互遵循。现代经济学认为，人们的活动都是契约关系的表现和实现，可以说人类生活在权利与义务的关系体系中，离开了权利与义务的关系，就无法生存。

创造新的契约关系的核心，是给人们创造出一种预期，如预期自己拥有的资产更具有增值能力，更有盈利性；预期自己拥有的资产更能满足人们的需求。能创造出一种预期，就能改变人们的观念，支配人们的行动，改善金融的风险局面。能不能给人们创造出一种预期，关键在于给人以信用，建立可靠的信用关系。信用依托于信誉，信誉依托于信任，信任依托于信心，所以能化解风险，从社会学的角度说，还要提高人的信誉，增进人与人之间的信任感，增强人的信心。如果说，信用是社会的支撑，则信誉是发展的成本，信任是关系的基石，信心是事业的保证，经济学（包括金融学）要结合社会学中人的信用、信誉、信任、信心问题，研究预期，创造预期，推动预期的实现。当前，在化解金融风险中，要依靠政府的威望和财政的力量提高金融机构的信誉，增强人们的信心。此外，舆论导向，培育“人气”也是重要的。我国成立金融资产管理公司化解银行不良资产，有没有希望，关键在于能不能给人树立信心。成立资产管理公司，让信贷资产证券化，以有价证券替代货币，实际上也就是采取延期、转换债权债务关系主体，改变债权债务关系载体的方式让不良资产“慢慢消化”，有人把这种方式称为“软着陆”。“软着陆”应当有信用基础和经济基础，信用基础取决于社会公众对银行的信任，经济基础取决于效益，如这两方面条件都具备，不良资产有可能慢慢消化，否则银行就难以维持。还必须指出，在当代信用货币制度下，银行的负债有一部分能够不还，也就是一部分人长期持有货币，将它作为价值保存，而不用于支付。这样银行就会形成一笔长期负债。长期负债的形成，有利于不良资产的“软着陆”。随着人口老龄化趋势的增长，银行的长期负债可能更多，有利于消化更多的不良资产，但不能多到消化全部不良资产。

3. 需要确立金融风险的可容忍度

温家宝同志在考察浙江温州金融状况时，提出需放宽对小微企业金融风险的容忍度。

温家宝同志这样提出问题，旨在放宽对微小企业的融资，推动经济发展。同时给我们留下了一个理论问题：金融风险是有“度”的，在什么程度上可容忍！在什么程度上不可容忍！

商业银行为什么要计提“拨备”，为了弥补风险带来的损失。提多少？这就包含着“度”的问题。“度”包含着多和少，是不是越多越好？或是不是越少越好？这当中需要权衡；而权衡的标准就是要把风险放在可容忍的范围内。

现在各商业银行在报告不良资产时，都讲“双降”，似乎越低越好。其实，这不完全符合辩证的思维。商业银行不良资产不仅决定于人，而且随客观情况变化而变化，总是有起伏的，不可能一直都在下降。所以，我们要实事求是的，现实地看待金融风险，看待不良资产，去把握好这个度，研究这个度。

当前最大的投资风险是高利贷

——在民间借贷研讨会上的演讲

(2012 年)

一、温州近期连续发生高利贷崩盘事件

曾在一家民营企业（顺吉集团）从业的女职工，以企业的名义集资 13 亿元，携带这些资金举家潜逃。问题是这家民营企业的职工，为什么有这么大的能量。

据了解，此案的核心人物是原顺吉集团财务部的会计施晓洁。这个施晓洁 2009 年就从顺吉集团辞职出来单干了。但与顺吉集团还有联系。由于她过去与银行打交道，与银行的人熟，虽然辞职了但有些事还是找她干（比如送资料等）。于是她便打着顺吉集团的旗号，在外面高利集资。利息有多高呢？年息最低 24%，最高 140%。这种打着别人的旗号在外高利贷集资，欺世盗名，自然是诈骗。问题还在于为什么这么多人被诈骗了，在被诈骗的人中，相当一部分是公务员，其中相当一部分是公款（媒体称是“官银”）。案件爆发以后，一些公务人员不敢声张，也不敢上诉，想私下了结，设法先收债。因为以公款谋高利，名不正，言不顺。涉及违法乱纪。

这表明：现阶段陷入高利贷陷阱的不只是私人，而且还有公务员，不只是个人储蓄，还有公家的钱。这表明：我国的高利贷已经不是自由人之间的交易，而是掺杂着权钱勾结，使贷款价格严重失衡。高利贷可以用敲诈勒索，趁火打劫，坐地分赃等来形容。

二、高利贷的高利从哪来的?

利息来源于利润，现在企业不容易赚钱，能赚钱的利润率都很低，20%的利润率少有，一般都是百分之十几。在这种状况下，高利息哪里来?我问一个小额贷款公司的人，这么高的利息，借款人怎么承受得了?他回答是：要借的钱一般都是“应急”，数额虽大，但期限很短，多则半月，少则几天。由于期限短，利率虽高，但绝对额不大，还承受得起。有的人回答说，拆借，是为了还旧债，因为旧债到期了，还了旧债，可取得新债。这实际上是借新债，付利息，以本钱付利息。试想这样下去，会产生什么后果?

抬高社会整个利息水平，会带来什么后果，会产生什么循环?从金融领域来说，必然带来“庞兹理财”效应，也就是把后来加入者的入伙费，当做先来者的投资收益。这种状况在我国已经存在。本来在正常状况下，借钱谋利，是无可厚非的。现在的问题已经不是借钱谋利，而是金融投机。

此外，抬高社会的利息水平，还会扩大货币供给量，因为需要一部分贷款用来支付利息，必然会增大货币供给量。本来，发生高利贷的因素之一是社会钱过多，过多的钱用来追求高利——高额的利息用增加贷款去偿付——又使货币供给过多。这不说是恶性循环，也是非良性循环。

三、这种状况带来的不仅是经济危机、金融危机，而且是社会危机

经济危机主要表现在企业倒闭、生产萎缩、利润下降，企业承受不了高利贷。整个经济的基本面恶化。

金融危机主要表现在资金断裂，债主逃跑，借出去的钱，本息无收，整个社会的融资成本增加，金融秩序混乱，人们信用度急剧降低，大家都不讲诚信。

社会危机就是家破人亡，失业增加。据报道，浙江温州已有90多

家企业老板逃跑，企业倒闭，有的老板跳楼自杀，9月份就先后发生了3起自杀事件。

怎么办？政府出面干预，政府发文件要求各银行机构加大信贷资金保障力度，规定利率不得高于30%，不得强制企业购买理财产品，不得与企业存款挂钩，不得变相收取企业手续费。

同业合作，统一行动。温州全市48家融资担保机构做出联合行动，坚决抵制一切违法违规行为。坚决不从事吸收存款，发放贷款，受托投资，受托发放贷款，非法集资等。

温家宝同志三个月时间，两次到温州：七月解决撞车时间；九月解决高利贷问题。媒体说：解决欧洲问题，不如先解决温州问题；有人说：温州人就是中国的犹太人，温州经济、金融是中国的缩影。

温州大约有89%的家庭个人和59%的企业都参与了民间借贷活动。

温家宝同志与温州中小企业家座谈时提出了四点：

（1）提高对小企业不良贷款的容忍度；

（2）要明确将小企业作为重点支持对象；

（3）要加大财税对小微企业的支持力度；

（4）要切实防范金融风险。

这四条实际上是加大了对中小企业的金融支持力量和减轻税负，以解决小企业遇到的资金困难。问题是温州高利贷的兴起是中小企业资金困难吗？应当说温州的高利贷不是小企业遇到资金困难，而是“不务正业”，不是“发烧”，而是“非典”。

要说资金困难，也有困难。今年四月就是90多个企业欠债外逃，大约400亿元。表面看是银根收紧，资金链断裂，但实质上是楼市泡沫的破裂，虚拟经济的崩盘，中小企业的穷途末路。企业把资金从实体经济抽出来，什么赚钱炒什么。

四、这样的措施只能治标，不能治本

高利贷是历史的产物，历史上的高利贷存在于经济不发达地区，经济越不发达，高利贷越凶。我国现在的高利贷是制度的产物，银行垄断，加上金融管制，中小企业有融资需求，不得不面向民间借高利贷。加上现阶段紧缩银根，控制贷款规模，高利贷便应运而生。有人说去年以来最火爆的行业是民间借贷。有人说高利贷立了功，应当表扬，不然企业倒闭的还要多，经济难以增长。

对于高利贷的是非功过问题，我们存而不论。值得注意的是：一个地区如果高利贷泛滥，必然产生经济危机、金融危机和社会危机：经济不可能在高利贷中良性循环；一部分人在高利贷中获利，另一部分人就必然破产。

所以，要改变这种状况，必须从制度建设着手，而制度建设，首先要进行思想建设。思想建设包括理论建设和人的素质的提高。现在有些舆论宣传是误导，说“四大行”表态：“支小”有心无力。我认为应当倒过来：“支小”有力无心。理论上未确立，行为上就跟不上。

社会经济发展与农商行展业

——在长沙农村商业银行的演讲

我国农村金融如何改革，大体方向是农村信用社改为农村商业银行，改的意义一是增强信誉，二是壮大力量，三是改变运行机制。

今天我讲的是社会经济发展与农商行展业问题，前一个问题讲经济，后一个问题讲金融。经济决定金融这个道理始终不变，讲金融必须讲经济。当年马蔚华行长说过，不懂别人就不知道自己，不展望未来就把握不住现在，不了解宏观也搞不好微观。今天把这三句话送给各位，也是我讲社会经济发展的道理之一。

一、供给侧改革是必需的，但是困难的

供给是为了需求，社会经济发展要靠需求，需求有没有变化，供给能不能适应需求，是个复杂的大问题，必须要适应需求。什么是供给侧改革，习近平总书记有个明确回答：供给侧结构改革，主要内容：减少无效低端的供给，扩大有效、中高端的供给；增强供给侧结构对需求变化适应性和灵活性；提高全要素生产率。习总书记提出供给侧结构改革，特别是“结构”二字不能掉。改变结构、优化结构都是为了适应需求社会经济发展，要靠需求推动。

怎么改革：五大任务，“三去一降一补”。去库存、去产能、去杠杆，降成本，补短板。一降是普遍性的问题，工商企业要降成本，金融业、金融企业也要降成本。目前社会的利率水平很高，一般银行的利率8%~9%，小贷公司、其他金融机构利率为两位数。小贷公司的利率，如果低于18%，就无法生存，原因是融资的环节太多。小贷公

司的资金来源，有 4~5 个环节，每个环节 4 个百分点，加起来就是 16%。降成本，金融业也要降成本。短板要看是什么行业、什么部门、什么短板。金融人才培养也有短板，也要弥补。供给侧结构改革任务是明确的，但是要知道侧重点。总书记在党校的讲话大半年过去了，五大任务我看有成效，但要实现目标，还有相当大的距离。

为什么困难？结构性改革的困难至少有四大原因：一是“三去一降一补”的问题是多年积累，积重难返。官方的说法是三个叠加期：增长速度换挡期、结构调整阵痛期、前期刺激政策消化期。我国改革开放不是 1978 年，是邓小平“南方谈话”之后。1992—2016 年这二十多年，我国经济中房地产、基建是大头，呈两位数增长。高楼大厦很多，够 10 亿人住，观察一下，的确好多是空的，不仅住宅，办公楼也是空的。二是去产能、去库存、去杠杆关系就业，就业是大问题，如果失业人口多，社会不安定。五大任务关系到企业的“关停并转”、财政收入、人口失业，会导致发生严重问题。三是市场经济机制缺乏，没有建立或者不健全。市场经济要优胜劣汰，淘汰之后谁来补偿、谁来救助，没有机制。成熟的市场经济国家非常注重这方面的问题。我们每年财政收入不少，拿多少来补偿救助，可以统计，但力量薄弱。四是思想认识不一致。去产能、去库存、去杠杆，有的认为这个问题不存在，有人讲财政的负债率不高，居民的负债率不高，只有企业的负债率高。国有企业的负债率算不算财政的负债率。7 月份，山西省的领导带煤炭部门到北京金融街，山西九大煤炭企业必须保，不存在减产去库存。九大企业的煤炭已经扭亏为盈了。赚钱的企业不该保吗？扭亏为盈就不算产能过剩？这既是理论问题，又是实践问题。中央银行行长在国际会议上明确表示，我们国家的产能过剩是价格体制造成的。他认为产能过剩，煤炭、钢铁、水泥等行业过剩，因为价格扭曲。由于太高，没有按市场原则定价，是政府限价。价格提高了，有的企业就多生产，从而过剩。从这里可以看出，供给侧结构改革，什么算过剩，认识不一致。有的人嘴上赞成，行动上打折扣。

还改不改，怎么改？目前的五大任务针对存量，不是流量。如果这样考虑问题，都改存量有局限性。改变存量是不是一定满足需求。

目前提出的"三去一降一补"，如果存量都改了，是不是需求就能满足，或者改变低端供给高中端，能解决一部分，但不是全部。存量是包袱，但包袱要慢慢卸。除了卸包袱，还要有增量改革。怎么增量，就是现在提出的大众创业，万众创新，通过双创来推动。高端技术创新只能是少数人创新，要从自身的工作岗位做起，通过调查交通工具里面有一种"uber"，通过网络，这也是把资源充分利用；第二个例子是农村的蔬菜、水果，新疆与北京上海展开联系，定向生产、定向运输、定向销售；褚时健在云南生产褚橙，假冒较多，怎么保真？本身就是结构性改革；第三个例子不久前去广州，金源山庄旁边有个健康中心，实际是个运动场，有游泳池、跑步、打球，各种运动器械都有。人们喜欢运动，适应需要就是创新。高科技的创新只能是少数人，但是我们要鼓励各行各业在各自的岗位上创新。社会在进步，经济在发展，有很多新的东西需要我们去思考、推动、发展。

二、经济发展靠扩大消费、扩大内需

靠消费推动，要看到消费的变化。一是消费结构的变化，二是消费倾向的变化。

消费结构的变化很大，人们的"吃穿住行"都有很大变化。吃绿色食品；穿，年轻人追求个性和美，老年人追求宽松和舒适；住，考虑环境、教育、医疗；行，旅游，不仅城市的人要旅游，农村的也要旅游用，玩手机。当代社会的消费分层，不是都随大流，高、中、低三个层次扩大有效供给。很多城市有富人区、平民区，有钱人坐飞机坐高铁有头等舱。消费倾向的变化，消费结构的变化，特别要看到消费的分层次。

扩大消费最终还是靠老百姓有钱，必须有三大要素：所得、价格、偏好。首先要有钱，现在人们收入增加了，但收入增加、差距也拉大了。国家统计局把人们的收入分为五等：最低的年收入不到 5 万元，次等的年收入 5 万~10 万元；中等的年收入 20 万元左右；高等的年收入在 30 万元以上；最高的达 50 万元以上。长沙农商行与当地经济关系非常密切，支行长首先要了解所在地高中低收入情况，做到心里有数。金融机构都要与当地居民每家每户打交道，了解每家的收入和资产是基本功。

我国经济发展较快，而社会进步比较滞后。中国人去国外旅游，有的被人瞧不起，香港的人骂大陆的人是蝗虫，但我们的确有的人素质低。日本社会管理和社会治安水平较高。经济发展表现为收入、生活质量方面；社会进步表现为道德、传承文明。

三、现阶段宏观金融形势

把过去的信用社改为银行，能够增强信誉，凝聚实力，改变机制。但就长沙农商行来讲，有没有定位的问题，领导层是不是有明确的想法。有轻型银行、科技银行、零售银行多种提法。轻型银行是招商银行提出的，轻指资产结构，比如少量资本支撑大量资产，另外，机构设置和人员要精简，机构单纯有效。零售银行是针对服务对象来说的，资金来源主要靠接受农村个体存款，资金运用主要是为广大居民、中小企业服务。批发业务更多是公司业务。科技银行，注重建设上向高科技靠拢，引进高端技术。银行定位有多种说法，既是轻型，又是零售，还是科技。

农信社改变为长沙农商行，从字面上、区位上有变化，农信社主要做“三农”，农商行区位上是长沙。既然是农商行，不要忘掉“农”字。具体地说，要依托“三农”，支持“三农”，服务“三农”。依托“三农”，指除了资金来源，要特别关注农业发展，以农村、农业发展作为展业基础和依托；支持“三农”，信息上要支持，当代金融业不完全是资金融通，更多的是信息，现代经济的发展靠信息，不是简单的拿钱；服务“三农”，主要是方便支付结算，保障农民资金的安全。名称改了，“农”字不要变，不要丧失民心，民心是信用的基础；农村市场不能放弃，要拓展新的市场。银行要赚钱，不要忘了“二八定律”，企业赚钱靠大户，80%的利润来自20%的客户。有一个问题值得思考：什么是现代商业银行，“现代”有具体含义：一是服务实体经济，业务发展必须有利于增加就业，就业的增加，还得靠有品牌有声望的大公司，零售银行也不要忘了批发业务。二是经营风险，为老百姓分摊风险，不能把风险集中于银行，不能把所有风险都兜着。现代商业银行的产品，归根到底是为了分摊风险、增值保值。三是科技含量高。四是按市场经济的规则运作。

宏观上要看到我国金融形势的变化：一是整个社会的钱很多，投资渠道狭窄，货币供给量130多万亿元，每年13%以上的增长，相当于GDP的2倍还多，这是其他国家没有的。除日本外，美国、欧洲都没有这么多，钱多，缺乏投资渠道，找不到投资方向。大城市房价高，与钱多密切相关。资本市场低迷与上市公司治理、业绩，有没有人炒，政策是否到位相关。政府的政策现在不提救市，实际上也没救，涨跌自己承担。证监会注册的2万多家私募基金，筹集了很多钱，有20%左右在炒股，80%左右在债券、高科技企业、相当一部分与银行挂钩，基金为银行服务。过去银行拉存款，现在拉基金。

二是金融业务的创新在发展。建行，农行、工行、中行都在开展人寿保险业务。专门成立了机构，招募人在做。随着社会发展、老龄化导致保障金和年金逐年建立，养老保险、医疗保险、工伤保险等市场不小。保险金的形成和运作冲击整个金融市场，冲击银行业务。

三是中国的金融环境有变化，也有不变的，如政策性业务仍然存在，五大银行都叫商业银行，实际上很多业务是政策性业务，第二财政。有的资金需要本来应该由财政提供的，结果落到银行头上。政策性业务始终没有变。权力集中，某些方面在强化。哪些业务集中在总行，哪些业务在分支行，需要考虑。调动积极性、分摊风险、提高效率都要考虑。但近年改革的力度是权力集中。政府推动经济的局面没有变，有的人认为中国特色市场经济就是“政府+市场”的经济。靠政府推动，大家都关注政府项目，风险由政府承担。为什么支持民营企业力度不够，主要原因是民营经济没有政府背景，民营经济处于弱势地位，没掌握主要资源，不仅缺钱，有钱也不知道怎么办。

四、商业银行展业的技术措施

一是了解左邻右舍。看他们怎么做的，学习长处，防范短处，看到差距，取长补短。农商行很多地区都有，可学习一下他们怎么做的。

二是拓展长处，弥补短处。长处就是资源，不能放弃。长沙银行要依托“三农”，支持“三农”，服务“三农”。

三是顾客要发现、培养，不要被动上门，要主动出击。银行的客户要培养，除了增进感情，还要当参谋，维护其利益。

四是要算账，算大账，也要算小账，要讲成本和收益。前不久参加邮储银行的一个会，北京分行行长在会上发言，说有的业务是亏本生意，他说大家都热衷于房贷，北京竞争很激烈，85 折之后不赚钱。亏本生意还要做，市场不能丢，要留住客户。留住客户可以开展信用卡、结算业务，联动发展。抽肥补瘦，以赢补亏。算账不能只算利差，还要把收不回来的呆账坏账算进去。这也是成本。邮储银行某副行长，账算得很细，利差、坏账分别有多少，人工成本有多少。

五是注重同业往来。不仅仅是拆借、回购、返售等业务，银行以钱赚钱合不合理，银行就是跟钱打交道，赚钱在合规的范围内是允许的，鼓励的。马克思讲过，实体经济需要多少钱，取决于流通领域。企业生产经营管理和其他领域，有一部分钱是以钱造钱这是正常现象。要钻研银监会的文件其目的是首先不违规，法规部的职能是给领导提供政策法规信息。

六是人才。首先注重职业道德考核，今年以来发生了若干金融风险，保管金库的人把票据拿出来找中介公司贴现。要培养专家，熟悉业务，精通、热爱业务。

七是要看懂三个报表，资产负债表、利润表、现金流量表。从中可找到问题，从而解决问题。

调研报告
——邮储十年

中国邮政储蓄银行（以下简称邮储）成立10年（2007—2017年）了。10年来，邮储在中国金融业异军突起，力挺创新，业绩斐然，成功上市，有目共睹。值得关注和思考的是：经历了10年有什么变化；在金融业的优势和劣势；邮储的性质和定位；以及需要改革和改进的问题。

针对上述值得关注和思考的问题，我们在总行董事会和监事会的领导和支持下，组成调研小组，深入基层了解情况，听取基层从业人员心声、同行的意见、各界的反映，初步形成了以下认知：

一、经历10年的变化

（一）首先是经营环境的变化

在这十年中，邮储银行经营环境的变化，首先是面临互联网的挑战和冲击。互联网既是一种信息技术又是一种生产生活方式，它改变着人们的思维模式和操作流程。互联网的兴起使金融机构和非金融机构都利用互联网开启金融业务。一般认为，金融机构利用网络技术开展业务，称为金融互联网，而非金融机构利用网络技术开展金融业务，称作互联网金融。金融互联网早已产生，现已成为常态。而互联网金融是近些年才出现的新生事物，方兴未艾。

考察邮储银行受互联网的挑战和冲击，首先从“第三方支付”“余额宝”开始，“第三方支付”，让顾客先把一部分钱存到第三方，当顾客发生交易时，由第三方替顾客支付，简单便捷，既节省时间又减少精力消耗，何乐而不为呢？这样的支付方式便产生了“余额宝”。在这方面，典型的事例是“阿里巴巴”，阿里巴巴不仅通过“第三方支付”和“余额宝”给顾客带来方便，而且还给顾客提供信用带来收益。现在成了我国非金融机构办金融的主力军之一。这样的主力军对邮储银行的挑战和冲击，首先表现为，大量的支付清算离开银行系统。据不完全统计，现在“90后”的年轻人绝大部分通过网络比如手机进行清算的占90%，而且还有发展的趋势。四川省邮储银行分行进行了统计，原在银行结算户的交易量，2016年年末就比年初下降了13.43%。这种状况，不仅减少了大量的存款，缩小了展业的流动性，而且丧失了市场占有率。当然，金融互联网的兴起，不仅是对邮储银行的挑战和冲击，其他金融机构，也面临着同样的境地。但邮储银行面临的状况，会更加严峻。因为邮储银行主要是从事零售业务的银行，特别是在基层分支行，其资金来源和资金运用主要的是面对中小企业和家庭个人。在这种状况下，如果受到互联网给金融的挑战和冲击，丧失了市场占有率，就会对发展带来负面影响。要知道，顾客在银行开户是银行与顾客的连接点，是银行获取顾客的信息的重要途径之一。互联网金融对邮储银行的冲击，实际上是剥夺了邮储的信息链、资金流、生命线。特别是在基层，必须引起高度重视。

（二）紧跟中央，增强“四个意识”，大力精准扶贫

从担当来说，在这十年中重要的变化，就是“精准扶贫”。这些年来，特别是习近平总书记，提出精准扶贫以后，邮储从上到下紧跟中央增强“四个意识”（政治意识、大局意识、核心意识、看齐意识），大力精准扶贫。四川省邮储银行截至2016年年末，在全省88个贫困地区投放贷款232.84亿元，同比增长15.85%，其中对建卡贫困户约2万户发放扶贫贷款6亿元，而且年利息率只有4.13%。2016年5月，国务院汪洋副总理在四川凉山彝族自治州调研精准扶贫事业，关注邮储扶贫攻坚工作，参观了邮储扶贫设施，肯定了邮储扶贫业绩，指出了邮储展业方向。在这一过程中，邮储总行领导提出结合自身业务做好“三个精准”扶贫，即发挥网络优势，精准做好贫困地区普惠

金融服务，发挥资金优势，精准支持贫困地区基础设施建设；发挥专业优势，精准促进贫困地区特色产业发展。在这“三个精准”扶贫思想指导下，邮储系统同时以建设100家金融扶贫示范支行为抓手，带动832个国家扶贫重点县金融扶贫工作。在我们的调研中，我们发现凉山分行专门建立了“金融扶贫服务站”、开通了“金融扶贫服务车”。在此，汪洋副总理肯定了他们工作的“开创性”。除了在资金上和金融服务上方便老百姓外，邮储的精准扶贫还致力于电子商务，在线上线下推动工业品下乡和农产品进城。对此，汪洋副总理肯定其方向是正确的，“邮政公司有物流配送的优势，邮储银行有资金优势”这样做“占领先机，大有希望”。他要求邮储系统成为引领农村发展的“国家队”，能够真正帮助老百姓解决实际困难和问题。

（三）分支行从业人员结构及素质的变化

从内部人员来说，这十年中，从业人员从熟悉业务走向精英。这集中体现为从业人员结构和素质的变化。云南省丽江分行，全行职工141人，其中具有研究生学历的3人，大学本科学历的78人，占比为58.15%。他们中55人来自邮政划拨，占比为39%，84人为招聘的大学生，占比近60%，只有2人来自人才引进。

四川省凉山分行，全行职工376人，其中具有研究生学历的2人，大学本科学历的169人，专科学历的192人，占比为96.54%。他们中135人来自经济金融行业，占比为36%。241人来自邮政工作行业，占比为64%。

四川省绵阳分行，全行职工537人，其中研究生学历18人，本专科学历的515人，占比99%。

以上这种情况表明：在分支行，60%以上的从业人员其学历都在大学本、专科以上，但有研究生学历的人，大都集中在总行和省分行，在二级分行和县支行的较少（或极少）。他们中40%~60%都来自原邮政系统。这进一步表明：提高邮储从业人员业务素质，仍然是当务之急，而且他们都有高学历的基础，应当说熟悉业务，吸收新生事物的能力强。近10年中，邮储为引进人才曾推出“千人招聘计划”，第一次招聘引入社会优秀人才2 449名：其中来自金融系统的占80%以上。

与此同时，各分行从大专院校也招聘了一部分毕业生，其中包括，知名大学的。这种情况表明，引进人才不容易。我们的看法是：引进人才是需要的，必需的。但不仅要引进人才，还要稳住人才，创造条件让他们充分发挥作用，实现自身价值。

在这里，我们需要强调的是：邮储从业的主力人员（包括各级领导和客户经理），不能完全依靠引进，而要着力自己培养。即使是引进来的人才，也要培养，因为情况在变化，邮储有特性。当前，亟须培养的是优质客户经理，培养他们识别、防范风险的能力。

在调查中，我们发现，现在在岗的从业人员，个人的素质都比较高；注意自我修养，特别注重遵纪守法，党性强，思想稳定，勤奋爱岗。

（四）注意资金成本分析，关注风险损失弥补

在调研提纲中，我们提出了“邮储银行吸收资金的成本”这一命题。提出这一命题，主要是考察分支行在经营管理中是否注意收益与成本、安全与风险比较。在调研中，我们发现：一个县支行吸收资金的成本由以下因素组成：①吸收存款付出的利息。付息率的高低原则上参照央行规定的基准利率确定，但各地对吸收存款的利率实行“差异化”的定价方案，即在基准利率的基础上浮动，浮动幅度通常在1~1.5倍之间，根据存款种类和金额大小而定。②人工成本。即付给职工的薪金和报酬。③租金。邮储开展业务采取“自营加代理”的模式，邮储业务与邮政业务一般结合在一起，邮储的办公用房向邮政租用，故办公用房租金必然成为吸收资金成本的组成部分，而且不低。④提取的拨备。基层行的从业人员认为，提取的拨备也应当纳入吸收资金的成本当中，因为拨备的作用是弥补贷款收不回来的损失，也就是一种弥补风险的准备金。他们认为风险可能性大的贷款项目和地区，提取拨备的数额应当越多。在凉山冕宁支行，行长告诉我们：以1.5%的年利率吸收的存款，然后以10%年利率放出去都赚不到钱，对此，我们具体分析了其中原因：其中有两个因素不可忽视：一是房租。2016年房租110多万元。二是提取了大量的拨备，因为在2016年以前，前任领导在经营管理中造成了大量的不良资产，只能后续弥补。

对此，我们认为也许不具有代表性，但他们注意风险管理，把提取的拨备纳入吸收资金成本，这一观念和做法是值得肯定的。⑤分摊的营销费用。例如广告费等。根据我们调查，如一个县支行年贷款规模在5 000万元左右，其所得收入都难以应对需要的开支，出现了亏损。凉山二级分行提供的资料显示“我行目前二改一的支行吸储体量小，且该县整体市场规模有限，5 000万元左右的年日均每年能创造收入75万元，扣除网点房租30余万元，人工成本40余万元，营销费用10余万元，网点基本处于亏损状态。但凉山属于国家扶贫重点区域，银监会目前不同意我行将以上网点进行撤销或改为轻型银行，目前整个凉山分行需要靠其他盈利支行来弥补以上支行的亏损”。

(五) 着力展业，寻找好的项目，主动培育客户

金融决定于经济，在我国经济面临众多挑战的形势下，各级银行展业也遇到了困难。在调研中，基层银行的领导和其他从业人员向我们谈的首要话题，就是贷款难以找到好的项目，大量的小额扶贫贷款收不回来。但是值得关注的是四川凉山二级分行的思路和做法。

比如凉山邮储在近期先后从外地引进和拟引进“驰阳（成都）农业开发有限公司”和“中软智通（唐山）科技有限公司”。前者，按照“规模化，专业化，标准化”的要求以“政府+银行+核心企业+贫困户”的模式，探索创造产业扶贫新机制。后者，为居民建立医疗健康卡，实现医疗卫生服务跨系统、跨机构、跨地域互联互通和信息共享。“驰阳公司”2017年已在四川建成了“驰阳之家”260家，合作规模猪场50个，供种能力将达3万头。凉山邮储引进“驰阳公司”后再在盐亭、越西两县试点开展扶贫工作。“中软智通（唐山）科技有限公司”正在与凉山州卫计委洽谈合作，如果合作成功，凉山所有医院将在凉山邮储银行开立结算账户，预计每年实现新增对公存款日均余额5亿元。这表明：主动培育客户，既能促进实体经济的发展，又能增加银行自身融资实力，实现两全其美。

(六) 邮政系统职工与邮储系统职工收入落差缩小甚至消失

邮储成立初期，曾面临怎样处理好邮政系统职工与邮储系统职工

收入差距的问题。当时，邮储进入金融系统，从行业习惯着眼，职工收入应向其他金融机构靠拢，但考虑到邮储刚从邮政系统分离出来，收入差距不能拉得太大，只能保持一定距离。

经过调研，我们发现如今这两个系统职工收入差距缩小了，甚至不存在了。有的地区邮政系统职工收入还超过邮储系统，应当说这是一个新的情况，会带来什么问题，有待关注。在这里，我们仅提示：邮储系统职工的待遇，不能与邮政系统职工的待遇比，应当与金融系统职工待遇比。只有从同业看才能发现差距，差距反映着责任担当，差距意味着权责利平衡。

二、优势和劣势

邮储的10年是成长的10年，10年中从无到有、从小到大、从弱到强、催人奋进，令人振奋。值得我们注意的是，邮储成长到今天，我们必须清醒地认识到：邮储的优势和劣势，而这种优势和劣势需要从基层观察分析。对此，我们先对四川凉山二级分行的分析。

调研中，凉山分行给我们材料上说：

（1）从贷款产品上看：产品种类划分我行较农商行更为细致，贷款用途、还款方式上农商行较我行灵活，申请手续上也较我行简便；调查方式上，我行所有贷款均需入户调查，农商行短期贷款可不用入户调查（农商行基本上对每户农户家庭进行了授信，并发放了贷款卡，额度在1 000~50 000元不等，农户持贷款卡均可在农商行申请到相应额度的贷款金额）；贷款利率上我行个人商务贷款、消费贷款利率相较农商行有微小优势：贷款期限上彼此相差不大。但对于到期后不能按时还款的客户，我行基本上无法进行展期，而农商行客户只需结清当前期利息，便可进行展期。网点分布上，我行在全州只有11个县（市）拥有1级支行，而农商行在全州各县（市）均设有机构，且在大多数乡镇上设有网点。

（2）从个人现金业务上看：我行有信用卡、ETC、网点多，农商行没有信用卡和ETC，网点较少；劣势上，我行一是项目开发周期长，灵活度不够，项目团队支撑差，无全面性的牵头团队；二是网点装修时间长，往往一个网点从租赁到开业基本需要一年或者一年以上时间；三是我行相对农商行利率政策不灵活，利率调整周期长；四是农商行客户维护方式灵活，力度大；五是农商行产品推广政策足，比如社保卡营销可达每张奖励100元等；六是相对其他银行我行信息科技力量薄弱，基层IT配备不足，一级支行无专职IT人员，二级分行仅一位IT人员，且身兼数职，无信息科技部门，二级分行信息科技工作仅能勉强维持基本运维工作。

（3）从公司业务上看：我行公司业务起步晚，我行于2008年开办公司业务，大部分支行于2012年才开办公司业务，行政事业单位账户已在其他行开立，同时由于我行公司存款主要来源于行政事业单位，2015年实行机构改制，导致部分账户流失，我行公司存款占整体市场份额小。我行于2016年11月获取开办公司信贷业务，截至3月末累计投放公司信贷2.64亿元，授信行业为风电，对地方其他重大项目资金支持小，由于政府主要是按照金融机构对地方经济的贡献度进行存款匹配，导致政府不愿意提供存款支持。市场竞争大，由于其他金融机构与地方政府长期合作，已形成稳定的合作关系，加之政府出资凉山州商业银行和金信村镇银行，在新账户开立上，政府偏向地方银行，我行竞争力较弱。

在我们看来，分析优势劣势后需要把握的着力点是：

（一）展业的理念、建设和环境

凉山分行的分析正是从展业的角度开展的。值得注意的是“由于政府主要是按照金融机构对地方经济的贡献进行的存款匹配，导致政府不愿意提供存款支持……”，这一点从邮储分支行来说，是与地方政府关系上的劣势，换句话说，要避免这一劣势，就要加大对地方经济的支持，引人深思。

（二）找准与谁比较

优势劣势应是相对而言，重要的是“与谁比较”。我们认为处于基层的分支行，特别是处于农村的县支行，其优劣势首先要与原来的信用联社，现在改为农村商业银行进行比较，因为处于相同的时间空间中。经过调研，我们认为邮储分支行在农村，最主要的劣势是在网点建设、人力资源和历练功底等方面，不如农村商业银行。以四川凉山彝族自治州为例：在凉山，农村商业银行的机构网点 281 个，在岗员工 2 181 人，而凉山邮储的机构网点只有 84 个，在岗员工 376 人。重要的还在于由农村信用社改制成的农村商业银行，经历了几十年的历练，在展业方面有深厚的功底。他们在农村做了大量的与金融展业有关的基础性的工作，对每个农户建立档案：家庭人口变动、外出打工状况、家庭从业状况、人均收入、资产负债、诚信状况等。特别要指出的是几十年来，信用合作的思想已深入人心，广泛的人脉关系，覆盖面广的网点对开展业务锦上添花。可以说现阶段在农村，农村商业银行的优势是其他金融机构难以比拟的。具体情况如下：

1. 资金来源与运用比较（见表 1）

表 1 单位:%

	家庭个人存款占比	对公存款占比	同业存款占比	个人贷款占比
凉山邮储银行	81.64	18.28	0.08	72.07
凉山农商行	69.56	30.28	0.16	50.98

这表明：凉山邮储银行的主要的服务对象是吸收家庭个人存款，占 81.64%，向个人贷款占 72.07%，对公存款较弱仅占 18.28%，低于凉山农商行。但有的邮储银行公司业务占比较高，如绵阳地区公司业务占比 1/3，这与这个地区经济状况相关。

2. 盈亏状况分析

总的来说，经济较发达的地区邮储银行是赚钱的，亏损面小，如四川绵阳地区邮储下辖 10 个一级支行，下设 32 个网点，绝大部分赚钱，只有 9 个网点亏损，占 28%。但经济欠发达的地区情况就不一样。如 2016 年，凉山邮储银行的 11 个县支行中，有 4 个盈利 7 个亏损，亏损总额为 3 416 万元。由于 4 个支行的盈利总额为 4 006 万元，亏损相抵仍盈利 590 万元。值得注意是，在网点较多的地区，营业支出越多，人均亏损越大。在7个亏损的支行中，设有自营网点9个，员工130人，人均亏损1 56万元。对此，分行领导拟把那些亏损网点改为“轻型银行”。所谓“轻型银行”即把现金业务由柜员机替代，另外，根据需要配置自动生卡机、高速寄款机、CRS、VTM等。总之，以增添设备替代人工，节约成本，减少经营开支，以扭亏为盈。这自然是一种改进的思路。但在我们看来，减少人工成本只是扭亏为盈的举措之一。即使人工成本减少，未必就一定能扭亏为盈。对此，我们以凉山农商行为例做对比分析：凉山农商行其展业的对象也是“三农”和“中小”。其网点据我们调查也是近2/3亏损，但2016年却大量盈利，计3.2亿元。相对邮储来说，它的资产负债业务有30%以上的对公存款和有50%左右的公司业务，而邮储在这一年只有不到20%的对公存款和较少比例的公司业务。这就表明：能不能盈利，关键在于能不能取得低成本的对公存款，和能不能增大公司贷款的比重。再说，撤销亏损网点，改设“轻型银行”要增加设备投资。对此，还需要审查批准，花时间、精力和钱，而适不适应广大顾客需求，广大顾客能不能接受也需要观察。当然，也还有另外的选择。比如在一些地区也可以采取聘请专业人士代理业务的方式处理。

（三）是否实现了自己的功能，彰显了地位和作用

分析优势劣势，最终要考察是否实现了自己的功能，彰显了地位和作用。我们认为，邮储最主要的优势是国家或政府信用支撑，其资产负债的质量有国家或政府的信用作保障。邮储银行的存贷比较小，大体来说贷款占存款的30%左右，现金流充足流动性强，这是其他国有控股银行没有的，从某种意义上说也是优势。问题是，工作做到位没有？邮储银行，顾名思义它的功能就是要吸纳广大居民的储蓄。当代，广大居民的储蓄其含义在发展和变化，但货币资金的积累是其中之一。要考察邮储银行是否完全地实现了其功能，条件之一应当是要看是否把广大居民积累的货币资金都基本上吸纳进银行，并保障它的“三性”（盈利性、流动性、安全性）。这样来思考问题，在理论上需要讨论邮储是否名副其实，在实践中需要探索哪些事情该做。与此相关，需要讨论邮储银行的性质和特性。

三、性质和特性

在西方，国家储蓄银行产生较早，最早的储蓄银行起源于 18 世纪的意大利，随后，英、美、法等国都相继建立了储蓄银行，最早的储蓄银行是 1810 年成立的苏格兰储蓄银行。中国的储蓄银行产生较晚，中国第一家储蓄银行一般认为是 1906 年成立的“信成银行”，为清政府商务部官员所办。但它不是邮政储蓄银行。中国第一家邮政储蓄银行应该是 1930 年成立的“邮政储金汇业局”。中国邮政局创办于清光绪二十四年（1898 年），创办之时即办理了汇兑业务，继后又兼办了储金业务。但成立专门的机构办理汇兑储金业务，是 1930 年，名称是“邮政储金汇业局”。这一机构按照邮政储金汇业局的法规开展业务。其资金来源除吸收储金和汇兑资金外，还举办保险业务，有大量的保费收入。其资金运用除放款、贴现、购买有价证券外，还投资房地产。

重温这段历史是想表明：当代中国的邮储与历史上曾经有过的邮储在体制、运作机制、展业运作等方面有什么不同，有没有需要继承和弘扬的地方。

在调研中，我们发现邮储在人们心目中的形象浮于表面：政府公务员和同业认为，邮储吸收的邮储存款多，现金多、流动性强，同业拆借找邮储，卖出债券找邮储，流动性紧缩找邮储；工商企业家认为邮储与“工农中建交”没有区别，都是国家银行，哪家银行能贷款，就找哪家；老百姓认为邮储与邮政结合在一起，都可以存取汇，看哪里更方便不排队就到哪里。这样的认知是朴素的、自然的、表面的。也许他们不需要对邮储有更深刻的认识、了解。可是作为金融领域的从业人员，特别是高层，则未必妥当。

我们认为，中国邮储，它既是商业性金融机构，又是政策性金融机构。作为商业性金融机构与“工农中建交行”有许多共同的地方。如国家控股，中央银行供给基础货币、派生存款等。但也有不同的地方，“工农中建交”最大的股东是财政部派生的汇金公司，这就是说国家控股也就是财政控股，而邮储最大的股东是中国邮政集团，邮政集团既是物流业又是信息业。其性质可属于不同的政府部门，由邮政集团控股具有行业属性，只不过这个行业是国家机关的一部分。

作为政策性金融机构与我国其他三家政策性金融机构（中国国家开发银行、中国进出口银行、中国农业发展银行）与其他政策性金融机构相比，有共同点，即主要服务于政府政策导向和领导意图。但也有其不同点。邮储的网点遍及城乡各地，特别是广大农村，这是其他三家政策性金融机构不具有的。

邮储的商业性主要体现在它不仅是融通货币资金，而且通过它的资产负债业务和创造金融产品，把货币收入转化为货币资金，支持实体经济发展，满足人们金融消费，帮助人们的资产保值增值。换句话说，邮储与其他商业银行一样，有创造货币的功能（在中央银行提供基础货币的基础上派生存款）。

邮储的政策性主要体现在经营的目的、管理体制和监管层面。如果说商业性金融机构在经营中要赚钱，要追求利益最大化，则作为政策性金融机构的邮储，在经营中就不能追求利益最大化，一些业务只能“保本微利”，甚至即使亏损也要做，也就是说要体现它的“普惠性”。邮储是“普惠金融”集中体现之一。在管理体制中既有商业公司的色彩，也有行政事业单位的色彩。在监管层面，既要按商业银行的法规进行约束，也要按政策性银行的法规进行约束。也就是说，要有所区别，不能“一刀切，齐步走”，比如贷款规模的约束、风险的控制和准备金的提取和要求等。

我们这样认识邮储的“双重性”，是要表明：①邮储，既要进行家庭、政府融资，更要拓展公司业务；②邮储，既要服务于“三农”，也要服务于“社区”；③邮储的资产盈利利率相对较低是正常的，不能以此与其他商业银行攀比或相提并论；④靠邮储自身赚钱充实自有资本有限，需要有其他渠道和措施；⑤邮储的资产负债业务的发展与实体经济的发展相关，但不能忽视与政府的政策导向、人们的收入水平和消费倾向。邮储的展业，更要关注政府的政策导向、领导意图和现阶段人们的消费与储蓄的水平。

四、需要改进的问题和建议

在调研中，我们特别注重倾听基层的广大从业人员对邮储展业的意见和建议。通过会上座谈和会后交流，他们认为当前存在的主要问题是“决策链”过长，缺乏灵活性和效率。决策链长，有弊端比如会丧失机会，但也许能避免风险。因为它能延长决策的过程，观察事物的动向。但从提高效率、把握住机会增加效益的角度来说，我们建议把有的权力或决策适当地下放到一级分行，即省分行也是必要的。也可区别对待，对那些中央特殊开发的新区和“一带一路”相关的地区，针对需要赋予其特殊的权利或决策。

此外，我们建议：

（1）成立专门的机构，研究当代金融业的发展变化，特别是研究金融科技（FinTech）对金融业带来的变迁和影响。以及如何面对网络金融的挑战和冲击。

（2）要把推动电子商务的发展作为农村展业的重点之一。着力发挥邮政公司的物流配送优势和邮储银行有资金的优势，推动农产品进城、工业品和农业生产资料下乡。在这一方面，经过调研，我们认为还应与供销合作系统和农村龙头企业合作。当前县以下供销合作系统已经撤销，人走物留，有待恢复。在没有恢复前，我们建议，加快“邮掌柜”和“邮乐网”的发展，以扩大农产品进城和工业品下乡的覆盖面。电子商务的发展除了物流配送和货币资金供给清算配套外，重要的是信息的供需、预测和展望，需要及时、准确掌握、传递、利用好各种信息，必须有相关部门的配合和科学的分析。

（3）各级邮储领导要深入基层，紧接地气，调查研究，倾听各种意见，帮助解决疑难，肯定正确的做法，指明前进方向。特别是要鼓励他们奋进，不要安于现状，锐意进取。

（4）事在人为，调动人的积极性始终是重要的。在调研中，基层行提到职工退休的问题。少数民族地区（如凉山）人事管理部门发出文件，规定该地区公务人员可以提前退休（男 55 岁，女 50 岁）。对此，引起邮储职工疑惑，究竟是执行总行的规定，还是执行当地的规定？或由本人选择？领导人的考虑与当事人的考虑不同，它关系着每个人的切身利益，确定和明确职工退休政策，有利于调动积极性。

调研组组长：邮储银行外部监事，西南财经大学教授、博导曾康霖

调研组组员：西南财经大学副教授、博士潘席龙，已毕业研究生周适芬、仲崇岗，未毕业研究生黄萌、郑棣

2017 年 4 月

后危机时代变化与国际货币分析

——在西南财经大学国际金融研讨会上的发言

（2009 年夏）

我想讲两个问题，即后危机时代变化和国际货币分析。

要看到后危机时代国际经济、金融形势的变化。

这种变化，现在可以预见到的有：

1. 全球的经济增幅会降低

20 世纪 90 年代来，全球经济呈高速增长，很大程度上得益于美国的“新经济”和负债消费。美国家庭消费对经济的贡献度达 70%多。这场危机以后，美国家庭增加储蓄，势必减少消费，这种状况势必减少需求。美国经济占全球经济的 20%以上。所以，这种变化势必降低全球经济增幅。

2. 贸易保护主义势必抬头

尽管 G20 高峰会议、APEC 会议，各国领导人都在高唱贸易自由，反对贸易壁垒，但说是说，做是做。因为各国都有自己的利益。最近反倾销、加关税的事例主要针对中国大陆。在反倾销的案例中 70%针对中国大陆。美国商务部 11 月 24 日作出裁决，又对从中国进口油管及相关产品征收反补贴关税，最高达 15. 78%。这表明：一些国家极力限制中国出口。现在美国也在致力于“经济转型”，奥巴马 11 月 2 日讲美国经济增长要靠出口推动，要靠制造业推动，但能不能如愿以偿，要看美国经济的优势。美国经济的优势在第三产业，在服务业，在高科技，如果限制高科技出口，则怎样扩大第三产业、服务业出口呢？所以扩大出口是一厢情愿，保护自己排挤别人才是实质。

3. 经济全球化的进程较慢

经济全球化的进程较慢，其主要原因是全球的总需求缩减；世界经济的增速放慢；贸易自由额度减少。当前发展中国家与发达国家的利益诉求不一致，发展中国家要开拓市场、发展经济、增加收入；而发达国家注意环境保护，搞低碳经济，对发展中国家施加压力。这样，就难以达成共识，难以制定规则。明年的多哈回合谈判，能取得多大成效还是个不确定因素。

从金融方面来说，会发生或已在发生以下变化：

（1）国际储备货币多元化。多元化的含义：一是超主权货币，其中特别提款权受到关注；二是区域货币的发展，对美元形成挑战，美元储备将会减持；三是人民币区域化和国际化的进程加快。

（2）金融的传统业务受到重视，新兴业务受压制，与之相应的是金融机构结构的调整，规模大形成垄断不一定就好。在一些国家，大金融机构垄断金融市场的局面正在改变。英国有三大银行，即汇丰银行、苏格兰皇家银行和莱斯银行，现在苏格兰皇家银行和莱斯银行把它们的分支机构交给政府，由政府出卖，以偿还政府负债。

（3）金融监管加强，特别是对衍生金融工具的监管、对金融机构运作的监管。金融监管不仅是风险识别，信用评级，而且包括高管薪酬、杠杆化率等。金融监管加强，势必减缓金融创新的步伐，削弱国际之间资本流动。

基于金融危机给全球经济、金融带来的变化，两岸的金融合作：①必须以经济合作为基础，发展两岸的双边贸易；②完善货币结算方式，提高效率；③共同对付美元的持续性贬值。

一个国家的货币怎样才能成为国际货币？我结合欧元的状况，讲一点看法。目前世界的储备资产中64%是美元、27%是欧元、4.1%是英镑、3.3%是日元，四种货币加起来98.4%。

在对外贸易中，用美元结算的占88%。

有的国家除本币流通外，也有外币流通，其中美元占到60%~70%。

目前使用欧元的国家接近20个，绝大部分是欧盟成员国的成员，但也有欧盟成员国成员未加入欧元体系的，比如前东欧集团的波兰和匈牙利由于自身货币的汇率大幅波动，想投靠欧元体系，但欧洲央行和欧盟委员会采取拖延的态度。为什么？概括地说就是其缺乏经济实力，国家处于破产边缘。但也有例外，南斯拉夫分解以后推出了一个黑山共和国，黑山共和国原来使用的是德国马克，它随着马克进入欧元体系，但黑山共和国目前还未成为欧盟成员国。有人担心欧元区会破裂，关键在于怎样稳定欧元的币值，谁来主导稳定欧元的币值？

特别提款权是20世纪60年代IMF创造的一种合成货币，它的价值由一篮子主要货币决定。目前特别提款权价值的构成包含0.60美元、0.4欧元、18.4日元、0.09英镑。一个特别提款权相当于1.5美元。最初特别提款权是作为国际货币的共享货币存在的，但这只是一种理想，因为没有任何国家的资产在背后撑腰，因此不少国家仅仅把它视为计算单位，用于IMF与成员国之间的交易核算，这就是说它实际上是不流通的，不能作为国际之间的支付手段。

现在中国与不少国家签订了“双边货币互换协定”，自去年12月以来中国央行已经与6个国家签订了6 500亿元人民币的双边货币互换协议，也就是向别国提供人民币，继后，所在国用人民币来作为贸易结算。这样做，扩大了人民币的影响。别人也愿意这样做，主要是看到中国有两万亿美元的外汇储备，人民币币值比较稳定。一国货币的价值决定于两个因素，一是价格水平，二是利率水平。如果价格水平稳定，利率水平稳定，货币币值就稳定。价格关系着贸易交易，利率关系着资本流动。如果这两个因素现时是稳定的，未来又是可预期的，则这个国家的货币会成为国际货币。美元作为国际货币有历史的原因，主要是二战后全世界的黄金2/3集中于美国，美元与黄金挂钩，使得美元有雄厚的经济基础。再说美元作为国际货币是企业和投资者自由选择的结果。企业和投资者选择用什么货币作为计价、结算、储备，要考虑的因素有三：一是交易便利，二是网络效应，三是成本低廉。而这三个因素的成立，都要以币值稳定为前提。

历史的事实告诉人们，1968年以前美国的价格水平都是稳定的，与此同时利率水平也是相对稳定的。所以，可以说在1968年以前世界上好多国家包括欧洲的多数国家，都选择美元作为国际货币。国际货币的作用之一是为大多数国家提供定价水平，即为汇率水平提供“名义锚点”。比如以美元作为“名义锚点”则其他国家货币汇率的高低便钉住美元。斯坦福大学经济学家罗纳德·麦金农指出："在 20 世纪 50 年代至 60 年代，欧洲各国间汇率的稳定也主要是通过按照布雷顿森林体系钉住美元的简单方法实现的。"（《上海金融学院学报》2009 年第 2 期）但 1971 年布雷顿森林体系解体以后，以及 20 世纪 70 年代的石油危机，使得在 20 世纪 70 年代、80 年代美国价格水平不稳定，发生了通货膨胀，于是在欧洲的一些国家开始放弃美元作为国际货币，而倾向于德国马克。德国马克在一定时期主要是 20 世纪 80 年代和 90 年代，成为欧洲各国确定汇率的"名义锚头"。所谓名义锚头，也是在稳定币值中发挥着主导的中心货币的作用。

马克成为欧洲各国确定汇率的名义锚头，使得德国的货币体系很强劲，人们的交易和资产的持有偏好马克，马克便成了"无风险的资产"。这样，其他欧洲国家的货币体系处于弱势地位。在这些国家以本币计价买卖的金融产品风险较大，因为这些国家的利率波动较大，从而货币的供给、资金流动不确定的因素增多。这种状况一直保持到欧元货币体系诞生以前。

麦金龙指出：为什么欧元不能取代美元成为国际货币？那是因为"欧元的诞生发生在美国价格水平稳定、美元标准得到强化的时期。在这种情况下，一种刚刚出现在国际舞台的新货币，实在难以取代已经在世界货币体系中牢固树立了中心地位的美元"（《上海金融学院学报》2009 年第 2 期）。麦金龙指出："美国在 20 世纪 90 年代显著地恢复了稳定的价格水平。同等重要的还有价格水平的预期也恢复了稳定，表现为目前美国金融市场的名义利率水平大大低于 20 世纪 70 年代和 20 世纪 80 年代水平。"这表明金融市场上名义利率的高低是衡量货币价格稳定与否的重要尺度。

财富与债权债务关系

——在人民银行总行调统司天津培训班上的演讲

（2001 年春）

一、什么财富，怎样衡量财富的多少

什么是财富，大体说来有两种观点：一是财富是资源的存量，这里说的资源包括人力资源、物力资源和自然资源，它们的存量是指截至一定时点界上的价值；二是财富是资产的流量，这里说的资产是被人所有的财产，它的流量是预期的市场价值。这两种观点一是从一个国家的角度定性定量财富，二是从众多的市场主体的角度定性定量财富。二者不属于同一概念，前者是从总体上观察财富，称作总体财富，后者是从个体上观察财富，称作个体财富。

1993 年 9 月世界银行推出了衡量国家财富新标准，按新标准的规范，一国财富由三部分组成，即人力资源、物力资源和自然资源。人力资源的价值是指人作为劳动者所具有的生产能力，这种生产能力是人们的智力、体力的总和，人的教育素质越高，身体越好，生产能力越强。物力资源的价值是指已生产出来的产品和基础设施的价值，反映在每年新增加的国内生产总值中，但需要在国内生产总值中扣除折旧和资源的消耗后，才是国内实际产品和基础设施的价值。

自然资源包括土地、水源、森林、矿产等，它们的价值一般只能是估量。

这样来确定一国财富的标准，其意义是：①一国财富不只是年产出，还包括人力资源和自然资源，也就是把财富概念扩大到金钱和投资之外；②在衡量富裕程度时，要评估自然资源和人力资源的价值，也许它们的价值会超过物力资源的价值；③社会经济的组织者和管理者在选择社会经济发展的战略时，不能只考虑收入，而且要考虑到财富的消长。

按照这样的标准计量财富，世界银行1993年的报道是：世界上的国家排列在前十名的依次是澳大利亚、加拿大、卢森堡、瑞士、日本、瑞典、冰岛、卡塔尔、阿联酋和丹麦。这就是说，世界上最富的国家不是美国（美国排在第12位）而是澳大利亚和加拿大，因为在那里人口稀少，并拥有丰富的资源。

从众多的市场主体的角度定性定量财富，财富是所有者的资产，它包括实物资产和金融资产。这些资产有流动性与非流动性之分，流动性的资产置于市场之中，其价值由市场去衡量，非流动性资产暂时不置于市场之中，其价值一般由退出市场时的价值去衡量。但无论是前者还是后者，在市场经济中人们对资产的价值都存在预期，预期是对发展变化中的资产价值的认同，预期的价值如果实现了，则资产的所有者有两种选择，一是将它转化为货币，转化为货币实际上是以一种资产去代替另一种资产，得到了社会的具体承认；二是继续保持原有资产，也就是自我实现预期的价值，得到了社会的观念承认。

所以，在当代：①财富的多少不完全取决于对资产价值的评价，更重要的取决于人们对资产价值的预期，预期存在于市场，市场的兴衰荣辱决定着财富的多少；②预期是展望未来，未来的状况主要取决于人的大脑对新技术的开发和利用，由此能够说财富的创造不只是已有劳动力作用于劳动对象的过程，更重要的是人类对未来的开拓和进取。③持有的资产有没有价值取决于社会的认同，认同存在于时间和空间的变动中，因而政府、企业和个人财富的多少是个变量。

二、怎样评价中国的穷与富

1993年，国际货币基金组织IMF依据美国兰德公司的报告，说中国的GDP达17 000亿美元（是兰德公司计算的数据，与我国计算的数据有出入），人均GDP为1 500美元。以此，说我国跃居全球第三位。（美国、日本）不属于发展中国家，不属于低收入水平，不应享有发展中国家的优惠条件和待遇。对此，我国国家统计局新闻发言人发表声明，中国仍属于低收入发展中的国家。

兰德公司是怎样计算的，我们又是怎样反驳的呢?

国际之间经济实力的比较，有两种方法，一是汇率法，二是购买力平价法。汇率法，即把不同国家的货币折算为统一的货币。如 1 美元=8.5 元人民币。则把我国国民生产总值除以 8.5，即是以美元表示的我国 GDP。这种方法比较简单，容易计算，但有局限性。因为影响汇率变动的因素很多，特别是官方的政府干预，以汇率估计出的数据很难表明国内商品的国外价值。

既然如此，其折算又有什么意义呢? 仍然有意义：它表明一国的经济实力。这个实力包括，有多大的能力向外提供商品，有多大的能力对外提供资本，有多大的支付能力等。由此，我们说，这个方法有“对外”意义。

购买力平价表明，两种货币购买同一种商品的比例关系。如一双皮鞋，在中国卖 20 元人民币，在美国卖 4 美元，则人民币对美元的购买力平价为 5∶1，即 5 元人民币购买力=1 美元的购买力。但一个国家的货币购买力，不能以某一种商品来计算，而必须以多种商品计算。联合国搞了一个《国际比较项目》(ICP)，这个项目提出要以 151 类、1 500 种商品和劳务的价格加权综合指数比较。这些商品、劳务是人们经常购买并用于消费的，它反映居民的实际支出。因而，运用这种方法计算出的比例关系，更能真实地反映国与国之间的货币比值。

但由于各国的消费水平、消费结构、消费习惯、商品质量不同，因而不具有可比性。如果再加上价格扭曲，则计算出来的比例关系也很难真实反映国与国之间的货币比值。

美国兰德公司，是运用“购买力平价”计算中美两国货币的比值的。

我们怎么反驳 IMF 的呢?

(1) 各国的消费状况不同，选出的若干种商品，不能表明我国居民的消费水平。

(2) 一个国家的经济实力，不能仅以 GDP 衡量，还要包括社会文化、环境等多种目标。

我国当前的状况是：

（1）城市化的程度不同，农村占的比重大。

（2）在居民消费中食品比重大，恩格尔系数占50%以上（1992年广州为56.34%）。

（3）居民居住条件差。

（4）教育水平低，大专以上文化程度占1.4%，还有成人文盲15.9%。

（5）第三产业落后，不到30%（高收入国家为60%以上，中等收入国家为50%，低收入国家35%）。

（6）地区发展不平衡，发达地区与落后地区差5~6倍。

三、财富与债权债务

在个别财富中包含着金融资产，金融资产由钞票、存款、债券、股票、基金、保单等组成，它们由特定的主体供给，主要被广大的社会公众持有。持有者享有一定的权利，供给者要承担相应的义务，因而金融资产的经济学解释是：以信用为基础，以债权债务关系为纽带所产生的权益证明书，或者说，金融资产总是生活在债权债务关系之中。

这些权益证明书对需求者是资产，对供给者是负债，但在同一主体中会产生既是需求者又是供给者。这样，构成这一主体的财富的金融资产就只能是金融资产减去金融负债后的净资产，而不是全部金融资产。

如果以一个国家为主体，是这个国家的财富包括对外金融资产减去对外金融负债后的剩余，比如外汇储备。如果它表明的是对外金融净资产，则它应算作这个国家的财富。同样，如果以某个企业、个人为主体，则这个企业、个人的财富也只能是它们的金融净资产，而不是全部金融资产。

在一个社会共同体中，既有若干金融资产的供给者，又有若干金融资产的需求者，供给者供给金融资产权益证明书，承担义务，需求者持有金融资产享有权利，把它们权利与义务的关系置于一定的时空界限内考察是相互均衡的，也就是说能相互抵消的，这样，在这一社会共同体中，就不存在权利与义务的差额，进一步说也就不存在净债权即净资产。由此，能够说在这一社会共同体的财富中，就不存在以金融净资产构成的财富。换句话说，这个社会共同体中的财富就只能由人力资源、物力资源和自然资源构成。

但是，在信用制度发达的条件下，金融资产的供给与需求具有相对的独立性，它们的供给与对它们的需求，能够不完全决定于实体资源（人力资源、物力资源和自然资源总称为实体资源），进一步说，它们的供给量与对它们的需求量及其它们在市场中的价格，能够超过或低于实体资源的价值。在这种情况下，在一个社会共同体中，如果某一主体（如中央政府）凭借着它的权威和地位就能够超过它拥有的流动性物力资源，更多地供给金融资产。比如更多地发行国债，供给货币。由于中央政府提供的金融资产具有较大的社会公众普遍接受性和货币作为金融资产的吸引力，因而哪怕是过多的供给也能被需求者持有。这样，在这个社会共同体中，各个主体（包括地方政府、企业和个人）持有的金融资产就会相应增加，它们拥有的财富的总和就有可能超过物力资源总和（包括流动性物力资源和非流动性物力资源），相应地，它们拥有的财富就会超过这个社会共同体中物力资源财富的总和。

四、怎样看待 GDP

GDP 是二战后发展出来，开始只是用来当作政府管理经济循环的一项指标，后来变成了衡量国家是否进步的最重要指标。

有人认为用 GDP 来衡量有不少缺陷：①GDP 是一种产出，产出有好的，有坏的，“一视同仁”，不公平。②只讲产出，不讲耗费，只反映产出，不反映产出与财富的重组关系，在重组中，会导致产出增加，财富减少。③它只包括能够价格化的劳务，非价格化的劳务不计算在内，如家庭主妇的劳务，社会的义务劳动未计算在内，但应当看到，这些都是对社会的贡献。

由于GDP有这些缺陷，经济学家提出《净经济福利指标》《净国民福利指标》《净国内生产总额》，这些指标强调一个“净”字，就是要扣除成本。扣除哪些成本呢？①环境污染、交通堵塞产生的社会成本；②资源的耗损，如木材、石油土壤等的消耗；③野生动物的保护。现在的问题是如何扣除？环境污染有损人类健康，使人体体质的下降、疾病增加、医疗费支出的增加，能够用货币计算成本量。交通堵塞，减少了人们的休闲时间，（拥有休闲时间是所得，没有休闲时间是成本），资源耗损也能计算（市场价格）成本的，一般是恢复这项资源应付出的代价。有的消耗难以用市场价值计量，如保护野生动物等，就难以计量。

联合国开发计划署1990年提出了人力发展指标，这个指标是从人本观点出发的。其含义是国民所得达到一定程度后，对人类带来的福祉、效益会逐渐递减，因此反对以GDP作为国家最终追求的目标。人力发展指标的参数有四个：人均国民所得；人口平均寿命；成人文盲比例；学龄儿童入学率。高所得的国家，人力发展指标不一定高。如沙特阿拉伯，国民所得1997年排名41位，但人力发展指标排75位。加拿大每人国民所得排名第8位，但人力发展指标排世界第一。

联合国计划开发署1995年推出了可持续发展指标：这套指标极为复杂，包含四大类：一是社会；二是经济；三是环境；四是政府组织民间机构。这一指标体系的每一项都有三项内容：一是指人类行为中有哪些活动足以影响可持续发展；二是这些行为活动现状如何；三是目前有没有政策规范可以改善现状。概括地说，每项指标都要考察：有哪些活动影响可持续发展，现状如何，能不能得到改善。如社会指标中要消除贫穷，是失业导致的贫穷，有多少人失业，有多少人生活在贫困线以下，政府是否有政策改善这种状况。

五、金融是一个产业

（1）产业划分的三个标准。

（2）划分产业的意义在于：寻求内部结构的合理性；展望发展趋

势；协调这一产业与其他产业的关系；考察这一产业怎样推动经济发展和社会进步。

（3）金融业作为产业的特点。

（4）金融业的投入与产出：

①金融业的投入是金融业耗费的人力、物力，换句话说是金融业耗费的成本、代价。狭义的投入是从事金融业人员的付出，为金融业发展耗费的各种资源；广义的投入还包括金融业面临的风险以及遭受的损失。②金融业的产出狭义地说是金融业提供的金融商品、金融服务、金融信息、金融保障。广义地说，还包括金融业提供的维系社会秩序正常运转的制度、环境。

（5）金融业是先导产业：

金融业的先导性体现在：①价值的计量功能要靠币值稳定；②财富在很大程度上体现为金融资产；③生产要素的结合靠货币资金推动，而货币资金流动形成了一个庞大的市场，市场有巨大的推动力、吸引力；④金融安全维系着社会稳定、国家安全。

六、金融是现代经济的核心

（1）其核心不仅是对它地位和作用的总体评价，而且是对它的作用机制、发展变化的高度概括。

（2）核心既要从静态去理解，又要从动态去理解：从静态去理解，金融是国民经济机体的要害部位；从动态去理解，金融是国民经济运转动力的源泉、运作机制的出发点和归宿点。

（3）核心既要从积极方面去理解，又要从消极方面去理解：从积极方面去理解，金融能使人们发财致富、推动经济发展、社会稳定和进步；从消极方面去理解，金融能使人们破产倒霉、能使经济萎缩、社会倒退。

（4）金融这个核心的辐射具有迅速集中、曲折多变、灵敏度高、连带性强等特点：

①迅速集中，是指在极短的时间内占有或剥离大量资产。因为让

你在有条件承担负债的同时，能够让你大量、集中地占有货币资产或资产的索取权。

②曲折多变，是指对资产的价值评估变动频繁，由此能使资产拥有者的资产迅速升值，也能使资产拥有者的资产迅速贬值。因为资产的价值由市场决定，决定市场供求关系的因素很多，其中很大程度上取决于预期。

③灵敏度高，是指市场变化对金融变量和金融信息的反应敏捷。如某一种金融商品的市场准入或市场退出，它们价格的变动都会迅速引起人们做出不同的资产选择。

④连带性强，是指金融市场主体的行为都要涉及连锁的债权债务关系，因为金融商品总是生活在债权债务关系中。

七、最优货币区理论

最优货币区理论，最早是由蒙代尔（R. Mundell）在 1961 年发表的论文《最优货币区理论》中提出来的。当时思考这一问题的出发点是如何求得对内平衡和对外平衡。对内平衡是指既能充分就业又无通货膨胀；对外平衡是指国际收支平衡。蒙代尔思考这一问题悟出的道理是“需求转移”，认为国际收支不平衡、通胀、失业是需求转移造成的。他举例说，美国生产汽车，加拿大生产木材，当人们对木材的需求转移到对汽车的需求时，美国就会发生通货膨胀，加拿大就会发生失业。这种状况反映在国际贸易上，就是美国出口增加，加拿大出口减少，相应地美国进口减少，加拿大进口增加。怎样来避免发生这种状况呢？如果在浮动汇率制下，则通过调整汇率来解决，也就是使美元升值，加元贬值的办法来解决。美元升值不利于美国汽车出口，加元贬值有利于加拿大木材出口，这样有利于抑制对美国的汽车需求，增加对加拿大的木材需求。但这个办法付出的成本高，时效短，因为货币贬值会导致通货膨胀，货币升值会导致失业。而通货膨胀导致人工成本增加，出口产品成本增加，这样就抵消了货币贬值效应。再说货币升值，减少出口会使经济衰退，这样也抵消了货币升值效应。所以，在蒙代尔看来，虽然能够通过调整汇率来抑制对一种商品的需求，刺激对另一种商品的需求，但毕竟是“外生变量”。必须通过内生变量来抑制和刺激需求。

内生变量是什么，就是生产要素的自由流动。要使生产要素能够自由流动，汇率就要固定，固定汇率便于利益和成本的比较，有利于生产要素流动。在他看来，实行固定汇率既能避免由于货币贬值带来的通货膨胀，又能避免由于货币升值带来的失业，从而实现对内平衡。再说生产要素在区内自由流动，使需求在区域转移，也有利于外部平衡。总之，蒙代尔的“最优货币区理论”，它提出的背景是二战后实行固定汇率制与实行浮动汇率制的争论；它提出的假设条件是货币可自由兑换，生产要素可自由流动；这一理论的主要内容是在生产要素能够自由流动的区域内，不需要通过汇率变动去促使生产要素流动从而实现资源的最佳配置。因而，从理论上说，确立一种货币就够了。相反，在生产要素不能自由流动的区域，需要通过汇率变动去促使生产要素流动。总之，所谓的“最优”就是在这样的区域内，实行单一的货币制度，能够实现对内、对外两个均衡。

蒙代尔提出这一理论以后，麦金农等对其有所发展。但 1973 年布雷顿森林体系解体以后，由于浮动汇率制取代了固定汇率制，使得这一理论得不到实践支撑，从而沉寂下来。但进入 20 世纪 90 年代以后，随着国际之间的金融动荡，欧洲货币体系的形成，这一理论又活跃起来。特别是随着欧洲货币同盟的推进，使得蒙代尔成了“欧元之父”。蒙代尔本人也因此获得诺贝尔经济学奖。

怎样评价这一理论和欧元的实践？总的说来，**建立最优货币区必须是有条件的，主要条件概括地说是：生产要素要能自由流动，而生产要素要能自由流动，要有高度开放的市场，市场要高度开放必须充分发挥价格机制的作用，价格机制要能充分发挥作用，经济结构必须多样化，只有多样化的经济结构才能提供多样化的商品适应投资者的需求和消费需求。**

1999 年 1 月 1 日，欧元开始启动，表明欧洲走向货币联盟，建立统一的货币区。有人提出这样的好处是：能避免汇率风险，能节约交易费用，能减少外汇储备，能消除资本投机的影响等。但要看到建立统一的货币区是要付出代价的，最大的代价是成员国将不再有独立的货币政策，不能自主地调节货币供给量，进一步说也就是不能运用货币政策来抑制通胀和增加就业。此外，付出的代价还有：不能运用汇率政策来实现对内和对外的平衡。所以，欧元的诞生、欧洲货币联盟的推进、欧洲统一货币区的建立，实践效果怎么样还要拭目以待，有些什么矛盾会发生，需要解决，还要经受时间的考验。

八、怎样研究和运用 FIR

近年来研究金融问题引进了金融相关率即 FIR，用来衡量一国的经济货币化的程度和经济发展水平。但怎样科学地计算 FIR，这一比率能说明什么问题，不能说明什么问题都很值得研究。为此，我请教了虞关涛教授。他回信讲了他的意见，认为戈德史密斯的计算更科学、合理、有效，并指出了按麦金龙的方法计量的 20 世纪 90 年代中国的 FIR，大大高于美国的原因。感谢虞教授的热情支持和发表高见。但在我看来，还是存在怎样科学地计算 FIR？照戈德史密斯的原意，FIR 是指：“某一日期一国全部金融工具的市场总值除以该国有形国民财富总值，”有人把它概括为：金融资产与有形资产之商。按这一含义：分子、分母都应是存量，如用 M1 或 M2 或再加有价证券来代替“全部金融工具的市场总值”似乎还有距离，同样，如用 GNP 或 GDP 来代替“该国有形国民财富总值”也有距离。

数与数之间都可求得一个比率，问题在于，用这个比率来说明什么问题？我认为 FIR 除了说明经济货币化的程度外，还应用来说明：国民经济产出中以金融方式投入的程度；融资“机构化”的水平；储蓄与投资的分离度。如果用 M1 或 M2 与 GNP 之比，难以说明，则还应寻求另外的指标以度量。所以不仅要研究目标（要说明的问题），而且要研究方法（怎样说明这一问题）。

在研究方法中，既应向国际惯例靠拢，又应密切联系我国现实。对此，我指出以下问题供研究参考：

金融相关率：金融资产与有形资产之商

（1）一国有形财富由自然资源、商品库存、国外的净债权构成。一国的财富是用来满足人们未来的需要和欲望。一国财富被社会成员所占有，包括政府、企业和个人。

（2）就企业、个人而言，在计算他们的净财产价值时，要从其总资产中扣除他的负债。但除了净资产的价值外，企业和个人还会拥有“账面资产”，包括纸币、硬币、存款、债券、股票、基金、保险单等，这是对供给者如政府和他人的债权。

（3）如果把纸币、硬币、在央行的存款算做中央政府的负债，则在计算企业、个人（地方政府已纳入）拥有净资产价值时，不仅要计算他们拥有的国民财富的资产，而且要计算他们对中央政府的净债权（包括货币、在央行存款、财政部债券）。在资本主义社会，企业、个人及地方政府拥有的净资产都可概括为私人的净财富。如果中央政府的债务超过了实物资产的价值，则私人的净财富的价值超过国民财富。

（4）私人财富由两个部分组成：有形资产和政府债务。私人财富通过债权债务关系形成。促进形成这些债权债务关系的是金融中介机构。

（5）用金融相关率来分析一个国家的金融是否“成熟”，要知道金融是否“成熟”是许多经济增长的标志。戈德史密斯认为在经济增长的50~70年内，金融相关率持久的大幅度地上升，以后会稳定或下降，并指出稳定于1~1.5之间。他肯定美国现在的金融相关率仍保持在40年前的水平。

（6）麦金龙用M2/GDP表示经济货币化的程度

戈德史密斯FIR=M2+L（银行资产）+S（有价证券）表示金融与经济的相关度。

要研究金融资产的结构，谁持有的金融资产，以什么形态持有，金融资产形成的债权、债务关系。

居民、企业、政府、金融中介机构；货币金融资产；证券金融资产；贷款金融资产。

九、新货币经济学的提出及思考

20世纪80年代西方出现了新货币经济学。进一步说，是1982年美国经济学家罗伯特·霍尔（Robert E. Hall）首先提出来的。继后，布莱克（Fisher Black）和法马（Eugence F. Fama）与霍尔一样发表了类似的文章，讨论的主题是在完全竞争条件下，金融体系的运作模式。他们的代表性的观点，概括地说有：①法马的“分离定理”；②霍尔的“理想信用货币体系”。

法马的“分离定理”

这一“分离定理”概括地说：①把货币作为“记账单位”的功能与作为流通手段的功能分开，“记账单位”由某种“计价商品”来充当，流通手段可以是公司或银行的股票、债券，也可以不用统一的流通手段媒介而直接进行物物交换，还可以通过银行的“存款”账户的借记或贷记来完成，这样，价格水平便独立于金融体系之外，金融资产的多少，结构如何，不影响价格水平。②现有的金融体系并非是自然演进的结果，而是靠政府支撑的。如果市场走向完全的竞争，政府支撑就会削弱甚至消失，通常意义上的货币就不复存在，货币就会取消。

霍尔的“理想信用货币体系”

这一“理想信用货币体系”概括地说：①货币是政府的负债，政府有责任对所有的货币持有者（债权人）支付利息，支付利息的多少以国库券为尺度。②政府要提供一种“准备单据”，人们持有的货币能够与“准备单据”兑换，“准备单据”确定有利率水平，利率水平的变动与价格水平相适应。③价格不能固定不变，固定不变的价格是“无效率”的（他认为：如果价格固定，则产出对总供给的变化不会立即作出反应，也就是说在价格固定的情况下产出增加，总供给不会立即增加；如果价格固定，则产出对总需求的变化很敏感，也就是说在价格固定的情况下产出增加，总需求立即增加。但他认为这二者都是“无效率”的，因为前者反映资源的错误配置，无宏观效率，后者反映不必要的交易，无微观效率。为了实现宏观和微观效率，他主张要把利息的支付与价格水平的变动联系起来），为了适应价格水平的变动，稳定价格水平，要发挥利率的作用。④怎样发挥利率的作用，主张“利息差额指数化”。具体操作的方案是：当价格水平趋低时，需要减少人们对政府货币债务的需求，其途径是“扩大利差”，也就是扩大“准备单据”与国库券的利息差额，使持有“准备单据”的收益更低，以刺激人们放弃持有更多的“准备单据”用更多的货币购物，以刺激物价上涨；当价格水平趋高时，需要增加人们对政府货币债务的需求，其途径是“缩小利差”，也就是缩小“准备单据”与国库券利息的差额，使持有“准备单据”的收益更高，以刺激人们持有更多的“准备单据”，用更少的货币购物，以刺激物价下跌。

新货币经济学的观点早在资产阶级古典学派那里就有，从这个意义上说，它并不新。而之所以有人说它新，是基于时代背景：20 世纪 30 年代“凯恩斯革命”提出“需求管理”“相机抉择”的货币政策后，60 年代货币主义者又提出了稳定货币“单一规则”的货币政策，不可否认政府按照他们的主张采取相应的政策行为，对当时社会经济发展、通胀和就业都起到了积极作用，但到了 70 年代后，政府的政策行为却难如人愿，在西方国家的相当长的时期中“滞胀”并存。这样的时代背景引起了一些经济学家的思考：货币是难以驯服的因素，货币政策失灵，取消货币，实现单一的“记账单位”如何？他们认为“记账单位”完全能够由人来定义，如物理中时间、温度、能量、重量、长度的单位均是人为定义一样。他们认为货币无非是一个“单位”问题，“单位”是人为的、想象的，如非洲原始民族曼迪果人一直采用称为“马居奇”（Macute）的抽象的记账单位。他们认为货币消失以后，其主要优点是：①政府的特权被取消了，政府不能通过“铸币税”和“通货膨胀税”获得收入；②不存在基础货币和银行的准备金制度，也就不存在货币乘数和派生存款，这样就不存在货币的扩张和收缩；③不存在名义供给与实际供给、名义需求与实际需求之分，这样有利于供给与需求的均衡。总之，他们认为取消货币之后，就能消除现有货币体系的一切弊端。

新货币经济学的主张是一种“设想”，是一种“思想实验”，很难说有实践价值（据说在国际贸易中西方国家有“非现金交易的”，贸易差额由电子支付系统完成，还有资料说瑞士法郎曾在我国与东欧国家“以货易货”贸易中充当价值尺度，但它并不充当流通手段）。但值得我们思考的是：①在当代科学技术发展（特别是“网络经济”的出现）的条件下，货币经济会发生什么变化；②会不会削弱货币的国家主义，而让“区域性货币”产生和发展；③人类社会的发展、科学的进步，会不会产生“没有货币的金融学”。

十、导致金融危机的几种理论

1. 欧文·费雪的债务—通货紧缩理论

这一理论的核心思想是：经济繁荣时期为追逐利润“过度负债”，当经济不景气时，没有足够的“头寸”去清偿债务时，引起连锁反应，导致货币紧缩。其传导机制是：

为清偿债务廉价销售商品（导致）→廉价销售商品→存货减少，货币流通速度降低→总体物价水平下降→企业债务负担加重、净值减少→破产、失业→社会成员悲观和丧失信心→人们追求更多的货币储藏、积蓄→名义利率下降、实际利率上升→资金盈余者不愿贷出，资金短缺者不愿借入→通货紧缩。

对于欧文·费雪的“债务—通货紧缩”理论，后来的经济学家有了丰富和发展，主要有明斯基的“金融不稳定假说”、金德尔伯格的“过度交易”理论，以及沃尔芬森的“资产价格下降”理论、托宾的“银行体系关键论”。

2. 海曼·明斯基的金融不稳定假说

这一理论的核心思想是：怎样形成和维护现金流，如果现金流不能维护，金融体系就不稳定，就会导致金融危机。这种假说与费雪的“债务—通货紧缩”理论有其共同点，即金融稳不稳定，决定于资产的流动性。但其不同点是：明斯基把这种不稳定称作金融体系本身的缺陷，强调它的不可避免性。为什么不可避免呢？明斯基认为在市场经济中，各经济主体的理财有三类，不同类别的理财，其资产有不同的流动性。第一类是“套期保值”理财。这类理财，行为主体预测在未来的时期中有多少现金流入，有多少现金支出，以预期的现金流入保预期的现金支出，即所谓的“套期保值”。以这种方式理财，比较稳健，它主要靠自身的利润和能收回的债权求得资产的流动性，不靠负债，财务杠杆率较低。第二类是投机理财。这类理财，行为主体也预期现金流入和现金支出，但预期的结果保证不了支出，要保证支出必须借助于负债，这样就必须借新还旧来维持正常运转。第三类是“庞兹理财”。这类理财不仅仅是借新还旧，而且把“后加入者的入伙费充作先来者的投资收益”，这种状况用浅显的话来说就是：行为主体根本未赚钱，但为了欺骗、吸引“后加入者”，把“入伙费”（即后来者的投资）充当“投资收益分掉”，分给“先来者”。这种状况持续下去，债务累计越来越多，潜伏的危机越来越大。明斯基做这样的区分，其意义在于说明，在金融体系中有这三类行为主体。这三类行为主体随着经济的发展，第一类行为主体在缩小，因为他假定总利润=总投资，如果总利润减少，总投资便相应减少，在总投资减少的情况下，预期现金收入保预期现金支出是不可能的，要保持资产的流动性，只有依靠负债。第二类行为主体有发展的趋势，即靠负债维持其经营是不可避免的。第三类行为主体虽然不正常，但在市场竞争条件下，也总是存在。三种行为主体，三种不同的理财方式，使得负债经营、债务链的存在构成经济发展和经济运行的金融体系，在这种体系存在的状况下，一旦遇到经济周期，金融危机不可避免。所以，明斯基认为金融危机的发生是金融体系本身存在的脆弱性。这种脆弱性在于：债务链的存在，“一荣俱荣，一损俱损”；庞兹理财的存在，债务总是越累越多。

3. 金德尔伯格的“过度交易”论

金德尔伯格认为20世纪30年代危机的发生与危机前的“过度交易”分不开。所谓“过度交易”就是人们疯狂地追逐实物资产和金融资产，进一步说即投机家“急功近利”。这种状况必然导致恐慌和经济崩溃。

4. 沃尔芬森的“资产价格下降论”

沃尔芬森认为，当行为主体负债累累难以为继的状况下，必然降价出售资产，资产降价出售会产生两方面的效应，一方面是负债资产率（负债/资产）提高，另一方面使债务人拥有的财富减少，即按降价后的资产价格估价其净资产减少。这二者都削弱了行为主体债务的承受力，增加了它的债务负担。费雪曾指出“债务越还越多”，意思是：负债欠得越多其资产降价变卖越多，资产降价变卖越多，资产就越贬值，债务负担就越重。托宾也认为：在债务—通货紧缩的条件下，“债务人财富的边际支出倾向往往高于债权人”，因为在通货紧缩，货币升值的状况下，债务人不仅出售的资产贬值，而且拥有的资产也贬值。在债务人预期物价继续走低的情况下，变卖资产还债的倾向必然提前。

5. 托宾的“银行体系关键论”

这种理论认为：银行体系在金融危机中起关键作用。因为在经济繁荣时期，企业“过度负债”的状况下，既然发现已日益显露出来，银行为了控制风险，必然提高利率减少贷款。而这一点，费雪在“债务—通货紧缩”中没有提到，明斯基在“金融不稳定假说”中虽然指出“商业银行是天生的投机理财者”，但没有强调银行体系在金融危机中起关键作用。强调银行体系在金融危机中的关键作用，实际上是强调金融危机的“货币因素”。这里包括货币的供给和“最后贷款人”问题，即在发生金融危机的情况下，由增加货币供给，有“最后贷款人”出来缓解危机。

与这一理论相近的是沃尔芬森强调大型非金融公司的违约、破产对金融体系、对金融危机的恶化作用。他指出大公司负债过度，按“负债—通货紧缩”理论，必须更大更集中地使资产价格急剧下降，这种状况引起的连锁反应更大，震动更强烈，使本来已经脆弱的金融体系崩溃得更快。

6. 近年关于金融危机的理论的综述

近20年来（1979—2000年）关于货币危机的理论，有的学者归纳说有三类：第一类是所谓的“赤字论”。它是由克鲁格曼（Krugman）

等人提出的。他们认为：一个国家如果存在着大量的赤字（包括财政赤字和外贸赤字），为了弥补赤字，则国内的信贷必然过度扩张。信贷扩张，利率下降将诱使资本外流，而资本外流必然减少国家外汇储备。一旦外汇储备减少到某一个临界点，投资者出于规避资本损失（或获得资本收益）的考虑，就会向该国货币发起冲击（或抛售本币，抢购外币）。这样，在短时间内就会把外汇储备抢光，货币危机由此爆发，迫使政府最终放弃固定汇价。

这一类理论的假定是：货币能自由兑换，资本能自由流动，而且实行固定汇率制。换句话说，如果没有这样的假定，就不会引起上述那样的传导，也就不会带来危机爆发的结果。

这一理论的分析着力点，在于危机产生的原因。它把危机产生的原因归结为"赤字"。而进一步分析，为什么会发生"赤字"？是因为危机发生国的经济的基本面不好（如经济过热，结果失调等）。

这一类理论用来解释20世纪70年代末，80年代初"拉美"式的金融危机最有说服力，用来解释俄罗斯和巴西的金融危机也适用。

第二类是所谓的"博弈论"，它是由奥泊斯费尔德（Obstfeld）等人提出的。他们认为在资本市场上对于外汇的买卖有持有者，有卖出者，他们在买卖过程中形成"博弈"，参与这样"博弈"的既有广大的投资者，又有中央银行，由于各自掌握的信息不同，在"博弈"中有不同的行为选择，会形成"多重的均衡"。如果投资者的情绪、预期发生了变化，就会发生"从众行为"和"羊群效应"，推动着危机爆发。这种状况如像人们预期通货膨胀一样：当所有的人都认为要发生通货膨胀时，哪怕经济本身没有问题，人们一致提前购买也会使预期的通货膨胀变为现实。

这一类理论的假设同样是：货币可自由兑换、资本可自由流动、实行固定汇率制。

这一类理论分析的着力点同样是：寻找危机发生的原因。

这一类理论强调市场主体人的行为的作用，纳入人的主观心理因素，带有"市场投机"行为，一旦代表政府的中央银行在投机中失利，影响外汇储备，只好放弃原来的汇率制度，导致危机的爆发。

这一类理论适用于1992年英镑退出欧洲汇率机制的解释，当时英国面临着失业与汇率之间的政策两难选择，结果放弃了有浮动的固定汇率制。

第三类是所谓的“脆弱论”，即认为金融体系本身是脆弱的，如果再加上人为的因素，如“道德风险”“隐性赤字”“负担过重”，则会使金融体系本身更脆弱。在这种状况下，使得一国的经济容易遭受“自促成”式的冲击。比如投资者对投资的前景失去信心，大量的投资被撤出，同时向银行挤兑，货币不得不贬值；再如，企业的财务状况很困难，限制了企业的发展，为了寻求出路不得不抛售资产，迫使本币贬值等。

这一理论假设的前提条件和研究的着力点与上述两类一样。不同的是从金融系统本身寻找。

这类理论用来解释东南亚国家金融危机的产生是适合的。因为东南亚国家除泰国外，财政收支基本平衡，外贸赤字并不大，也不像英国那样面临就业与外汇政策的两难选择。东南亚国家的问题主要是出在金融体系本身，在这些国家金融机构大量投资，呆账、坏账很多，难以为继。

从以上三类理论的产生，可以看到理论来源于实践，理论的分析着力于发生的原因，理论的构架是建立传导机制，理论的模型注重因果关系，寻找各种变量之间的关系。

恭祝周骏老师九秩华诞

——贺词

敬爱的周骏老师，王老师，全家好！

值此您九秩大寿之际，我衷心地诚挚地向您及您全家致以热烈的祝贺！并祝福您健康长寿，学术长青！

七十多年来您从事教学和研究，为国家培养了大批专业人才，为推动和发展我国金融事业和教育事业做出了杰出贡献，是我国少有的金融学家、教育家。

您是中国金融学会下属专门委员会的负责人，曾带领同行和弟子深入实际调查研究，开展学术讨论，为我国金融调控奠定了坚实的理论基础。

您提出的“二元银行体制论”“资源配置必须两只手论”以及“货币政策目标选择论”等，仍然闪烁着光辉，不愧为“荆楚社科名家”。

我作为您的学生和同行能有机会拜读您的著述，领会您的思想，参与您和中南财大组织的活动，了然于心，收获良多，大有裨益。

当年同您一起参加学术研讨会，您总是放弃参观游览，夜以继日整理会上发言，给与会者系统地总结，呕心沥血，春风化雨，使人感慨至深，没齿难忘。您是我国最先获得博士指导桂冠的导师之一，当年总是带着弟子们参加会议，进行学术交流，尊师爱生，为我们后来者增强了自信，树立了榜样，彰显了成就。金融业界领军人物不少是您的弟子，弟子们为中南财大增光添彩，始终忘不了您这位德高望重的亲爱的老师。

令公桃李满天下，更有堂前满芳华。您治学严谨，为人高尚，站之弥高，仰之弥坚，润物无声，流芳千古。

西南财经大学

曾康霖

2017 年 11 月 25 日

学科建设与人才培养

金融学科研究的历程、范围和思路

——接受中国金融学会秘书处的采访

（2005 年元月 8 日）

谢谢你们的盛情！我为你们的研究提供一些想法，供参考。

一、我国金融学科的建设和发展

我国金融学科的建设和发展经历了三个阶段，即传承阶段、交融阶段和发展阶段。

传承阶段指中华人民共和国成立后到改革开放前（1949—1983年）；

交融阶段指改革开放后到提出建立市场经济以前（1984—1994年）；

发展阶段指提出建立市场经济体制以后至今（1995 年至今）。

须知在每个阶段中，我国金融学科的建设和发展，都有其丰富内容。

（1）第一个阶段，传承阶段。这一阶段中，主要是学习苏联教科书的那一套，着力于“姓资”“姓社”的评析：批资本主义的腐朽性和弘扬社会主义的优越性，而且把对金融学科的认识，基本上限于“货币流通和信用”，所谓“资本主义的货币流通和信用”和“社会主义的货币流通和信用”。

在这个阶段中，对存在的一些金融理论、金融现象采取批判的态度，比如通货膨胀，在批判时就指出它是资本主义特有的现象，有利于资产阶级，不利于无产阶级，也就是说指出这些经济范畴的阶级性、剥削性等。

所以这个阶段，我国金融学科的建设和发展处于一个“僵化”的时期，认识上僵化，思想上简单化，只有形式上的传承，谈不上发展。

但必须指出，在这个时期，中国的知识分子在“一边倒，学苏联”的同时，也深入地学习、研究马克思经济学的基本原理（其中包括金融理论、思想），并进行了解说和探讨。在这一方面，我和我的同事的贡献，集中于两本书：一是《资产阶级古典学派货币银行学说》；二是《马克思货币金融学说原论》。这两本书于 1984 年和 1988 年先后由中国金融出版社和西南财经大学出版社出版发行。前一本书系统地评价了资产阶级古典学派货币银行学说，为学习马克思货币金融学说的产生发展奠定了理论基础（详见《中国社会科学》1988 年第 5 期发表的李善明著：《评价金融学说的力作》）；后一本书系统地评价了马克思的货币金融理论，并在原原本本的理解原著的基础上，做了深入浅出的解读，以便于读者把握理解。

（2）第二个阶段，交融阶段。在交融阶段中，有几个重大课题的讨论值得关注，如：①要不要商业银行；②在我国商业银行中有没有派生存款；③存款是不是货币；④管住现金发行是否是银行工作的重点（所谓的“1∶8”规定）；⑤人民币是否是“劳动券”，或是否代表黄金的一般等价物，还是信用货币；⑥我国是否会产生通货膨胀；⑦银行信用是否是分配关系，为国家积累资金；⑧财政收支与银行信贷收支的关系，什么是信贷收支的真正平衡等。

对于这几方面的问题，我都发表了自己的观点和意见，集中体现在我写的《金融理论问题探索》一书中，这本书于 1985 年由中国金融出版社出版发行。这本书的内容请见《金融理论问题探索》一书的介绍。其中值得关注的是在书中系统地有深度地提出人民币是信用货币的理论，应当说这在我国是领先的，后来已被大多数人接受，并纳入教科书的内容中。

（3）第三个阶段，发展阶段。在这一阶段中，值得肯定的是，我国广大学者在学习、借鉴西方金融理论和思想的同时，密切结合中国实际，提出并建立了反映中国实际、具有中国特色的金融理论和思想。

在这一方面，我做的努力比较集中地反映在我写的《金融经济学》中，在这本书的《引论篇》“中国转制时期金融作用于经济的理论”中，我概括地论述了“十大问题”（详见该书59~74页），这“十大问题”是西方金融学中找不到的，是基于中国实际概括出来的，体现了从实际抽象到理性认识。此外，在该书《本体篇》中还讨论了金融业作为一个产业，它的特点、它能够产生的正负效应，它的投入产出及发展趋向等问题，这在国外的金融理论和思想中是少见的。在西方，金融业一般作为服务业来看待，纳入第三产业，但在发展中国家，金融成为经济的核心，金融业成为国民经济的先导产业，这必须从理论上重新认识。在西方，讨论货币政策和财政政策在宏观经济中的调控的配合作用较多，而讨论政策的替代作用较少，该书《互换篇》中论述了货币政策与财政政策的替代，通胀与失业的替代，提出了是治理通胀优先，还是治理失业优先，是强化财政政策的作用，还是强化货币政策的作用等问题，完全从中国的实际出发，不仅有实际意义，而且有理论价值，为改革和发展做了理论准备和决策参考（请参考相关媒体对《金融经济学》的评价）。

二、我国金融学科研究的范围和研究的思路

应当说我国金融学科的研究范围，在相当长的时期内囿于货币银行领域，这是受计划经济体制、传统的经济思想的影响。改革开放后，有所突破，但也限于四大领域即银行、证券、保险、信贷。这表明金融研究受制于我国金融业的发展和金融决策的需要。企业财务活动、家庭收支活动等均被排除在金融研究之外。

随着改革开放的推进，企业股份制改革的兴起，金融研究逐步深入到企业、家庭。在这一方面具有标志性的事件是1997年由西南财经大学、汇通银行、人行四川分行及《金融时报》四家主办的在成都召开的“金融学科建设与人才培养”高级研讨会上。在这个会上，学者们提出什么是金融，有没有宏观金融与微观金融之分，货币信用包括在金融体系中合不合理，怎样规范、拓展我国金融研究，以有利于人才培养等问题，会议的观点引起了国内同行的震动（请参见《金融学

科建设与发展研讨会摘记》和西南财经大学出版社出版的论文汇编《金融学科建设和人才培养》）。我在这方面的贡献是：

（1）论述了现代金融与传统金融的分界线和标志，并指出现代金融被认同的时代背景和客观依据。

（2）论述了货币流通与信用包含在金融中的合理性和局限性。

（3）提出了中国金融学科建设与西方现代金融学科的衔接和包容。在这一方面，强调研究宏观金融要以微观金融为基础，研究微观金融要以宏观金融为导向（以上三点请见相关资料）。

三、当代金融学科研究和金融思想的发展趋向

（1）围绕着金融资产选择⟶金融市场变化⟶金融风险转移

对此，相应地产生了数理金融学——行为金融学——工程金融学。

为此，要着力研究机构与市场的互动、互支、互补、互替的关系。

为此，要着力研究各种金融变量之间的相关性和相斥性以及金融变量与经济变量之间的相关性和相斥性。

（2）关注当代金融理论和技术与其他学科的交叉融合

其中值得关注的是：与数理经济学的交叉融合；与心理学的交叉融合；与法学的交叉融合；与消费经济学的交叉融合。

（3）研究资源配置，特别是我国的金融资源配置的集中性和垄断性。

（4）研究金融与经济的分离，即考察金融的相对和绝对的独立性。

（5）研究虚拟经济的生命力和运作机制。

（6）关注金融概念的丰富和发展，以及金融业功能的定位、变化。

以上6点请参见我提供的几个附件。

四、中国金融学科，它的理论和思想要有自己的框架，不能“人云亦云”

外国人想到的，中国人也能想到，甚至比他们想到更多；传统的金融经济理论需要再认识；社会科学包括金融学科的研究要在特色、气魄、创新上下功夫(以上内容请见附件)。

你们给我提出的三个问题，我在2003年1月29日在《中国教育报》“学园访谈”栏中已有回答，请见相关报道。

再论金融学科建设与金融人才培养

金融学科建设是金融专业设置的理论基础和发展导向，而金融专业的设置是金融人才培养的规范和摇篮，它们相辅相成，互相推动，共同发展。

一、金融学科建设要依托于金融业发展

讨论金融业的发展，首先要考察金融业存在的社会价值。评价社会价值取决于人们的价值观。当代，人们对金融业存在的社会价值的评判，更多的是基于功能观，比如融通货币资金、服务支付清算，买卖金融商品有利于人们进行资产选择，实现金融资源优化配置等。这样的评价结合了现实，人们容易理解、也容易接受。

但是，我们要看到，当代金融不仅有上述功能，而且还能产生预期效应、回避效应、替代效应和关联延续效应。买卖金融商品期货、期权，适应人们的预期心理，合约到期可交易，也可不交易，实际上是为人们创造条件，回避风险、减少损失；各种货币之间，货币与有价证券之间能够替代，替代实质上是以一种契约关系取代另一种契约关系，所产生的新的契约关系能够改变人们的观念，支配人们的行为，改变资产资源的配置，同时，还能够改善金融环境，赋予人们信心；关联延续效应主要体现在信用消费中。信用消费实际上是“寅吃卯粮”，“寅吃卯粮”不一定不好，它能产生动力、激励机制，推动人们奋发。我国一些企业正在试行或准备试行的期权报酬制度，其实就是金融关联延续效应发挥作用的一个典型例子。

金融的这四个效应，怎么进行理论解释？如果仍用功能观去解释，似乎简单化，因为功能是现实的，是主体对客体产生的影响，而这四个效应不完全如此，它涉及未来的、自身的和可权衡的、可选择的（如金融期权）等。

结合我国的现实，当前讨论金融业的发展，应关注以下问题：①人口增长、就业压力增大与金融业发展。②人口老龄化与金融业发展。③中小企业生命周期与金融业发展。④收入差距拉大与金融业发展。⑤社会收入阶层变化与金融业发展。

这五个问题归纳起来，就是社会的进步、发展使得金融业的定位需要重新界定。社会的进步和发展要“以人为本”。“以人为本”重要的是提高人的素质，为他们创造更多的就业机会。为此，金融不仅要大力支持各种教育事业，而且要全力支持中小微企业。中小微企业是社会发展的中坚，国内外都如此，概不例外。可是，我国金融业发展的现实，依然是偏好那些大的企业。这是否符合社会发展的要求，值得思考。其实，大不等于强！①

从金融业自身说，讨论金融业发展，要关注以下问题：

（1）我国金融业的垄断问题。不少人把银行纳入垄断行业，指责管理层甚至一般职工收入过高、不合理，如何认识？

（2）我国金融业的雷同问题。不仅组织形式雷同，运作机制雷同，管理办法雷同，而且监管机制也雷同。这样的局面要不要改，要不要多元化？

（3）我国金融业要不要作为一个服务行业来对待。服务该收费，这本来不是一个问题，却成了当前争论的大问题了，为什么？在理论研究上、舆论导向上有什么误导，在制度安排和文化背景方面有什么偏差，值得反思。在相当长的时期中，把银行说成“国家的银行”“政府的银行”，可能是误导。

（4）我国金融业的发展是否过多、过头？有人提出，我国银行已发展过多、过头，金融市场这个“蛋糕只有这么大，大家抢着吃、分

① 本文作者之一曾康霖在《中国金融》上所论述的“扶贫金融”，在《光明日报》上所提出的“金融在缩小收入差距中有何作为”，均对这些问题进行过考察和阐述。

着吃”。有人提出，我国缺乏真正的民间金融机构，大小金融机构都以政府为背景，这符不符合事实，要不要发展、调整，怎样发展调整？还有哪些方面不协调，都需要研究。

二、金融学科建设要注重学科的区分

学科是学问类别的标识，其含义有：存在时间、空间（存在的条件）；考察的对象、范围（总体与结构）；知识要素和理论脉络（概念与体系）；研究方法和范式（定性与定量）。学科建设需要讨论的问题是：存在的时间、空间有何变化；考察的对象范围有何拓展；知识要素和理论脉络有何创新；研究方法和范式有何改进。

结合我国实际，讨论金融学科的建设，在当前需要关注以下三个问题：

1. 金融学科究竟属于经济学还是属于管理学

管理是协调人、物、事之间的关系，目的是发展集体效力，具有较强的技术性和实践性。管理学应当是对这种技术性、实践性的理性认识、行为规范和职能定位，强调的是运用。经济是人们从事创造、分配、交换、消费物质财富和精神财富的活动，目的是提高效率，具有较强的认知性和导向性。经济学应当是对这种认知性和导向性的理性认识和模型设计，强调的是规范。金融学科属于哪一类学科，主要看它的活动，是技术性和实践性强，还是认识性和导向性强？我们认为，当代金融活动的技术性和实践性较强，向管理学靠拢的趋势明显。

但现阶段，教育系统对学科的划分似乎不是以这样的标准。它把金融、保险、财税、投资、外贸等都纳入经济学。给人的感觉是与政府决策、宏观调控有关的学科大多纳入经济学。而管理学则属于研究微观主体局部行为的学科。

2. 金融学科能否成为一级学科

能否成为一级学科：一要看学科的发展；二要看时代的需要；三要看有没有二级学科支撑。

（1）当代金融活动具有相对的甚至完全的独立性。也就是说金融活动与实体经济活动的关系不直接、不明显、甚至无关。

（2）科技的发展、社会的进步、财富的增加、收入差距拉大，人们的资产选择和安排要做出新的解释。

（3）金融的二级学科可列出：货币金融学、金融法学、金融史学、金融计量学、金融工程学、金融管理学、金融社会学。

3. 当代国内外金融学科的推进和发展

看待国内金融学科的推进和发展，有几点需要达成共识：

（1）在学术研究中提出一个新观点、新模式、新理论，也许有利于推动学科发展，但并不等于学科发展本身。学科发展应有理论体系和技术体系。

（2）学科发展必须在继承和评论前人研究成果的基础上“承上启下，继往开来”。

（3）学科发展要与时俱进。当代各国几乎都选择市场经济制度，崇尚改革开放，经济全球化、区域化、金融一体化。在这种状况下，金融学科的发展呈国际化趋势。当代国内外金融学科的推进和发展呈现出什么样的路径呢？一般认为，是按照“理论金融学→数量金融学→行为金融学→伦理金融学”的轨迹来发展的。①

我国金融学科研究的倾向，大都模仿、借鉴、移植、套用西方的理论和方法，总结升华自己的较少。研究的内容侧重政策解释、对策研究、部门之见、集中重复（宏观调控、风险、危机、安全）。对金融资源配置效率、融资模式选择、理财保值方面的研究较少。

当代经济学研究，纳入了社会学、心理学等因素，并对假定条件做了修订。如理性人假设、有效市场假定已逐渐被取代和否定，这对金融学科的建设和发展有重要影响。

---

① 有媒体报道，比尔．盖茨把他的财富捐赠给慈善机构，为社会做公益事业，被学术界认为是美国社会的一种重要的文化变迁，在造福人类的同时，完成自身的精神升华。阿里巴巴共同创始人马云和蔡崇信捐出持有的部分阿里巴巴期权，成立了一只个人公益信托基金，着力于医疗、环境。

三、金融学科建设既要结合我国实际又要立足人才培养

金融学科怎么发展，有待其他学科发展的配合，有待市场经济体制的建立。既要继承传统，适应我国现有体制，又要改革开放与国际接轨。从道理上说，理论研究、学科建设要适当超前，但路要一步一步地走，要结合中国现实，学科建设中的“拿来主义”不是最佳的选择。此外，学科建设还要考虑师资队伍的适应程度、学生的接受程度、实际部门的运用程度。

从我国现实出发，金融学科建设要坚持以下原则：①基本理论不能削弱。②要注重总结国内外的金融实践，使之升华到理论。不能认为“老外”比我们中国人聪明，更有智慧，不能认为只有他们提出的观点才算理论，我们就只有跟着别人走，引用别人的。我们同样有思想、有智慧，只要善于观察并下一定的功夫，实践能升华到理论，关键要解放思想、实事求是。在学科建设上，要反对“崇洋媚外”，但反对“崇洋媚外”不等于排外。③学科建设要站在前沿。什么是本学科的前沿？不能认为别人有的，我们没有，是新东西就是前沿。是不是前沿，在于它是否为当代社会经济中存在的、又急于作出回答的热点问题；在于提出有价值的先知先觉的理论。按这两条标准，在现阶段金融领域称得上前沿问题的有：21世纪是否是通货紧缩的世纪；货币制度能不能、会不会走向统一，货币区域化、全球化的前景；基金的兴起能否取代商业银行；政府运用货币政策对宏观经济的调控要实现的目标和可采取的手段有什么变化；互联网技术在金融领域中的地位和作用；金融监管的发展趋势，在经济全球化、金融一体化的局势下，国内外怎样有效配合；在金融领域中，垄断与竞争的关系如何处理；金融危机损失的社会负担；信用制度建设，等等。

从人才培养的角度说，需要解决好以下五个问题：

1. 学科体系不等同于课程体系

我们的理解，学科体系应当是这一领域理性认识和技术规范的系统化。将这一领域的理性认识和规范技术的相当部分分类重组，应用于课堂教学与培养人才，才能构成课程体系。

2. 学科建设不等同于人才培养

不要局限于学科体系去培养人才，换句话说，培养人才要跳出经济学与管理学的思维模式。人才重要的是在实践中培养，课堂上只能奠定基础。我们对课堂教学的功能要定好位。如形象的树立、工作技巧、适应能力、应变能力，等等，大多要在实践中得到锤炼、得到提升。

3. 学科建设要处理好通才教育与专才教育的关系

现阶段，有的学校提出培养通才，这样的提法有淡化专业的色彩。专业还是需要强调的，特别是对于金融、财务这样的应用特色比较突出的学科专业，应当提倡培养综合型的专门人才。综合型的专门人才，集中体现在能力方面，比如应变能力、交往能力、理论联系实际的能力。但也要分层次，具体地说，在教学上，本科生要选好教材，培养他们进行课程学习、系统地吸收消化前人知识的能力；硕士生要在本科生的基础上培养他们具有明辨是非，有自己的见解，能够承担研究问题的能力；博士生要在硕士生的基础上，具有善于发现问题、研究问题、解决问题的能力。

4. 要把货币金融学与金融管理学区分开来

从金融教学的角度说，为适应形势发展的需要和从我们现有状况出发，前者属宏观经济学的范围，后者属微观经济学的范围。把金融学纳入管理学科符合金融业发展的趋向，也是社会对金融企业作用的认同。也就是要增加微观主体自我运作、自担风险的理念和知识的教育。我国高等教育已经进入大众化，这个时代需要让更多的人有机会接受基本素质的训练和专业、文化教育。过去认为大学都是培养高级专门人才和专业人才的思路要调整。社会经济的进步和发展需要高级专门人才，也需要中级和初级的各种专门人才。

我国正在建设社会主义市场经济体制，在理念上要弱化“权力经济”，要减少由政府“包”，要消除“吃大锅饭”和依赖政府的思想。具体地说，在金融专业中，有四类课值得开设，即金融市场管理学类（含微观与宏观）、金融商品交易学类（含资产选择）和金融机构信用评级学类、家庭理财学类。这四类课与金融工程有联系，但不同于金融工程学。它兼容了理论经济学、心理学、管理学、伦理学、法学、数量经济学等内容，可以说，这四类课是交叉的相关学科的凝结。

5. 金融学科建设要在措施的有效性上下功夫

一要充实和建设师资队伍，培养学科建设带头人，师资队伍有进有出，优胜劣汰，人才流动。二要加强与国内外有关学校的交流合作。交流合作不能只是派人访问、座谈，要共同承担科研、教学任务。三要密切同实际部门联系与合作。目前，我国金融机构繁多，金融领域中存在很多有价值的研究课题，很需要相互合作、取长补短，有益于金融学科的发展，有助于推动改革开放。

四、金融人才培养要分层次

讨论金融人才的培养，应当科学地看待金融这个产业。换句话说，不了解金融是什么样的产业，就难以把握需要什么样的人去拓展，去推动，去管理，去经营。所以，讲金融人才培养，必须从金融这个产业说起。产业是由若干企事业单位组成的。什么样的企事业单位算金融机构，什么样的企事业单位不算金融机构？这不仅关系到功能定位，业务的发展，而且关系着市场准入和退出必须具备的条件，由谁来管理。过去，把我国的金融机构分做四类：即银行、证券、保险、信托。当前，为了推动金融业的发展，各式各样的金融机构不断涌现：如小额贷款公司、各种基金公司、投资公司、金融投资咨询公司、担保公司、典当业，等等。这些机构都是金融机构吗？都属于第三产业吗？要大力发展金融业，发展第三产业，都要包括它们吗？由谁来推动，谁来管理？不仅要落实当事人，而且要有规章制度约束，要有法律规范。没有规章制度约束，没有法律规范，就要乱套，就会无序，就会搅乱金融秩序。比如现在我们强调加强金融监管，就需要正视金融监管的薄弱环节。小额贷款公司，谁来监管？金融投资咨询公司，谁来监管？典当业，谁来监管？这些都是问题。

概括起来说，就是金融人才培养，首先需要考察和判断社会有些什么样的金融机构，这些金融机构的功能是什么？要什么样的人去规划，去调控发展，去经营管理，去监督服务。

1. 金融人才的需求具有层次性

讨论金融人才的培养，需要把握金融人才的需求。对金融人才的需求，不仅有量的问题，而且有质的问题。结合我国实际，为了推动金融业的健康发展，不仅需要高级金融人才，而且需要中级、初级金融人才。什么是高级金融人才，什么是中级、初级金融人才？可以讨论。这不能简单地从学历、学位上去划分，要从视野和能力去划分。不能认为高等学校培养的，取得博士、硕士的就算高级，职业技术学院培养的就算中级、初级。从视野、能力上去划分需要考虑的是：高级金融人才需要具备哪些视野，哪些能力？中、初级金融人才需要具备哪些视野，哪些能力？

高级金融人才应具备国际的视野、关联的视野和超前的视野。国际的视野，就是能够看到国际之间政治、经济状况的变化对我国经济、金融的影响。比如，美国量化宽松货币政策的推出，欧元区的债务危机，会不会、怎样影响我国。关联的视野，就是国内其他领域的发展、变化，怎样影响金融业？比如，出口导向的弱化，地方政府融资平台的兴起，各地大搞基建，修路，怎样影响金融。超前视野，就是先知先觉，在问题没有发生以前就看到了问题。比如金融危机还没有波及我国以前就看到了金融危机将要对我国产生严重影响。2008 年那场危机，我国实际上是反应滞后的。这场危机即次贷危机始于 2007 年 9 月，当时在美国已经显现了。但在我国当时没有引起人们的高度关注。有人还提出对我国没有多大影响，舆论也没有怎么报道。后来，即 2008 年 9 月美国的五大投资银行垮台（雷曼兄弟破产，美林、贝尔斯登被收购，高盛和摩根士丹利被迫转型），全国最大的保险公司 AIG（国际保险公司）破产，商业银行盈利下降，日子难过，这种状况下，才觉得“狼来了”。这表明要先知先觉不容易。高级金融人才，高在什么地方？高就高在有国际的视野，关联的视野，超前的视野。除了这些方面外，还需要具备一般从业人员不具备或不需要具备的能力。

对于这方面，可概括为：交往能力，协调能力，吸纳知识的能力，反思的能力。也就是说：高级金融人才要善于交往，从人际交往中，观察世界；高级金融人才要善于协调，从协调关系中，摆正自己的位置，理顺与各方的配合度，高级金融人才要不断丰富、更新知识，怎样丰富、更新，那就是从活生生的实践中、书本上学习；高级金融人才要善于反思，也就是说要善于反思过去说的、做的、正不正确？成功的方面、不成功的方面？只有善于反思的人，才是聪明人。

中级金融人才，在质量上应有哪些要求？应有什么样的视野和能力，必须确立，需要讨论。浙江金融职业学院的办学思路是：立足大金融，面向大市场，面向基层一线，培养实用型人才。对学生提出沟通能力、动手能力和实用能力。特别是强调职业道德，要有敬业精神、团队精神和求索精神。我们讲这些，主要是想说明：金融人才是有差别的，不同层次的人才有不同的质量要求，不可能都是一个样。

2. 金融人才的供给也需要分层次

以上我们提出高级金融人才应有的视野和能力，但这些视野和能力的具备，有的需要在学校培养，有的在学校难以培养，要在实践中磨炼。这给我们提出一个问题，即在高校，金融专业的教学中，怎样分层次？

大体说来，我国高校中金融专业的教学层次，分为本科、硕士、博士三个层次。在本科的四年中，第一年是通识教育，目的是扩大知识面，增强人文社会科学方面的修养，第二、第三年进入基础课和专业课的学习，最后一年是生产实习、写毕业论文、找工作或准备研究生考试。有的学生为了有利于找工作，还去考相关证书。在这种状况下，不可否认在高校削弱了基本理论、基本知识、基本技能的教育和培养。

在硕士生的教学中，存在着在本科基础上拓展的情况，即本科未学的课程，在硕士阶段学。特别是引进西方的一些新兴课程，如金融工程、固定收益债券等。

在博士生的教学中，强调高级，着力数理。有的学校规定如必须通过高级宏观、高级微观、高级计量经济学的考试，才能开题，进入写博士论文阶段，而专业课的学习，强调自学，阅读经典文献，老师专题讲授。这样的教学状况，质量怎么样？效果怎么样？需要检验，可以讨论。

我们认为，这三个层次的教学，需要区分，需要规范，需要有侧重点。我们的基本思想是：本科不能忘了加强“三基”，即基本理论、基本知识、基本技能。所谓“三基”当然可以讨论，在我们看来金融领域的重要的基本概念要搞清楚，不能似是而非，不能囫囵吞枣。比如货币、准货币、货币替代品、特别提款权、世界元等基本概念，再如中央银行的货币政策宏观调控的真正含义是什么，等等。基本知识方面，比如 CPI 是怎么统计出来的，它包括了什么？不包括什么？以及国民经济中的一些指标的真正含义，比如 CPI 中所谓的“翘尾巴的因素”占百分之几，是怎么算的等。至于基本技能，我们觉得作为一个本科生，毕业出来起码要看得懂企事业单位的报表。有一种意见，说现在的网络技术发达，年轻人脑袋灵，不少知识在网上查看都能找到。事实确实如此，但能找到了是一回事，懂不懂是另一回事，而且懂了是否准确地把握又是另一回事。所以，我们主张本科教育要加强“三基”，必须发挥老师的主导作用。

硕士生的教学，应在本科的基础上，主要向横向发展，适当纵深；博士生的教学，在硕士的基础上，主要向纵向发展，争取站在学科前沿。在教学上，本科生要选好教材。培养他们进行课堂学习，系统地消化吸收前人知识的能力；硕士生要在本科生的基础上培养他们具有明辨是非，有自己的见解，能够承担研究问题的能力；博士生要在硕士生的基础上，具有善于发现问题、研究问题、解决问题的能力。

五、学科建设与人才培养要建立在金融研究深化的基础之上

近年（2008—2013 年）我国金融研究有长足进展。在宏观金融研究方面主要有：着力探讨了货币政策调控适时、适度、灵活，研究了金融风险的可控性以及怎样防范系统性金融风险。同时试制了《国家资产负债表》，测度了国家的承债能力，关注了我国是否存在主权债务危机。中观金融研究方面，主要有：着力研究了金融资源配置方面的结构性矛盾、商业银行的表外业务、影子银行、惠普金融、网络金

融等。在微观金融研究方面，主要有：着力研究了金融产品创新、金融消费、家庭理财和私募基金等。此外，在研究思路和范式上，也有发展。在借鉴国外的研究范式、模型的基础上，有所前进、有所创新。

但是近年来，我国的金融研究也存在着一些问题：①多囿于国内现状，少对国外的金融状况进行研究，特别是缺乏对发展中国家和新兴经济体的金融状况的研究。②多囿于正面的对策研究，缺乏回顾、范式、讨论式的研究，特别是具有瞻前顾后的战略性研究。③多囿于务实性的研究，少有建设性的理论研究，特别是缺乏系统性的理论研究。④多囿于国内经济与金融的互动（经济决定金融，金融反作用于经济）研究，特别是少有交叉学科之间的研究。⑤多囿于服务于权威部门（如政府）的研究，少针对、服务于广大公众和不同群体的研究。

在当代，金融业不仅仅是融通货币资金，而且是推动社会经济发展不可缺少的产业。这样的产业，以信用为基础，以货币、有价证券为载体，以科技为支撑运作，广泛深入地影响到人们的物质生活和精神生活。可以说，没有金融业的存在和发展，人们就难以生活、生存。

在这样的时代背景下，怎么推动金融研究？

（1）要研究金融业怎么推动社会的进步和发展。社会的进步和发展必须要公正、公平、正义。为此，要研究金融在维护公众利益，在实现就业、收入及分配等方面的功能和作用。

（2）要研究金融业怎样服务于提高人们的生活质量。提高人们的生活质量，包括优化环境、养老、社会保障等。金融在推动这些方面是怎样作为的，特别是在人们的养老方面怎样大有作为。

（3）要研究金融业怎样服务于不同的群体。如怎样帮助人们进行理财？怎样摆脱“中等收入陷阱”，怎样运行“普惠金融”制度等。

（4）要研究大国金融。特别是像中国这样的发展中大国的金融制度、金融运作的特殊性，它既与发达的市场经济国家有相似的一面，又有不同的一面。

（5）国际金融研究绝不仅是汇率调控和支付体系建设问题。要研究国际之间的资金流动，要研究金融政策、金融市场、金融风险的相互影响、传导、利弊得失。

（6）金融研究要有宽松的政治、经济、文化环境，要有争论，要有思想碰撞，要发挥集体的思想、智慧，要协同创新。最后，需要强调的是，金融研究和学科建设需要靠长期的积淀，不能揠苗助长。

参考文献：

［1］曾康霖，马骁．金融学科建设与金融人才培养［M］．成都：西南财经大学出版社，1998．

［2］黄达．金融、金融学及其学科建设［J］．当代经济科学，2001（7）．

［3］王广谦．正确定位加速金融人才培养模式改革［J］．中国高等教育，2001（22）．

［4］邱兆祥．学科建设与人才培养——经济金融学科建设问题研究［M］．北京：中国金融出版社，2012．

［5］曾康霖．建设有特色有创新的金融学科体系［J］．中国金融，2012（20）．

建设有特色有创新的金融学科体系

————访西南财经大学教授曾康霖

(《中国金融》记者　魏革军)

曾康霖，西南财经大学教授、金融学博士生导师，中国金融学会常务理事，四川省金融学会副会长，全国金融学会学术委员会委员，首批国务院特殊津贴获得者。曾康霖先生1935年11月出生于四川泸县，1960年毕业于四川财经学院财政系并留校任教，1983—1990年任四川财经学院和西南财经大学金融系主任，1991—1999年任西南财经大学金融研究所所长，2000年至今任西南财经大学中国金融研究中心名誉主任。在担任教学工作的同时，曾康霖先生长期致力于中国金融改革与现实发展问题的研究，著述颇丰，迄今共发表和出版学术论文200多篇、专著10多部，他曾经担任过金融理论系列专著等丛书以及多部全国统编教材、重点教材的主编，其专著《资产阶级古典学派货币银行学说》《金融理论问题探索》《资金论》《信用论》《利息论》《银行论》等先后获得国家和省部级优秀科研成果奖，产生了广泛而深远的学术和社会影响。曾康霖先生于1993年当选为中国人民银行系统优秀教师，1996年被授予全国金融系统劳动模范称号。鉴于曾康霖先生在金融教育、金融学科建设和金融学术研究领域的突出贡献，2012年6月，“刘鸿儒金融教育基金会”特授予他“金融学科终身成就奖”。

记者：感谢曾先生接受《中国金融》杂志的采访。半个多世纪以来，先生在教书育人的同时，一直潜心金融学科建设和金融学术研究，成果斐然，成为我国著名的金融教育家和金融理论家。请问您是如何看待和处理教学与科研二者之间的关系的？

曾康霖：自从1960年毕业留校，我这一生半个多世纪都在从事教学，培养人才。从事教学、培养人才离不开科研，可以说我的科研是教学逼出来的。可以说，我在金融学科建设和学术研究所取得的每一项成就，都得益于教学工作。就我的经历来看，教学与科研之间是相辅相成、彼此促进的。大学是培养高端人才的摇篮。一个优秀的大学教师，不能仅仅满足于照本宣科，必须关注和钻研本专业相关的前沿理论和学术动态，做到教学水平与学术水平同步提高。大学教师思考和研究学科建设既是本职工作的必然要求，也具有得天独厚的优势。因此，我把学科建设问题作为我的学术研究的出发点和归宿。

学科建设是一项复杂的系统工程，涉及学科定位、专业设置、课程设置、教材建设以及教学内容与方法改革等多方面的统筹规划。回顾我们走过的历程大体上可以作这样的归纳：从新中国成立以来到1983年为止，我国的金融学科建设基本上处于传承阶段。20世纪80年代中期，我对金融学说史进行了比较系统的研究，1986年出版了《资产阶级古典学派货币银行学说》，1988年与何高著教授等共同撰写出版《马克思货币金融学说原论》。这两部著作的内容不是对西方经典作家的论述作简单的介绍和解说，而是根据作家的原意进行了深入浅出的理解和发挥，同时进行了比较和评论，为我国的金融学科建设奠定了一定的理论基础。不仅如此，我在关注国外金融学科发展的同时，着力从中国的实际出发，尽力站在学科前沿，进行跨学科和交叉学科的研究，继承和弘扬前人的研究成果和研究方法。我认为，学科前沿不等于学科热点，更不等于对策性研究，它代表着学科发展的方向。比如近年来金融学领域中出现了一些前瞻性的问题：基金的兴起会不会取代商业银行？电子货币的兴起、网络银行的出现，央行的货币政策还管不管用？欧元区形成后还会不会形成亚元区、美元区？全球的货币会不会走向统一？行为金融学会不会取代功能金融学？等等。这些都是金融实践中提出来的并需要深入讨论和研究的问题。

学科建设过程中必须遵循一些约束条件和行为原则：学科建设与发展有待与其他学科发展的配合，有待市场经济体制的建立；既要继承传统，适应我国现有体制，又要改革开放与国际惯例接轨；学科建设、理论研究可以适当超前，但同时路要一步一步地走，要结合中国现实；金融学科建设要站在理论前沿，站在前沿不能一知半解，更不能把它弄成“玄学”，使人“云里雾里”。为此，需要考虑师资队伍的适应程度、学生的接受程度以及实际部门的运用程度等问题。

记者：早在1981年，您就发表文章提出“科学在发展，金融理论教学的内容需要更新和丰富”，这一呼声在金融教育系统产生了广泛的影响，特别是对于社会主义市场经济体制下我国的金融学科建设起到了重要的推动作用。请您回顾一下您当时写这篇文章的背景和动机是什么？

曾康霖：1981年我重新走上教学岗位，面对风起云涌的社会主义市场经济改革大潮和学校多年沿用的计划经济时期编撰的教材，我深深感到当时的教学中存在着理论严重脱离实际的倾向。于是我在1981年写了一篇题目为《金融理论教学的内容需要更新和丰富》的文章，指出了长期以来我国金融教学内容所受到的几个制约：第一，受苏联教材的束缚；第二，受传统观念的影响；第三，受“极左”思想和各种错误认识的干扰；第四，对权威的盲从和迷信；第五，脱离社会现实生活。针对上述问题，我提出了以下观点并呼吁：科学在发展，金融理论教学的内容需要更新和丰富；金融高校教学科研不能仅仅满足于传授现成的书本知识，更要为推动金融学科发展作出贡献。文章在《金融研究》上发表之后，引起了教育部门的重视，在金融教育系统产生了较大的影响。关于金融学科建设，我后来还提出不少主张，大致可以归纳为四点：第一，学科建设一定要把握住学科的发展史，要理顺本学科的来龙去脉；第二，学科建设要以科研为主导，高校的科研应当推动本学科的发展，为教学服务；第三，学科建设要集各家之长，补己之短；第四，学科建设必须培养学术梯队，使之后继有人。

记者：您从教半个多世纪以来，笔耕不止，著作等身，许多研究成果都具有开创性，对推动中国金融学科发展和中国金融改革起到了重要作用。请您介绍一下您的研究领域和当前的研究课题有哪些？

曾康霖：我在从事教学工作的同时，也一直在进行金融理论的研究并取得了一些成果，多次获得省部级和国家级优秀成果奖。按形成阶段来看，这些成果大致分为三部分。第一部分是从留校任教到1983

年期间形成的。这期间我主要致力于马克思经济学基本原理的学习与探讨，研究成果体现在两部专著即《资产阶级古典学派货币银行学说》和《马克思货币金融学说原论》之中。第二部分形成于1984—1994年这10年间。主要有两方面的内容：一方面是针对当时金融研究的热点问题所撰写的论文，集中收录在1985年出版的专著《金融理论问题探索》之中；另一方面是关于金融理论问题的系列研究，出版了包括《货币论》《银行论》《信用论》《利息论》《资金论》《货币流通论》在内的金融理论系列专著，其共同点都是从评价学说史着眼，不仅系统地评价了国外学说，而且评价了国内学说，深入探究前人研究问题的思路和方法，旨在继承和借鉴他们的优秀成果。第三部分是1994年至今的研究成果，其中包括《金融经济学》《虚拟经济——人类经济活动的新领域》《金融经济分析导论》等几部探讨金融学的基础和前沿问题的专著；此外还在各类报刊上发表了许多关于金融学科建设和金融研究方法论方面的论文，如《略论经济学研究中的几次革命》《漫谈经济学研究》等。我的想法是，作为一名高校的学者，应当既注重专业学科的研究，又注重跨学科的研究；既注重前沿问题的研究，又注重系统性的研究。

记者：作为中国金融改革近30年历史的参与者和见证者，您如何评价中国金融改革所取得的成就？

曾康霖：这是一个很大的话题，三言两语难以回答。中国金融改革近30年，成就辉煌，我个人认为，其中特别重要的成就可以概括为六个方面：第一方面是1984年的中央银行分设。此次改革后，中国人民银行行使中央银行职能，工行、农行、中行、建行分别行使专业银行职能，这使我国金融体制“政企分离”，中央银行体制确立，初步改变了长期以来银行作为财政出纳的角色，为后续改革创造了条件。第二方面是1985年的外汇体制改革。这次改革取消了外汇的内部结算价，重新实行单一汇率。这实际上是取消了汇率的计划价格，使汇率向市场价格靠近。第三方面是1992年股票市场的推出。中国股票市场的推出异常艰难，比较特殊，但意义重大。它改变了我国单一的融资体制，标志着资本市场的重要组成部分开始形成。第四方面是1998年农村信用社与农业银行“脱钩”，它打开了“合作金融”的新局面。第五方面是2000年以后陆续推进的国有商业银行股份制改革。这些改革举措为中国建立现代金融体系奠定了基础、开辟了道路，意义极其重大。第六方面是对外开放步伐加快。改革开放以来，特别是加入WTO后的近十年来，中国积极引进和借鉴外资金融机构的资金、管理经验、服务方式，逐步与国际金融监管规则接轨。与此同时，中国还积极鼓励中资金融机构“走出去”，人民币国际化也在稳步推进。

当然，我们也应当认识到，中国金融改革开放过程是渐进式的，不可避免地会出现某些领域的改革相对滞后，需要加快步伐。在推进金融改革中，一定要注意从中国经济金融甚至社会文化方面的实际情况出发。中国不仅是一个转型经济国家、发展中国家，还是一个幅员辽阔、人口众多、区域差别明显的大国，这意味着它的适应性、包容性和差异性都非常强。就这一点来说，还没有任何现成的学说和模式可以照搬过来直接指导中国的金融改革和发展，中国金融业必须在学习和借鉴的基础上，结合本国实际，不断总结和创新。

记者：您一向重视金融思想史研究，强调金融研究要中西结合。在您看来，当代中国金融建设、改革和发展的历史进程中，最重要的金融思想有哪些？

曾康霖：当代中国金融思想的发展基本上与中国金融学科建设的发展相一致，主要经历了三个阶段：即从新中国成立以来到改革开放之前的传承阶段，改革开放之后到提出建立市场经济的交融阶段，建立市场经济体制之后到现在的发展阶段。在传承阶段，金融研究主要是对马克思主义货币理论进行解说、探讨；在交融阶段，金融研究主要是结合马克思主义金融理论对西方现代货币金融学说进行审视，并吸收西方经济金融理论指导经济金融体制改革；在发展阶段，金融研究主要是借鉴西方市场经济国家金融的理论和逻辑思维（包括建立各种数理和计量模型），结合中国的实际，分析和探讨现实中面临的各种金融现象和问题。但这并不是说前两个阶段就没有发展，就没有值得肯定的研究成果。我个人认为，在当代中国金融发展演变过程中，特别值得肯定的思想理论包括财政信贷综合平衡理论、货币政策结构调节论、制度性金融风险论以及货币物价互动理论（即“货币多、物价涨；物价涨、货币多）等。这些金融思想都非常密切地结合了中国金融改革过程中出现的具体情况，或多或少，或直接或间接地对中国金融改革产生了影响，意义重大。但总的来说，这些思想理论还不能完全满足中国金融改革的现实需要，我们的学术研究还需要加强创新。

记者：在金融研究领域，您被许多人称为“开放、豁达的智者”，因为您从不拒绝新的东西，并且总是从独特的角度去思考历史和现实问题。您能否为我们总结一下自己的治学理念？

曾康霖：我一向主张，无论是金融理论的教学者还是研究者，都应当做到既尊重经典又不迷信经典，既注重书本，更注重实际。对西方现代金融理论和思维逻辑要学习、借鉴、包容，但不盲从，要从实际出发建立具有中国特色的金融理论。同时，要注意加强金融与其他学科的交叉融合研究。1992 年，我在一本专著《资金论》的序言中，曾专门谈到学术研究的方法问题：一是既以经典作家的基本理论为指导，又不受传统理论和观念的束缚；二是既借鉴西方经济学的有用的理论和方法，又避免生搬硬套西方的东西；三是既做质的概括，又进行量的分析；四是既做系统的理论阐述，又进行具体的技术性运算。

我这个人，思想不僵化，不故步自封，容易接受新生事物。在我的理念中，马克思主义经济学中的基本原理具有普遍意义，但理论的生命力就在于运动和发展，哪怕是经典作家的经典理论也概莫能外。理论总是依据一定的实际进行抽象而得出结论，但任何实际都是具体的、历史的，是存在于一定时空和条件下的。如果特定的时空和条件变化了，依据的事实不存在了，或者把抽象掉的因素再考虑进去，则又会得出不同的结论。在改革开放的形势下，我较早有选择地接触和学习了西方经济学，接受了市场经济的概念。西方经济学是市场经济的产物，也是人类宝贵的精神财富，我们搞市场经济，离不开市场经济条件下的基本理论、规律和运行机制的指导。从一定意义上说，西方经济学是市场经济学，我们少不了要批判地学习和借鉴。此外，我经常向学生强调理论联系实际，要注重从实际升华到理论。实际是升华理论和创新理论的土壤，我国特定条件下的改革开放事业为理论研究提供了丰富的实践宝藏，特有的经济转型更是世界上独一无二的研究模本，我有许多文章的灵感就直接来源于实践。此外，我认为社会科学研究，要在特色、气魄、创新上下工夫。所谓特色，就是从中国实际出发，从实际到理论。除了发展中国家、转型经济国家外，还要看到中国是一个大国这一特色，要研究“大国金融”；所谓有气魄，就是不跟在外国人后面人云亦云，要尊重权威，但不迷信权威；所谓创新，就是要与时俱进，站在学科前沿，不仅理论上要创新，方法论上也要创新。

金融思想理论要发展、要创新，首先必须传承。如果说治天下者须以史为鉴，那么治学问者同样必须以史为基。因此，长期以来，我一直倡导要加强对金融史的学习和研究，特别是要深入研究各个时期的金融思想学说及其产生的历史背景。只有深入了解，才能做到传承和弘扬前人的研究成果。近年来，我与我的同事主编《百年中国金融思想学说史》（已出版第一卷），就是为了彰显中国人在推动经济发展和社会进步中所展现的金融智慧；就是为了展示百年来中国人在推动金融事业和金融学科发展方面所作出的贡献；就是为了使后人了解和把握前人在金融领域中想了些什么、说了些什么、做了些什么，也就是为了给后人留下一份值得学习、思考、参照的精神财富。

记者：高校教材建设在学科建设中的地位不可忽视。您曾经编写过多部高校教材，在金融教育领域产生了广泛影响。您认为编写教材与一般的学术研究相比，有何独特之处？

曾康霖：编写教材首先要正确定位，掌握适度，不是越多、越深、越庞杂就越好，教材本身要有学科体系。教材的特色体现在教材内容的创新、教材对象的合理定位以及设计符合现实需要的新教材等几个方面。1990 年我主编的《货币银行学》，率先突破了资本主义货币银行学与社会主义货币银行学的划分，打破了传统的货币、信用、银行三大块的结构，以货币流通、货币资金运动为主线，试图建立一套新的货币银行学理论体系。在 1993 年主编的《商业银行经营管理学》一书中，我以商业银行各项业务为线索，以头寸调度为核心，以求得“三性”的最佳组合为目标建立课程体系，当时这在国内尚属首创。

这部教材获得了全国高校金融类教材一等奖。1999 年我在主编国家级重点教材《商业银行经营管理》时，为了突出研究生教材与本科生教材定位的区别，我特意将教材名称定为《商业银行经营管理研究》，该教材后来获得四川省优秀图书奖和教育部优秀教材奖。针对金融业发展的需要，在新教材设计方面，我也曾提出了许多个人设想，例如我主张金融专业应当增加四门课——金融市场管理学、金融商品交易学、金融机构信用评级学和家庭企业理财学，这些课程的内容必须融入心理学、社会学、伦理学、法学和数量经济学等学科，体现学科的交叉性。

记者：在金融教育界，我们经常听到同行们称赞您在培养博士生方面独具匠心、成效显著。您能介绍一下您在这方面的心得吗？

曾康霖：最近几年，我的主要工作是培养博士研究生，他们中的许多人已经或将要成为金融领域的高级人才。通过这些年的实践，我初步摸索出一套博士生的培养方法，可以总结为 24 个字：拓宽领域，以专带博，充实功底，掌握方法，小题大做，求得成果。“拓宽领域”，指博士生的知识范围要涉猎中外古今、边缘学科、跨学科、综合性学科等；“以专带博”，即是以研究方向为核心，向相关知识领域拓展；“充实功底”，要求掌握理论的来龙去脉；“掌握方法”，包括规范的方法、实证的方法、比较的方法、数理的方法等；“小题大做”，要求见微知著，由小及大，从实践中升华；“求得成果”，包括见解、方案、文章、报告、模型等。在博士生培养是“以专带博”还是“以博带专”这个问题上，我是经过了几年时间探索的。开始，我的做法是“以博带专”，即要求博士生入学后坐下来好好地读几本书，扩充知识面，系统掌握有关知识，夯实理论基础。在此基础上，研究问题，选择题目，完成论文。但是，实践的结果并不理想，重要的原因是他们中不少人忙于自己的事业，坐下来专心读书做不到。后来我改变了思路，实行“以专带博”，要求学生入学后就确定研究方向甚至研究题目，集中思考、研究一两个问题，根据所要研究的问题去读书、学习。但是在实践中，我又发现“以专带博”的方法也存在问题，因为有的学生迟迟定不下合适的研究方向，甚至需要老师来为他定研究方向。由此可见，不但学问无止境，而且师道亦无止境。

我常对博士生说："师傅引进门，修行在个人。"在博士生培养过程中，我十分注重调动他们的主观能动性，精心选择题目，引导、启发他们思考，对新观点、新方法给予充分肯定。在给博士生出的讨论题中，相当部分是研究问题的思想方法和思维模式。另外，我特别强调博士生不能闭门造车、流于清谈，而要到实际生活中去发现问题、研究问题、解决问题。为此，我要求博士生深入社会相关领域进行调查研究，让他们到实践中去锻炼，发掘真正有现实意义的研究课题。

记者：经过半个多世纪的"园丁"生涯，如今您桃李满天下，是中国金融学界德高望重的师长，并且形成了别具一格的人才培养理念和方法。请您谈谈自己在教书育人方面的主要心得。

曾康霖：正如我前面所说的，我的研究成果主要都是因为教学的需要而被"逼出来"的。与研究者相比，其实我更看重自己作为教师的身份。几十年来，每当我看到一批批莘莘学子走进校园、复又走向社会，我心里总是充满了喜悦和欣慰，有一种辛勤耕耘后喜获丰收的满足。我认为，教师应当对学生严格要求，确立坚定正确的政治方向，严谨的治学态度和谦虚谨慎的为人品格。现在的年轻人个性更加突出，当教师的要善于发现他们的优点和缺陷，扬其长而避其短。我们做教师的更要全面关心学生，做学生的朋友。一是要在事业上关心和帮助他们，二是要在生活上关心和帮助他们。多年来，我与学生之间建立起了亲密的朋友关系。现在这些学生无论在哪里，无论走上什么样的领导岗位，无论事业多么辉煌，他们始终把我当成一个"老朋友"看待。我觉得，师生之间能够结下如此深厚的情谊，这是我们当教师的最大安慰。

当然，一个好的教师，除了要与学生交朋友，更重要的是要有一套给予学生真才实学的教学方法。我很早就意识到，在社会科学领域，金融学是一门与社会经济生活密切相关的学科，教学内容和教学方法不能因循守旧，应该不断创新。鉴于改革开放出现的新形势，我对高校金融学科的教学改革进行了深入思考。1990 年，我承担的"适应金融体制改革，更新教学内容，提高教学质量"研究课题，获得了首届国家级优秀教学成果奖。1997年我主持设计的“培养高层次金融人才方案”，又一次获得国家级优秀教学成果奖。为了推动金融人才培养方面的学术交流，我先后主持召开“中国金融学博士培养高级研讨会”（1991年）和“金融学科建设与人才培养高级研讨会”（1997年），并出版专著《金融学科建设与人才培养》。这些学术交流达到了“汇同行之智慧，适时代之需要，集各家之长，补自己之短”的目的，对推动中国高等金融教育也产生了积极的影响。

21世纪的金融竞争从根本上说是人才竞争，面对日新月异的金融业，我国在金融人才培养的整体战略上必须有自己独特的构想。金融人才的培养要适应我国市场经济体制的需要，要适应市场多样化、多层次的需要。从服务对象上看，要有服务于政府、公司金融、家庭理财的人才；从金融机构运作看，要有领导决策层、经营管理层和业务操作层的人才；从执业人员素质看，既要有复合型又要有单一型的人才；从金融机构投入产出看，要有信息处理、形象设计、产品开发、市场开拓、提供多种金融服务等类型的人才。例如，要尽快培养本土化的注册金融分析师，占领高级金融人才培训先机。金融分析师这个概念需要细化，既要有替企业和家庭理财的金融分析师、项目投资的金融分析师、房地产开发的金融分析师，还应该有国际投融资的金融分析师。目前当务之急是培养具有国际执业标准的专业人才，先“人才国际化”，再“业务国际化”。

金融人才后续教育的理论和实践探讨

一、后续教育必须与金融业发展的深度和广度相适应

金融业的发展需要人的推动，人的才智需要教育培养，教育培养有前期和后续之分，金融人才的后续培养，必须看到金融业发展的深度和广度。

金融业发展的深度体现在社会成员的资产配置和债权债务消长在多大程度上与金融机构的业务相关。进一步说考察当代金融业发展，要审视政府的金融活动空间、企业的金融活动空间和家庭的金融活动空间。审视政府的金融活动空间，主要取决于财政收支多大程度上采用信用形式；审视企业的金融活动空间，主要取决于多大程度上采用负债经营；审视家庭的金融活动空间，主要取决于多大程度将储蓄转化为投资。我国现阶段的实际状况是：政府财政收支离不开国内外发行债务这种信用形式，而且国有企业债务与股权这种信用形式联系起来，有条件地实行“债转股”。国有企业“债转股”实际上是金融风险在时间和空间上的转移，是政府金融活动的深化。企业的货币收支、资产配置必须有金融机构的组织和参与，是我国经济发展的常态，能够说企业负债经营是我国普遍存在的经济现象。当前，在金融领域又推出了“投贷联动”，“投贷联动”实质上是股权融资与债权融资相结合，也是企业金融活动的深化。我国居民家庭金融活动的深化是逐步发展的。随着经济的发展，人们货币收入增加，金融意识增强，居民家庭通过买卖金融商品理财，在当今中国方兴未艾。2013 年 9 月 10 日《东方早报》报道了汇丰银行《2012 年中国家庭理财善调查报

告》。该报告指出：中国居民家庭持有最多的是五类金融产品：存款、基金、股票、债券、保险。其中城市人口中，66%的家庭投资股票，58%的家庭购买了保险。

概括地说，金融发展的深度，集中地体现为社会成员（政府、企业、家庭）充分利用金融手段安排自己的货币收支，实现资产的优化配置。

金融发展的广度集中体现在金融业的发展与社会发展紧密相连。通常说金融业的发展，与经济发展紧密联系。其实，金融业的发展不仅取决于经济的发展，而且与社会的发展也紧密相连。广义地说，社会发展包括经济发展，但不等同于经济发展。换句话说，经济发展≠社会发展。社会发展还包括其他内容，它反映人类社会的进步和人们生活质量的提高。结合现实考察金融业与社会发展的关系，要关注以下问题，或者说必须建立和完善以下制度：①人口生育政策的变化，将改变我国人口的结构和比例，金融业应推出适应各类人群的保险产品。②为了老有所养，老有所乐，增进社会福利，金融业应推出人身保险。③要从银行信贷上，支持精神文明建设。④应关注银行业风险的防控、扩散和转移。银行业的风险会给社会带来负担。社会负担是银行业存在的“社会成本”。

概括地说，金融发展是社会发展的组成部分，金融发展为社会发展提供条件。前者，主要体现为金融是国民经济中的一个产业；后者，主要体现为金融服务经济的发展。金融作为一个产业，推动经济增长，增加就业，保障人们资产的保值增值。金融服务包括：金融媒介服务；金融信息服务；金融代理服务；金融保证服务；金融保险服务；金融商品服务。能够说，在当代，离开了金融服务，人们寸步难行。

近年来，人们聚焦金融改革，从改革的导向看，主要把金融业作为国民经济的一个调控系统去发展；作为调控系统去发展是必要的，但是不够，还必须作为第三产业或第四产业发展，强化服务功能。

金融服务具体地反映在金融机构的业务中。其中值得思考的是，我国有些什么样的金融机构，它们发挥着哪些功能。我们认为现阶段，我国的金融机构有以下几种类型：①融资型金融机构，吸收存款，发放贷款，如商业银行、财务公司等；②投资型金融机构，买卖有价证券，如投资银行、基金公司等；③公证型金融机构，如信用评估公司，征信所等；④保证型金融机构，如信用担保公司；⑤智力型金融机构，如金融分析师、理财师、投资咨询公司等。不同的金融机构都提供、创造某一种有形的或无形的产品，如提供信用流通工具、金融产品，提供信誉、提供信息、提供方案等。

讨论金融人才的后续培养，首先要科学地看待金融这个产业。不了解金融是什么样的产业，就难以把握需要什么样的人去拓展，去推动，去管理，去经营。所以，讲金融人才后续培养，必须看到金融这个产业发展的广度和深度。

二、后续教育必须与人们的金融需求相适应

人们对金融的需求按传统的概括有：实现价值的需要、融通资金的需要、保存价值的需要。而在当代人们对金融的需求有：信用消费的需要、信用保证的需要、信用强化的需要、资产选择的需要、追索债权的需要、人力资本变现的需要等。人们对金融需求的变化，改变着金融业的地位、金融机构的性质和金融商品的属性。通常把金融机构作为资金中介来看待，其实，它不仅是中介；通常人们更多关注金融商品的特殊性，其实，它存在一般性。当代，人们越来越认识到金融机构不仅提供具有个性的特殊商品，而且提供一般商品，具有“公共品”的性质。“公共品”对于人们经济生活具有必要性和连续性，购买金融机构供给的“公共品”是人们对金融产品的消费。

金融消费这个概念怎么规范，也需要研究。有广义的金融消费，也有狭义的金融消费。不论广义的还是狭义的金融消费，都应当与金融投资区别开来。我们认为金融消费是社会成员实现金融需求，购买金融公共品和享有或占有金融服务的一种行为。在这方面的典型案例应当是“互联网金融”。“互联网金融”是一种信息提供的手段，也是人们的生活方式。当代，人们的生活离不开手机，手机是互联网的终端之一。人们用手机来收集、传播信息，用手机来存、取款，用手机

来进行资产选择，追求保值增值，用手机来支付清算，所有这些都表明“互联网金融”作为一种“公共品”也融入了人们的经济生活中。可以说手机已成为生活的必需品。人们有这些金融需求，金融机构必须满足，要满足这方面的需要，需要培养金融人才，包括后续教育。据调查，现在不少金融机构面对不同群体对“互联网金融”的需求进行指导，其影响正在不断扩大。

三、后续教育的定位认知

我国在相当长的时期中，金融人才的后续教育是由金融部门组织的。各金融机构总部（总行）都有自己的干部培训基地（学校），这些基地的任务就是轮训干部，每年举办若干期培训。除了其中的部分培训是对新进入金融机构从业人员进行的启蒙教育和基础教育外，大量的是后续教育。对这一部分人的后续教育旨在知识更新，能力增强，素质提高，适应需要。由主管部门组织、通过培训基地进行的后续教育有这样几个特点：①专业性强。中国人民银行总行郑州培训中心（学院）2013 年和 2016 年先后被批准为“省级专业技术人员继续教育基地”和“国家级专业技术人员继续教育基地”，契合人社部高级研修项目“加强我国专业技术人才建设”“服务经济社会发展”的要求，每年举办 2 期专业技术人才知识更新工程高级研修项目并取得圆满成功，发挥了学院作为国家级专业技术人员继续教育基地的作用。②基本上由主管部门领导（部级和司局级）上课讲解，传递信息，优势是及时准确。③普及面比较广，系统内的基层干部特别是县一级（相当于科级）的业务骨干都有机会参与培训。人民银行总行郑州培训基地从 2013—2015 年三年间，累计完成培训项目 857 个，40.9 万人·天，即年均完成培训项目 286 个，13.6 万人·天。也就是说，每个月进行了 23 个项目培训，据统计，最长的项目 40 天，最短的 1 天，最多的 800 人，最少的 40 人。可见，在后续教育中有不少项目时间很短，更新的知识面非常有限。这是后续教育值得研讨的课题，其中包括金融人才后续培养怎样定位。

多年来，金融人才的培养在教育界特别是高校有“复合型”与“专业型”之争，简单地说复合型人才的含义就是扩大知识面，提高综合素质，满足适应需要，多数高校倾向于这种选择。而实际情况是高校毕业生走上工作岗位后，被发现处理问题的能力弱，遇到困难，克服困难的能力弱，需要经过锻炼、培养，需要经过再学习、再教育。对此，我们认为为适应金融业发展的需要，在金融人才后续教育中，应当着力培养两类人才：一类是精通某一方面的专家；另一类是熟悉操作技术的能手。前者是展业的需要；后者是提高服务质量的需要。这是金融人才后续教育的定位。

科学技术的发展、金融制度的变迁，金融业务和金融商品多元化，社会分工愈来愈细。在这种状况下，首先，金融运作需要精通某一方面的人才。这方面的人才能够按不同岗位去培养，能够按业务种类去培养，还可以按业务操作流程去培养。以房地产金融的运作和管理为例，这方面的人才需要专业培养。房地产业的兴起和发展，不仅涉及历史、地质、物理、化学，而且与环保、人文、交通、艺术相关，相对而言，更有其特殊性。其次，房地产贷款有多种类型，不同类型的贷款有不同的制度规定和操作需求。不仅有按揭贷款，而且有“倒按揭”贷款。“倒按揭”贷款是一种补充养老的形式，即“以房养老”。这表明：制度的变迁，社会的进步，和谐社会的建立，推动着我们成为专家。此外，资产证券化运作、风险资金的评估、衍生产品的交易等金融业的展业，都需要专家。从理论上讲，凡是具有现金流的资产都可证券化，但有些什么样的现金流，能不能维系现金流，怎样测定现金流就需要专门的学问。按巴塞尔协议，金融监管需要监控资本金与风险资产的比例，但风险资产怎么认定和测量，其中包含着很深的学问。对此国外有不少计量模型，对这些模型的解读，需要深厚的数学、计量经济学的功底，否则难以吃透。现在金融衍生产品很多（成千上万），在交易中，怎样找准它的切入点，把握它的关键点，明白它的转折点，发现它的潜伏点，是一项系统工程，也需要有系统的理论、知识和操作经验。所以金融人才培养，既要博大，更要深耕，要使广大从业人员成为行家里手、专家。什么是专家？专家就是懂一般人不懂的，精一般人不精的。

熟悉操作技术的能手，是提高金融服务质量的重要方面，也是保障金融业务运作安全、不出差错的重要方面。怎么进行后续教育，这方面金融职业技术学院应有更多的发言权。

四、后续教育的侧重选择

现阶段我国金融人才的后续教育，应侧重于职业道德培养和能力培养。

职业道德培养，就是要强化廉洁奉公、忠于职守，乐于奉献的职业教育。在这方面，要有典型的案例可供学习评判，要有经验教训让人研讨。金融业是个与金钱打交道的行业，是个风险集聚的行业，稍有不慎，“一失足变成千古恨”的事例在国内外屡见不鲜，怎样将职业道德教训深入细化，是个很值得研究的课题。

职业道德是对从业人员的思想、行为的规范和约束。不同行业的业务内容不同，对该行业人员职业道德的要求不同，但总的精神是一致的，可概括为“爱岗敬业，诚实守信，办事公道，服务群众，奉献社会”。在这 20 个字的表述中，爱岗敬业、诚实守信、办事公道是基本的、起码的道德要求，而服务群众、奉献社会是较高层次的道德规范，它们共同构成职业道德体系。

职业道德素质不是先天生成的，而是后天习得的，而且随着人的成长和从业的变化而变化。对每一个人来说，其职业道德素质的培养，既需要有基础性的职业道德教育，更要有后续性的职业道德教育。职业道德教育的内容设计，既要弘扬传统，更要结合实际，在我国社会主义制度下，其内容必须以社会主义核心价值观为指导，密切结合行业特点和受教育者从业的实际，突出热点、难点和重点。在这一方面，政府有关部门通常有成文的规范和要求。

对金融业的职业道德教育要求，相应的监管部门制定了成文的职业操守规范。如 2009 年 12 月银监会颁发了《银行业金融机构从业人员职业操守指引》（以下简称《指引》），《指引》共 21 条，对中华人民共和国境内的银行业金融机构（含外资银行业金融机构）从业人员提出了职业操守和道德规范，其中包括遵纪守法、维护客户利益、关爱社会、履行社会责任、秉公办事、廉洁从业等内容，旨在提高从业人员职业道德和业务素质，维护银行业信誉。对《指引》提出的要求，理应反映在对从业人员的资格考试和业绩评估中。可是，一些机构对《指引》缺乏深入理解和学习，其理解还停留在了解应当怎样做，而不了解为什么应当这样做的层面上。为了加深对《指引》的理解和把握，金融人才后续教育应加强对这方面内容的学习。

关于职业道德教育的方法，我国先哲们曾提出：因材施教、以身示范、循序渐进、自我教育等理念。总之，要符合人的职业道德形成和素质提高、发展的规律。当代，对职业道德教育的认知有很大的进步，它从尊重个人权益出发，提出要尊重受教育者的主体性，强调教育者与被教育者的平等性，注重通过自教自律培养受教育者的道德认知能力、判断能力、选择能力、行为能力。但这样的认知，在不同的国度和不同的时期中，应有所不同。总的说来，应当是自教自律与他教他律相结合。这样的结合，从教育计划的安排来说，应有必修的课程和辅助课程，应有显性课程和隐性课程；既要使受教育者在接受先人的哲理中明辨是非和辨析真伪，也要使受教育者在生活和工作中领悟正误和做人的操守。

多年来，我国职业道德教育成绩显著，需要总结成功的经验和不足之处。如在一些行业，注重职业道德内容的传导，忽视了与受教育者之间的互动和交流；注重了显性教育，忽略了隐性培养；注重了正面灌输，轻视了反面教材的教育，等。结合金融人才培养后续教育的实际，我们认为应当编写这方面的教材，将正反两方面的典型案例进行比较分析，使之纳入后续教育的教学计划或教学方案。

从能力上培养，要把对金融人才的需求区分为几个层次。结合我国实际，为了推动金融业的健康发展，不仅需要培养高级金融人才，而且需要培养中级、初级金融人才。什么是高级金融人才，什么是中级、初级金融人才？可以讨论。这不能简单地从学历、学位上去划分，要从视野和能力上去划分。不能简单地认为取得了博士、硕士学位的就算高级，职业技术学院培养的就算中级、初级。

从视野、能力上去划分，需要思考的是：高级金融人才需要具备哪些视野，哪些能力？中、初级金融人才需要具备哪些视野，哪些能力？

高级金融人才应具备：国际的视野、关联的视野、超前的视野。国际的视野，就是能够看到国际之间政治、经济状况的变化对我国经济、金融的影响。如，美国量化宽松的货币政策的推出、欧元区的债务危机，会不会影响我国。关联的视野，就是国内其他领域的发展、变化，会怎样影响金融业。如，出口导向的弱化，地方政府融资平台的兴起，各地大搞基建、修路，将怎样影响金融。超前视野，就是先知先觉，在问题没有发生以前就看到了问题，比如金融危机还没有波及我国以前就看到了金融危机将要对我国产生严重影响。2008 年的金融危机，我国实际上是反应滞后的。这场危机即“次贷危机”始于 2007 年 9 月，当时在美国已经显现了。但当时在我国没有引起足够的关注，有人还提出对我国没有多大影响，舆论也低调处理。直到 2008 年 9 月，美国的五大投资银行垮台（雷曼兄弟破产，美林、贝尔斯登被收购，高盛和摩根士丹利被迫转型），全美最大的保险公司 AIG（国际保险公司）破产，商业银行盈利下降，日子难过，我们才醒悟“狼来了”。这表明要先知先觉不容易。高级金融人才，高在什么地方？高就高在有国际的视野、关联的视野、超前的视野。

除了这些方面外，还需要具备一般从业人员不具备或不需要具备的能力。对于这方面，可概括为：交往能力、协调能力、吸纳知识的能力、反思的能力。也就是说：高级金融人才要善于交往，从人际交往中观察世界；高级金融人才要善于协调，从协调关系中，摆正自己的位置，理顺与各方的关系；高级金融人才要不断丰富、更新知识，怎样丰富、更新知识，就是要从实践中、书本上学习；高级金融人才要善于反思，就是要善于反思过去说的、做的正不正确，成功的方面、不成功的方面，只有善于反思的人，才能温故而知新，才能不断进步。

中初级金融人才，在质量上应有哪些要求，应有什么样的视野和能力，需要明确。浙江金融职业学院的办学思路是：立足大金融，面向大市场，面向基层一线，培养实用型人才。对学生提出沟通能力，动手能力和实用能力的要求。特别是强调职业道德，要有敬业精神，团队精神和求索精神。

总之，金融人才的后续教育是有差别的，不同层次的人才的后续教育有不同的质量要求，要因材施教。

五、后续教育的短板弥补

结合现阶段的实际，我们认为，金融人才后续教育存在着短板，需要强化法律知识、法制观念的培养教育；需要强化服务金融消费的培养教育；需要强化从业人员看懂报表，善于进行量化分析方面的专业教育。

（一）强化法治方面的后续教育

近年来，国内外学术界重视法与金融活动的研究，这种研究大体说来是两个方向：一是结合法律制度去研究金融活动，如金融机构的法律地位、金融活动的法律规范、金融产品的法律含量、金融监管的依法运作等；二是从金融活动的视角去研究法律问题，如金融机构授信的法律效力、金融消费者权利的法律保护、非正规金融活动的法制规范等。金融与法的这两方面的交叉融合，反映了金融活动本身是权利与义务的确定和交换，在权利与义务的确立和交换中必须规范，这种规范不仅是隐性的，而且必须是显性的、透明的，显性的透明的规范必须以法规的形式来确定。法规通常由政府颁布和执行，它是社会公众意志的集中体现，是一种社会契约。社会契约是公共产品，因而履行法规既是社会成员的义务也是社会成员的权利。金融与法的结合，将社会成员的金融活动置于履行社会契约的环境中。

社会成员从事金融活动与金融机构打交道，必须明白：①这个机构是不是金融机构；②它是不是独立的法人。这就是说要明白与之打交道的单位的法律地位，是不是金融机构，关系着它的破产待遇。在市场竞争中，企事业单位有面临破产的风险，破产就关系着清盘、财产处理，这都关系着各方的利益。如果是金融机构，它的破产就有特殊性。一般工商企业资不抵债，面临破产，债权人或债务人都有权提出申请。一家金融机构资不抵债，面临破产，谁有权提出申请？只有监管部门有权提出申请。它是不是独立的法人关系着有没有独立承担民事责任的能力。现在不少金融机构不是独立的法人，没有独立承担民事责任的能力。出了问题打官司，它不负法律责任。

社会成员从事金融活动与金融机构打交道，必须明白金融产品的法律含量。比如住房按揭贷款，借款人必须按月还本付息，如不能按月还本付息，又当怎么办？提前还贷行不行？授信是否必须兑现。不兑现，行不行？这表明：授信虽然不是金融产品，但也有法律含量。

现在我们强调合规监管，依法监管。这当中也有法律含量，凭什么监管别人。现在有的商业银忙于应付各方检查（上级、银监局、审计部门的检查），这就给人们提出了一个问题：是否合规，是否合法。监管需要监管者提供资料、信息。这又产生了一个问题：哪些信息资料必须提供，哪些不能提供。所有这些都应有规范，这也有法律含量。所以，金融从业人员必须有法律知识、法律观念。

（二）强化保护消费者权益方面的后续教育

金融服务以客户为中心。客户除了法人以外，有广大的自然人，自然人作为金融消费者，应当有自身的权益。在投资理财日益火热的今天，金融从业人员必须具有保护消费者权益的意识，同时也应帮助金融消费者增强权益保护意识。在这方面，现职的金融从业人员未必清楚，即使清楚也需要后续教育。在这里，值得提出来的是：①金融知识的获得权。消费者的知情权是指消费者在购买、使用商品或接受服务时，知晓商品和服务真实情况的权利。个人金融产品消费者的知情权应包括信息内容和信息获取两个方面。信息内容是指个人金融产品相关的一切信息，包括合同条款、产品特点、收益方式、风险揭示、费用披露等。信息获取是指通过最高效的信息传播方式（面对面、电话、互联网等）确保消费者及时获得相关信息。②金融资产的保密权。客户的户名、财号、存款金额、期限、信用卡、股票及身份证件号码等均属于个人隐私。储蓄机构的工作人员对储户的情况负有保密责任，不得在未经储户许可的情况下对外宣传中引用储户的资料。尽管在我国已经实行存款实名制，但储户存款被冒领、信用卡密码信息被泄露、贷款被挪用等事件仍时有发生，这些都是对金融消费者资产保密权的严重侵犯。③金融消费公平交易权。银行机构、证券机构、保险机构在与消费者形成合同或形成法律关系时均应遵循公正、公开、公平、诚实守信的原则，不得强行向消费者提供任何不平等服务、不得在合同或法律关系中制定规避义务和违反公平的条款，在收取工本费、服务费时，也必须遵守价格政策和收费标准；不得自行提高收费标准。④金融消费的投诉权。消费者的投诉权包括投诉知晓权、投诉监督权和投诉回复权。投诉知晓权：消费者应被告知发生哪些情景时，能够通过何种渠道向哪个部门进行投诉，投诉的处理流程及处理结果以及何时得到反馈等。投诉监督权：消费者对其他消费者的投诉处理享有监督权，投诉处理是否有效及时，投诉结果是否公正合理等，均在消费者监督范围之内。投诉回复权：消费者的任何投诉均应得到正式反馈，银行应主动将投诉处理结果回复消费者，并跟踪了解客户对该结果是否满意。[①]

（三）需要强化从业人员能看懂报表，善于进行量化分析方面的专业教育

现代金融理论，必须研究金融变量与经济变量的相关性。但当代金融变量与经济变量的相关性不确定，如弗里德曼的“单一货币规则”，即认定货币供给增长与经济增长具有稳定的相关性，而现在这种相关性很不确定。一是影响货币供给的因素很多，而且难以测定；二是影响经济增长的因素很多，不确定的因素也很多。所以，经济决定金融或金融反作用于经济，需要考察，以便从中发现发展趋势。

现代金融理论，很重视公司金融。公司金融的重要内容是资本结构，具体地说就是要研究公司资产负债表的右方。即负债方各个项目之间的相互关系。研究各项的形成机制、成本、收益。而这些状况大都反映在公司财务报表中，这就要求金融从业人员要看懂、熟知公司、企业的财务报表，而在这一方面现在的从业人员很多是欠缺的，后续

① 曙光. 金融消费权益知多少［J］. 生意通，2010（12）.

教育必须纳入这些内容，切实补上这一课。

参考文献：

[1] 曾康霖. 培养金融人才需要讨论的诸多问题 [M] //曾康霖文集·理论与实际. 成都：西南财经大学出版社，2015.

[2] 曾康霖. 再论金融学科建设与人才培养 [M] //曾康霖文集·育英与咀华. 成都：西南财经大学出版社，2015.

[3] 袁赞礼，王灵伦. 金融业道德自觉建设路径探析 [J]. 人民论坛，2012 (8).

[4] 黄勋敬，李光远. 基于胜任力视角的现代商业银行员工培训与开发 [J]. 广东金融学院学报，2007 (5).

[5] 王顺. 培训是保持金融业可持续发展的重要切入点 [J]. 河南金融管理干部学院学报，2004 (1).

[6] 王勇. 扩大内需更需关注金融消费 [J]. 财会研究，2009 (2).

为《奉献社会，感悟人生——79级学子的爱》致序

一、日月光华，名师荟萃，育英咀华

天府之国，蓉城之西，浣花溪畔，草堂迤西，四川财经学院坐落在绿树成荫的光华村中。四川财经学院（以下简称川财）于1952年由西南地区17所高校在院系调整中组建，是当时国家布局的四所财经院校之一，也是西南地区唯一的一所综合性的高等财经院校。它的前身是1925年成立的上海光华大学。1937年日军进攻上海，抗战全面爆发，光华大学内迁成都。应当说川财与光华一脉，立足西南，面向全国。

川财荟萃了西南地区财经科系的教授、专家、学者，其中：有著名经济学家，《资本论》的最早翻译者，我国为数不多的一级教授陈豹隐先生；有中国近代经济史学开创者汤象龙教授；有当时七位公派留学美国之一，获得哈佛大学博士学位后回国任教的吴世经教授；有近代财政学、税收学的创造者李锐教授（李锐教授曾是南开大学经济研究所研究员，与著名经济学家何廉共著《财政学》，1935年，由国立编译馆作为大学丛书出版）；有“财政是国家分配关系论”的创立者许廷星教授等。从金融学科来说，有中华人民共和国成立后，第一部《货币信用论大纲》编著者彭迪先教授和何高著教授；有由凯恩斯直接指导并主持答辩授位的研究生程英琦教授；有自费留学法国巴黎大学、南锡大学，先后获得硕士、博士学位的梅远谋教授；有先后在法国、英国留学后归国从教，潜心研究货币战争、国际贸易与金融的温嗣芳教授等。可谓学科交叉，群英荟萃，文脉传承，继往开来，育

英咀华，共谋发展。

应当说文脉传承、继往开来的川财也经历了磨砺和折腾。最大的磨砺和折腾是“文化大革命”。“文化大革命”中，川财与我国其他高校一样停办，上山下乡，接受再教育，但川财人齐聚人心，共渡危难，团队并未解散。“四人帮”倒台后，1978 年川财复校。1979 年划归中国人民银行总行领导，成为人民银行总行直属四所高校之一。川财自此确立以金融学科为重点的办学思想，培养人才。1978 年川财设财政金融系，1979 年成立金融系。应当说，79 级的学子是川财成立金融系后的第一批学生。

二、天时地利，莘莘学子，抒发才华

1979 年是我国经济社会进步和发展转折的关键一年。这一年的前一年，即 1978 年中共中央召开了“理论务虚座谈会”和十一届三中全会，彻底否定了“文化大革命”和“两个凡是”；果断地否定了“以阶级斗争为纲”的错误路线，把全党工作的重心转移到以经济建设为中心的轨道上来；这一年的前一年，即 1978 年 12 月 13 日，邓小平在中央工作会议闭幕会上做了“解放思想、实事求是，团结一致向前看”的报告，强调“解放思想是当前的一个重大政治问题”“民主是解放思想的重要条件”“实践是检验真理的唯一标准”。可以说 1979 年是中国拨乱反正的关键的一年。79 级的莘莘学子就是在这种形势下，踏入学历征程的。如果说 1979 年是我国经济、社会发展转折的关键年，谓之“天时”，而“地利”则是划归中国人民银行总行主管、领导。中国人民银行是中国的中央银行，由中央银行直属高校培养高级专门人才在我国历史上是开创性的（在这以前，财政金融系统干部培训，除各地的财政、银行学校外，中央只有一所财政银行干部学校）。这表明：79 级学子，适改革开放之时，逢发展金融事业之需，步入了学习和研究金融学科的殿堂。

那年，步入学习和研究金融学科殿堂的学子为 122 人，他们分别来自云、贵、川三省，年龄最大的 28 岁，最小的 15 岁，平均年龄二十出头。真正是“恰同学少年，风华正茂”。他们深知能进大学，来之不易，既把学校当成学习专业知识，提升自己能力的摇篮，更把学校视为是培育自己领悟人生真谛的精神家园。课堂上，一张张聚精会神的面孔，表明学子们专心听讲；讨论中，激烈的争论，表明学子们思想活跃、敏锐、宽广。阳台上高谈阔论，宿舍里“夜话”绵绵，运动场上你追我赶，校园中谈天说地，小溪边窃窃私语，学子们交知心朋友，抒内心之豪情，展个人之风采。探讨专业理论和实际问题，议国内外大事，评社会新闻。诚可谓“书生意气，挥斥方遒”。

“最是书香能致远，腹有诗书气自华”“横看成岭侧成峰，远近高低各不同”。97 级学子，从整个年级的学习成绩看，高低不同，但总的说来，整个年级学习的质量是高的，其中有不少学习冒尖的佼佼者。这一方面是因为不同的学子有不同的经历、能力、悟性和兴趣，另一方面在改革开放的指引下，学校主管和教师在努力奋进，提高教学质量。1980 年上半年，中国人民银行总行教育司在川财召开了“金融专业教学方案研讨会”，在这次会上确立了“宽口径，厚基础，重实际”的教育教学指导思想。在这一思想指导下，着力师资队伍建设、教材建设和加强与实际部门的联系及合作，为提高教学质量创造条件。

四年的大学生活，很快过去了，学子们面临着毕业分配。122 位学子绝大部分（初步统计为 68 人）被分配到金融系统，遍及北京、天津、河北、河南、广东、安徽、江苏、西藏、四川、重庆、云南、贵州等 12 个省市。

少部分去高校任教（初步统计为 17 人），或攻读研究生。入学时杨金奎、辛单康为现役军人，毕业后仍回部队。经过高等教育的培养，学子们奔赴工作岗位后，意气风发，斗志昂扬，兢兢业业，努力奋进，全身心地投入工作，在较短时间内，都成为各条战线上的业务骨干。不少学子在事业上取得骄人业绩，主持某一方面的工作，成了各条战线上的领导。照理说不能以官位论成就，但能够以职位表担当。据统计，在 79 级中，处级以上的学子有数十位，其中司局级的 12 位，在学术职称上有高级职称的有数十位，在企事业单位任高管的有数十位。简单的数据表明他们的勤奋、能力、担当，为国家、社会做出了奉献。

79 级的学子绝大部分是农家子弟，出身贫寒，他们能取得这样的成绩，都是一步一步走过来的，没有靠人际关系，更没有坐“直升机”，只能凭他们的勤奋能力和人品。在这里，值得提出的是 79 级学子中还出了将军，那就是杨金奎同学，杨金奎同学为成都军区将军级干部，主管部队财务经费。这在财经院校中是少有的，是 79 级的荣耀，也是西南财大的骄傲。我作为他们的老师，与他们常有接触，这个年级的同学给人的感受是富有思想，才华横溢，很重感情。这样的感受不因为我们是师生，是同事，是朋友，而是他们的表现、行为和事实。在这里，请允许我简要地介绍几位（曾老师了解的情况有限，不全面的还请补充，不准确的请修正，该彰显但没有提到的，请谅解）：温思渝同学与我既是师生关系，又是同事关系，我们共事多年，在他的身上，充分体现着智慧、勇气和担当，他是我们这个时代的先知先觉者，下海后，他先后涉足矿产业、房地产业、证券业，后来他收购足球俱乐部，并与中央电视台合作制作节目，说实在的，对他后来这样的举措，我一开始不理解，现在看来，他的确是在推动社会经济进步和发展：体育事业，凝聚民心；传媒信息，启迪智慧。在银行系统供职的有三位同学给我留下深刻印象：一位是邱伟，他善于对人处事，现任平安银行监事长，这个监事长是引人注目的岗位，换届时，各方都推出有竞争力的人竞选，但最终还是邱伟胜出，这不仅表明他在股东和管理层心目中的地位，更彰显了他的人品。另一位是江明生同学，他先后在招商、浦发任职，在招商时率先设计了“一卡通”，领导根据他的设计，在国际上介绍、弘扬中国金融事业的发展和进步。江明生同学很有爱心，率先发动浦发职工捐赠，在西藏日喀则萨迦县吉定镇办了一所“浦发希望小学”，继后自己一个人出资百余万元在四川凉山美姑县农作乡办了明生希望小学，他几乎每年都要带着自己的家人前去小学看望师生，既进行物质支持，更进行精神鼓励。第三位是官学清同学，本科毕业后他一直在工行任职。他给人的印象是勤奋、好学、奋进，除学英语外，自学德语。总行派他去德国法兰克福办事处任职，他不满足日常事务，致力于与德国同行交流，研究课题，回国后攻读了博士学位。

三、成功人士，奉献社会，感悟人生

在一些人的思想境界里，所谓“成功人士”，则是当官发财。但在我看来，只要实现了人生的意义和价值，都是成功人士。什么是人生的意义和价值？我国著名国学家，北大前副校长，北大唯一的终身教授季羡林先生有段精辟的概括：人生的意义和价值就在于对人类发展的承上启下，承先启后的责任感。他说：“我相信，不管还要经过多少艰难曲折，不管还要经历多少时间，人类总会越变越好的，人类大同之域绝不会仅仅是一个空洞的理想。但是，想要达到这个目的，必须经过无数代人的共同努力。有如接力赛，每一代人都有自己的一段路程要跑；又如一条链子，是由许多环组成的，每一环从本身来看，只不过是微不足道的一点东西；但是没有这一点东西，链子就组不成。在人类社会发展的长河中，我们每一代人都有自己的任务，而且是绝非可有可无的。如果说人生有意义与价值的话，其意义与价值就在这里。”① 我赞赏季先生的这段名言，一个人能力有大小，地位有高低，收入有多少，但只要能成为人类社会发展链条的一环，就是有意义的人，有价值的人，就是成功人士。

一个人要步入成功人士阶层，就必须做各种事，做各种事有各种意义，各种意义合成一个整体，就是一个人的人生境界。当代著名的哲学家、教育家、清华大学文学院前院长冯友兰教授把人生境界分做四个等级：自然境界、功利境界、道德境界、天地境界。冯教授指出：“一个人做事，可能只是顺着他的本能或其社会的风俗习惯。就像小孩和原始人那样，他做他所做的事，然而并无觉解，或不甚觉解。这样，他所做的事，对于他就没有意义，或很少意义。他的人生境界，就是我所说的自然境界。

“一个人可能意识到他自己，为自己而做各种事。这并不意味着他必然是不道德的人。他可以做些事，其后果有利于他人，其动机则

---

① 引自季羡林著作《我的人生感悟》。

是利己的。所以他所做的各种事，对于他，有功利的意义。他的人生境界，就是我所说的功利境界。

"还有的人，可能了解到社会的存在，他是社会的一员。这个社会是一个整体，他是这个整体的一部分。有这种觉解，他就为社会的利益做各种事，或如儒家所说，他做事是为了'正其义不谋其利'。他真正是有道德的人，他所做的都是符合严格的道德意义的道德行为。所以他的人生境界，是我所说的道德境界。

"最后，一个人可能了解到超乎社会整体之上，还有一个更大的整体，即宇宙。有这种觉解，他就为宇宙的利益而做各种事。他了解他所做的事的意义，自觉他正在做他所做的事。这种觉解为他构成了最高的人生境界，就是我所说的天地境界。

"这四种人生境界之中，自然境界、功利境界的人，是人现在就是的人；道德境界、天地境界的人，是人应该成为的人。前两者是自然的产物，后两者是精神的创造。自然境界最低，往上是功利境界，再往上是道德境界，最后是天地境界。它们之所以如此，是由于自然境界，几乎不需要觉解；功利境界、道德境界，需要较多的觉解；天地境界则需要最多的觉解。道德境界有道德价值，天地境界有超道德价值。"①

在我看来，天地间的人都会进入，而且能进入自然境界和功利境界，因为进入这两个境界几乎不需要觉解，或较多的觉解，而要进入道德境界，则需要较多的觉解。怎么觉解？近代著名的、学贯中西的国学泰斗，清华大学国学院研究院前院长王国维教授曾借用古典诗词，做了生动而形象的描述。他描述道："古今之成大事业、大学问者，必经过三种之境界：'昨夜西风凋碧树。独上高楼，望尽天涯路'。此第一境也。'衣带渐宽终不悔，为伊消得人憔悴。'此第二境也。'众里寻他千百度，蓦然回首，那人却在，灯火阑珊处'。此第三境也。"

我的疏见，王国维先生描述的"第一境"：表明的是当一个人处于逆势、惆怅的环境中时，要登高望远，高瞻远瞩；他描述的"第二

① 引自冯友兰著作《人生的境界》。

境”：表明的是一个人的成功要舍得付出，锲而不舍；而他描述的“第三境”则表明的是一个人的领悟贯通，源于历练，源于积累，源于上下求索。王国维先生借用这三句古典诗词，精妙地道破了人生之路：起初的迷惘，继而的执着和最终的顿悟。三个境界的逻辑：①没有登高望远，无以确定有价值的探索目标。②没有对目标的迫切愿望和自信，难以面对征程的漫长和艰辛。③没有千百度的上下求索，不会有瞬间的顿悟。

联系79级学子的实际，我用平实的语言概括，他们的成功在于：天分、缘分、勤奋和本分。

所谓天分，集中体现在他们中，不少人能把握时代脉搏，先知先觉，先见之明。我国改革开放的历程，从金融领域来说，有几个转折点：20世纪80年代末的股份制推行，90年代初的证券交易，21世纪初的房地产业兴起和鼓励民营资本进入金融领域。在这些转折点上，79级的部分学子都把握住了时机，“下海”参与，去经受磨炼，去创造业绩。

所谓缘分，集中体现在“金融专业没白学”的人生历程中。“金融是经济的核心”“要把银行办成真正的银行”的权威发布让79级的金融学子如鱼得水，“天高任鸟飞，海阔凭鱼跃”。

所谓勤奋，那就是继续学习，亲自去体验，去琢磨，去实干。在金融系统展业的，要金融创新，要加强金融调控，金融监管，不但要防范金融风险，而且要经营金融风险。而这些，学过的书本上没有，在校老师也没讲过，怎么办？治学，实践。下海从事经商的领域，其学问要求不仅熟悉社会科学，而且必须懂得自然科学，过去未学过，怎么办？自学，实践。在高校任教的学子要新开课，开新课，紧跟学科的发展，社会的进步，更新教学内容，过去没有过，怎么办？锐意开拓，注重实践。“爱好出勤奋，勤奋出天才”“明者因时而变，知者随世而制”，这是勤奋给人的回应。

所谓本分，集中体现在诚信、友情、交朋友。“友谊总需要忠诚去播种，用热情去灌溉，用原则去培养，用谅解去护理”（马克思语）。79级学子，给人有个强烈的感受是真诚、团结，用他们的话表达“我们一部分同学聚在一起总有说不完的话，讲不完的故事，忆不完的当年情”。况勋泽学子说“人生一世，无非一个情字!”按他的描述：“父母兄弟姐妹、夫妻子女等血缘之亲乃为第一层次，谓之曰亲情；同窗之缘，年龄相当，目标相同而无利益之争，特别是大学同学几乎无话不说，几十年嬉怒笑骂皆是情，乃为第二层次，谓之曰同学情，在我看来乃真性情矣；职场、商场、战场，同事、伙伴、对手，多数时而朋友，时而竞争者，多依利益而变化，乃为第三层次，谓之曰朋友情；社会之大，情缘之广，更因人物、时间、地点、境遇之不同而变化，情义二字虽然常挂在口中，实则多半不往心里去，乃为广义之情层次，谓之曰江湖情；泛泛之交情实为应酬而已。恩师曾康霖先生曾教导我们：‘读大学一是学知识，二是交朋友。’此话我铭记于心。本人智商平平，所幸情商略高于智商，故特别看重同学间的真性情。坦率地讲我和很多同学之间有过很多的争论，大多是为了学习上、学术上的争论，但也有对社会、对生活的看法不同或因性格不同而发生的争论，尽管当时争得面红耳赤亦不相让，但这无碍于同学情义。时至今日每当同学聚会，我仍是老毛病不改，说起话来滔滔不绝，且废话多于文化，这也表现出和老同学在一起非常放松，开心愉快!”①这是他的人生感悟，也是他的本分写照，这不仅是他个人的肺腑之言，也是79级学子们共同的心声。

79级学子们的成功表现在为社会、为事业、为亲友、为同学的奉献上。下海经商学子的奉献集中体现在推动社会经济的发展、促进财政收入的增长、支持教育事业发展、抗震救灾、社会捐赠等方面，其数以十万、百万、千万元计。而且有的支持捐赠不是一次性的，而且是经常性的、定期性的。在贫困山区四川沐川县，多少年来，家长和学龄儿童们都熟知和不忘“海能教育基金”在他们那里对人才培养的奉献。从事高等教育战线上的学子的奉献，集中体现在推动学科发展，培养专业人才方面。在金融事业战线上的学子，其奉献集中体现在展业中，他们在展业中既承担责任，又承担风险。坚守在公务员岗位上

① 引自况勋泽《校园记忆》一书。

的学子，其奉献，就是坚持原则，兢兢业业，甘于清贫，愿当人民公仆。特别要提出的是，79 级的学子在个别同学遇到困难，偶遭不幸时，都慷慨解囊，温馨相助。

还必须提及的是 79 级学子，一些人仍然立足教育事业，为国家，为社会培养人才，这除了留在高校任职从教的外，值得提出来的是唐旭同学和韩谨同学。唐旭本科毕业后在人民银行总行金融研究所五道口研究生部攻读硕士学位和博士学位。"五道口研究生部"被业内人士誉为"金融黄埔"，拿到研究生学位后，唐旭完全有条件像其他同学一样在北京谋个光鲜的职位，可是他没有这样，而是留下来做教学和管理工作，甘于清贫，乐于奉献。他在部领导的指导下，谋划，决策、实干使研究生部声名鹊起，影响深远，一些国外机构纷纷向研究生部捐钱、捐物、赠书。1985 年，教育部组织对金融学科进行评估，人总行研究生部名列前茅。唐旭同学既是务实的管理者，更是学术研究的佼佼者，由他主编的《中国金融学科前沿丛书》在国内外研究机构和高校产生了积极影响。由于无私奉献，积劳成疾，英年早逝。在北京八宝山开追悼会的那天，人总行不少领导、同事都出席了，外地也有不少同学、弟子赶去参加，场面庄严肃穆、感人肺腑。大家都以沉痛的心情怀念，惋惜这位当过纤夫的同窗、学长、导师、领导、学者。韩谨同学，早先在香港从业，业绩颇丰，可是他后来放弃了在港进一步发展的机会，而毅然回大陆办学。在成都他办起了四川长江职业学院，这不仅是我国高教事业改革的先行者，而且为广大社会青年提供了学习和就业的机会。

"人有悲欢离合，月有阴晴圆缺，此事古难全"（苏东坡词），"不如意事常八九，可与人言无二三"（岳飞诗），"家家都有一本难念的经"，这些"平凡的真理"，告诉人们"不完满才是人生"。季羡林先生说："每个人都争取一个完满的人生。然而，自古及今，海内海外，一个百分之百完满的人生是没有的。所以我说，不完满才是人生。"①在为 79 级《奉献社会，感悟人生——79 级学子的爱》一书作序之时，

---

① 引自季羡林著作《我的人生感悟》。

我劝诸位不要再去回顾人生的完满或不完满，“世途亟流易，人事殊今昔。长想眺前踪，抚躬聊自适”（摘自唐. 李世民诗《经破薛举战地》）。在这里，我要把当年我们老同学聚会时拙著的对联奉献给大家分享：

上联：昨天今天明天，艳阳天

下联：亲情友情乡情，同学情

横批：半个世纪的情缘

人最宝贵的东西是生命，生命属于人，只有一次。一个人的一生应该是这样度过的：当他回首往事的时候，他不会因为虚度年华而悔恨，也不会因为碌碌无为而羞耻；这样，他就能自豪地说：“无愧于人生，无愧于亲人，无愧于母校，无愧于这个世界。”

怎样看待金融工程专业学科

金融学科的发展，金融工程进入了人们的视线。各高校设置金融工程专业，开设金融工程课程。怎样看待金融工程专业，特别是把这一专业作为金融学一个分支去看待，需要研究。

一、要不要设置金融工程专业，需要考察这样的专业与已有的金融专业的区别

金融工程这个概念怎样概括，需要研究。我认为它是金融资源的发掘、设计、试验、投入运用的过程。若以此设置专业，这个专业与已有金融专业的区别就在于它立足于开拓创新，也就是说这个专业培养的是致力于金融领域的创造发明和更新型的人才，而已有金融专业培养的是金融经营、管理型的人才。应当说经营管理也要开拓创新，但经营管理侧重的是在既定制度环境下，按确定的模式运作，而金融工程专业培养的人才，不满足于或不能是在既定制度环境下，按确定的模式运作。如果说已有的金融专业给学生的知识含量在于稳定，则金融工程专业给学生的知识含量在于发展。

二、这个专业涵盖的内容

概括地说，金融工程便是工具创新的风险组合。但这个专业涵盖的内容，不能只是金融产品创新，它还应当包括：金融产品的移植；金融交易的互换；金融资产的重组；金融业务的开拓：金融机构的调

整：金融精算的设计。也就是说金融工程是金融资源变革的一系列活动，而不仅仅着力于某一点。

三、这个专业应当开设什么专业课

初步设想有这样几类课：变革的思想基础课；变革的信息把握课；变革的工程技术课；变革的效应评价课。具体说，以下课程可以考虑：

①人类需求学；②社会心理学；③金融经济学；④理财学；⑤金融法学；⑥金融计量学；⑦金融互换学；⑧金融工程概论；⑨金融工程案例分析；⑩金融资产重组；⑪金融投资分析；⑫金融精算系统建设；⑬技术经济理论与方法；⑭投资经济决策；⑮投入产出分析；⑯金融信息分析；⑰价值评估。

这些课程，有的已定型，有的还未定型，需要我们重新建设。重新建设已有一定的基础，前人已有这方面的研究成果。

四、培养出来的人适合什么部门、 机构的需要

当代、金融业在发展，不仅有政府金融、企业金融，而且有家庭金融。金融机构在扩大，金融业务的边界模糊，在这种情况下，金融领域需要开拓性、创新性的复合型人才。具体地说，管理层金融企业如金融投资公司；管理层金融机关，如中央银行、证监会、保监会等；经营性的金融企业，如各种金融机构；经营性的非金融机构（涉入金融市场的各类非金融企业）；涉外金融机构等。

西南财大金融学科的崛起

——据曾康霖教授口述校史录音整理

采访者：曾老师，您好！非常感谢您接受学校“口述校史”采访组的采访。曾老师，您是1956年进的学校？

曾老师：对。

采访者：请您给我们讲一下您在学校的读书经历。

曾老师：谢谢你。收到档案馆给我的采访提纲，我着力认真地做了准备。

采访者：谢谢！

曾老师：今天我想讲两部分。一部分呢讲一下我们西南财大的金融专业，是怎么建立和发展起来的；第二部分呢，讲一下我个人教学和科研的经历。

采访者：好的。

曾老师：西南财经大学的金融专业，是在几代人的努力下发展成长起来的。大家都知道，原来的四川财经学院是在1952年、1953年院系调整的时候，由西南地区十几所财经院校的财经专业调整合并而成立的。当时调整合并成立的时候，四川财经学院实际上只有4个专业，一个是会计、一个是财政、一个是工业经济、一个是统计。当时还没有农业经济，农业经济是1953年调整以后成立的，也没有政治经济学，政治经济学是1958年以后才成立的。在调整来的16所院校的专业中当时学生最多的是财政。应当说1953年以后调整过来的四川财经学院的财政专业是主体，其次是会计。当时没有金融，但要说明的是，调整过来的教师中不少是从事银行、保险教学的。这是我首先要说明的背景。说明这个背景旨在表明：西南财大原来是没有金融专业的。西南财大金融学科的建立和发展、西南财大金融专业的设立和人才培养，经历了一个不断进取的过程。以下我讲七个方面：

第一，西南财大金融专业的成长发展，经过了几代人的努力。我思考了一下，从 1979 年设立金融专业起，到现在，金融专业的设立将近 40 年了，这 40 年中经历了几代人呢？我认为大体上分为 3 代人。

第一代人，是改革前 30 年，这个时候虽然没有金融专业，但是有不少知名的金融专业的教授，比如说梅远谋教授、程英琦教授、彭迪先教授、何高著教授、温嗣芳教授，这些都是从事金融专业教学的。梅远谋教授是法国锡南大学的博士，程英琦教授是英国伦敦商学院的硕士，温嗣芳教授是留学英国的爱丁堡大学，也是知名教授，彭迪先教授是留日的，毕业于九州帝国大学，应当说，我们学校的这些教授是很知名的，比如说程英琦教授是凯恩斯直接授予学位的，在国内亲自听凯恩斯的教学并由他本人授位的人不多，我所知道的中国可能就是他一位。那么这一代人给我们留下的是什么呢？我觉得这一代人给我们留下的是爱国热情、敬业精神和关心下一代。他们的爱国热情，主要体现在他们的学术研究中，比如说，梅远谋教授的博士论文，他写的是，30 年代中国白银为什么外流？当时在学术界，中国白银的大量流出有两种意见，一种意见认为：这是由于我们进口造成的，梅远谋教授不同意这个观点，认为中国的白银的大量流出是由美国的政策造成的，当时美国大幅度的提高白银的价格，使中国的白银往他那个国家流，所以中国的白银大量的往外流。梅远谋教授坚持后一种观点，后来得到了国内外的大多数学者的认可，这一点表明了他执着的爱国热情。我刚才说他们那种敬业精神很值得我们这一代人学习、敬重。我是梅远谋老师的学生，他是我的导师，我留校任教，我要上堂讲课，我写的讲稿，他都亲自给我审读。复校以后也就是 1980—1981 年，我把我写的讲稿送给他审读，当时他身件不好已经生病了，在床上躺着给我看讲稿。程英琦教授，因为他是凯恩斯的学生，他对凯恩斯的利息理论很有研究，我们复校以后，他着手写凯恩斯的利息理论。当时因为他身体很不好，他只有一个肺，切掉了一个肺的，所以冬天很难过，每当我去看他的时候，他都是在火炉旁边烤火，他写这个凯恩斯的利息论，是蹲在这个烤火炉的旁边，用一个矮桌子在那儿写作。程英琦教授怎样写呢，他用毛笔小楷竖起写。他字写得非常好。他的这种精神，给我们以很大的感动。他在这样的状况下，为了学科的发展潜心著述。写完了部分以后，他很谦虚，还专门请我给他提意见。所以这两位教授，他们的这种敬业精神，给我们这一代人留下了深刻的印象。

躺在床上给我们看讲稿，蹲在火炉边写专著。我为什么说这一代人在建立和发展我们金融专业做出了不可磨灭的贡献，主要是他们这种精神让我们传承下来了，激励了我们。这算一代。

第二代人，我认为就是改革开放以后到社会主义市场经济体制提出以前。在这一段时期中，从事金融教学研究的主要是两部分人，一部分是中华人民共和国成立前毕业的后来在人民大学进修回校的老师，第二部分人是像我们这样的中华人民共和国成立后培养出来的留在学校任教的人。这个阶段有什么特点呢，这个阶段我有亲身经历，我觉得大家精神焕发，思想比较解放。为什么精神焕发，主要是改革开放，打倒了“四人帮”以后，当时小平同志召开了全国科学大会对我们这些又重新走上教学岗位的人是很大的鼓舞，这叫作精神焕发。为什么思想比较解放呢，就是因为我们这一代人，原来主要是接受马克思主义经济学理论的教育，改革开放以后呢，我们逐渐地接触了西方经济学的一些东西，所以这个时候我们在教学当中，除了坚持马克思主义及其基本原理的教学以外，还引进了西方的经济学当中的一些带有普遍性的一些原理。比如我们率先在货币银行学中，讲派生存款、货币层次的划分、通货膨胀、人民币具有信用货币的性质等这些问题。把这些问题纳入教学当中，是过去没有的。而我们这一代人在教学中接受了这些理念，应当说我们这些人思想解放是因为遇到了一个很好的时代。

第三代人，在我看来是提出了建立社会主义市场经济体制以后至今，第三代人除了传承和发扬上一代人的优势外，其突出的特点是着力对外开放，引进师资，引进教材。在第三代的师资队伍中除了国内培养出来的大学生以外，其中还有相当一部分“海归”，所以这一代人的教学思路就更宽，内容有更多的包容。

以上我说我们金融专业的建立和发展，我讲经过几代人的努力不是虚的，我认为是很实在的。这是我要强调的一点。

第二，西南财经大学金融专业的成长发展，还应当承认我们占了天时地利人和的便利。我说的天时，就是改革开放需要金融人才。在原来计划经济的时代，对金融人才的需要，不像改革开放以后这么迫切。当时在我们国家，实际上，财政金融是合到一块儿的。“文化大革命”当中，曾经把人民银行总行跟财政部合在一起。可见，当时对金融人才的需求就不像改革开放以后。这是我说的天时。地利呢，就是我们原来的四川财经学院被人民银行总行接收，那是打倒“四人帮”以后 1978 年的事。被人民银行总行接收，成为人民银行的重点学校之一，这是地利。我说的人和呢，是学校的领导一直把金融专业作为重点学科来培育发展。学校的领导和学校各个部门对我们金融专业的关爱和支持。在没有金融专业以前，在四川财经学院从事金融方面课程教学的老师只有两三个人，因为按教学计划开出的课，要由财政教研室承担的只有两门课，即《货币流通与信用》和《短期信贷》。后来成立金融专业的时候，开始就有十多人了，这些人从哪儿来的，都是我们学校的其他专业的老师转过来的，他们为了支持金融专业的建立和发展，他们改专业来参与我们的教学活动，所以从领导到学校的各部门，到广大的老师，都是对金融专业的建立和发展做出了贡献的，这是我强调的第二点。

第三，我要强调的是西南财经大学的金融专业是怎么提高知名度的。提高知名度，我觉得是个很重要的问题，也就是要在金融领域取得发言权。在金融领域取得发言权，体现在什么地方？主要体现在两个方面，一是在金融的刊物上有我们西南财大人的文章；二是在金融领域开的各种会议上，我们能够参加，我们能够有机会发表意见。为了提高西南财大金融专业的知名度？在我当系主任期间非常倡导科研，就是要写点东西出来让别人看，彰显西南财大是有人才的。在这一方面，我有一个书面总结，因为从 1983—1990 年的这段时间，我是金融系的主任，为了向总行教育司汇报，我写了一个书面总结，这个总结里面有相当一部分是讲我们是怎么进行科研的。在总结中我讲了这么几点，一是当时我们金融专业的金融系有一个宽松的学习环境，我说的宽松的学习环境，就是大家思想比较放得开，老一代人传帮带，我们年轻的一代积极地参与讨论。所以有时候开会，在会场上大家可以争得面红耳赤，但是下来以后，还是很亲热的、很友好的。我觉得在我当系主任期间，金融专业的学术环境是很宽松的，这是一个前提条件。二是倡导大家联系实际调查研究。三是希望老师们除了上课以外，抽出时间来写文章。而且写的文章推荐出去出版、发表。四是我倡导协作。科研成果有的是一个人完成的，有的是小组完成的，而且还有的是跟校外的人一起共同完成的。这表明，为了取得发言权，为了彰显我们西南财大有人才，我作为系主任所做的这些努力。具体情况我有记录，我这个材料里边，谁写了专著，谁写了论文，什么时间发表在哪里，我都有记录，关于这些方面的情况，我就不详细说了。概括地说，为了提高我校的知名度，首先是倡导要有发言权。为了要发言，大力提倡科研，为了科研呢，我做了这些方面的努力，这是第三点。

第四，就是制订教学计划，丰富教学内容，要老师讲好每一堂课，要把主要精力面对学生。这当中值得我在这里说的是，我提倡科研为教学服务，要把科研的成果纳入教材，纳入课堂。这一点，我们得到了学校教务处的充分肯定。学校教务处，还专门发了一篇我 1981 年写的文章《科研要为教学服务》，这个文章除了在学校有关部门，同行中传阅以外呢，校外的有些刊物上也进行了转载。科研为教学服务，要把科研成果纳入课堂、纳入教材，这一点，我本人也做了一些努力，这些年来，在教堂上，我着手编著了五部教材，这五部教材，是两个层次的——本科层次和研究生层次。这五部教材的编写有一个重要特点，就是开门编教材！汲取各家之长，弥补自己之短。在编写教材当中请国内高校同专业的老师来参与，这一点，我认为是其他人没有这样做的。比如说《货币银行学》，我请了国内的七位专家，再如《金融学教程》，我请了国内的八位专家。这个教材，除了我们学校用以外，其他的院校也有选用，比如厦门大学，就把我的《金融学教程》作为他们研究生的教材之一。这些教材有什么特点呢，我简单地说一下，这五部教材的特点：一是结构比较合理，内容比较适度，我在编写的时候就说教材不能越厚越好，内容不能越多越好，要给学生一个精炼的教材，把精华的内容给学生，这是一个特点。第二个特点，这些教材密切联系我国的实际，适当地把西方的东西引进来，也可以说这个教材是结合我们国家的实际编写出来的。第三个特点，这些教材留有余地，启迪思维，有好多问题也不完全讲得很细，讲得很透，是留给学生自己去思考的。这也是我们学校金融专业培养的学生为什么能够立足社会，不断进步成长的原因之一。这是我所讲的第四点。

第五，学校金融专业的成长，特别注重师资队伍的建设和领军人才的培养。我刚才说了，我们原来的人比较少，现在经过了三代人的努力，西南财大金融专业现在的师资队伍都有好几十上百人了。这个师资队伍是怎么成长起来的呢？我经过的历程是，注重培养。怎么培养？一个是我们先招研究生，第一届招了五个硕士生，实际上都留下来任教了。第二个就是把本科生留校的送出去培养，我经手送出去的，比如说当时的张一昆，现在还在金融学院当教授的解川波，还有保险专业的艾孙麟、刘远晋，还有邓映翎、缪明杨，送到哪里去培养？一个是北京，一个是上海，上海财大有两个知名教授是四川人，一个是刘挈敖，一个是胡寄商，这两个人都是搞金融学的，在国内都是很有影响的人，因为是老乡关系，我亲自送了几个人到他那儿去把他的思想传承过来，所以我们西南财大为什么对金融学术的研究有所建树，跟刚才说的这两位老先生的支撑很有关系。

那么领军人才怎么培养呢？就是跟这些人创造条件，什么条件？一是凡是有关的会都鼓励他们去参加，二是腾出时间让他们出去调研，三是帮他们尽可能地在刊物上发表文章，提高他们的知名度。这是第五点：

第六，就是注重校际之间的交流和与权威人士的沟通，跟实际部门紧密结合，这一点集中体现在由我们发起、主持召开的学科建设和人才培养讨论会。我当系主任期间这些年，我们组织了学科建设和人才培养三次会议，这三次学科建设和人才培养的讨论会，对我们西南财大的金融专业的发展有很大的影响。哪三次呢？一个就是 1991 年我们开了一个学科建设和人才培养的讨论会，整个会是在我们学校所在地光华村开的，把国内知名专家都请来了，会议的主要内容：怎么培养博士生，也就是怎么培养高级专门人才；第二个会议是 1997 年 9 月，在我们成都市郊龙虎山庄开的，我们也把国内知名专家和实体部门的工作者一起请来了，当时会上讨论的一个核心问题，就是宏观金融跟微观金融怎么结合，因为过去金融教学，更多的都是注重宏观，但提出搞市场经济以后，企业金融、家庭金融这些都属于微观金融，而这些问题都应该纳入我们教学当中，所以应当讨论二者怎么结合。1997 年的这个会推动了全国的金融学科建设和人才培养。当时刘鸿儒、黄达教授，还有其他的知名教授都来参加了，黄达教授强调这个会是一个转折点。第三个会呢，就是 2014 年我在北京开的，这个会主要是两代人，一个是全国知名的专家，第二个是他们的弟子，这些弟子当中好多都是正部级、副部级的干部啦，他们一起共同来参加这个会，这个会的核心内容就是讨论怎么传承中国的金融学科，怎么使中国金融学科的建设、人才培养跟大国的地位相适应。这个会也是开得很热闹的。后来《人民日报》还专门发表文章评述，题目是《金融学科的建设要跟大国的地位相适应》，是我刚才讲的第六点。这一点现在金融学院的领导人在继续发扬，现在我们金融学院的院长张桥云老师，不仅是在国内联系兄弟院校共同研讨金融人才怎么培养，还联系了国外的专家，大家一起共同来讨论金融学科的发展和人才培养。所以提高知名度，扩大影响，交流是少不了的。

第七，站在改革开放的前沿，从理论上和实践中推动改革开放，并把它们的内容纳入教学和人才培养中。在这里值得提出来的有两件事：一件事是：早在 20 世纪 80 年代，金融系的部分老师乘改革开放的东风深入四川广汉等地深入调查研究宣传股份制改革的主张；另一件事是：在四川省举办金融改革培训班，启迪各级领导，推动改革开放。

前一件事，具有代表性的案例是金融系部分老帅到四川广汉帮助企业设计股份制改革的方案，并推动其成功上市。

广汉化纤是四川最早的上市公司之一，股改后，在上海证券交易所上市，上市公司名称叫做“广华化纤”，代号为600672，后来因连续亏损退市了。

当时，厂长方小方心有疑虑，提出了一个有趣而又谨慎的问题：为什么一元面值的股票上市后能够按超过它面值几倍的价格卖呢？价格超过几倍，企业的利润是否也要同步上涨几倍？股东是否也要找企业给他几倍的回报呢？这表明，要推动股份制改革，还必须宣传、普及股份制的知识，增强人们对股份制的认知度，消除企业家的疑惑。

为此，四川财经学院金融系的几个老师，率先编写了一本小册子《股份制改革知识手册》。参与编写的老师有曾康霖、王史华、张一昆、温思渝、税尚永、张玮、邓乐平，全书最后由曾康霖、王史华和李在中做总的编纂。

当时，这在全国出版物中是少见的，对推动改革起到了积极作用。

在这本书中，除了对当时人们关心的有关股份制的80个问题作了通俗浅显的回答，还以“代前言”的形式写了长篇论文，从理论上论述了“股份制的存在是发展我国社会生产力的需要”“股份制的存在是改革我国经济管理体制的需要”“承认资金所有权与使用权的分离就应当承认‘入股分红的合理性’”。这些问题，现在看来几乎是常识，但在当时（1984年）敢于正面论述清楚这些问题，要决策者采纳、要人们接受还是相当困难的，可以说，阻力很大。因为在当时，“文化大革命”的影响并未完全消除，在一些领域，“左”的影响仍然较大。

此外，这本书还对海外股份制度法规做了综合介绍，对当时我国股份制度的推行做了评价，对当时我国十一个地区推行股份制改革的情况做了案例分析，不知道在我国改革时期，这是不是第一本关于锐意股份制改革的书籍，但至少能够说，是当时少有的、难得的一本书，能够说这是一本推动股份制改革理论联系实际的、具有实用价值的小百科全书。

随着四川股份制改革的推进、股票的发行，成都红庙子民间股票市场蓬勃发展，这一民间股票交易市场的出现，震动了西南，震动了全国，引起了业界、学术界专家、学者及普通老百姓、证券买卖者的广泛关注和参与，其交易品种之多、数量之大、价格之协议、秩序之井然、诚信之恪守，前所未有，使人大开眼界。

后一件事：就是为四川省政府举办金融体制改革研讨班。这个班一共办了6期，都是我们老师去给他们讲课。办这个班的情况，我这里有个材料，也就是给你们材料里头的那个简报。当时金融系的老师是比较开放的，在改革开放初期，就着力推动金融业发展，着力推动改革开放，我们专门为四川省办班培训干部解放思想，亲自办银行，20世纪80年代那个时候当时银行的兴办还是少见的，国外纽约都转载了这个消息，说是中国第一家民营银行，影响还是有点大的。但是前面说了，由于争取民营银行的资格，违规了。或者说政府，那个时候的政策还没有放这么宽，不让民间办银行，结果就被取消。所以我从这个案例说明两个问题：一个就是我们金融系的老师，在推动改革开放的潮流中是起了领军的作用的。第二呢，就是在政府的政策还不宽松的情况下，这个向前走一步是很困难的。结果就造成了这么一个结果。

我讲这些，旨在表明：要着力提高西南财大金融专业的知名度，必须站在时代的前列，成为时代的“弄潮儿”。

我刚才讲了七个方面，经过了这些努力，我们西南财经大学的金融学科怎么样呢？在这里，我讲一个事实。1986年，教育部组织专家对国内高校和研究机构的财政金融专业的学科建设和人才培养进行评审。纳入评审的高校和研究机构有：中国人民大学、南开大学、复旦大学、厦门大学、华东师范大学、上海财经学院、中南财经学院、辽宁财经学院、四川财经学院、人民银行总行研究生部、财政部研究生部等十多所高校及研究机构。评审组组长为南开大学校长滕茂桐，副组长中国人民大学黄达教授，成员有厉以宁（北京大学），邓子基（厦门大学），席克正（上海财经学院），陈共（中国人民大学），曾康霖（四川财经学院）。评审要求亲临实地考察，按规定指标打分，然后集体讨论等级。经过相当长的时期考察评审后，四川财经学院获得第五名（第一名是人民银行总行研究生部，即五道口研究生部）。这表明：四川财经学院经过一番努力，让同行知名专家评审，在学科建设和人才培养方面进入了相关高校和研究机构的前列（这一情况有案可查）。同时表明：四川财经学院从此有了相当的知名度，这一点我们还是很有自信的。我们金融专业是2000年就被教育部列入了全国的重点学科，当时全国的金融专业的重点学科只有五个学校，哪五个学校呢，就是中国人民大学、南开大学、厦门大学、复旦大学、西南财经大学。其他四个都是综合型学校，财经院校只有我们西南财经大学（四川财经学院）。原来的四个老财经学院（中南财经学院、东北财经学院、上海财经学院和四川财经学院）只有我们四川财经学院的金融学首先进入了国家重点学科。当然后来金融重点学科就多了。这只是说明：经过我们努力之后，较先进入了重点学科，而且是最先进入。还有一个呢，就是社会影响在不断扩大。今天我带了一张报纸来，这个报纸上写的是《西财，江湖之远，庙堂之高》，占了这个报纸1/4的版面，这是媒体对我们西南财大的报道。其中心的思想宣传现在在金融界有成就的，比较活跃的，有影响的，是哪些大学的人？他讲了几个大学，其中有中国人民大学，有人民银行五道口研究生部，有中央财经大学，也有我们西南财经大学，这说明这个社会影响还是比较大的。而事实上呢，现在在好多公司、在中央的部委，都有我们西南财大的弟子。我非常高兴地看到我们西南财经大学的金融专业发展的知名度的提高。我认为西南财经大学金融专业是很有希望的，是后继有人的，这个影响还在不断地扩大。

这是我想讲的第一部分。也就是讲我们西南财大金融专业是怎么建立发展起来的，是怎么提高它的知名度的，同时我讲了，现在它的影响还在不断地扩大。在这里，我非常高兴地，觉得我们西南财大金融的发展是很有希望，是后继有人，其影响还在不断地扩大。我想西财人都有同样的感受。

采访员：我想问问曾老师，您考大学的时候为什么选择四川财经学院呢？

曾老师：好的，我把我的这个经历大体上跟您汇报一下。最近有一个学生给我写了一本传记，写了一本书，这个书的名称，就是《知行金融——曾康霖》，这个传记，这本书，我写了八个字，也可以说是4句话，奋进、致知、究理、爱生，副标题是，一位老师的坚守和追求，也就是叙述我怎么坚守和追求，今天你采访我呢，我就按这么八个字，四句话来讲一点我的经历。首先是奋进，我为什么说是奋进呢，我这个人，可以说先天不足，后天营养不良，这不是谦虚话，而是我的事实。我说先天不足，我是没有读高中的，我是初中毕业以后，刚碰到中华人民共和国成立就参加工作，然后在工作当中，我自己奋斗，学习有关课程，1956年参加高考。为什么考四川财经学院呢？这与我的工作相关，我参加工作是在税务局，税务属于财政局的一部分，当时因为国家鼓励向科学进军，鼓励在职人员读大学。也就是说，天时、地利、人和，我趁这个机会考入了川财。那么考入川财以后，我说，后天营养不良，什么意思呢，1956年到川财，今年是2016年，整整60年了。我昨天想了一下这60年，大体上也可以分出两个阶段。前30年，大部分时间是在参加各种运动，后30年，才开始做学问，重新捡起原来所学的知识，然后走上教学岗位。1956—1957年是我读书的一段时间，那一年也可以说是集中精力读书的一年，1957年开始“反右”，1958年“大跃进”，1959年“反右倾”，然后就是“总路线”“人民公社”“公共食堂”所谓“三面红旗”，这些运动我都参加了。毕业以后呢，毕业就是下乡搞四清，后来就接着开始“文化大革命”。所以我刚才说前30年大部分时间来参加各种运动，这个时候就很难坐下来，学习做学问。我留校以后，当时还没有立即要我上课堂，我在学校当助教，开始干什么，管学生，当班主任。1960年留下来，1961年、1962年这两年是困难时期，就是带学生，当班主任，站在课堂上教学是1963年才开始。所以我首先说先天不足，后天营养不良，这也是我的实际情况。

第二个词组，叫做致知，致知主要是体现在两个方面，我比较系统的学经典著作，特别是学马克思主义的经典著作。在这方面，就是除了《资本论》的三卷以外，我还看了马克思的资本论手稿，以及相关的著作，比如说，《反杜林论》，还看了法文版的《资本论》，法文当然我不懂，它是翻译过来的。今天，我这里要说明的是，我学习经典著作，都做了比较详细的笔记。我读书的笔记有22本，今天我没有带来。再说呢，我这个笔记已是孤本了，有的字迹都模糊了，不好给你们。图书馆的缪明杨馆长说，“曾老师，你这个读书笔记非常珍贵，我拿去帮你翻印”。他拿去翻印出来了，三份，他自己留了一份，另外一份他送给金融学院，金融学院的展览室里边，存有我的读书笔记。

采访者：我们可不可以拿来扫描一下？

曾老师：拿来扫描就该你们联系了。读书笔记，我写得很潦草，而且当时也没有统一的纸，现在有的纸都黄了，字迹也不很清楚。有人说，曾老师你这个读书笔记我要帮你出版，我说不用出了，为什么呢？一个是字迹看不清，要看很吃力。二是意义不大。读经典著作要反复地看，同时，要有自己的体会，要把它写出来，因为经典著作有很多道理很深刻，可以说是很深奥的，只看一两次，不一定能够看得懂。这是致知的一个方面。致知的第二个方面，就是深入实际调查研究。深入实际调查研究，在我的这本书中，深入实际调查研究，有比较系统的论述。我这个人是坐不住的，我总觉得理论来源于实践，实际当中的内容非常丰富的，坐在家里光读书是不行的。所以在从教期间，相当一部分时间我是跟同学们一起到各地去调研。这本书上讲了到了哪些地方深入实际调查研究，这里我就不详细讲了，不说大半个中国呢，至少半个中国好多省份我都去了。调查研究致知：体现在我这两部著作当中，一个是《曾康霖著作集》、一个是《曾康霖文集》。这是我致知得到的成果。这是我讲的第二个，我的经历。

第三句话呢，叫究理，究理呢，就是我写了不少的东西，刚才我说，《曾康霖著作集》12 本，我这套著作集有合理排序，它体现了我的研究序列，这 12 本不是随便编造的，我的排序：先是《金融理论探索》，然后是《资产经济古典学派货币银行学》，再后是《货币论》《货币流通论》《利息论》《信用论》《资金论》。这套书有什么特点呢，这套书第一个特点是传承。前人的研究成果和观点我大体都扼要概括了。前人是经典作家，他们有些什么论述，怎么看待前人的论述。第二个特点呢，就是结合了我们中国的实际，提出了一些问题来探讨。这套书都有这么两个特点，这是我究理，著作集，12 本，我简单地介绍了这个情况。此外呢，我出了一套文集，这套文集一共是 5 集，第一集叫做《回归与反思》，这一集主要是我20世纪80年代的论文，80年代的论文绝大部分都发表了，我为什么要出成一套文集呢，主要是要接受社会的检验，想回头来看一看我80年代写的这些东西哪些可行、哪些不行、哪些能够成立，哪些还有缺陷。我觉得一个学者要善于反思，就自己过去思考的问题，写的东西，究竟还成不成立要善于反思，要在反思当中前进，反思当中审视自己，这是第一集。第二集是《理论联系实际》，这个是改革开放以后，90年代到21世纪初写的一些论文。这一部分，我把它出版出来，主要是想给我的弟子留个纪念。就是，让你看曾老师是怎样从感性认识到理性认识的。这基本上也是一个论文集。第三集叫做《育英与咀华》，这一部分是记录了我多年来是怎么培养博士生的，每堂课的教学内容有哪些，讲了些什么东西，我都有记录。现在回忆在这本书当中的内容，是我当时的智慧，体现了我当时的学术水平。第四集，叫《进言与献策》，这一部分，是记录了我多年来给政府，给领导，给有关部门，给同行，我提出了什么意见，发表了什么观点，提出了什么建议。我每次参加了什么会，我的发言稿都汇集在里边了。第五集，是《调研与认知》，也就是多年来，我带学生是怎么去调查的，其中一部分是调查报告。究理，我就讲这么多。

最后，我说八个字当中的爱生，学生爱我，我爱学生，也可以说是我的追求，我的坚守。怎么爱学生的呢，我爱学生我可以概括为六个方面：第一个方面就是，先当学生，后当先生；第二个方面就是，讲好每堂课，讲课是一门艺术；第三个方面呢，我提出了培养博士生的24个字的学习准则；第四个方面就是调研，而且我认为调研是一个系统工程；第五个方面就是教学相长；第六个方面就是关爱始终。这六个方面，在我的传记中怎样爱生有比较详细地概括。先说先当学生后当先生，主要就是说老师的职责就是要教好书。老师的职责啊，一定要教好书。要教好书，就是老师要实实在在地给学生传授基本知识，而不是吹牛。为了做好这个事情呢，说实在的，我着力充实自己，要有真实的东西给学生，要把教材当中所讲的，要给学生融会贯通。关于这一点，我特别要说的是本科教学和研究生教学应该是有差别的。

怎么来把握好这个尺度。我认为本科教学要选好一本教材，要原原本本地把教材上的东西教给学生。也就是我们原来说的要增强学生的“三基”，基本理论、基础知识、基本技能。基本的一些东西要给学生。那么研究生的教学呢，研究生的教学更重要的是对他们的能力的培养。而且我自己还琢磨硕士生跟博士生的能力培养上有什么区别，我的琢磨就是，硕士生，你跟他布置一个什么题目，它能够去完成，就表明他有能力。博士生呢，要他自己发现问题，自己去研究，而不是说，我跟他布置，这都是在我的教学当中琢磨出来的。这是我讲先当学生，后当先生，就这么一点。此外，就是认真备课，教好每堂课。讲课是门艺术，什么意思呢，我刚才说要善于把自己的科研成果纳入教学内容，纳入教学内容不等于满堂灌，而且还要留有余地，要对学生有启发，有时还要有案例分析。我在讲课中，不让听课的学生自始至终思想都处于非常紧张的状态。如果这样，你讲课就失败了，讲课中要使学生有张有弛。为此，在讲课中要讲一些生动的案例，让他们活跃一下思维，启发他们的联想。为此说实在的，我自己是下了不少功夫的。什么功夫，20 世纪 80 年代，有录音机，我曾经自己讲，用录音机录下来，然后放来我自己听。另外，因为我的夫人也是学财政的，有时候我讲，她来听，让她感受哪一部分别人能够听懂，哪一部分很难。所以要讲好每堂课，我自己都要做充分地准备。当老师要下功夫，着力讲好每堂课。讲课是门艺术就是这个意思。

对博士生培养，我概括了 24 个字，这 24 个字就是“拓宽领域、以专带博，充实功底，掌握方法，小题大做，求得成果”。这 24 个字是怎么来的呢，是我们同行在讨论博士生怎么培养的时候，得到的启发。因为当时要求博士生既博又专。博要达到什么程度，专要达到什么深度，究竟是以博带专呢，还是以专带博，后来觉得博士生的学习因为时间有限，以专代博，比较可取，因为博士生的学习呢，更多的是要完成一篇有创新的论文。论文题怎么选，大的把握不住，小了展不开，所以因此我提出来，题目还是要偏小一点，要小题大做，在小题大做中去拓宽领域。这 24 个字就是在这种情况下提出来的。也是在博士生教学当中我自己的总结，这是爱生的第三个方面。爱生的第四点，调查研究，我认为调查研究很不简单，调研是一个系统工程，而且这当中很有学问。比如说是先出题目，题目定好以后再去调查，还是先不出题目，而去了以后面对实际，有什么问题就调查什么问题？这当中是很有讲究的。还有呢，就是调查当中，别人介绍的时候，允许别人讲的是你自己需要的，也允许别人讲的是你自己觉得不需要的。还有呢，带学生去调查，由于学生水平的程度不同，关注的焦点不同，有的调查他感兴趣，有的他不感兴趣。这种情况下，当老师要引导、要启发，所以这个传记里头比较详细地描述了我怎么搞调查研究的，这是第四点。第五点，关爱学生，我特别注重教学相长。教学相长是讲师生之间要相互帮助，这一点，我特别重视在国外的学生的交流。我带的博士生当中，有的博士生在国外，有的博士生因为是在职的，单位要派他出国，比如说，国际货币基金组织，他到那儿去挂职。这种情况下，我就趁这个机会，在国内跟他交流。关于这方面的交流，这个《调研与认知》当中有我与学生交流中的很多信。我总觉得，在国内了解国外的东西通常都是第二手材料。第二手材料有时感到不踏实，我心想我的学生在国外，他就应该有第一手材料。此外，有的是出问题请他回答，有的是我跟他提出问题要他思考。我说：你给我证实一下是不是这么一回事。教学相长啊，这也是前面我说的先当学生后当先生，这是我关爱学生的第五个方面。第六个方面叫作关爱始终，关爱始终什么意思呢，学生毕业以后，他参加工作了，你得关爱，这个关爱有两个方面，一个就是他遇到困难了，不顺了，要鼓励他，安慰他，开导他，在顺境的时候，也要鼓励他，要让他谦虚谨慎。关爱始终，不是说这个学生毕业以后，好像就跟老师的关系就断了，毕业以后仍然保持着我们的师生关系。我的学生有好多都当领导了，学生既是领导、又是朋友、又是同志、更是师生。我前面说的，学生爱我，我爱学生，也可以说这个是我人生的一个始终。感到非常欣慰的是，我到哪儿去，学生都热情的接待。逢年过节，学生有的亲自看望，有的在手机上发短信、发微信来表示关爱，这是一笔很大的财富，这也是我一生最大的财富。所以今天，感谢你的采访，对我个人来讲我就讲了这八个字四句话。

总的说来就是，西南财大金融专业有今天，经过了几代人的努力。而且我相信，西南财大的金融专业，会越办越好。学生中绝大部分是在金融领域，已经毕业的学生在全国会更有影响。我曾经跟他们说过，在金融领域，能够待上十几年，几十年，都没出问题，就是接受了最大的考验。在金融领域从业与钱打交道，往往一念之差，就会出问题。不能踩虚脚了，踩虚脚就会出事。学生中的个别人，当然也有出事儿的，但是我的学生，有的出事，还不完全是他个人想捞什么，而是想干一番事业。具体地说，像原来汇通银行的张伟。张伟呢，这个人思想比较解放，原来还是我们金融系的一个老师，后来因为随着改革开放，他自己就想办一个民间银行。经过努力在成都以个别商业银行的营业部为基础办起了汇通城市合作银行。名称上叫汇通城市合作银行，实际上他还是一个信用社。银行这两个字他没取得，为了取得这个银行这两个字，在那个时代，即 20 世纪八九十年代，到处去找关系拉关系，在找关系拉关系当中不避讳地就离不开请客送礼。请客送礼现在看来就是违规。汇通银行之所以关闭是因为当时的头寸短缺。当时他因为贷款面铺得很宽，现在说来更多的都是支持中小微企业，中小企业在汇通银行贷款以后，还不出贷款，这样银行内部的资金周转就很困难，当时他就提出来希望成都人民银行给他 6 000 万元周转金，但成都人民银行卡住，不给，要他合并到民生银行，他自己不愿意。后来就只好由人民银行下命令，汇通银行合并到现在的成都银行，就是不让他继续存在了。我说这个情况什么意思呢，就是我们金融系的老师在改革开放的推动下，思想还是比较解放的。

采访者：你刚才叙述的是你个人的经历，能够说明你与西财很有感情，您也是西财的学生，西财的建设和发展作为它的学生做出了奉献。

曾老师：做出了一定的奉献，我承认。对于西财的建设和发展，我建议你们去采访一些现在还健在的，还在学校工作的人，以及现在已经离开我们学校，下了海的人。比如说曾经是我们金融系的副主任、副书记的温思渝，温是三点水那个温，思渝是思想的思，渝呢三点水重庆那个渝，这个人呢，他应该了解得很多。现在他是一个很大的老板了。哇，如果不走的话，也许是我们学校的书记、领导一类的人了。他是79级的，当时学校的书记是哪个呢，张洪。张洪就说过，温思渝这个学生要留下来，留下来以后开始是准备到省委政策研究室，后来这么那么的，没有去，后来就留到我们学校当金融系的副书记，继后又当系副主任，后来他自己就下海了，这人很有思想的，现在可能在北京吧。

总的说来，今天我讲这些呢，还是比较扼要的，没有讲得很细，因为我想时间有限，你整理的时候可以结合我刚才说的我的那些书，结合我给你的资料。我的资料呢，我刚才说了，一个光盘，两份总结，三部著作（书）。如果需要给我说。社会影响那些资料你们拿去复印。

采访者：嗯，复印了的。曾老师，你在讲的过程中没有提到中国金融中心。

曾老师：这个问题你不要采访我，因为中国金融中心我是名誉主任，中心的第一任主任是刘锡良，第二任主任是王擎，你采访他们可能讲得更详细。

采访者2：曾老师，我可不可以请教你一个问题哈，我们1979年加入中国人民银行，后来为啥子我们学校就是中国人民银行总行的第一所重点大学呢，这中间肯定与我们金融学科发展有关，还有些啥原因？

曾老师：嗯，因为我们是总行的唯一的一所“211大学”，人民银行当时的院校实际上是4所。哪5所呢，就是湖财、西财、中国金融学院。

采访者2：广州那个金融学院算不算？

曾老师：不算。广州那个是属于中专，专科学校。是4所大学，4所大学当中为什么我们这个学校被变为“211”了呢？当时是我们王永锡书记还在位的时候，也许是他看到了我们学校的实力，我们学校什么实力呢，就是“文化大革命”这10年，我们学校的师资队伍一直没散，这点跟其他院校不一样。其他财经院校“文化大革命”的时候队伍都散了，包括人民大学，他的老师好多都到其他学校去了，转业了。我们一直没散，大家聚集在一起，就是说我们实力还在。第二点呢，可能是与我们的知名度相关，我刚才说了西财有较高的知名度，在金融领域有发言权，前面我就特别讲了这一点。有发言权，才能使别人知道西南财大有人才。

采访者2：曾老师，还有个问题麻烦你，就是，因为你一直是西财的学生，然后做老师几十年，谈谈你对学校的感情和对学校的一些祝福啊，有你对这方面的话语。

曾老师：是啊，我们西南财大有今天，真是几代人的努力。西南财大培养了我，我应当给西南财大做贡献，除了我给西南财大做贡献以外。我说实在的，只要是跟学校有关的，我都尽我的微薄之力。具体地说，前两天，我们学校的那个甘犁，就是搞家庭金融调金的那个，他遇到了困难还找我。什么困难呢，就是他要在北京跟有关人士联络。那天在住友苑，他找我。我说，你为西南财大做贡献，我应当为你做贡献。所以我这个人，除了我自己以外，别人来找我，我就尽我自己的一点努力。前天呢，我在给学生颁奖，我在会上说我把我获得的100万元的刘鸿儒的基金会奖给我的这个奖金捐出来，成立一个曾康霖奖学金，奖给学金融的学生。这一届领奖会上，尹庆双校长参加了，他说“曾老师颁这个奖，同学们应该感恩”。我说：“要说感恩啊，不要感恩我个人，要感恩这个社会，感恩母校。没有改革开放，不尊重知识，尊重人才，我也得不到这个奖金，也不会有以这个奖金为基础来成立这个奖学金。我说同学们要感恩的是这个社会，感恩党的领导，感恩学校。”是这样，应该说大家都在感恩，我能把100万元奖金捐出来也是我的感恩，感恩学校对我的培养，感恩这个社会。

采访者：曾老师，给学校说一句祝福的话吧。

曾老师：现在教育部提倡取消“211”，取消“985”，现在讲（创）一流（大学），我祝福学校成为一流的大学。我们金融专业成立为一流的学科，在国内外，继续发生它的影响力，祝两个一流！

（采访时间：2016年7月1日，采访地点：光华校区光华楼601，主持人：陈奇志，参加采访人员：金元平，摄像：严泽新、王童，录音整理：陈奇志）

曹康森文集